[MIRROR]

理想国译丛

037

想象另一种可能

理
想
国
imaginist

理想国译丛序

"如果没有翻译,"批评家乔治·斯坦纳(George Steiner)曾写道,"我们无异于住在彼此沉默、言语不通的省份。"而作家安东尼·伯吉斯(Anthony Burgess)回应说:"翻译不仅仅是言词之事,它让整个文化变得可以理解。"

这两句话或许比任何复杂的阐述都更清晰地定义了理想国译丛的初衷。

自从严复与林琴南缔造中国近代翻译传统以来,译介就被两种趋势支配。

它是开放的,中国必须向外部学习,它又有某种封闭性,被一种强烈的功利主义所影响。严复期望赫伯特·斯宾塞、孟德斯鸠的思想能帮助中国获得富强之道,林琴南则希望茶花女的故事能改变国人的情感世界。他人的思想与故事,必须以我们期待的视角来呈现。

在很大程度上,这套译丛仍延续着这个传统。此刻的中国与一个世纪前不同,但她仍面临诸多崭新的挑战,我们迫切需要他人的经验来帮助我们应对难题,保持思想的开放性是面对复杂与高速变化的时代的唯一方案。但更重要的是,我们希望保持一种非功利的兴趣:对世界的丰富性、复杂性本身充满兴趣,真诚地渴望理解他人的经验。

理想国译丛主编

梁文道　刘瑜　熊培云　许知远

[英] 伊丽莎白·皮萨尼 著　　谭家瑜 译

印尼 Etc.
众神遗落的珍珠

Elizabeth Pisani

Indonesia Etc.
Exploring the Improbable Nation

上海三联书店

INDONESIA ETC.

Copyright © 2014, Elizabeth Pisani

All Rights Reserved

本书中文译稿由联经出版公司授权使用

著作权合同登记图字：09-2019-556号

地图审图号：GS（2017）1141号

图书在版编目（CIP）数据

印尼 Etc：众神遗落的珍珠 /（英）伊丽莎白·皮萨尼著；谭家瑜译.
—上海：上海三联书店，2019.10（2025.2 重印）（理想国译丛）

ISBN 978-7-5426-6764-9

Ⅰ.①印… Ⅱ.①伊…②谭… Ⅲ.①印度尼西亚—概况 Ⅳ.① K934.2

中国版本图书馆 CIP 数据核字 (2019) 第 206556 号

印尼Etc.

众神遗落的珍珠

［英］伊丽莎白·皮萨尼 著　谭家瑜 译

责任编辑 / 殷亚平

特邀编辑 / 王燕秋　梅心怡

装帧设计 / 陆智昌

内文制作 / 陈基胜

监　　制 / 姚　军

责任校对 / 张大伟

出版发行 / 上海三联书店

　　　　　（200041）中国上海市静安区威海路755号30楼

邮　　箱 / sdxsanlian@sina.com

联系电话 / 编辑部：021-22895517

　　　　　　发行部：021-22895559

印　　刷 / 山东临沂新华印刷物流集团有限责任公司

版　　次 / 2019 年 10 月第 1 版

印　　次 / 2025 年 2 月第 5 次印刷

开　　本 / 965mm×635mm　1/16

字　　数 / 335千字

地　　图 / 15幅

印　　张 / 24.75

书　　号 / ISBN　978-7-5426-6764-9/K·545

定　　价 / 86.00元

如发现印装质量问题，影响阅读，请与印刷厂联系：0539-2925659

迂回接近一个几乎不可能存在的国家

梁文道

我是香港人，香港有十几万印尼女佣，做饭烧菜、洗衣抹地、照顾老人、带小孩上学下课，和我们一起挤在以狭小见称的高楼里面，或者有自己的房间，或者没有。这些印尼女子与我们如此亲密，成为众多家庭不可或缺的一员；可是我们晓得她们的故事吗？我们了解她们吗？更重要的问题可能是我们到底需不需要认识她们？如果需要，那种被需要的知识又是什么？

我在一个外佣中介中心的网页上找到了答案。它对印尼女佣"特性"的介绍是这样子的：

> 印佣与菲佣、泰佣的最大分别是印尼佣工的服从性平均来说较高。自18世纪以来，印尼人经历了荷兰人近三百年殖民地式的压抑统治。而自1945年独立后的苏加诺亲王及1967年接管至1998年的苏哈托将军，实施的亦是绝对服从的严厉管治，人民习惯了服从政策，服从政府、上司、长辈的安排；其次，在语言方面，印佣的英语会话平均来说不及菲佣，但学习广东

话的速度比菲佣为快。

换句话讲，印尼经历过的殖民统治和军事独裁政权是项"好处"，因此它的女佣比较懂得服从。这大概算是政治和社会史的分析。那么再看看她们宗教信仰上的特点：

> 印尼人大多为穆斯林，有朝拜和守斋的习惯，对香港的雇主来说初时可能有点陌生，但习惯了就没有什么出奇。由于宗教信仰的关系，部分印佣是拒绝接触或进食猪肉的，有些外佣来港的日子久了，慢慢亦不会抗拒；一些改变不了以往习惯的印佣，雇主则要迁就一下了。

不过比起以天主教徒为主的菲佣，印佣还是有点好处的："因为印佣并不需要在星期天上教堂，也没有那么多'亲友'需要聚会，在假期安排方面较有弹性，特别适合一些需要轮班或在星期天工作的雇主。"

在把印尼看作是个家庭佣工的出口大国之外，我也试过其他进入印尼的方式，比如说它跟所有华人的关系。我有许多朋友是一般中国人口中的印尼"华侨"，他们应该会比较了解印尼吧。但是在大多数的情况下，我发现他们对印尼的认知也很难避免一种华人的局限。他们可能会让我知道更多当地华人聚居地的历史、华人社群内部复杂的情形、华人与东南亚和大陆等其他地方的往来；也可能会使我明白传统华人对印尼其他族群的态度。当然，他们必然还会提到历次大规模的排华运动、屠杀的惨酷，以及制度上的歧视……

我们对一个地方的认识总是脱不开我们和它的实际关系。所以无论是把印尼当成女佣生产大国，还是把它看作一个情感上爱憎交缠的定居地，都是无可厚非、自然而然的一件事，最起码这还叫做有关系。在大部分中国人，特别是北方的中国人那里，我要大胆地说，印尼几乎就像是个不存在的国家。这是因为中国近世以来一套独特的世界观，使得我们虽然明知自己身在亚洲，但却从未拥有过一个比较整全的亚洲视野。回顾 20 世纪中叶以前诸多学者和思想家的论述，但凡要谈世界大势，多半得从"中西"这个奇怪的范畴说起，仿佛全世界除了所谓的"西方"之外，就只有一个中国似的，顶多偶尔加上印度，凑成一个"中、西、印三大古文明"比对的思想格局。至于日本，则是另外一个故事了，一个从中国好学生变成中国老对手，但在文明"代表性"上终究不如中国的复杂故事。

最近十几年，中国冒起，照道理讲是应该更有世界观了。然而奇怪的是，不少人恰恰因为自觉中国是个"大国"，所以反而更加集中地注意"大国关系"，说白了其实也就是中国和美国的关系。此外一切其他国家，我们看的则是它们和中国的友好程度，看它们算不算是"中国人民的老朋友"。但说真的，它们友好与否都不太重要，反正从中国的体量去看，那全是些小国罢了。

印尼是个小国吗？我们中国人喜欢讲国际影响和世界排名，若是从这种角度评估，印尼的确不大。伊丽莎白·皮萨尼（Elizabeth Pisani）在她这本广受好评的《印尼 Etc.：众神遗落的珍珠》里头，就特地说到了这点：

　　　　印尼在世界舞台上的地位显然并不突出，例如 2012 年的伦敦奥运会选手之中，仅二十二位来自印尼；换句话说，每一千万印尼人当中，只有不到一人参加奥运竞赛。虽然曾任联合国维和部队的印尼军队一度广受欢迎，但跻身国际组织高层的印尼人屈指可数，成为这类组织领导者的印尼人更是付之阙如，也没有任何印尼人得过诺贝尔奖。

在她笔下，印尼人好像根本不曾努力提升国家地位。

尽管香港和全世界都有不少印佣，可是她们的数量在这个人口约两亿六千五百万的国家里面，不过是沧海一粟。大部分印尼青年是没想过出国，对外面的世界也不一定有太大兴趣的。原因很简单：印尼就已经够大了。"何必要出国？他们只要搭船去另一座岛，即可摆脱地域和宗亲束缚，还能学习新舞技，尝试新食物，而不须接触没学过的外语、不熟悉的货币、缺乏人情味的警察"。

印尼是全球穆斯林人口最多的国家，但又拥有两千多万名基督徒。印尼有官方语言 Bahasa Indonesia，但绝大部分人都以几千种方言的其中一种为母语。这个国家横跨三个时区，由一万七千多座岛屿构成。它简直不是一个国家，更像是一个自足的世界。

然而，必须小心上面这段描述。因为任何一个国家都难以被一句话简单概括，任何关于一个国家"国民性"的总结也都不可能轻易立足。因为国家在这里就像一只漏洞百出的破碗，总是无法把它所盛载的液体模塑出一个完美无缺的形状。

我一直听说印尼不只拥有全球最大的穆斯林人口，而且更是举世最为开放的伊斯兰国家。特别是在十几年前的"9·11事件"之后，许多西方媒体就一直把它描绘成一个"好穆斯林"的代表，以对照阿富汗与沙特阿拉伯等国的"落后"和"保守"。我一些在当地工作过的朋友也凭亲身经验见证，说它比起不断在信仰上阿拉伯化的邻国马来西亚好上太多，很多年前甚至能够容许印尼文版的《花花公子》存在。如果真是这样，又该怎样理解去年发生在时任雅加达特区省长钟万学身上的"亵渎古兰经"事件呢？那些挤满大街，愤怒挥拳叫喊，甚至声称钟万学该下地狱的虔诚信徒，不也是百分百的印尼人吗？

从前夸赞印尼穆斯林不激进的媒体，这时给出了最新消息，说印尼穆斯林这几年原来也变了，变得越来越像正统的逊尼派信徒，也变得越来越排外（宗教和族裔身份在东南亚常被混揉在一起，比如说华人一般不信伊斯兰教，于是对穆斯林而言，华人就必定是异教徒，必定是外人了）。如此看来，印尼就和过去常常也被人拿来和它放在一起嘉奖的土耳其一样，现在真是在开"现代化"的倒车了。

不过，伊丽莎白·皮萨尼这本书却让我发现在"印尼到底还是不是个好伊斯兰国家"这个问题上，原来还可以有另一种答案。没错，比起十几二十年前，她观察到，街上戴头巾的女子数目多了不少，而且"《古兰经》朗诵比赛和英国曼联足球队在印尼一样受欢迎"，一些传统的爪哇式三层屋顶清真寺也渐渐被阿拉伯风的圆顶与尖塔所取代。更加叫人震撼的，是有那么多的电视布道节目，就跟美国的基督教电视台一样，大受信徒欢迎，乃至于伊斯兰教义节目成了一项庞大产业。成功的布道节目主持人则是万人追随着迷的明星，他们的讲道，总是叫信众又哭又笑，手舞足蹈。但这究竟是伊斯兰的凯旋？还是美式资本主义的胜利呢？伊丽莎白·皮萨尼说：

有些电视台为了物色新面孔而频频推出选秀节目，去年某节目的优胜者竟是一名八岁小女生，而且在整个斋月期间排满布道活动。欧文斯比（Craig Owensby）是一名改信伊斯兰教，来自得州的美国人，曾经在法威尔（Jerry Falwell）主持的教会担任牧师，后来与阿金（印尼一位电视讲经明星）及其他备受观众仰慕的电视布道者合作，并且以每日简短讲述《可兰经》和用手机短信传播宗教信息的方式在印尼致富。

也和美国的明星级牧师一样，捐钱给教会往往是所有布道活动不可或缺的重要环节，所以这些印尼布道人是真会致富的。

那么印尼的伊斯兰政团是不是激进化了呢？好像是的。比如说一个叫做"捍卫伊斯兰阵线"（Front Pembela Islam, FPI）的组织，正是去年信众集会抗议钟万学省长的旗手。他们平常会以真主的名义突袭领了牌照的酒吧，肆意破坏里头的陈设装修，但却很少受到警察干预。他们抨击女神卡卡的演唱会，说她是头雌性怪兽，将会把印尼的大好青年变成同性恋者。伊丽莎白·皮萨尼就在她朋友艾丽丝经营的一间同志夜店遭遇过他们：

> 当一群穿着低腰三角裤，眼睛贴着假睫毛的跨性人舞者在店里踱来踱去，等着上场表演歌舞秀，突然有个工作人员宣布："他们来了。"艾丽丝连忙拉开抽屉取出一个信封，片刻之后，一名留着大胡子，穿着白长袍的年轻人出现了，艾丽丝迅速交出信封，他只点了个头就闪人。"天哪，他简直跟那些穿着皮衣跑来勒索你的自由民一样坏。"我笑着说。"你说一样坏是什么意思？他就是穿皮衣的自由民，这是他们的新装扮。"

所谓"自由民"，其实是一群流氓混混，乃荷兰殖民时代以来就有的一项悠久传统。他们是帮派分子，但当权者不只对他们睁只眼闭只眼，有时还会花钱聘请他们，去干一些国家机器不愿自己出面，和懒得去干的坏事。直到 2012 年，当时的印尼副总统还在公开集会上宣称政府需要"自由民"来完成任务。

　　"自由民"开始"伊斯兰化"，则是1998年"捍卫伊斯兰阵线"成立之后的事。彼时警方付钱给这个新兴政团，要他们使用暴力对付反政府的学生运动；军方也请过他们攻击调查军人施虐案件的人权委员会办公室。这种体制交办的维稳业务经营得多了，就算它创办的原意特别纯正，也难免会招来更多"自由民"的皈依报效，逐步将它化为一个披着白色宗教外袍的帮派。果然，在政客一时用不上他们的时候，"捍卫伊斯兰阵线"就自己创收，用"维护公共道德"的名义，破坏不交保护费的酒吧与妓院。基本上和黑社会完全一样，唯一的分别只在他们比一般黑帮师出有名，干同类的勾当居然还能顶上一圈道德光环。难怪伊丽莎白·皮萨尼慨叹：

　　　　我从"捍卫伊斯兰阵线"和类似的组织身上，看不出印尼伊斯兰教被阿拉伯化的迹象，反倒觉得正统伊斯兰教被印尼化了。他们取代既有的自由民身份，为喊价最高的人出卖其神圣使命，非常符合印尼作风。

　　这里的"印尼作风"四个字，不是一般的印象描述，而是具体历史脉络的总结。早在苏哈托（Suharto）时代，一些半点也不宗教化的政客就已经把不少伊斯兰法规和教条改成正式法案，目的只在拉拢乡间教士的支持，叫他们去说服选民支持自己当选。这种政治权力与宗教之间的交易其来有自，如今只是扩大到金钱和流氓身上而已。每逢选举，这类神圣同盟就会发生作用，台上是著名教士公开违法替人助选，说不投票给某某人是违抗真主旨意；台下则是收了钱的"信徒"群情汹涌，立誓为真主而战。我们要是在新闻片段看到这等场面，不知就里，自然得说"印尼真是变得更加伊斯兰化了"。

　　事实上，印尼很有可能不像我们在电视上看到的那么地"伊斯

兰", 它仍然保留了许多极不伊斯兰的地方信仰。很会说故事的伊丽莎白·皮萨尼在全书一开头就讲了一个先声夺人的小故事:

> "小姐,进来见见我奶奶吧!"在印尼共和国东南方默默无闻的松巴岛上,一位笑容灿烂的小伙子迎我入门。那是二十年前的邀约,当时天气热得像火炉上的煎锅,四处灰尘弥漫,我步履蹒跚走在一条沙土路上,口渴到快不行,心里想着:有何不可?说不定他奶奶会讲几个故事给我听,陪她喝一两杯茶肯定是件愉快的事。

> 但是进了那间竹子搭成的房子,坐在除了一幅挂在墙上的耶稣画像之外就什么都没有的阴暗厅堂里头,皮萨尼并没有看见什么老奶奶,只见一把竹椅上搁了一个像是装着脏衣服的大布袋。莫非此中有诈?

> "等一下!"小伙子摸了摸那个洗衣袋,然后顺手解开袋口,拉掉覆盖在顶端的布巾,老奶奶终于现身,她昨天刚刚辞世,依当地习俗,四日后才会发丧,中间这段时间,每天须接见前来吊唁的客人,小伙子替归天的奶奶道了声"幸会",我们就坐下来喝茶。

"印尼总是充满这类令人跌破眼镜的奇事"。皮萨尼必须用这样子的办法来吸引读者,否则大部分她所设定的英语读者(乃至于我们华人读者)恐怕是很难对印尼这样一个偏远东南亚国家感兴趣的,除非那是一位想要了解印尼是否真如人家所说的那样充满机会的投资者。

对于试图寻找下一个中国或是印度的投资者而言，这本书是很有用的。还记得很多年前，连我也相信了媒体报道和"麦肯锡"（McKinsey & Company）之类的机构，以为印尼人口红利惊人，天然资源丰富，"到了2030年，约有50%人口可望成为消费阶层"之类的预言。但是几年下来，这个广土众民的大国在经济上却始终表现反复，不像原来预想的那样一飞冲天。为什么？皮萨尼在这本关于印尼列岛的寻访游记当中给出了不少答案，例如横行无忌的贪污（"印尼公务员所有的额外收入，都是长官赐予的礼物。换言之，政府部门犹若一个庞大的宗族，或者有如一座上下共谋其利的利益输送金字塔"），基础建设的欠缺（虽然印尼是全世界最大的群岛国家，不过它在港口运输设施上甚至还比不上有交通管道直达海港的内陆国瑞士）。更重要的，是老百姓的观念。大部分印尼人的日子过得并不算好，但他们并不着急，工作挣够了糊口的数便好，悠闲度日，倘有余钱也都拿去消费，而非储蓄。所以"印尼有三分之一的年轻人全然不事生产，五名成年人当中有四个人没有银行账户，银行却不断借钱给民众买东西，而非让他们拿去创业"。

这就可以说回华人和印尼其他族群的分别乃至于冲突了。我从小就听说我们中国人遍布天下，无论走到哪里都吃苦耐劳、勤奋工作，然后"为当地经济做出了巨大贡献"的故事。后来我亲身旅游各地华埠，又在不少人处听到华人对所住地方居民的典型投诉："他们本地人真是太懒，好吃懒做。"真的，从东南亚一直到南欧，从印尼一直到西班牙，仿佛在华人移民眼中，没有一个地方的人是不懒的。但是那些当地人又怎么看这些华人呢？皮萨尼认识的一位印尼商人说："我替华人工作很多年以后，看到也学到了他们的优点，尤其是努力打拼。"但是这位商人也说："他们做每件事只为了钱、

钱、钱，从早到晚只想到钱、钱、钱，过着吃饭、赚钱、睡觉、赚钱、
翘辫子的生活，我不明白这种日子究竟有什么意思？"没错，根据
我极有限的经验，似乎只要有一个华人投诉移住地的原居民太懒，
就会有一个原居民投诉华人太贪。"贪"这个字倒是我们中国人自
我描述词组当中很少用到的字眼。

但贪婪就和懒惰一样，是种太过简单的典型偏见。皮萨尼这
本书不是为了提供更多证据来支持这类偏见，恰恰相反，她想要做
的是破除偏见。所以她不只让我们看到了生活困窘的印尼华人，也
让我们看见了在危机四伏的自然环境面前努力求存的各种印尼原居
民。这种态度，乃是一个好记者的本分。皮萨尼做过十几年路透社
记者，在牛津学习过古代汉语的她也替《经济学人》和《亚洲时报》
供稿。但她时间花得最多的地方始终是印尼，所以她能讲一口流利
的爪哇腔印尼语。就和许多驻外记者一样，她也要替她心仪的国家
写一本书，好使更多人认识这片只在片段新闻里听闻过的土地（或
说海洋）。于是在转行从事公共健康顾问（她还拥有传染病学的博
士学位）多年之后，她回到印尼，用一年多的时间骑摩托车和搭那
总是延误的渡船（最多可以迟到一个星期），走了印尼三十三个省
份当中的二十六个[1]，试图逐步拼起一幅看起来永远拼不成的地图。

地图，这确实是个问题。对大部分人而言，想要认识一个国家，
最好的办法莫过于从一张地图开始。在地图上理解它和地表上其他
地区的关系，发现它在世界上的位置，甚至用很形象化的比喻去把
握其国土的轮廓。我还记得小时候在台湾上学，当局就总是以一张

1　作者于 2011 年底开始重游印尼，当时印尼有三十三个省份（包括特别行政区），本书地
　　图和所提及之行政区划亦以作者当时的记录为依据。印尼政府于 2012 年 10 月 25 日批准
　　设立北加里曼丹省，因此现在共有三十四个省。——编注

现实上早就过时、可意识形态上寸土不让的"中华民国全图"教导我们，"中国就像一叶漂亮的秋海棠"（那时我们一群孩子幼稚，并不晓得蒙古早已是一个独立国家，去掉它之后，中国其实更像一只公鸡）。至于印尼，它在地图上的形状还真像皮萨尼本书中文版副标题所说的，是一串散落在海上的珠链，不太好一下子形成一个完整的图像。

原来对于印尼国民甚至政府机关来说，要在地图上弄清楚自己的国家也不太容易：

> 印尼涉及环境管理的国家法律、条约和政令多达五十二种，其中不乏彼此矛盾者。更糟的是，负责掌管森林的两个政府部门——环境部和森林部——竟使用不同的地图。2010 年，印尼总统曾推动统一绘图计划，但毫无进展。两部门虽一致赞同印尼有必要完成统一的国土利用分布图，但在讨论应该根据何方资料绘图时却无法达成协议。一幅地图上出现了约 4000 万公顷的原始森林，另一张地图则未纳入这片丛林。换句话说，某个部门"漏掉了"一块面积大于日本领土的雨林。

看到这里，熟悉现代社会科学的读者自然会想起去年过世的人类学宗师本尼迪克特·安德森（Benedict Anderson）。他的名著《想象的共同体》把现代民族国家定义为一个想象出来的社群，而地图正是实现这种想象的重要工具之一，印尼则是他建构其整套论说的田野资料来源。如此看来，是否表示印尼这个国家的想象工程尚未完成呢？

本尼迪克特·安德森去世不久之后，我曾在一个读书节目里头介绍他的经典《想象的共同体》。这并不是一本易读的书，更不能在三言两语之间解释得清清楚楚，尤其我才疏学浅，结果自然不佳。

果然，有些观众看完之后反应很大，立刻猜想我是不是有什么不良用心，故意用"西方人那一套来解构我们的华夏"，居然把现代民族国家形容成一种"用想象力虚构出来的东西"。

"它是一种想象的政治共同体——并且，它是被想象为本质上是有限的，同时也享有主权的共同体。"本尼迪克特·安德森对民族下的这一个定义非常有影响力，乃至于今日大家开始把任何大大小小的社群都看成是想象的产物。

但民族国家真是人类大脑想象出来的一种存在吗？这怎么可能？有这么多人一看见国旗飘扬就要激动落泪，有人甚至做好了要为民族随时献出生命的准备，如此牵动情绪的东西怎么能是想出来的呢？但是冷静下来，再思量一下，我们就会发现民族国家这么宏伟，这么亲爱的东西，还真是摸不到，闻不着，肉眼不可得见。至少我们从来不会在路边等车的时候说一句："你看，国家刚刚从我们身边经过。"所谓"想象"，最基础而又最粗浅的理解，无非就是这种非物质存在的属性而已。更重要的是，长年支持第三世界反殖式民族主义的本尼迪克特·安德森从来就没把"想象"等同过"虚构"；不，想象绝对不是虚构，想象是一种实实在在的政治过程。说一个国家是"想象出来的"，和说它是"虚构出来的"，是截然不同的两回事。

自从该书出版，国际汉学界和华人学者的真正争论重点并非中国是不是一个"想象的共同体"（这没什么好争的），而是中国的群体自我意识是否早于现代民族国家的成立。有些学者认为，"中国"作为一种集体的自我想象和认同，很可能老早就有（比如说宋代），但是直到现代，它才加入了全球民族主义的浪潮，逐步把自己建设成一个"本质上有限的，同时也享有主权的共同体"；从一个"率土之滨·莫非王臣"的天下王朝，变成了一个立于世界诸国之林当

中的一个主权国家。换句话说，大家更关心的，其实是中国究竟是
什么时候被想象出来的。

如果说中国的情况太过特殊，不易套用本尼迪克特·安德森的
说法；那么印尼就正好反过来，是《想象的共同体》论述最完美的
示范。首先，就像伊丽莎白·皮萨尼在这本书里所说的，这是个广
土众民、极端多元异质的一个国度：

> 印尼国土环绕赤道，跨距相当于从伦敦到伊朗首都德黑兰，
> 或者从美国的阿拉斯加州的安克雷奇到东岸的华盛顿特区那么
> 长。位于苏门答腊岛西北端的亚齐省，住着笃信伊斯兰教、五
> 官略似阿拉伯人的马来族，并骄傲地给自己的居住地冠上"麦
> 加走廊"之名。坐落在亚齐省东南方，与之相距约 2500 公里的
> 省份是巴布亚，占据了新几内亚岛西半边大部分地区，居民皮
> 肤黝黑。我初访当地时，发现许多原住民一丝不挂，男性仅以
> 葫芦遮掩生殖器，但他们却发展出某些复杂的农耕技术。

你叫这些语言、宗教、家庭结构以及生活方式都非常不同，并
且可能直至老死都不互相往来甚至不知对方存在的人，该如何去把
彼此都纳入到"印尼"这个标签之下呢？他们有任何一样的共通的
地方吗？

有的，那就是他们全都曾在荷兰的殖民统治之下。就和大部分
脱胎自殖民地的亚非新兴民族国家一样，印尼的疆域恰恰就是前殖
民地管辖区划的一个范围。我们不妨大胆地讲，要是没有当年荷兰
人，这个国家很有可能不会存在。

所以印尼就和一些同样在战后独立出来的新兴国家似的，在刚
开始的时候有过一段非常不稳定的集体认同过程。比如说现代印尼

的"国父"苏加诺（Sukarno），终其一生，他其实都是个"大印尼"（Indonesia Raya）主义的信徒，认为现存的马来西亚、新加坡、文莱、印尼和东帝汶这几个地方应该共建一个"大印尼"。这套现在看来几乎是天方夜谭的主张，不仅是他个人民族意识过度膨胀的狂想，而且还是当年很多马来西亚民族主义者的构思，甚至得到些菲律宾人的支持。直到今天，我还认识一些当地左倾华人知识分子信仰这种理念。更加奇诡的，是一部分战时真心信仰"大东亚共荣圈"的日本士兵，他们在日本战败之后不肯撤离，或者留在马来半岛加入马共，或者参与印尼独立战争，因为他们认为自己有义务协助"亚洲人脱离殖民统治"，建设一个伟大光荣的"大印尼"。

由于印尼太大太复杂，又由于连对该建设一个怎么样和它的面积到底该有多大的共同体都没有共识，难怪全文寥寥数语的印尼独立宣言会在"我们是印尼子民，在此宣告印尼独立，将尽快完成权力转移"之后，带点无厘头地补上了一句"以及其他事宜"。这个"其他事宜"，自然就包括了国家的建设，或者说是一个国家的想象。

推翻苏加诺之后，军事强人苏哈托上台，他的办法很简单，就是铁腕镇压不认为自己算是印尼人的任何地方分离主义，同时向全国列岛强行输出爪哇岛的一切，例如它的语言、文化和人口。几十年间，政府不只由爪哇迁出了大批跨区移民，还把爪哇蜡染等地方文化特色推广成了全国统一象征。但他成功了吗？伊丽莎白·皮萨尼在 2000 年之后造访以人人带着一把大刀上街，曾经发生不少流血暴力事件的松巴岛，她特地在市区寻找一张全国地图，结果仅能找到一张放大得非常细致的岛上分区图，却硬是寻不着一张印尼全图。于是她只好慨叹："在松巴岛，国家不存在。"

《印尼 Etc.：众神遗落的珍珠》可说是一个外国人对印尼独立

几十年后在建国等"其他事宜"上的表现考察报告。在这份报告书里，固然有像亚齐人这样逐步放弃独立，于后苏哈托时代民主分权的大势当中找到和平统一新定位的可喜情况。但却还有更多让人忧心印尼会不会渐渐走向分裂的迹象。例如各个地方政府在分享到更大权力之后，开始自作主张、互相争权夺利的情况。但是伊丽莎白·皮萨尼依然乐观，因为"将全国牢牢系在一起的几条线不会轻易被拆散"。其中一条就是庞大的官僚体系，那个经常被外人诟病，贪腐不堪的利益网络。她说：

> 印尼十分重视人际关系，私人义务与公共义务往往交缠在一起，集体合作也和利益输送、营私舞弊产生牵连。虽然许多国际观察家谴责印尼因为贪污而付出高昂代价，但也有少数人认为，利益输送促使印尼将破碎的岛屿和不同的族群结合成完整的国家，是国家统一过程中必须投入的代价。

所以印尼确实是"想象共同体"的好样本，因为这几乎是个不可能存在、更不可能统一得起来的国家。然而，通过一连串将会产生实质效用的政治过程，这一万三千多座岛屿上的居民却可以把大家都想象成彼此利益攸关的印尼人。本尼迪克特·安德森的读者要是看到伊丽莎白·皮萨尼这个判断，想必会记起《想象的共同体》当中关于殖民地官僚迁升的那段有名段落。他们各自带着不同的背景和文化，共事于一座金字塔式的层级结构当中，不断升降，不断迁移，最终可能会走到雅加达。在这个体系里边，他们既认识了来自各个地方的同僚，又对整个体系所覆盖的国土产生了具体的感知，同时还结下了千丝万缕的关系。对这些贯通各地，掌控全国命脉的官僚而言，那种关系就是印尼。所以印尼，当然是存在的。

目　录

印尼分区地图

详见各章附图

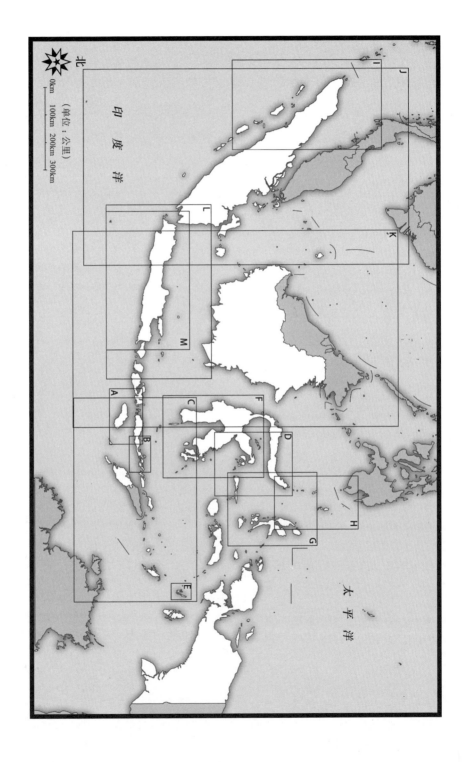

北

（单位：公里）

0km 100km 200km 300km

印 度 洋

太 平 洋

前 言

"小姐！进来见见我奶奶吧！"在印度尼西亚共和国（下文简称印尼）东南方默默无闻的松巴岛（Sumba）上，一位笑容灿烂的小伙子迎我入门。那是二十年前的邀约，当时天气热得像火炉上的煎锅，四处灰尘弥漫，我步履蹒跚走在一条沙土路上，口渴到快不行，心里想着：有何不可？说不定他奶奶会讲几个故事给我听，陪她喝一两杯茶肯定是件愉快的事。于是我费了番力气爬上一道梯子，来到一座竹栈走廊。几名年轻人在那儿敲锣打鼓，制造一阵恼人的噪音后，旋即躬身穿过低矮的玄关，一溜烟地消失在不见天日的暗处。我借着竹席墙的缝隙透进来的点点微光，瞥见一幅耶稣画像，还看见一个像是装着脏衣服的大袋子被搁在一张竹椅上。除此之外，屋里空荡荡的，不见老奶奶的踪影。

"等一下！"小伙子摸了摸那个洗衣袋，然后顺手解开袋口，拉掉覆盖在顶端的布巾，老奶奶终于现身。她昨天刚辞世，依当地习俗，四日后才会发丧，中间这段时间，每天须接见前来吊唁的客人。小伙子替归天的奶奶道了声"幸会"，我们就坐下来喝茶。

印尼总是充满这类令人跌破眼镜的奇事。比方说，一位身兼苏丹¹和全国商会会长的总统候选人，在宫廷里养了一批据说可带来好运的患白化病的侏儒。一名地方警长会向别人解释如何召集一群没干过坏事的鳄鱼，让它们来指认另一只吃掉人类的不肖同类，好活捉那畜生。在这个国家，你可能有机会和某个乐于承认自己为了增加预算而故意延长一场游击战的军事将领共饮啤酒，也可能陪某个死人喝茶。

这的确是个不可思议的国度。领土涵盖一三四六六座岛屿，居民种族超过三百六十个，方言多达七百一十九种²。它之所以存在至今，是因为境内的火山土壤与海洋气候相结合，孕育出令欧洲人趋之若鹜的各种香料，而较欧洲人先一步踏上印尼诸岛的阿拉伯、印度和中国商人，曾与各地亲王和苏丹做买卖。欧洲人认为此种贸易方式无法满足其商业利益，遂引进垄断企业，日后给印尼带来了大小冲突、殖民活动、剥削统治及独立战争，现代印尼正是由这段残破的历史拼凑起来的国家。

1945 年，开国元老宣布印尼脱离荷兰殖民统治之际，全文仅寥寥数语的独立宣言有云："我们是印尼子民，在此宣告印尼独立，将尽快谨慎完成权力转移及其他事宜。"³

此后，印尼一直在处理所谓的"其他事宜"。

世界上有许多殖民国家曾经为生存而奋斗，不再接受昔日殖民

1　苏丹，伊斯兰教国家统治者的称号。印尼为全世界穆斯林人口最多的国家，信徒占总人口 85% 以上，16 世纪末伊斯兰教成为优势宗教以来，爪哇和苏门答腊等地分立了许多封建苏丹国，印尼独立为现代国家后仍予以保留。——除特别标明，本书页下均为译注

2　数字难以确定。2012 年印尼统计局的报告指出，根据政府公布的清单，印尼共有一七五〇四座岛。然而，2011 年地理信息系统（GIS）与联合国共同举行的一项调查中，排除了只在退潮时才会露出海面的小岛，因此报告中提到的岛屿总数为一三四六六座。调查人员认为，印尼全年有人居住的岛屿介于六千至七千座之间。——原注

3　本书书名《印尼 Etc.》即由此得名。该句原文为：Matters relating to the transfer of power etc. will be executed carefully and as soon as possible.——编注

统治者所划定的疆域，然而像印尼这种不得不将众多生存元素混合在一起的国家实属罕见。印尼国土环绕地球赤道，跨距相当于从伦敦到伊朗首都德黑兰，或者从美国阿拉斯加州的安克雷奇到东岸的华盛顿特区那么长。位于苏门答腊岛（Sumatra）西北端的亚齐省，住着笃信伊斯兰教、五官略似阿拉伯人的马来族（Melayu），并骄傲地给自己的居住地冠上"麦加[1]走廊"之名。坐落在亚齐省东南方、与之相距约五千二百公里的省份是巴布亚，占据了新几内亚岛（New Guinea）西半边大部分地区，居民皮肤黝黑。我初访当地时，发现许多原住民一丝不挂，男性仅以葫芦遮掩生殖器，但他们却发展出某些复杂的农耕技术。巴布亚省和亚齐省居民惯吃的食物、吹奏的音乐、祈求的神祇、所属的种族都不一样。两地之间的其他省份，还存在着各种多彩多姿的文化，并采取彼此迥异的方式引领古老传统融入现代社会。

当今地球上每三十个人就有一人以印尼为家——据最新统计，印尼人口已破两亿四千万，世界排名第四。首都雅加达比其他任何城市都更喧嚣嘈杂，全国约有六千四百万人（超过英国总人口）使用脸书，却有八千万居民（相当于德国人口总和）无电可用，另有一亿一千万人（与墨西哥人口总数相当）每日生活费低于两美元。

印尼拥有一长串"世界最大"、"数量繁多"、"成长最快"的统计名单，然而正如该国企业家里亚迪（John Riady）[2]所言："印尼恐怕是最被世人忽略的国家。"

1988年，我以路透社记者的身份首度被派驻印尼时，对这个国

---

1 麦加，伊斯兰教第一圣城，穆斯林会尽最大努力争取一生至少去麦加朝觐一次。
2 里亚迪，生于雅加达的华人，"里亚迪"为印尼名，中文名为"李白"，现任印尼第二大财团力宝集团（Lippo Group）副董事长，其父李文正为共同创始人之一，集团主要投资亚洲各国地产、超市、百货公司、娱乐及服务业。

家也是几近一无所知。1983 年，年仅十九岁的我曾经扛着背包去过爪哇（Java）和巴厘岛（Bali），也曾为了探访红毛猩猩而在北苏门答腊省短暂停留，于是产生了几个印象：印尼是个友善多变的国家，尽管日常生活一团混乱且难以预料，却存在着异常精致的文化，你会看到身披蜡染华服的舞娘们随着加麦兰（gamelan）乐团[1]演奏的旋律，在精雕细琢的神庙建筑群的阴影底下曼妙地扭动双手。

那时我脑海里的印尼地图只聚焦在爪哇岛上，就跟大多数外国人一提起印尼便想到爪哇没两样。爪哇面积与希腊相当，仅占印尼领土 7%，但全国 60% 的人口（一亿四千万人）都挤在这座岛上。因此，首都雅加达当然是设在爪哇；自 12 世纪以来，爪哇统治者便对印尼群岛众王国产生程度不一的影响。路透社指派我从印度首都新德里转移阵地到雅加达，而且是在发布调职令的十天前才通知我，当时我压根儿不知道这个国家还包含其他数百种文化，记忆中只对崇拜印度教的巴厘岛妇女头顶着神庙供品、姿态优雅地款款摆动身体，或者是印尼东方的迷人珊瑚礁、苏门答腊或加里曼丹（Kalimantan）的酷热丛林、印尼西部的精彩冲浪活动还有些印象。

接下来的两年半，每当我可以忙里偷闲、不用报道每日股市行情，就四处溜达晃荡，努力认识“印尼”。我曾探寻红毛猩猩的足迹，追踪分离主义者的反叛活动，造访盗挖黄金的矿工和非法移民，也曾与雅加达的银行家、当红影星和昔日政治犯共进午餐。于是我的印尼话愈说愈流利，和当地人的对话也变得愈来愈有趣，然而当我得知的事情愈多，才逐渐意识到外界有多不了解这个国家。世人永远无法预期印尼发生的一切。

1　加麦兰，爪哇与巴厘岛的传统音乐形式，通常在宗教仪式、婚礼、割礼等重要场合演出，完整的乐团至少囊括锣、鼓、笛、木琴等二十种不同的乐器，并以两两成对或四个一组的方式演奏。

由于军方对我报道的正确性（尤其是关于亚齐省即将爆发内战的消息）意见纷纭，我在 1991 年离开了印尼。后来印尼军事发言人努哈迪（Nurhadi Purwosaputro）将军在澳洲布里斯本的喜来登大酒店，以私人笺纸亲笔写了封短信寄给我，内容如下：

> 我想因为你是记者，我们始终维持着相当正式（职业性）的关系。此刻我认为我应当以军事发言人的身份郑重告诉你，你已善尽职责且表现优异，对于我国人民、政府、国事与真正面临的问题皆有深入的了解。
>
> 现在你的职务已有变动，我只把你当热爱印尼的普通人看待。

努哈迪接着表示，下次我回雅加达时，务必接受邀请去他家做客。此人曾经恬不知耻地欺骗大众，隐瞒同僚残忍对付亚齐、巴布亚、东帝汶以及印尼其他动乱省份的真相。他捏造的谎言往往理由牵强、几近荒唐，有时为了避开我们这些记者的追问，还会从后门溜出办公室。有一回，他在我的截稿日期逾时很久以后，才为了先前没能及时针对某次小型屠杀事件表达意见而来电致歉，理由是：当时他奉命将总司令视为圣物的一把短剑送回该长官出生地，忙得没工夫跟记者们谈话。

这种无厘头的事情难免令人抓狂，但我发现它也带了点趣味，一位高级军事将领居然会因为不想开门见山地抖出战友的残忍行径，而跟一名外国记者胡诌神剑的故事。虽然我常恨不得扭断努哈迪将军的脖子，但实在没办法讨厌他，而且他说对了，撇开诸多政治领导者的恶形恶状不谈，我的确热爱印尼。

2001 年，我怀着这份情愫重返故地，此时与抗议学生包围国会大厦，导致苏哈托（Suharto）结束三十二年政权一事已时隔三秋，而我在离开印尼的十年间也转换了跑道，成为专攻艾滋病的流行病学家，返回雅加达之后的任务是协助印尼卫生部追踪艾滋病扩散情形——印尼的毒品注射者、跨性人[1]、性交易工作者、男同性恋、囚犯之间艾滋病感染率虽高，但卫生当局巴不得这些人不存在，宁可对他们视而不见。接下来四年，我照旧四处奔走，也看到印尼呈现迥异于往昔的风貌。我有一半的时间必须和基层公务员一起被关在某些省会的三星级旅馆里参加讲习会，整天与书面协议、投影报告，还有无数黏糊糊的蛋糕为伍。而我在这些场合中发现，印尼官僚似乎没有我以前想象的那么颟顸无能，但自私心态丝毫未减。

其余时间我大都在隐秘的巷弄中跟毒品注射者打交道，或者与从事性工作的跨性人在人行道上边走边聊，要不就待在装潢俗丽、方兴未艾的男同性恋俱乐部里，而且总会发生奇遇。有一天，我在一座肮脏的火车月台上跟一名身上刺青的毒虫闲聊了几句，他不但请我喝芬达汽水，还告诉我："小姐，我们本来想抢劫你，但你实在满有趣的。"除了遇见怪咖，我也跟某些奇人建立了友谊。比方说，我认识一位曾是雅加达知名性工作者的人妖，至今仍不时在网络上收到他提供的摄影建议。

2005 年，我再度离开了印尼，但每年总会设法回当地待几个星期，而且还是住以前住过的房子，用从前用过的手机，骑昔日借来的摩托车，找同样几位老友去某些省份游荡。我开始觉得待在这个国家仿佛交了个身材巨大的"坏男友"。他会撩动我的感情，令我思绪活跃，时而令我开怀大笑，待我温柔体贴，时而与我共享如胶

---

1 "跨性人"（transgender）是指在心理或装扮上部分或全盘翻转性别角色的个人或团体，与通过注射荷尔蒙或动手术来转换性别的"变性人"（transsexual）不同。

似漆、有点令人羞于启齿的亲密关系。接着我又发现，他也会忘记重要纪念日，用言语冒犯朋友，说一堆低级谎言。当你以为你真的了解他，他就露出马脚或原形毕露。一旦摸清这个坏男友的底细后，你明知会以眼泪收场，却不断重蹈覆辙，继续和他交往。

有时候，无论你多想赏他一巴掌，总会期待别人也能欣赏这头怪兽、能再多了解他一些。然而，过去这些年来，我早就习惯了一件事：每当我在伦敦或纽约酒会中向别人提起"印尼"两个字时，他们总是露出紧张茫然的表情，心里肯定在想："噢，天哪，印尼……是柬埔寨、越南还是泰国附近哪个国家……的新名字吗？"

2011 年岁末，我决心写本有关印尼的书，把我的"坏男友"介绍给世人认识，也让自己有借口在这个国家多待一段时日，以便进一步了解我为他付出真情的这些年来，他是如何改头换面的。于是，我暂时抛下伦敦公共卫生顾问的工作远赴这万岛之国，打算自印尼东南部展开旅程，然后大略以逆时针方向穿越东方诸岛。一切顺利的话，我将跨海北上苏拉威西岛（Sulawesi），再西进婆罗洲（Borneo）和苏门答腊岛，接着去苏门答腊东南地区绕一圈，最后从聚集了印尼近三分之二人口的爪哇岛离境。

我对行程规划只有粗略的概念，一方面想去追踪早年在印尼旅游时邂逅的某些人的下落（搞不好还能见到在松巴岛请我和他奶奶一起喝茶的小伙子），一方面也渴望探访全然陌生的地域，但我的计划只能到此为止，因为在印尼，计划永远赶不上变化。船班不是迟到三天，就是根本没开，航班会在半空中临时更改目的地，新的签证规定会突然把你赶去边境，意外的遭遇会打乱你的行程。

不拟定任何计划还有一个理由：印尼仿佛变幻莫测的万花筒，拥有五彩缤纷的组合元素，并随着每一次的历史和环境变迁而产生不同的模式，我不敢奢望能窥其全豹。虽然我想捕捉印尼的庐山真面目，也想探究他是拉着哪几根"红线"将不同的岛屿和文化牵系成一个完整的国家，但我心知肚明这个国家在我旅游期间肯定是说变就变，我尝试窥探印尼全貌的过程中，每每只能看到零星的片段。

因此，我采取流行病学家惯用的原则之一：随机取样。换句话说，如果你无法研究每个人，又想了解一大群人发生了什么事，最好的办法就是随机挑几个样本。与其事先安排好要去哪里、跟谁交谈，不如相信只要我去的地方和观察的人够多，就可以将零星的片段拼凑出一幅完整的印尼画像，揭露某些深刻隽永的印尼特质。

我只抱着一个原则上路："凡事点头就对了。"因为印尼人是地球上最好客的民族，盛情难却——跟苏丹喝杯茶怎么样？乐意之至！一起参加婚礼游行吗？恭敬不如从命！要不要参观麻风病院？当然要！愿不愿意跟游牧家庭睡在大树下？有何不可？晚餐吃狗肉可以吗？呃，行啦！这个策略使我在印尼得以畅行无阻，踏足闻所未闻的岛屿，成为当地农夫、教士、警察、渔民、老师、司机、军人、护士家里的座上宾。我大部分时间不是搭乘船只，就是坐着一路颠簸、漆着俗气颜色、播放着震耳的印度流行歌、车顶晃着晕吐袋的巴士旅行，不过有时也能幸运地钻进包机或是坐上装有深色玻璃和皮质座椅、受到严密保护的私家轿车。一路走来，我多次获得善意的款待，鲜少聊到政治腐败无能、法律不公不义、百姓命运悲惨的话题。

我总共花了一年多的时间游走诸岛，偶尔才会经过最热门的观光地点，例如巴厘岛某个海滩酒吧（里头挤满了身材保养得宜、脸上略带风霜、和巴厘男孩腻在一块儿的白种男人）以及雅加达某餐厅（该餐厅专为那些想趁着华尔街股市开盘和手上黑莓机吱吱作响以前，赶紧喝杯安神酒的银行家和股票经纪人提供餐饮）。不过我发现，我骑着摩托车、搭着巴士、乘着渡轮长途跋涉两万一千公里，又搭着飞机航行两万公里的过程中，遇到这些场合的机会少之又少。总而言之，印尼有三十三个省，我去了二十六个。虽然这本书是从印尼群岛的历史演变以及我和这位"坏男友"初相遇的经历拉开序幕，不过大部分篇幅都在描述此行发掘的故事。这个国家与我的认知颇有出入，他迷人的多样性和强劲的凝聚力超乎我的预期。

第一章

不可思议的国度

当好大喜功的民族党（Indonesian National Party）领袖苏加诺（Sukarno）宣布印尼独立后，他解放的不是个具有完整实体的国家，而是仅凭想象统一了表面上拥有共同历史和少许共通文化的一大片破碎岛屿。草草拟就的独立宣言只提到"将尽快处理其他事宜"，而且是在参与第二次世界大战的日本骤然投降两天后仓促公布的。日本曾在1942年侵略荷属东印度[1]，陆续将荷兰殖民者赶出印尼群岛。印尼民族党本以为这是件可喜可贺的事，因为他们极不信任白种人，谁叫荷兰人用搜刮民脂民膏的手段统治了印尼三百五十年呢，可是后来才发现，日本鬼子跟荷兰人一样可恶，只是表现方式不同罢了。苏加诺及其党羽匆匆宣布独立的用意，就是想让印尼诸岛脱离任何贪婪外来者的魔掌。

"日本鬼子饶不得啊。"此言出自东印尼一位渔夫母亲的嘴里。

---

[1] 东印度，1800年至1949年，荷兰政府长期统治印尼，并称之为"东印度"。第二次世界大战期间荷兰本土遭德军占领，政府被迫宣布终止与当时最大贸易伙伴日本的贸易关系，引起日本愤慨，遂展开侵略印尼的行动。

2012 年年初，我曾在渔夫家过夜。这位母亲的脸庞已变得像蜜饯一样皱巴巴，但年轻时肯定是个美人胚子，她说："他们实在太——残忍了，只想强奸没出嫁的姑娘。"

这是我询问她年纪时所引起的话题，但她摸不清自己究竟几岁了，只说日本鬼子来的时候她已成年。我问她那时的生活怎么样，这位老妇人摇了摇头，然后动作僵硬地使尽力气站起来解释："他们命令一伙男人挖了个坑，然后叫两个男的在坑边站好，还给他们的眼睛围上一块白布，接着就从后面喀、喀两下。"

她一边回忆七十年前亲眼目睹的场面，一边目光炯炯地比划着蒙眼动作，并举起一只干瘪的手朝自己的脖子后面砍了两下，然后摇摇晃晃坐回椅子上说："他们的脑袋滚到了坑里面，其中一具尸体还挂在坑边，直到有个日本兵推它一把才掉进去。"

数十年后，某日本公司在她家附近开了个珍珠养殖场，一批来自东京的主管想了解一点地方特色，于是参加当地的导览。"那时我就坐在市场里卖鱼，还用日语招呼他们，跟他们讨价还价，他们都吓了一跳，没料到我这卖鱼的老太婆居然会讲日语，后来他们把我的鱼统统买走了，"她笑着说，"我让他们付了四倍价钱哦。"

欧洲人比日本人捷足先登的主因是，他们在印尼各地市场发现了香料和其他财富；现今的印尼正是因为这些贪婪的荷兰商人才团结起来。欧洲人尚未登陆之前的几个世纪，阿拉伯和亚洲贸易商已和印尼群岛各封建领地做过生意，他们在海风协助下远渡重洋来到印尼，人类史上大部分的远程贸易也是由海风带动。每年的某段时间，赤道附近的信风[1]会改变风向，在中国和印度（为当时两大生产

1　信风，从副热带高压气团吹向赤道低压气团的风，受地球自转影响，北半球吹东北风，南半球吹东南风，因年年反复定期出现而得名。古代商船皆为帆船，商人善用信风的规律性出动帆船从事航海贸易，故信风亦称"贸易风"。

国和消费国）之间的海面上，为两国商船提供一条便于通行的运输航道。12月至来年3月，来自中国的东北风袭向南方。自6月到9月，海上的东南风又迅速朝北吹至印度。因此，举凡想在印度和中国之间运送丝绸、棉布、瓷器、铁器、茶叶和银器的商人，不是得翻越喜马拉雅山，就是得通过现在的印尼领海。

在风向不定的过渡期，印尼群岛的贸易活动往往陷入停顿，外来贸易商就利用这几个月，停留在某些热闹的港口装卸货物、整修船只、补给食物，甚至跟当地女子通婚，顺便为下一批生意取得货源。肉豆蔻粉和晒干的丁香花苞来自东方的乌鲁古群岛（Maluku），西端的亚齐区和苏门答腊的苏丹国可供应胡椒，地方领主争相吸引商人和船长们前来自己的封地，有的港口是供应贩卖胡椒的最佳渠道，有的商港以提供安全仓储名闻遐迩，有的港埠收费低廉，贸易商也比较不易遭人抢劫。据说马可·波罗在1290年左右从中国返回意大利的途中，曾通过印尼海域，他如此形容爪哇港口的繁忙盛况："此地迭有船舶往来、屡见买卖货物、获利丰厚之商贾，岛上珍奇繁多，不及备载。"

如果你随便挑个印尼现代贸易城的市场逛一逛，说不定会发现那里的景象和气息，非常接近马可·波罗在七百多年前所描述的见闻。你会看到一堆歪七扭八的摊子紧挨着彼此，每个摊子皆以老旧的包装箱、废弃的家具、没人要的木板条、上届的竞选旗帜任意拼凑而成，没有人在乎摊贩的外观，摆在桌上的货色才重要。某个摊位将一大摞红辣椒堆放在一块白色粗麻布上，看起来像座火山似的。隔壁的摊位摆着几个如同魔术方块的木箱，第一箱塞满肉豆蔻粉，第二箱装满胡椒粒，第三箱是干燥丁香花苞，另外二十二个排排站的箱子，则是盛满姜黄、老姜、南姜、香菜子，还有各式各样你瞧不出是什么但用舌头一尝就能辨识的香料。你还会看到一堆被草绳绑住脚的螃蟹，在一块石板上吐泡沫。市场角落伫立一间老杂货铺，店里一根柱子上挂着一顶顶可供辛勤耕作的稻农遮阳之用的棕榈叶斗笠，店内还摆着一根根竹扫帚和椰纤扫把、一个个可放在小火炉上炖汤用的平底大肚陶锅。

如今全国市场也出现大量专利药品贩卖者，他们拿着时新道具四处兜售商品。我参观某个市场时，瞧见一群观众正聚精会神地聆听一名江湖郎中透过吵死人的迪斯科音响，努力推销某种可治百病的药草，身旁摆着一具面向观众的人头模型，人头从中一分为二，半边是俊秀的年轻脸蛋，另半边露出面部的肌腱和突起的眼球。不远处有位妇人沉默不语地坐在几片看来像泥巴、上头布满窟窿、中间穿着绳子的圆饼上，我猜那是某种植物的块茎，但其实是泥巴筑成的蚁窝。她向我打包票，只要切下一块上等蚁窝熬煮成汁，即可用来治糖尿病和高血压。妇人隔壁有位长了一对招风耳、留着两撇八字胡的老翁，把摊位分成两半：一半卖的是装在可乐瓶里、看起来黏糊糊的黑药水，他又是干咳又是吐痰地向我解释，这叫"山王水"，能治肺癌，是以某种长在火山上的植物根部提炼而成；摊位的另一半摆着几小堆烟草，还有用来卷烟草的干叶子。

市场里的商人一律用"国语"而非"方言"与我和其他可能乐于掏腰包的顾客交谈。他们彼此通用的语言，其实是贸易商使用了数千年的一种马来语。很久很久以前，一波又一波的外国商人，纷纷乘着商船从印尼群岛之间的几道海峡，通过操着各种方言的岛屿社区。波斯人在 7 世纪统治过印尼，尔后阿拉伯人取而代之，继而又有来自印度西部古加拉特邦以及东部柯罗曼德尔海岸的印度人上岸，中国人则在 12 世纪开始大量出现，这些外来者的共通点是热衷于贸易。后来拥有各种肤色、出自各类族群的诸岛居民，在为一篮篮珠母贝、一捆捆檀香木、一笼笼天堂鸟、一袋袋胡椒粒以及一堆堆软绵绵的海参讨价还价时，一律说马来语，就跟现在一样。尽管各岛居民私下交谈时，还是习惯采用数百种土语，但几乎人人都会说印尼话，给观光客带来一大便利。印尼话是公众场合的语言，来自不同背景、聚集在大城里的印尼人，在日常生活中也都说印尼话。

　　商业影响了印尼群岛的宗教和语言。自 7 世纪以降，与印度商人同行的学者，将印度教和佛教传入苏门答腊南边的室利佛逝[1] 王国——日后成为当地原住民建立的第一个海上商业帝国，统治者靠贸易累积庞大财富，足以建立军队，征服邻岛，将佛教渡海传播至爪哇，招纳远在今日泰国和柬埔寨南边的封臣国。金碧辉煌的庙宇开始在爪哇中部平原和丘陵勃然兴起，世上最大的佛寺"婆罗浮屠"[2] 于 9 世纪在爪哇落成。另一个崇拜印度教的王朝也不甘示弱，建立了令人惊艳的"巴兰班南"寺庙群[3]。

　　下一波商人是穆斯林，分别来自南亚、华南和中东。由于共同的宗教信仰有如商业润滑剂（商人可一起用餐祷告，顺便谈生意），印尼诸岛的贸易商遂成为最早接受伊斯兰教的一群人。爪哇的王公贵族们逐渐扬弃梵文姓名，开始采用苏丹称号。到了 16 世纪初，爪哇岛的统治者几乎悉数改信伊斯兰教，唯独崇奉印度教的巴厘岛仍保留印度式宫闱和种姓制度。

　　印尼群岛拥有许多不同的封建领地，各地居民从不认为自己归

1　室利佛逝，中国唐朝对苏门答腊的古称，又称三佛齐，建国年代不详，7 世纪开始向中国进贡，鼎盛时期势力范围北至马来半岛，南及爪哇岛，因地理位置优越而成为贸易强国，亡于 14 世纪末。

2　婆罗浮屠，为夏特连拉王国所建，意为"山顶的佛寺"，与中国长城、埃及金字塔、柬埔寨吴哥窟并列为"古代东方四大奇迹"，被列入联合国世界文化遗产。

3　巴兰班南，由马打兰王朝于公元 850 年左右建造，为印尼及东南亚最大的印度教庙宇，也是联合国世界文化遗产，寺庙群计有八座主庙和二百五十座或大或小的独立神庙。

属于某个领土完整的大国。然而，由于商人频繁往返于各岛，世居岛上的小老百姓变得乐意包容和接纳彼此的差异，养成一种几近调情的好客态度，这些岛屿也成为诱惑外来者探险的地方。

不过，这么开放也有缺点，导致印尼成为欧洲人的俎上肉，也改变了彼此的经商手法。

君士坦丁堡于 15 世纪中叶遭土耳其人攻陷后，欧洲的基督徒商人再也无法随心所欲地向亚洲的穆斯林商人采办货物。当时，香料是欧洲富裕家庭食品柜中不可或缺的食材——在没有冰箱的年代，香料可防止肉类腐败及掩盖臭味。欧洲人若想继续拥有供应无缺的胡椒、丁香、肉豆蔻，势必得直接远赴种植这些香料的岛屿搜寻货源。1497 年，葡萄牙探险家达伽马（Vasco da Gama）绕着非洲南端航行，并发现通往东方的海路后，这个心愿终于可望实现。葡萄牙人迅速找到正确航道，可直奔盛产宝贵香料的马鲁古群岛（昔称摩鹿加群岛或香料群岛），第一个目的地就是遍植丁香的火山岛特尔纳特（Ternate）。该岛蜿蜒崎岖的海岸边，坐落着一个热闹非凡的城市，城中尚保留两座葡萄牙碉堡和一座苏丹宫遗址。如今，较大的那座碉堡一部分是军营，一部分为政府办公处。有些军眷将洗净的衣物披挂在碉堡内的旧大炮上晾晒，几辆挂有红色公家牌照的休旅车载着身穿制服的公务员通过一道凯旋门前往破旧的办公室。至于那座苏丹宫，则是风华尽失地站在市立足球场后方的小土丘上，像是一栋突兀的乡下木屋。

那座王宫曾经富丽堂皇。1579 年，英国探险家德雷克（Francis Drake）临时起意登陆特尔纳特岛，作为环球航行的最后一站，并写下参观苏丹宫的感想。这位海盗出身的航海家什么金银财宝没见过呢，但依然对当地的苏丹腰缠金布、脚踏红鞋、手戴硕大金链和六枚戒指（镶有两颗钻石、两颗绿松石、一颗红宝石和一颗翡翠）留下了深刻的印象。

> 他端坐于王位，右侧立一面宝扇（其上密布刺绣，满缀蓝宝石），宫中闷热至极，扇叶以凉风送爽，为国王舒心。[1]

在德瑞克那个年代，苏丹王座早已不再安稳舒适。葡萄牙人打着自由贸易的口号，用大炮给苏丹宫轰出了好多窟窿，他们并非只要一些香料，而想全部搬走。葡萄牙人以为贸易是一场零和游戏，只要某方败阵，则他方必胜，但事后证明，那些洋人不太擅长玩这种游戏。

根据德瑞克的记载："葡萄牙人……欲立专制政府以号令地方百姓……残杀国王。"他们的计划引火自焚；特尔纳特老百姓群起反抗，赶走了葡萄牙人。于是其他欧洲人——西班牙人、英国人、荷兰人——接踵而至，竞相在马鲁古群岛采购香料卖到欧洲，导致产地价格上涨，欧洲利润下跌，令远洋贸易商大感不悦。1602 年，荷兰商人决定采取行动，联合成立荷兰东印度公司。

东印度公司是全世界第一家股份有限公司，初期投资者达一千八百人。公司成立后大肆宣传，带动了世界最早的股市交易；第一艘商船尚未起航，初期投资者便哄抬价格，出售手中股票。十七位董事承受巨大压力，必须为股票持有人创造利润。他们提高获利的第一步是：垄断香料市场，剔除来自其他欧洲人的竞争，实行策略则是：贿赂＋笼络＋暴力。

1　引自 Francis Drake, *The World Encompassed by Sir Francis Drake... Collected Out of the Notes of Master Francis Fletcher... and Compared with Divers Others [sic] Notes That Went in the Same Voyage*, ed. Francis Fletcher (London: Nicholas Bourne, 1652). ——原注

17 世纪的马鲁古群岛一如今日，北部的许多人家每逢采收季节，就把丁香树上一簇簇的粉红花苞打下来，孩子们将摘下的花苞铺在棕榈叶编成的圆盘上，大人们再把盘子抬到椰子叶搭盖的屋顶上晾干。那些花苞经过连日的风吹日晒，变得皱皱、黑黑、弯弯的，欧洲人会把它们放在圣诞节喝的热葡萄酒里添加香气。7 月是晒丁香花苞的季节，如果这个时节你在马鲁古群岛的某个小岛附近航行，恰巧海上飘来一阵风，那么你可能还没见着陆地，就闻到圣诞节气息了。

东印度公司打算买下每一朵丁香花苞，没想到事与愿违——马鲁古群岛北部几乎家家种丁香树，他们宁可把花苞卖给穆斯林商人，也不愿交到这些浑身是毛的白种异教徒手上。后来东印度公司十七位董事想了个馊主意：砍倒马鲁古群岛所有的丁香树，只保留安汶岛（Ambon）上的植株。他们为达目的不择手段，于是付给当地苏丹一大笔钱，开启了长达三百多年贿赂和笼络地方领主的传统。

肉豆蔻市场较易垄断，因为当时全世界只有一个地方生长这种香料：班达群岛（Banda）。这些蕞尔小岛与世隔绝、地处深海之上，大多数地图几乎看不见它们坐落于何方。荷兰人的笼络策略对它们起不了作用，因为这些小岛拥有坚不可摧的村落式民主传统，荷兰人在当地根本找不到可以行贿或恐吓的苏丹、国王、中央政权。班达岛居民与荷兰人签下贸易协议后，却把肉豆蔻卖给英国人。1609年，东印度公司派军到当地兴建一座碉堡，竟遭岛民伏击，牺牲了一位海军上将和三十三名部下。十二年后，荷兰人采取了史无前例的大规模报复行动。

2012 年元旦我在班达岛四处闲晃时，发现东印度公司迄今仍阴魂不散。例如，当地某间教堂走道两旁尽是该公司为历任总督立下的墓碑，一座废弃花园前面两扇厚重的锻造铁门上刻有该公司标志ＶＯＣ[1]，这标志不仅被嵌入路石、围墙和大炮中，还被用来装饰散布于该岛的几座碉堡拱门。其中气势最雄伟的贝尔基卡碉堡威风凛凛地俯瞰港口，俨然在警告驶近的船只：别给荷兰人惹麻烦。去过班达岛的观光客，恐怕会认为东印度公司比较像军队，不太像经商企业。要是你看过当地博物馆悬挂的一幅油画，这感受会更强烈。油画中央有个体格壮硕的日本武士佣兵，他全身赤裸只缠一块腰布，双腿鲜血四溅地站在死人肢体堆中，一脚踩着从某个被砍下的头颅掉出来的一颗眼球。一条条锦蛇扭动身躯爬出尸体胸腔，一只只断掌自深红血滩伸出来。背景有个光溜溜的婴儿爬到呼天抢地的母亲大腿上，她穿着伊斯兰服饰，在那面无表情的日本武士准备举剑砍杀一名班达岛英雄之际，恳求对方垂怜。一名荷兰佬挥舞着来复枪，另一名荷兰士兵踢倒一个犯人。画面中间还有五名班达岛长老眼神茫然地俯视着刺穿他们身体的长矛，数艘飘扬着荷兰旗帜的战舰停在海湾远处。

　　这是一幅歌颂暴力的画作，所描绘的事件也充满血腥味。1621年，东印度公司野心勃勃的新任总督库恩（Jan Pieterszoon Coen）带头发动这场大屠杀。十二年前，他还是一名年轻商人，曾目睹上司遭到班达岛统治者偷袭杀害，于是以牙还牙，采取灭族行动。他派手下除掉他们认为成不了好奴隶的岛民，把剩下的居民运到海外，致使当地人口从一万五千人锐减至数百人。库恩滥用武力虽遭十七位董事申斥，却还是从董事们手上领到了三千基尔特（guilder，荷兰货币单位）奖金。

1　VOC，荷兰文 Vereenigde Oost-Indische Compagnie 的简写，意为"联合东印度公司"，一般习称"荷兰东印度公司"。

丁香与肉豆蔻垄断事业固然为东印度公司贡献了巨大收益，不过他们也为巩固这些事业付出了高昂代价。该公司因爪哇亲王之间时起纷争，而陷入一连串所费不赀的战役，以至于没有心思经营与中国之间的高获利贸易，接着就开始出现亏损，最终于 1798 年破产。当时东印度公司只差四年就可以举行成立两百周年的庆祝活动，而且员工多达五万人，拥有近一百五十艘商船和数十艘战舰。由于该公司显然"大到不能倒"，荷兰王室遂接收其财产及债务，并接管荷属东印度殖民地，直到一百五十年后遭日本入侵为止。

不过，荷属东印度究竟涵盖哪些岛屿，始终是个无解谜题。东印度公司倒闭之前，已在爪哇岛和盛产香料的马鲁古群岛建立起威信，控制苏拉威西岛的繁忙港埠望加锡，并且在苏门答腊岛设有一两个前哨站。接下来一个半世纪，荷兰王室循序渐进地将触角伸向更广大的领域，但接管这些岛屿的荷兰殖民统治者也和往日的东印度公司一样，对赚钱兴趣比较大，不太关心当地人死活。他们砍倒苏门答腊的丛林，以种植橡胶与可可；为取得咖啡、茶叶、蔗糖、烟草，而铲除爪哇、苏拉威西和其他岛屿的灌木林；并大肆开发土地，以便挖掘锡矿、金矿和凿井取油。要是有哪座岛或哪个地区生产不出荷兰商人感兴趣的东西，殖民者就让当地王侯继续作威作福，直到 19 世纪 80 年代才画下句号。

在印尼旅行的本国人和外国人，第一个会听到的问题是："你从哪里来？"印尼是个商业国家，当地人一看到生面孔，自然而然会这么问，因为他们想知道这个陌生人可能带来什么生意、购买哪些东西、出现何种行为。不过，从这个问题也能看出印尼人对其他国家（包括对前殖民者）抱有哪些好玩的想法。

从前我一听到这问题就头大，不知该如何作答，因为虽然我妈是在英国长大的苏格兰人，但我十四岁以前从未住过英国，往后三十五年岁月中，也只在那里正式住过五年。我曾祖父是纽约意大利移民，我爸妈就是在移民局排队通关时认识的，那时我爸靠着搭便车环游世界，我妈也是搭顺风车游遍欧洲。我在美国中西部一座城市（我老把它的名字拼错）出生，在德国、法国和西班牙长大，这辈子住在印尼的时间，其实比待在其他任何国家的时间来得长。但我每天都听到一堆印尼人问我："你从哪里来？"而我的答复慢慢地归结为一个："我来自英国。"

二十多年前我初次寄居印尼，并承认自己是"英国人"时，总会听到这种反应："哇！英国人！黛安娜王妃！"如今全世界几乎都能从电视上看到足球转播赛，印尼人一听说我来自英国，他们的反应也变了："哇！英国人！曼联！"[1]我还常听他们说："真希望印尼过去是英国而不是荷兰的殖民地。"

我问印尼人为何有此一说，他们提出的理由不外乎：第一，荷兰人只会巧取豪夺，不思回报，而英国人帮印尼建立了国家制度。（我又问他们对荷兰人完成的重要工程、灌溉系统、港口建设有何看法，他们的答复是：荷兰人搞这些玩意儿只是为了更有效率地抢走我们的东西。）第二，荷兰人蓄意对印尼人施行愚民政策，而英国人会教育民众。第三，荷兰人派政治官员执行朝令夕改、对升斗小民没半点好处的司法制度，而英国人拥有独立司法系统，法律面前人人平等。

这些意见并非来自史家或学者，而是出自我在船上和咖啡摊前遇到的小老百姓、卡车司机、庄稼汉和助产士的口中。我还发现一

1　曼联的国际营销部抓住了印尼民众的人心与荷包，例如印尼的金融银行（Bank Danamon）特别为国内"追逐时尚的运动迷"发行"曼联"信用卡。——原注

个有趣现象：虽然印尼人老爱数落荷兰人的种种不是，过去七十年来，却甚少力图扭转他们遗留的歪风。我猜是因为荷兰人开始剥削印尼诸岛以前，各岛早已存在统治者横征暴敛的恶习。

欧洲人改变了贸易活动的游戏规则，并采取更有效率的方式成立香料种植园和萃取厂，而印尼诸岛众多国王和苏丹在欧洲人来临前，即已长期榨取农民税收与劳力，为永无止境、彼此对立的战争提供经费。在前殖民时代，印尼的知识阶层仅限于从印度和中东前来巡回讲学的学者以及少数与他们进行交流的朝臣。司法制度因统治者为所欲为而荡然无存，位居爪哇心脏地带的殖民地只要买通时生龃龉的皇亲国戚，让他们做大官，就能巩固权力。于是这些达官贵人依然故我，在百姓面前炫耀财富，撑着频频转动的金伞出门参加盛大游行，照常耍脾气、当大爷、收税金；可是回到自己的宫廷后，却得乖乖将他们搜刮而来的税收呈递给荷兰王室，只能从中领回一笔薪资。

如果荷兰主子提出更多要求，这批贵族就变本加厉压榨人民血汗。自 19 世纪 30 年代以来，印尼农民一向是想种什么就种什么（大部分是给家人吃的粮食），现在却得保留部分农地，栽种殖民政府以固定价格收购的经济作物，还得前往荷兰商人开垦的大农场义务劳动好几天，为荷兰国库增辟财源。有段时期，荷兰一半的国家收入都是从印尼汲取而来。到了 20 世纪初，一批左倾政治家迫使荷兰通过了"伦理政策"，认为荷属东印度殖民政府必须为当时在名义上受荷兰统治的三千四百万名印尼人民的福祉承担一些责任，有义务为享有较多特权的"本地人"子女成立学校。然而，这项新政策依旧阻止不了当时将首都设在巴达维亚（今称雅加达）的殖民政府对原住民宣战。

在爪哇和其他岛屿的某些大农场，居民反抗荷兰人的行动层出不穷，令人憎恶的义务劳动制度也漏洞百出。殖民者始终采取以暴制暴的因应之道，19世纪后期的数十年间，他们愈来愈无法容忍其他岛屿残存的半自治封建领地，巴达维亚政府遂展开强迫列岛接受其政令的活动，结果遭地方统治者反击。1908年以前，距荷兰属地爪哇仅咫尺之遥的巴厘岛地方领袖，一直想摆脱荷兰女王威廉明娜（Queen Wilhelmina）的束缚。印尼群岛最西边的亚齐省，也在1903年前想尽办法击退荷兰人。群岛东方的"荷属西巴布亚"（Dutch West Papua）丛林和沼泽地带的殖民地，更是名存实亡；巴布亚位置极其偏远，印尼独立时甚至尚未划入领土。帝汶岛（Timor）东半部从未出现过荷兰人踪迹，16世纪葡萄牙人遭特尔纳特岛居民驱逐后，便在东帝汶落脚，并长期聚居于当地，直到1975年葡萄牙国内发生社会主义革命才放弃这块宝地，尔后印尼政府迅速派军进驻，并将东帝汶划入第二十七省。

说来讽刺，荷兰在印尼推行立意良善的伦理政策，却为反殖民运动埋下种子。拜此德政之赐，许多年轻"本地人"生平头一遭得以受教育、学荷兰语，进而有机会接触畅谈国家主权、社会正义等新潮思想的书报，于是来自各岛的热血青年前仆后继聚集在爪哇大城，找到一起反抗某个公敌的共同理想，国家观念也逐步在他们脑海中成形。1928年，一群来自印尼群岛的年轻人宣誓，他们将以"印尼儿女"之名，为"一片国土：印尼，一个国家：印尼，一种语言：印尼语"而奋斗。

日后这句话便成为民族党致力推翻荷兰统治者的口号，不过口号喊得太响的反动分子，统统被荷兰人放逐到伤害不了殖民者的偏远外岛。

一度大受荷兰人青睐的班达岛，直到20世纪30年代仍属这类闭塞之地。我曾在当地某条寂静的小街上，发现一座追悼被放逐该岛的政治叛乱分子纪念碑，其中有两位重要印尼民族党领导人：印尼独立后首任总理夏赫里尔（Sutan Sjahrir）以及与第一任总统苏加诺共同签署独立宣言的首任副总统哈达（Mohammad Hatta）。

如今印尼人民早已牢记被列为国定假日的独立日：1945 年 8 月17 日。这一天，各地村民会用竹子编制凯旋门，然后用油漆写上一行贺词：恭祝印尼六十七岁！住在雅加达贫民窟的穷人，也会捡拾废弃的塑料杯，并漆上红白两色，将它们做成立体彩旗串，悬挂在散发阵阵恶臭的运河边。

不过，我在班达岛发现的纪念碑却隐含着一段建国秘事，对印尼独立日的看法与正统说法有出入，碑铭写道：

"班达人民共立此碑以兹纪念印度尼西亚共和国获得独立与主权之日：1949 年 12 月 27 日。"

我想进一步了解这是怎么回事，于是前去参观哈达被流放期间的栖身处。这座故居已成博物馆，是典型的班达式平房，有三道木门和开向一条前廊的几扇百叶窗。虽然当天没访客，但门是开着的，我晃了进去。主卧室一角摆着一张雕刻精美的双人沙发，原有丝绒厚垫被换上凉爽的柳条，沙发前放了张木头茶几，两侧各备一张柳条椅，几上立了一块写着"桌椅组"的木牌，下方有两只空瓶在地面上滚来滚去。墙角一个玻璃柜里，放置了一套西装、一件衬衫、一副眼镜和一双鞋。室内还有一张摆着一台打字机的书桌，此外再没有其他摆设，也没有提供任何信息说明哈达为何被流放于此以及印尼为何有两个独立日。

独立日之所以出现了两个（正统说法是 1945 年，少数人提到是 1949 年），其实是因为荷兰人花了这四年多的时间，才承认他们失去印尼殖民地。

整个 20 世纪 30 年代，印尼民族主义运动在荷兰左派政党推波助澜之下蓬勃发展，但也产生分歧。一派人士认为，工人与农民将拿起铁锤、镰刀赶走殖民者，另一派人士则认为，《古兰经》才是对抗荷兰人最强大的武器。要不是第二次世界大战爆发，双方恐怕还会争论不休。

真正促成印尼独立的因子，是日本出兵占领行动。日军火速攻打荷兰人，粉碎了欧洲人比亚洲人占优势的神话。他们支持"由亚洲人治理亚洲"，并提出建立"大东亚共荣圈"的口号，鼓励苏加诺和其他民族党人为独立自治做准备。日本预料同盟国必然会进攻亚洲，于是将印尼人组成军队，训练大批年轻人使用武器，从事游击战。

接着，美军在广岛投下原子弹，日军投降，印尼迅速宣布独立。在一大串有待国家处理的"其他事宜"中，第一项便是确保殖民势力不再死灰复燃。当时从战败国日本手中接管印尼的澳洲、英国和美国部队，虽不热衷把印尼交还给荷兰人，但在主权转移空档期，同盟国依然视荷兰为印尼群岛合法政权，荷兰也有意索回这块殖民地。

印尼民族党对于如何阻止荷兰再犯一事意见不合，多数领导人赞成以谈判方式达成独立，不过当时最富群众魅力的年轻领袖苏加诺，却独排众议支持打仗，并设法煽动印尼诸岛叛乱，拒绝臣服于荷兰。接下来四年，印尼经历了时断时续的战争和火药味浓厚的外交过程。

印尼开国元勋一如 18 世纪末的美国建国之父，对这个新兴国家最佳政治运作方式产生歧见：该采用联邦制还是建立大一统的国家和强势中央政府。独立后首任副总统哈达和第一任总理夏赫里尔，都出身于西苏门答腊，他们唯恐印尼一旦成为中央集权国家，以爪哇岛为统治中心的领导人必将取代荷兰人，强迫其他岛屿和文化服从其意志。日后出任总统的苏加诺则认为，要将不同的国家组成元素结合在一起，唯有靠强大的中央政府才办得到，并以统治过印尼诸岛的两个古代帝国——室利佛逝和满者伯夷 [1] 为例。事实上，这些殖民时代以前的帝国领土，并不像苏加诺宣称的那么大，而且主要是通过松散的进贡制度扩充势力范围。不过，苏加诺打算改写历史，希望名正言顺地从殖民者手里收复国土，将这个殖民帝国变成共和国，然后坐镇在爪哇的中央政府统辖全国。

苏加诺的计谋未能即时得逞，因荷兰方面认为苏加诺曾与荷兰敌国日本狼狈为奸，于是在正式移交主权的谈判桌上否决了他的意见。当荷兰人提议容许组成"印尼联合共和国"（系荷兰王室领导的共同体）的七个独立邦采取自治后，哈达和夏赫里尔双双签署了同意书。然而，联邦制获得的支持不到一年便瓦解，于是苏加诺打定主意重回老路，矢志成立一个由雅加达主宰的统一国家。

苏加诺是个擅长蛊惑人心的政治领袖，懂得善用民粹主义和群众魅力，既爱作秀又会捣乱，而且头脑精明，早就认清要让大家接受印尼是个统一国家的观念有多难。20 世纪 50 年代初期马鲁古群岛、西苏门答腊、西爪哇以及苏拉威西岛的叛乱活动，便凸显出一个事实：并非所有"印尼人"都赞同苏加诺为中央集权勾勒的愿景。

苏加诺为使全民接受其统一国家的概念，于是创造了一套政治哲学，也就是众所周知的"建国五原则"，归纳如下：

1　满者伯夷，13 世纪于东爪哇兴起的印度教王国，16 世纪前统治过马来半岛南部、婆罗洲、苏门答腊和巴厘岛。

（一）信奉上帝——苏加诺强调"信仰唯一上帝"，但并未指明是哪个上帝，目的在于遵守宗教自由原则。政治立场与苏加诺相左的苏哈托（也是苏加诺接班人）认为，这项原则可抵制共产主义。

（二）人道主义——苏加诺期许印尼发扬公正且文明的人道精神，这概念可能是受到某些开明爪哇统治者的影响，也得到多位专权统治者的支持。

（三）国家统一——根据苏加诺的解释，这点可防止封建制度再兴；苏哈托则认为，统一全国，可让军队堂而皇之涉入国民生活每个层面。

（四）民主政治——此原则主张政治代表们经过深思熟虑后，以共同智慧来领导民主。苏加诺意在防范西方的对立式民主，苏哈托则打算把所有民主体制摒除在外。

（五）社会正义——苏加诺和苏哈托对于"为全民建立社会正义"的原则有不同解读，苏加诺拥护社会主义，容许国家干预经济；苏哈托支持资本主义，认为可通过自由市场政策逐步造福全民。

虽说每个印尼人都能背诵"建国五原则"——就像再怎么离经叛道的基督徒也能将"主祷文"倒背如流一样——但苏加诺祭出这些原则后，始终未能带动民族主义思潮，让大家接受统一概念。于是苏加诺改弦易辙，打算动用武力、哗众取宠。为了促进全国统一，他必须帮印尼人民寻找某个共同敌人来取代荷兰人，因此打算挑起几场战事。

引发第一场战争的因子，与荷兰尚未归还属地有关。当初荷兰把属地移交给印尼民族党领导人时，并未交出富藏矿产的西巴布亚。苏加诺说，那块地是我们的，于是向联合国求助。对一个新生国家来说，这是个胆大妄为的举动，虽然当时大多数会员国站在印尼这一边，但还不足以迫使联合国采取行动，因此苏加诺不断煽动同党与荷兰人作对。1961 年，他派伞兵部队进入巴布亚，意图夺回领土。尽管在大多数印尼人眼中，那块土地属于他们的国家，但少数巴布亚人却不作如是观 [1]。

后来，苏加诺把矛头指向印尼北方的马来西亚。当时这个前英国殖民地也组成新的联邦国家，并罔顾苏加诺的反对，将婆罗洲的沙巴和沙捞越并入联邦，两国关系恶化。苏加诺为抗议马来西亚获得安理会席位，愤而退出联合国。

苏加诺的种种大动作，的确可促使民族主义深植人心，却无法分散民众对全国经济崩坏、政治结构脆弱的注意力。从宣布独立到 1955 年举行首届合法选举这段时间，印尼总共换过十四次内阁，获选进入国会的政党多达二十八个，苏加诺领导的民族党所占席位最多，但只险胜排名第二和第三的两大伊斯兰政党。共产党因接二连三制造叛乱而成为新成立政府军的眼中钉，却获得民意调查的肯定，六次选举均大获全胜，位居第四大党。然而，频繁的选举活动对于政局的稳定并无太大助益，国会反而更加扰攘不安。

性情急躁的苏加诺终于失去耐心，他素来不欣赏针锋相对的议会政治，主张印尼比较适合遵守爪哇村落传统，由某个睿智长老带领村民通过讨论达成共识——符合"建国五原则"第四条。1957 年，苏加诺宣布他将扮演全国长老的角色，并发挥爪哇人能言善道的特长，将独裁统治美其名曰"指导式民主"。

1　1962 年，荷兰在联合国接管一段时间后，同意将西巴布亚移交给印尼统治，条件是巴布亚居民有权决定自己的未来。印尼于 1963 年接掌当地政府，继而在 1969 年实施"自决法案"，许多部落长老在大量驻军鼓励下，投票赞成将当地并入印尼领土，西巴布亚终于成为印尼一省。自此以后，巴布亚人（所属种族与文化有别于印尼各岛居民）一直在为"领土合并"之事起争议，这问题也因为近年来的政经发展而日益复杂且持续恶化。——原注

苏加诺是个作风大胆、眼光独到的思想家，在位期间始终广受爱戴。不过他指导政治的手法，显然跟好莱坞导演如出一辙，而且不计成本，巴不得全国人民在他的指挥下，成为这出政治大戏的临时演员，剧本内容则是反殖民主义。由于荷兰人曾为谋取经济利益统治过印尼，苏加诺认为"反殖民主义"就是"反资本主义"的同义词，因此，1945 年颁布的印尼宪法，坚决对私有企业采取敌视态度，并强调国家必须掌控所有自然资源和重要生产部门。

苏加诺的做法只给那些以贸易维生的外岛居民带来苦恼，对爪哇岛也没有太大好处。由于经济凋敝、就业不振，愈来愈多爪哇年轻人加入苏加诺的政治大戏，动辄举行集会、上街游行。当穆斯林青年和共产党青年在街头对峙，苏加诺主张印尼不该受宗教摆布，令共产党士气大增。20 世纪 60 年代中期，印尼共产党自称拥有两百万到三百万名党员，人数之多仅次于中国和苏联。

作风极端保守、意图干预"指导式民主"的印尼军方既讨厌共产党，也不欣赏穆斯林的政治言论，但军事将领们只能忐忑不安地对愈演愈烈的政治乱象干瞪眼。1965 年 9 月 30 日晚上，情况有了转变。民众长期接受的官方说辞（其实根本不合逻辑）是，当天晚上有一批军官与共产党密谋推翻苏加诺政权。但这种情况似乎不可能发生，因为军方普遍憎恶共产党，怎么可能和对手连手除掉共产党的重要支持者苏加诺。官方还说，那群"叛军"杀害了六位将军，占领了国家广播电台。后来时任战略储备队指挥官的苏哈托出手救援，镇压叛军，安定局面，并保护苏加诺总统人身安全。学校里的孩子们都是这么被教的，然而没有人告诉他们，日后苏哈托在家中逮捕了这名前任元首并取而代之。

关于这次叛变，还有许多其他论述，大都由外国人出版，提出的论点包括：苏哈托一手策划了整件事，至少已在事前得知；这是一桩军队内讧事变，苏哈托只是在恰当的时间、恰当的地点善加利用罢了；这场失败政变是由美国中央情报局、英国军情六处主导，或是双方合作的阴谋。

不论真相如何，该事变掀起了声势浩大的反共宣传活动，军方继而展开报复杀戮行动。许多小老百姓满腔热血地参与其事，不同族群滥用暴力清算各种旧账。东爪哇穆斯林起身反抗长期与之对立的共产党，巴厘岛每二十人中就有一人遇害——死亡率为印尼之最。虽然印尼共产党口口声声说他们会保护当地印度教徒，以免这些教徒被下流卑鄙的无神论者欺负，不过对于拥有特权和土地的巴厘岛贵族来说，他们带来的威胁更大。北苏门答腊帮派组织和商业利益团体密切挂钩，设法暗杀试图将农场工人组织起来的共产党。西加里曼丹达雅克族（Dayak）利用这次共产党叛变的机会，开始将华人赶出当地。

这场大屠杀消灭了一整个世代为社会奉献的行动派，并斩草除根不让他们有复生可能。它阻碍了政治辩论的发展，也导致印尼公民对政治忠诚有所忌讳。最终结果是：苏哈托顺利掌权。

第二章

多元而统一

　　雅加达最高档的四季酒店，犹如印度拉贾斯坦邦的著名水上宫殿，矗立在一片洪水汇集而成的湖泊中，而湖水漫流过高速公路和酒店入口之间的凹地。一名穿制服的警卫看守着高耸的大门，眼前坐落着两栋蓝色的巨大洗衣房，屋里挤满衣冠楚楚、稍显紧张的客人，他们都是利用从酒店维修部偷来的梯子爬进洗衣房的。由于雅加达再度进入洪泛期，头脑机灵的酒店员工便自创了一项非正式服务：将客人护送到不淹水的地方，收费不含在每晚二百五十美元的房价中，有时双方还会在中途重新议价。

　　雅加达不是个令人一见倾心的城市，而是一座土地宽广、市容紊乱、自私自利、野心勃勃、崇尚消费、看似无远弗届的大都市。它拥挤、污秽、喧嚣，建在一片沼泽地上。虽然洪水年年来报到，但市民都很天才，能把这里的变幻无常化作种种优点。市民的人数也很可观，荷兰人离开时，全市只有六十万居民。日后市界逐年向外拓展，总面积超过六百六十一平方公里，40%的土地低于海平面。到了2011年，该市人口已达印尼独立当年的十七倍，并且将周边城镇一并划入都市区。如今大雅加达区是仅次于大东京区的全球第二大都市，市民有两千八百万人。市区建有完善的供水与排水系统，还有高耸入云的摩天大楼和美轮美奂的购物中心，但旧运河两旁尽是违章建筑，河里积满垃圾。

这里比不上东京，市内没有值得夸耀的大众运输系统，交通堵塞由来已久。不过，这问题可难不倒当地的超级富豪，例如我认识的一名富翁，小时候每天由私家直升机送去幼儿园，但其他市民哪个没尝过程度不一的苦头。中下阶层只能又推又挤地搭乘班次有限的老火车和脏巴士，要不就骑着摩托车穿梭于混乱的车阵中，梦想着有朝一日能拥有一部四轮车。大街上每年总会再涌入二十万辆汽车，意味着交通流量更大、通勤时间更长。雇得起司机的有钱人，在私家车上配备移动办公室，为的是更有效地善用他们在交通堵塞的马路上所耗去的光阴。若干年前，市政府决心改善市区主干道拥堵情况，规定高峰时间每辆车至少须乘坐三人才能上路，结果是上有政策、下有对策，脑筋动得快的居民再度想出应变之道。几天之内，许多道路支线上，经常可见失业者自告奋勇钻进有钱人家的空调车，充当额外乘客。

诸如此类的市民小创意，是我爱上雅加达的原因。1988 年我初次卜居城内时，这个首善之都已有不少光鲜亮丽的办公区和交通拥挤的大马路。那些带了点浮夸现代感的办公区，置身于一大片铁皮屋顶、简陋住宅、复杂巷弄以及散发着刺鼻味的市场中，犹如分布于汪洋大海里的几座岛屿，看来并不令人生厌。但我在印尼卫生部任职那段时间（2001 年至 2005 年），这些岛屿变大了，海洋却缩小了。不过，每当我骑摩托车在这座低洼城市的小路里钻来钻去，或者在设有空调的办公区之间猛抄捷径，依旧能窥探我最爱观察的小市民生活，那才是雅加达的真实面貌。我曾看到一名小学生坐在屋里用功读书，还用双手紧捂着耳朵，免得听见三个弟妹在旁争吵的声音。我也曾看到一位年轻爸爸用水桶在街上帮尚在学步的孩子洗澡，一名裁缝师骑着单车经过他们身边，车后摆了个工作台，上头架着一具老旧的胜家牌（Singer）缝纫机，单车把手上挂了一块李维斯（Levi's）的广告牌。

现在的雅加达只残留少许昔日的影子。2011 年我在城内四处奔波为印尼之旅做准备时，曾在某条小路再度遇见一名流动裁缝师，他也载着一具老旧的胜家牌缝纫机、也还在替李维斯牛仔服做广告。然而，从前市区里的狭街窄巷，还有为它们注入生气的居民却一一消失了。这位裁缝师在股票交易所和林立于街头的五星级酒店之间的马路上慢慢踩着脚踏车，遭到来自四面八方的商人咒骂，那些商人都开着豪华休旅车准备赶赴下一场交易，没耐心从他身旁绕过去。那真是令人忧伤的景象。

如今的雅加达满城尽是购物中心、公寓大厦、快餐厅和印多超市（Indomaret）——该连锁便利店伫立在每个街角，店里空调开得很足，弥漫着鸡肉热狗烟熏味。市区里还充斥着价格不菲的寿司餐厅、装潢俗气的酒吧夜店，以及光灿夺目、卓然挺立、象征国家繁荣的摩天大楼。印多超市与设有门禁的社区就跟麦当劳汉堡店一样，占领了大街小巷，整个市区的扩张也几乎毫无节制。2011 年我骑着摩托车努力在市区绕来绕去，以便搜寻渡轮时间表和旅行用的蚊帐时，发觉雅加达愈来愈不讨人喜欢了。它已经不是我在二十五年前认识的那座城市，一切改变要从苏哈托交出政权说起。

1988 年路透社将我调到雅加达工作时，我们的新闻编辑室是个昏暗沉闷的房间，里头只摆了几台黑底闪着绿色荧光字的笨重电脑屏幕，只听得到男同事们高谈阔论。

此时苏哈托已经在位二十一年，是个其貌不扬、沉默寡言、讲求条理、自奉甚俭、把国家的稳定看得比什么都重要的独裁者，也是一位了不起的领导人，作风和前任总统苏加诺大异其趣。苏加诺总是摆出高瞻远瞩的民族救星姿态，多次出席大规模集会，苏哈托则像个忧心忡忡的大叔，努力为某些推动家庭计划的诊所站台；苏加诺曾号召后殖民时代的各地领导人发起不结盟运动，苏哈托则是召集农民力行把老鼠赶出稻田的运动；苏加诺风流韵事不断，有过四段婚姻（最后一任妻子是在日本酒吧认识的未成年舞女），长久以来引起不少八卦，而苏哈托与妻子"田妈妈"[1]结婚五十载，未给民众制造太多闲话。

苏哈托外表毫无魅力可言，被我们戏称为"老头子"，却是无数趣味话题的来源。驻雅加达的外国记者们，总有机会参加一连串鸡尾酒外交晚宴，也总会聊些趣闻，我很快便适应了这种小圈子生活，并且在绿叶繁茂的门腾区，租下一栋荷兰殖民时期建造的小别墅。房子坐落于一条窄街后方，在街上来来往往的主要是一些推着手拉车的流动小贩，每个小贩都以独特叫卖声推销自己的东西，"叮—叮—叮"卖的是炒面，"咚—咚—咚"是卖肉丸汤，卖沙嗲或蔬菜的小贩则吆喝着"嗲—嗲—沙嗲呀！"或"哟—哟—买菜哟！"。

有几个流动小吃摊就开在我家庭院一株点着蜡烛的缅栀（俗名鸡蛋花）树下，我的爪哇朋友们为此感到不解，他们以为缅栀应该是属于墓园的植物。记者、外交官、较敢大发议论的印尼知识分子，不时围坐在这些摊子的餐桌前臧否人物，谈论谁上台、谁下台，评断这位部长未出席那次鸡尾酒会，究竟意味着"老头子"不满军方某个派系，还是对某个特定商业集团发出警告。由于当时政坛有许

1　苏哈托夫人本名哈迪娜（Siti Hartinah），田妈妈（Ibu Tien）是印尼人对她的昵称。

多状况未明，什么事都可能发生。

　　一位聪明绝顶、极端自信的英国年轻外交官本杰明（Jon Benjamin）老爱提起他所谓的"老鼠屎"理论，例如部长没在鸡尾酒会露脸，最可能的原因是他的司机忘了给车子加油。他反复强调，印尼取消与新加坡的联合军事演习、贸易代表团延迟访美、预定播放副总统公告的广播电台遇到停电，全是因为某个地方的某个人把事情搞砸了。随着某些事件的发生，往往证明他的理论是对的。

　　苏加诺企图通过个人影响力把"印尼"捏合起来，苏哈托则是运用官僚制度将国家牢系在一起。这位沉默寡言的军事强人，固然常把国徽上的座右铭"多元而统一"挂在嘴边，但也十分明确地表示，他宁愿舍弃多元而支持统一，因为统一比较单纯，多元较难处理。于是，一群奉承者硬是把"多元"包装成苏哈托能接受的形式，例如将地方服饰改成朴实无华的样式、让传统舞蹈扬弃搔首弄姿的动作。

　　我到路透社履新第二天，就见识到苏哈托版本的"多元"。"走吧！我们带你去瞧瞧这个国家！"我的印尼同事们说，随后就把我带到一条两旁罗列着玻璃帷幕办公区的通衢大道，途中经过几尊苏加诺时代为了提振无产阶级士气而树立的巨型雕像，不一会儿的工夫，便来到苏哈托夫人设计的一座主题公园"小印尼"。我们搭乘缆车在一片宽阔的人工湖上方摇来晃去，湖中散布着几个形似印尼主岛的小岛。下了缆车后，又在几座新盖的展示馆附近逛了一圈。展馆共二十七座，每座代表一个省份（当时印尼只有二十七个省），里头陈列着各省传统建筑模型以及身着传统服饰的假人（其中没有一个是裸露上身的巴厘岛女子或是缠着骷髅图腰布的松巴岛战士）。有一间展馆可见印尼各个合法宗教崇拜所，包括天主教和基督教教堂、印度教神庙、佛教舍利塔，当然还有伊斯兰教清真寺，却看不到象征数百种民间信仰的展示品（例如宰牛仪式范例以及被当做供品的胎儿胞衣）。后来我才发现，这些民间信仰始终和苏哈托批准的宗教并存着。

　　苏哈托夫人把较"原始的"文化从"小印尼"展馆剔除之际，苏哈托本人也在全国各地建立统一的象征和机构，但这些普及全国的国家象征多半含有爪哇特色。每个星期一早上，学校里的孩子们会一边唱着国歌，一边注视男女生代表神色庄严地升国旗。除了国歌之外，印尼还有其他颂扬国家统一的歌曲，其中一首名叫《从沙璜到马老奇》（"From Sabang to Merauke"），沙璜位于印尼西北角，马老奇则是印尼东南角的一座城市，这首歌就是在赞美两地之间一连串的岛屿结合为一个国家。一位巴厘岛朋友曾说："我小时候总是非常骄傲地穿着红短裤立正高唱《从沙璜到马老奇》，当年什么都不懂，对爪哇的一切照单全收。"

　　苏哈托主政时代每个星期六，从亚齐省到巴布亚省（两地相隔五千公里，跨三个时区）的全国公务员也会举行升旗典礼，他们一律穿着款式雷同的爪哇蜡染服，衣服上都饰有象征建国五原则的老鹰图。这些被刻意强调的国家统一象征物，可以对外来者产生一点抚慰作用，因为你在任何陌生的印尼城市，总会看到几样你认得的东西。我知道每栋办公大楼、每所学校和宗教场所外头，都会挂上载明其用途和地址的白色告示牌。每个村落的入口，都有一块用木板精心手绘的彩色指示牌，上头写着："家庭福利联盟十大计划"。该联盟表面上是个草根性妇女组织，其实是爪哇中央政府率先提出、成立、构想再复制到全国，并由各省省长夫人负责监督的组织。这些被称为"夫人"的女士代表某个中上阶层，她们仿效苏哈托夫人"田妈妈"的打扮，个个绾起头发，喷上发胶，盘成一个比蜂窝圆但比传统发髻蓬松的大包头。她们会捧着柔滑细致的粉饼在脸上涂涂抹抹，手上留着恐怕会把小孩吓出心脏病的长指甲。虽然她们的妆容很像库伊拉·德维尔[1]与《日本天皇》[2]音乐剧演员的混合体，显得不怎么端庄高雅，但她们提倡的"十大计划"却灌输了贤妻良母应尽的家庭义务，并且涵盖具体（健康、食物）和比较抽象（了解并实践建国五原则）的内容。

　　20世纪70年代，为消除地方差异，使官僚体系走向现代化，苏哈托努力帮全国建立统一的政府架构。从前的地方社区向来根据各自传统成立地方组织，例如加里曼丹的达雅克族，会接受某位德高望重的长老督导，在公共议事厅中集会；西苏门答腊的宗族们，则是在公有土地上聚会。苏哈托借去除这些差异来破坏地方文化根基，力图建立一套全国统一的基本制度。政府主要分五个等级：国、省、县、乡、村，各级政府直属于一套指挥系统。苏哈托削去各省决策权，钦点省长为首都雅加达效命——许多省长出身于军旅，有些人籍贯是爪哇，所有人都忠心耿耿。他还提供两支正规军做这些省长的后盾，其中成员大半也是爪哇人。第一支正规军由武官担任，受命"身兼二职"，可介入上至省、下至村的居民生活，第二支正规军则由文官组成，两者的职掌始终界线不明。

　　我在苏哈托执政期间前往印尼东部旅行时，很少听到公务员讲方言，也不常看到黑皮肤、卷头发的种族（例如巴布亚省的美拉尼西亚人［Melanesians］）出任公职。大多数政府官员不是爪哇人，就是来自教育水平较高的其他地区，当地居民都把他们当异类看。1991年，我在毗邻澳洲北方的萨武岛（Sawu）旅行时遇到的一名

1　库伊拉（Cruella de Vil），迪斯尼卡通片《101忠狗》里长相丑陋、面色惨白的坏女人。

2　《日本天皇》（The Mikado），以19世纪日本为题材的英国音乐剧，剧中演员都在脸部涂抹厚粉。

农夫告诉我："我们这里每天只能吃一顿饭，其他时间都喝棕榈糖水。那些公务员就不一样了，他们每天能吃到三餐。"

当地居民眼中另一个异类，是来自爪哇的"越区移民"或"内部移民"。这些人都是穷苦的农民，由政府出钱让他们从人口过剩的爪哇乡下搬到其他较空旷的岛屿。此类移民计划其实从荷兰统治时代就出现了，那时叫"殖民"，后来苏加诺明智地改称"越区移民"，盘算着每年将一百五十万名爪哇人（连同他们的价值观——服从指挥、集体合作）送到其他各岛，以达同化国人之目的。然而，苏加诺比较善于勾画愿景，不太擅长付诸行动，因此他在十五年内送出的越区移民人数，仅达目标人数千分之一。

苏哈托也和苏加诺一样，巴望着政府支持的越区移民可促进全国统一，于是加强实施该计划，每年从爪哇和巴厘岛迁出约三十万人。一位负责执行计划的部长说："我们打算通过内部移民的方式……把所有种族融合成一个国家——印尼国。将来不同的种族会因为融合而消失，全国只剩一种人——印尼人。"[1]

如果那位部长以为，这些移民会心花怒放地在咖啡馆里跟当地人谈情说爱，然后安居乐业生几个真正的"印尼"宝宝，他就大错特错了。事实上，这些移民都自成一体，像糯米团似的聚集在取了家乡名字的村落。20世纪90年代初我去亚齐省东北部参观过的一座移民村，是我在印尼所见最荒凉偏僻的地方。这个从森林开垦出来、与一座橡胶园相邻的小村叫做"西多穆里欧"，是个爪哇名，村里几家小店也都冠上爪哇大城的名称，像是"梭罗农产"、"玛琅理发"，可是店外全部封上了木条。大多数住宅已没有比较值钱的

1　引自 Brian A. Hoey, "Nationalism in Indonesia: Building imagined and intentional communities through transmigration," *Ethnology* 42, no. 2 (Spring 2003): 112. ——原注

家当，都是上锁的空屋。我朝某个屋子里偷窥，只看见散落在地板上的玩具，还有搁在餐桌上的半杯茶，唯一生命迹象是一群饥肠辘辘的狗。

接着，一位老先生骑着一台古董摩托车出现了。我问他村民都到哪里去了，老先生说他们因为不受当地人欢迎而远走他方。那时亚齐省的反叛分子曾指控雅加达窃取当地资源，愤而发动一场对抗中央政府的游击战，然而受害最深的，却是无一技之长也无半分土地的农民，被一心想促进全国统一的政府误送到此地。西多穆里欧的村长在半夜遭人刺杀身亡后，村民相继弃村而逃，这桩刺杀案很有可能是游击队所为。

亚齐省移民蒙受迫害，只是地方对中央政府表达不满的一个极端例子。话说回来，有些地方的移民纵使能与当地邻居和睦共处，他们还是习惯讲家乡话，种植自己在家乡种的作物，成立类似爪哇或巴厘岛加麦兰乐团的音乐团体。这种情况比较像文化移植而非越区移民，难以形成同化力量。

在苏哈托的建国大业中，内部移民是个罕见的失败政策，比较成功的案例是推广电视（这位农家出身的领导者会干这种事，倒是颇出人意料）。

苏哈托心知肚明，如果他想消弭苏加诺时代的动乱，让国家以比较稳健的步伐前进，势必得改善国民的健康、教育以及农耕技术，还须善用一个平台以昭告全民：他们在打造这个光荣国家的过程中所扮演的角色，他认为电视就是这个平台。20世纪70年代中期，印尼发射了一枚传播信号可覆盖全国（以及东南亚大部分地区）的人造卫星。虽然这是印尼百姓无力负担的大手笔行动，但无疑为苏哈托提供了一个传声筒，可向全国人民宣传国家发展进程，同时向全球暗示：苏加诺时代的动乱之门已经牢牢关闭，一扇新造的现代之门即将开启。

人造卫星一升空，政府便开始为全国发放"公用"电视机，每年送出五万台。这些电视通常摆在村长家里，全村人可聚在一起观赏晚间节目。那时只有一个电视频道 TVRI，外岛的电视屏幕上，骤然充斥着报导全国发展现状的影像和商业广告。雅加达当局不少人开始担心这些广告恐将对国家不利，他们认为电视台替某些消费品向少数买得起电视的大城特权阶级打广告是一回事，但是让住在乡村和偏远岛屿的穷人看到大量专供富人享用的消费品又是另一回事。卫星电视应当发挥的功能，是将全国不同族群融合成"印尼人"，而不是把他们变成一群"想要却得不着"的不满分子。

1981 年，苏哈托饬令禁止电视播广告，"旨在避免形成有碍发展精神的负面效应"，并利用多出来的时段广发他意图散播的信息，TVRI 也不遗余力地播放响应家庭计划、善尽国民义务、努力为国争光的枯燥内容。许多研究显示，通过电视倡导家庭计划成效特别显著，因为凡是获赠公用电视的村子，生育率很快就下降。

1989 年，TVRI 垄断市场的局面被打破，苏哈托率先将民营电视台营业执照发给其子班邦，旋即又将执照发给女儿图图[1] 和堂弟苏威卡莫诺，并准许家人从拉丁美洲进口连续剧、任意为节目播广告、公然宣称电视可达社会教化之目的。最初这些民营电视台的观众仅限于都市上层阶级，尔后各电视台逐步设法取得卫星传播渠道，让电视节目走入苏哈托子女绝对不会涉足的穷人家中。

苏哈托少时家贫，初中便辍学，后来因为从脚踏车上摔下来，

1　苏哈托共育有三男三女，班邦（Bambang Trihatmojo）是排行老三的次子，图图（Tutut）为昵称，本名西蒂（Siti Hardiyanti Rukmana），是排行老大的长女。

扯破了仅有的一套像样衣服，只好放弃银行工作去从军。他在军中平步青云，大权在握，但始终惦记着爪哇农民，盼能改善他们的生活。成为国家领导人后，他旋即着手实践这个理想。虽然苏哈托指派军事将领监控印尼人民的生活，但明智地把经济管理重任交给一小批精明干练、行事谨慎的经济学家，其中不少人曾获美国福特基金会赞助，在加州留过学，因此被称作"伯克利帮"。他们的第一项举措是振兴农业，使得印尼从世界最大稻米进口国变成稻米净出口国。

"伯克利帮"观察到韩国等国因扶植民营外销产品制造业而致富，因此举臂欢迎外国投资者，并鼓励国内企业生产外销货。于是，印尼的经济繁荣起来，儿童就学比例上升一倍，国民享受基本医疗服务的机会大增。苏哈托在总统任内的头二十年，是通过提供对国民足够的照顾，让大家脚踏同一条船，并听从船长命令的手段来维持国家安定的。他努力平衡各方势力，如果军中天主教徒声势太强，难以安抚，他就分一点好处给穆斯林知识分子。他准许军人监管荷兰时代留下的大型国有企业，目的在于让劳工安分守己，不敢闹事。他招揽外商公司前来印尼投资，并要求外商与提供政治献金给他的本国商人合作。

世界银行经济学家称后者为"高成本交易"，其他人则称之为"贪污"。不过，打从20世纪80年代初开始，外商是真的想在印尼投资，因为只要向苏哈托妥协就能享有安定。于是许多投资者对军事高层及其亲信行贿，认为这是换取安定的合理代价，却对其他代价视而不见，而付出那些代价的往往是反对伐木与采矿以及遭到武力威胁而噤声的社区、要求最低工资而受伤躺在医院的工人、因报导这些事件而被监禁的记者。

多年来，大多数印尼人也选择视若无睹，因为苏哈托提供的安定对他们有利。我向雅加达路透社报到当天，与我办交接的记者扔了一本刚出版的苏哈托英文自传到我办公桌上说："你读过以后给我们两句评语吧。"他看我一副惊慌失措的模样，又补上一句："里面可能有提到非法处决人犯的故事。"后来我发现，苏哈托果真在自传中提起二十年前，他曾下令国防部长不经审讯处决两千名普通罪犯，以"杀鸡儆猴"。于是我跑去附近餐馆打听"公众舆论"，料想某些印尼人或许愿意向我透露他们对此事的看法。后来有个居民耸着肩膀对我说："那些犯人被处决以前，我女儿在天黑以后都不敢上街，现在她敢走夜路了。"该事件落幕后，他的女儿和其他数百万比较胆小的孩子，都能安心地上学，获得适当的健康照顾，每天晚上吃得饱饱地上床，还可以梦想长大以后要做什么，他们的父母辈就不曾享受过这些好处。

苏哈托和大多数独裁者一样，统治时间极长，超过了法定任期；世人对他在位最后几年的丑态记忆犹新，往往不愿承认他有过任何重要建树。苏哈托执政期间不仅钳制各种政治言论，还将印尼多元文化统一成爪哇模式，甚至挪用大量公款给手下将领、商场亲信以及日趋贪婪的子女享用。这些固然是事实，但他篡夺权位之后的头二十年，的确因大幅改善数千万老百姓的生活而深得民心。

20 世纪 80 年代末期，情况开始严重恶化，部分原因正是人民的生活变好了。由于基本需求获得满足、教育程度逐步提高，人们开始想要更多东西。他们眼看着经济日趋繁荣，所有财富却集中在一小撮人的口袋里，其中当然包括苏哈托的子女，他们长大成人以后变得愈来愈贪得无厌。劳工们听到政府首长在演讲时提起"下渗经济"[1] 这名词的感想是，他们制造芭比娃娃和耐克球鞋为公司赚了

---

1 该理论主张对富人减税及提供优惠政策，当经济增长到一定程度之后，对穷困者所能提供的生产要素的需求会增加，导致这些生产要素价格提高，这样经济发展的成果最终会滴落到穷人身上。

大钱，但那些利润渗到他们手上的速度不够快，于是开始表达不满。当军事将领监管的合资企业相继落入苏哈托子女而非军方的手中后，那些将领也比较懒得镇压劳工抗议活动。

当时的印尼尚未成为容纳异己的大熔炉。我至今仍保留着一件用粗糙的浅蓝尼龙布缝制、上头印着几个数字的衬衫。那块布料原本是一群来自印尼唯一合法工会的劳工绑在雅加达郊区一家鞋厂外头的抗议布条，上面印有细述最低工资劳工法的文字。这群劳工没有诉诸武力，没有发表评论，仅仅在布条上列出应当依法支付工人薪水的公司数目，可是布条只在工厂外面悬挂了半天，就遭到开进工厂的军队撕毁，后来我的几个工会朋友干脆把它剪开做成衬衫。

从前的印尼不会像韩国那般发生群众示威和街头暴动，也不会像印度一样口出恶言反对民主、纠集数百万人举行静坐抗议。1988年我奉命调到印尼时，只见过少数被挂起来之后又被强制拆除的抗议布条，也只遇过几桩民众愤怒洗劫日本商店、不安定省份爆发反政府小型斗殴事件，这些案件起码让记者们还有点事可忙。

那时我租住的门腾区，过去是荷兰人云集的郊区，现在仍是雅加达最绿意盎然的地段。我会从我的别墅跳上摩托车，跑去探索环境比较脏乱的市区，还会跟聚集在码头等着把载货双桅帆船驶向其他小港的水手攀谈。我也会前往有如迷你阿姆斯特丹的旧荷兰城溜达，那里有个鹅卵石广场，运河边鳞次栉比、门面狭窄的典雅高楼如今已无人管理，被堵塞的运河频频发出恶臭，殖民时代的店铺被小商人、小窃贼接收，一群妓女和嫖客聚集在一道列柱长廊下，随着廉价卡带录音机播放的刺耳音乐扭腰摆臀。

由于工作的需要，我偶尔会吸烟。那时候的良家妇女是不碰烟的，但买支香烟和借个打火机，不失为跟街头小贩打开话匣子的好方法。他们对总统官邸周边交通模式的变化了如指掌，也很清楚哪个店家付了保护费给哪个警察分队或军队。

路透社摄影记者恩妮（Enny Nuraheni）常陪我东奔西跑，她是我采访各类犯罪案件的好搭档。为了挖掘新闻，我们常鬼鬼祟祟做些小动作，例如突破警方在发生爆炸案的教堂四周拉起的封锁线，或是声东击西地溜进不让媒体靠近的难民营。我们这两个娇小玲珑的女人，一个是白皮肤，一个有古铜肤色，总是共骑一辆生锈的摩托车，在陌生的市区兜来兜去，看在别人眼里肯定觉得很怪异。眼尖的恩妮一发现有趣的事物就戳戳我的腰，我毫不迟疑地紧急刹车后，她就立刻抄起相机，冲到一只身穿芭蕾舞裙、在路上随手风琴音乐跳舞的小猴儿面前，或是钻进一群穿着西装在股票交易所外头剧烈扭打的男人堆中。这类歇斯底里的打斗，是雅加达股市成长过程中所衍生的行为。1988 年我刚到印尼时，雅加达股市的挂牌股票只有二十四种，而且只准外国人购买八种。有一天，我基于好玩心理大量买下三家上市公司股票，交易额几乎占当日股市营业额四分之一。一年过后，印尼的技术官僚强行解除苏加诺时代实施的管制，上市公司数量顿时翻了三倍，另外还有数十家公司等着挂牌。雅加达的大街小巷不时出现挂了又拆、呼吁"公开上市！"的布条。西装革履的男士们为了取得新发行的股票而大打出手，一份上市申请表索价一百七十美元。与此同时，军人们老是在拆除那些提醒工厂劳工每日应得九十美分工资的布条。

我反复咀嚼印尼殖民史以后发现，是丁香垄断企业将大众的注意力转移到苏哈托政府贪污这档事上头的。

如今印尼丁香最大一群消费者是全国的吸烟客，他们爱抽带丁香味的香烟，是因为丁香可产生两种作用：既是麻醉剂，又能将尼古丁顺利带进肺部。全国每年消耗的丁香烟高达二二三〇亿支，是普通"白烟"消耗量的十三倍。丁香烟多数仍为手卷烟，有些是在仅靠吊扇散热、风速慢得吹不走烟屑的小棚子里卷制，有些则是由身着制服的女工们在设有空调、纤尘不染、十分现代化的工厂里制作。由于厂方会发放生产奖金，她们都以飞快速度卷烟，从工厂高处望下去，俨然在观赏一部快进影片。

印尼生产的丁香约占世界产量的八成，制烟业将大部分国产丁香都变成了气味浓郁、吸入后令人感到慵懒酥麻的香烟。每个谈论政治、家务、稻米或橡胶价格的场合，几乎处处弥漫着这种烟味。苏哈托家族看准丁香带来的商机后，总统小儿子汤米[1]决定仿效东印度公司的致富策略：成立丁香垄断企业。丁香树和青少年一样敏感，只要有过一年大丰收，产量就会长期减少，导致严重歉收，并且持续很久，不知何日方休。汤米宣称，他以固定价格大批收购全国丁香，可替农民稳定市价，但他出售丁香的价钱却是收购价的三倍。

汤米自认稳赚不赔，因为印尼许多制烟公司的大老板都是腰缠万贯的华侨家族，不怕没人买他的丁香。近代印尼人对这些华侨评价不一，老百姓普遍认为他们财力雄厚，也有不少人把他们当压榨者看，不过他们也为印尼提供了经济成长所需的资金和经商技巧。只要华侨不碰政治，印尼人尚能忍受他们日进斗金的事实，华侨也总是尽量避免引起争议。不过，这回华侨拒绝当顺民，多家工厂大量囤积丁香，就是不向汤米采购，最后结局是：印尼纳税人在总统的命令下为汤米解困。

丁香烟事件导致民怨沸腾，也制造了社会压力。打击印尼丁香烟，就好比打翻英国茶。吸烟是印尼人的社交活动，民众每每利用

1　汤米（Tommy）为昵称，本名胡托莫（Hutomo Mandala Putra），在兄弟姐妹中排行第五，下面尚有一妹。

吸烟机会抱怨第一家庭有多嚣张。平素保持沉默的印尼媒体，开始公然嘲笑汤米吃相难看的贪婪举动。向来把印尼当最佳客户看待、甚少对苏哈托提出微词的世界银行，也写了一份报告指陈，垄断丁香乃不智之举，想把这只妖怪收回瓶里谈何容易。

苏哈托的五官特征和印尼遥远东方诸岛拥有塌鼻子卷头发、说话音调平板的居民没有太多相似处，他也鲜少维护那些岛民的利益。爪哇农民就比较讨这位老头子欢心，爪哇农家出身的苏哈托最乐之事，莫过于站在故乡稻田里和农民讲爪哇话、聊皮影戏。苏哈托觉得这些农民才是他的子民，当亲生子女的贪婪行径威胁到爪哇农民福祉时，他选择站在农民这一边。

苏哈托政府为了帮助农民增产，曾在爪哇乡间广设田野学校。1990年某日，我在一间田野学校的稻田里尝到了踩烂泥的滋味。当离开田埂一脚踏进稻田，会觉得自己像被吸进去似的。田里的泥巴在趾间滑动，覆盖住脚踝，泥水同时溅到小腿上，脚丫子继续下陷，接着就碰到土质不算太硬、带着结实弹性的底部。这时不用再担心被泥巴吞噬，可抬起脚来再用力踩得更深一点，泥巴会再度徐徐滑过趾间。这个初体验过程进行得很慢，但好玩极了。当然，这间田野学校里的学员可不是第一次下田，他们在稻田里长大，拥有宽大的脚掌，视鞋子为累赘。他们来学校的目的，是想了解昆虫。

1986年，爪哇的水稻作物曾经毁于一种名叫"稻褐飞虱"的小虫。不过，这些害虫倒是给苏哈托的另一个儿子帮了大忙，让他经营的杀虫剂事业生意兴隆，当时他为印尼农民供应所有获得政府补贴的杀虫剂——一年使用的杀虫剂总计一亿五千万美元。这些农药会先杀死大型虫子（例如蜘蛛和专吃稻褐飞虱的水黾），却杀不死飞虱卵；由于蜘蛛全部死光光，虫卵就在没有天敌的田中孵化，并以稻米为食，还传播病毒。农民的自然反应是喷洒更多农药，那意味着苏哈托的儿子获利更多，病毒却还是死不了，因而导致印尼在1986年损失大批须辛苦耕种、可自给自足的稻米。苏哈托把这桩事看得比家人的收入更重要，旋即撤销补贴，禁用效力广泛的杀虫剂，同时成立数千所我去造访过的田野学校，以便教导农民分辨益虫害虫，减少农药用量。

印尼是全世界第一个把有利于生态的害虫综合管理列为治国政策的国家，但随着苏哈托年岁渐长，具备生态观念的政府官员却日益减少了。20世纪90年代，印尼不知有多少经济利益全被出席苏哈托晚宴的一小群宾客明目张胆地瓜分了。虽然二十年后的今天，印尼的贪污案仍不在少数，不过大多数贪官污吏起码还会遵守"按服务收费"的原则。有些人是因为帮别人拿到新的采矿合约、替别人取得省政府或县政府的批准或者代别人去牢里蹲三四年而分得一些好处，因此现代贪污人士受到大众鄙夷的程度，较苏哈托时代来得轻。苏哈托政府则是厚颜无耻地大肆搜刮农民和企业的血汗钱，然后送进总统子女的荷包。

1991年中期我离开印尼以前，曾在雅加达旧荷兰城中央广场的一栋豪宅举办盛大的惜别晚宴。荷兰统治时期，那幢豪宅是巴达维亚市政厅，后来变成博物馆，里头依然摆满厚重的荷兰家具、金碧辉煌的画像、布满灰尘的吊灯。博物馆由我一位朋友负责经营，他答应借我使用的条件是：他本人或属下不必在事后做任何整理或清扫工作。于是我花了一整个下午刷洗厕所，给庭院中的大理石喷水池填满冰块，把酒冰镇起来，还聘请每天傍晚叮叮咚咚地从我家院子经过的街头小贩提供餐饮，他们一个个推着手推车从市区过来后，就开始在庭院中炒面条、烤沙嗲。

我邀请的贵宾包括：内阁部长和军事将领、异见分子和社运人士、电影红星和名设计师、大牌律师和经济学家。席开之后，我忙着四处介绍大家互相认识，至今仍保留当天的来宾签到簿。我再度回到雅加达后，当年在内阁任职的某些贵宾已身陷囹圄，几位异见分子却成为了内阁成员。

　　当丁香垄断企业变成街谈巷议的话题后，雅加达变得乱哄哄的，原本安安静静的咖啡摊也出现叫嚣谩骂的声音。1997 年 7 月至1998 年 1 月这半年之内，印尼币对美元的汇率，从二千五百卢比换一美元暴跌到一万卢比换一美元。进口货消失了，日用品价格飞涨。苏哈托支持者设法扭转民怨，让大家不再针对贪婪的苏哈托家族发泄怒气，而把矛头转向华人，大肆掀起排华运动。雅加达中国城遭人纵火，数百名华侨妇女被强暴，但是众怒依旧难消，最后大家好不容易才找到真正的泄愤目标：苏哈托。于是学生走上街头，占领国会大厦。过去这些年来，总统恣意纵容家人瓜分军事将领的利益，因此这些事件爆发后，军方只是袖手旁观。

　　1998 年 5 月，苏哈托终于在握权三十二年后辞去总统大位。印尼固然重获新生，但根本没人知道该由谁来抚养这个新生儿。

　　苏哈托下台三年后（与我上次离开印尼的时间相隔整整十年），我重返雅加达与印尼卫生部共事。抵达当地那个周末，一位朋友陪我去中国城逛了一圈。我看到有些商店依然人去楼空，店面玻璃都被砸碎，其他建筑则被暴动期间的大火熏成暗灰色。我们晃进一家书店后，我张口结舌瞪着一张桌子，因为上头堆满讨论中国崛起和社会主义历史的著作；在苏哈托时代，胆敢以此方式陈列书籍的店老板老早被送进大牢了。我正想把这意外发现告诉朋友时，他已经晃到另一张桌子前，桌上也摆了一堆令人不可思议的书，他正在翻阅的那本书叫做《性高潮迭起的女人》。

　　我还注意到其他的变化：播放无聊游戏综艺节目的电视频道一

应俱全，媒体热衷加入口水战，人人乐于发表政治观点，军服在公共集会场合相当少见，包着穆斯林头巾的女性比例大增。我抵达雅加达时，正逢印尼政治改革接受大考验时期。副总统哈比比（B. J. Habibie）继承了苏哈托的元首之位，他在德国受过工程训练，可作风一点也不像日耳曼民族，动辄未经大脑思考便脱口许下夸张承诺。举例来说，他没有事先知会外交部长，就轻易向难以驾驭的东帝汶居民允诺，他们可针对独立议题举行公投。

殖民手段较荷兰人凶残的葡萄牙人，曾经像夹着尾巴的小狗仓皇逃离东帝汶。1975 年印尼入侵当地后，旋即兴高采烈地建立第二十七省，雅加达派遣数千名（大多是爪哇穆斯林）公务员掌管该省（居民全是天主教徒）事务，苏哈托及其支持者认为，他们是在帮助帝汶居民。

我担任记者那段时间，曾三番两次被印尼陆军总部召去接受和帝汶岛有关的再教育，而我得到的信息往往是：帝汶居民普遍对政府不满？你到底是从哪儿听来这消息的？军队很快就靠枪支和铁靴平息了众怒？胡说，没这回事！自认有义务帮我厘清事实的努哈迪将军向我招认，有些军人确实可能在几桩罕见案例中，对当地居民施以少许暴力，不过政府为他们兴建了道路和保健中心，并提供教育和避孕用品，为东帝汶带来了发展（苏哈托式）。雅加达高层人士不断否认当地居民不满的事实，只让记者们报道政府铺了哪些道路。

哈比比对这类消息陶醉不已。因此，1999 年 8 月间，当十名投票者中有八位赞成"叫印尼滚蛋、让东帝汶独立"时，他感到十分错愕，也管不住军队——当时军方发起恶意报复行动，毁坏印尼在东帝汶建造的多项基础设施。虽然哈比比曾推动若干相当激进的改革，但他既未与前任总统划清界限，也未获得军方支持。1997 年，印尼举办苏哈托时代最后大选之际，只有三个合法政党参选，最大的专业集团党（Party of Functional Groups, Golkar）赢得四分之三选票。苏哈托倒台一年后，这个新兴民主国家的政党已多达四十八个，专业集团党在大选中所获选票，仅略高于总票数十五分之一，出身于该党的总统哈比比退位。

继任者是体弱多病、眼睛半盲的伊斯兰教学者瓦希德（Abdurrahman Wahid），别名古斯都尔（Gus Dur）。此人敢作敢为但性情古怪，且毫无从政经验。他在所属政党仅获得13%的选票之后，历经一番政治角力才接掌政权，并且与某些特殊政治伙伴建立了脆弱的结盟关系。2001年5月我抵达印尼时，素来温和的国会对他展开弹劾程序，书面理由是：瓦希德违法放款，对象包括他的男按摩师；真正的理由则是：这位性情耿直顽固的总统，冒犯了他必须仰仗的某些团体。

那段时期，雅加达政治抗议事件频发，我身边老是出现示威群众，我却照旧过着寻常生活，跟年纪小我一半的跨性人、男妓和男同性恋打交道。当时我负责调查艾滋病和这些族群的性行为，发觉这座城市正在变调走样，男人与男人从事性交易的按摩院，竟成为雅加达的新兴娱乐场所，而我第一次住在当地时，城里还没有男同性恋酒吧。不过就我记忆所及，跨性人早就成为雅加达的风景特色之一了。

跨性人的印尼文waria由wanita（女人）和pria（男人）两个词组成，不过他们完全以女性身份过日子，有的还拥有丈夫。虽然大多数跨性人仍保有男性生理构造，但隆乳情况愈来愈普遍。他们在文化上扮演十分独特的角色，之所以见容于社会，部分原因是长期承袭了比苏（Bissu）祭司的遗泽。印尼南苏拉威西省的传统部落当中，人口最多的布吉族（Bugis）将族人划分为五种性别，比苏即属其中一种。他们常被称为阴阳人，且身兼巫医和灵媒；据说现今的比苏仍有能力在出神状态下与神灵沟通，过去的比苏则经常乘着族人打造的大帆船航行于海上。布吉族虽笃信伊斯兰教，但始终愿意接纳这种两性人，"嗯，真主肯定乐意通过比苏传达旨意的，因为阿拉没有性别，既不是男人，也不是女人"。一位布吉族乡长夫人告诉我。过了一会儿，当地一位资深比苏披着美丽的丝质纱笼，坐在铺着布毯的客厅里向我描述，他／她如何用红洋葱治疗从阴茎流出的白色分泌物，还请我提供处理生殖器溃烂的方法。

虽然现代比苏仍会举行半宗教性祭拜仪式，不过一般跨性人比较可能在歌舞秀中演出。这群"不男不女"的人一度扮演了某种政治角色，当民众对政治言论有所忌惮时，有些跨性人偶尔会不知天高地厚，敢于向当权者（至少是对当权者的太太们）说真话。还记得我在苏哈托时代看过一出歌舞秀，演员是一群身披纱笼装模作样地娱乐"顾客"的跨性人，他们头上挽着端庄的发髻，脸上抹着厚厚的白粉，露出完美的"夫人"形象，活脱脱成了苏哈托夫人那帮贵妇的复制品。在顾客中间，沙龙表演闲聊的话题是，某部长夫人跟某执政者搞外遇、哪家外商公司为哪几笔贪污交易提供最多好处、她们的老公想了哪些绝招向苏哈托子女诈财，那时其他人可不敢公然谈论这种事情。我看见观众一边高声尖笑，一边热烈鼓掌（她们手上的指甲都修剪得完美无瑕）。那场歌舞秀的观赏者，几乎清一色是浓妆艳抹、如假包换的"夫人"。

我着手调查艾滋病期间，印尼已历经民主改革，将言论自由还之于民，这些跨性人在过去所扮演的政治角色也就跟着式微了。虽然他们继续演歌舞秀，不过大多数人是靠白天在美容院上班、天黑后到街头出卖身体的方式谋生。因此，我每天晚上会带着一群采访者（包括三位不卖春的跨性人）出门，然后在人行道上逛巡，邀请路人参与我们的调查。跨性人最拿手的本领是在街头抛飞吻、露身材，尖声怪笑地调侃开着汽车或骑着摩托车徐徐经过的潜在顾客。这些男儿身女儿心的跨性人，大概是不高兴看到我缺乏女人味，有事没事就消遣我。他们会说："你为什么不穿双高跟鞋啊？""你干嘛不好好把指甲修一修？""来，让我帮你……"接下来其中一名性工作者就随手从化妆包里掏出指甲油，要我坐在午夜过后的人行道边，为我涂指甲油。夜晚的街头偶尔也会有好戏上场，例如雅加达即将举行地方大选之前，市长打算严惩不道德行为，于是在某天晚上逮捕了大批性工作者，我的研究团队也有半数成员被捕。有几位想在个人地盘帮我招募研究帮手的跨性人竟拉拉扯扯地打起来，有些研究人员访谈进行到一半就跟着嫖客作鸟兽散。有一回，我差点损失大家辛苦收集到的血液样本，因为站在路障边的几名警察乍见我拿着抽血针筒，当场认定我是毒品交易者，还打算没收我所有的装备。

那时我们往往得忙到半夜三四点方能回到实验室，而我直到早上8点才会跳上摩托车赶回办公室完成白天的工作，途中常遇到一名身穿白长袍、头上裹着格纹头巾的少年找我搭讪。他是圣战军（Laskar Jihad）——该激进团体公然对马鲁古省基督徒发动战争——激进派成员之一，常一手摇着募款箱，一手分发立誓扫荡马鲁古省基督徒的小册子，这远比同志酒吧或贩卖讨论社会主义和性高潮书籍的书店大量涌现更让人震惊。虽说印尼提出的建国五原则语意不清、易遭讪笑，但我始终认为对宗教包容是印尼得以生存至今的主因。然而，自苏哈托垮台后，印尼人不断争权夺利，并以宗教为名互相残杀，当局却未曾采取任何行动。

瓦希德总统遭弹劾之后，苏加诺的女儿梅加瓦蒂（Megawati Sukarnoputri）继任总统。她和父亲一样对国家的统一怀有坚定信念，但群众魅力不及其父；她拥有和苏哈托时代的夫人们一样精心装扮的容貌，却以态度冷傲出名。虽然她在位时期政绩平平，不过并未重蹈前总统覆辙激怒军队。2002 年，巴厘岛闹市区一家夜店发生爆炸事件，造成两百余人丧生，梅加瓦蒂深受刺激，遂开始采取较严厉手段对付伊斯兰激进分子，国家渐趋安定。

2004 年，印尼首度举行总统直接普选——以往总统是由议会推选。全国五十余万个投票所的选民一一给选票捺印，挑出心目中人选。其中一个投票站就在我位于雅加达市中心的房子旁边。从志愿者、官员和票柜抵达投票所的黎明，直到完成计票的黄昏，全国上下充满兴奋紧张的气氛。我相当感动地发现，各地投票所均维持着良好秩序。五年以前，雅加达曾深陷火海，经济一蹶不振，其后又因为东帝汶独立、军方支持屠杀行动而元气大伤。老百姓曾目睹马鲁古省爆发内战、亚齐省和巴布亚省发生血腥暴动，也曾弹劾、换掉一位总统，物质生活远不及 1997 年以前。不过，总统直选这一天，全国一亿四千个选民投下神圣的一票后，都心平气和地离开了投票所，没有任何人闹事，真是一项了不起的成就。

有史以来，印尼人民头一回当家做主选出新元首：苏哈托时代的将军苏西洛（Susilo Bambang Yudhoyono，民众习称 S B Y），而他所代表的印尼民主党（Democratic Party）仅成立了四年。

2005 年我再度挥别雅加达后，直到 2011 年才又重返当地展开旅行，此时苏西洛已成功连任。我离开的这几年，雅加达也改头换面，从一个虽邋遢却友善的城市，变成一座既浮夸且脏乱的大都市。在少数尚未改建的小路上，卖面和卖菜小贩依然喊着叮叮咚咚的叫卖声，但必须跟霓虹灯闪烁的印多超市以及只需加开水就能食用的泡面"营多面"（Indomie）竞争。商业是将印尼诸岛纳入现代国家版图并同化所有人民的一股力量，荷兰人和印尼人都曾出力。苏西洛执政以来，印尼每年经济增长率平均达到 5.7%，比英国和美国同期增长率分别高了将近五倍和四倍，国民也比二十年前富裕了三倍。新财富创造了大批拥有手机和卫星电视的新消费者，这两样东西比起苏哈托时代摇旗呐喊的庆祝典礼和僵化死板的官僚体系，更能将印尼人民团结在一起。

我买了一张印尼大地图并将它折好，连同全国渡轮时间表一起塞进我的背包，接着就把喧嚣的雅加达抛诸脑后，开始进一步了解我的"坏男友"。即将朝松巴岛出发之际，雅加达的朋友古里开我玩笑说："你走到印尼任何角落都会看到印多超市，到时候一定会无聊到想哭，马上就跑回来！"

第三章

黏稠的传统文化

我抵达松巴岛不到十分钟，就和一位初相识的年轻人共乘一辆出租车，前往该岛主要城市瓦伊卡布巴克（Waikabubak）。行进途中，他突然把手机往我眼前伸过来，给我看一张照片，我瞧见屏幕上有具尸体躺在市场里。"看，他的手在那儿。"年轻人一边说一边将画面放大，好让我看得更仔细些，接着又说两星期前，市场里发生了大刀疯狂砍人事件，那只手是在光天化日下被斩断的，"这种事在这里根本是家常便饭"。年轻人自称法嘉，是参加某项政府计划被派驻到松巴岛的爪哇医生，该计划提供高薪号召刚取得执照的医师前往极偏远地区的医疗站从事短期服务[1]。"松巴岛和爪哇不一样。"法嘉说。

如果你把印尼领土看成一个破碎的椭圆形钟面，松巴岛大概是在四点钟的位置，距澳洲北方不远。这里没有坡度倾斜的梯田，也

---

[1] 印尼政府根据地点远近——一般地区、偏远地区、极偏远地区——来分配医疗站，医生前往极偏远地区服务的薪资，几乎是普通医疗站薪水的四倍。——原注

图 A：松巴岛（东努沙登加拉省）

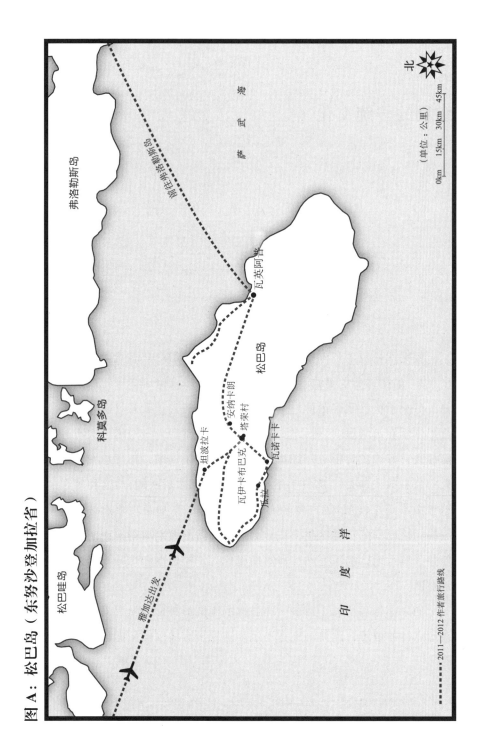

松巴唯岛
科莫多岛
弗洛勒斯岛

萨　武　海

松巴岛

瓦英阿普
安纳卡朗
塔荣村
坦波拉卡
瓦伊卡布巴克
瓦诺卡卡
旅拉

雅加达出发
前往弗洛勒斯岛

印　度　洋

北

（单位：公里）

0km　15km　30km　45km

▬▬▬▬ 2011—2012 作者旅行路线

没有火山、皮影戏或层层叠叠的寺庙。过去几百年来，松巴岛吸引外界的原因是，岛上遍植檀香木。那些林地一旦被开垦出售，就成为一大片高低起伏的草皮，一年之中大部分时间被无情的南方烈日晒成焦黄色。每逢旱季，它会让人隐约想起西班牙中部高原，因为此地盛产良驹，马术竞赛是最受欢迎的运动。这里也经常可看到某个手握长矛的男子骑着一匹粗壮的小马走在傍晚天空下的剪影画面，简直跟堂吉诃德没两样。

要是你从雅加达前往今日的松巴岛，会有种穿越时空的感觉。当地人所谓的"高楼"是指两层楼，而且只在最大的两个城镇才看得到。岛上布满巨大的坟冢，不是散置在马路旁，就是坐落在现代平房前，有些则围绕在市场边。大多数坟墓皆以巨大石板砌成方形，上头覆盖着体积更大、靠船只从采石场拖运而来的蘑菇状合顶石，连最新的坟茔也长成这副德性。不过，如今也能看到铺着瓷砖的现代版水泥墓，俨然盖了一大片公厕。岛上看不到雅加达人常穿的商业套装，打扮体面的松巴岛男子会在头上绑条带子，于腰部和大腿围上长长一条自织布，然后拿一条腰带系着（穿长裤时也一样），腰带上挂着一把又长又直、插入刀鞘的大刀，弯弯的刀柄以木头或牛角做成。我抵达该岛西北边的坦波拉卡机场时，首先映入眼帘的是一幅写着"停止暴力"的布条。讽刺的是，呼吁终结暴力的布条，居然是用一对大刀撑开，布条下方还站着一群在腰间佩挂武器的男人。

我本来觉得那场面很好笑，但遇到法嘉之后从他口里得知："使用暴力是本地生活的一部分。"他并非第一个提出这看法的人。19世纪70年代，一位奉命派到松巴岛为荷兰建立据点的执政官，曾向殖民地首都巴达维亚的上司禀报："此乃强者称霸之地"，并且指出当地猎取人头和抢劫奴隶的行为，已将人类生存价值贬低到连一匹马都不如的地步。荷兰人曾与当地著名猎人头杀手沃诺卡卡（Wono Kaka）发生两年流血冲突，直到1913年才巩固了对松巴岛的控制权。沃诺卡卡将荷兰士兵斩首之后，就割下他们的头皮，连同其他敌人的头皮一起挂在族里的骷髅树上，因而激怒了荷兰人。

荷兰军队撤离松巴岛后，基督教传教士尾随而至。在人口稠密的爪哇、苏门答腊和苏拉威西岛，大多数印尼人是穆斯林，我在印尼东部岛屿的村落中，却看不到从头到脚裹着罩袍的穆斯林。松巴岛居民名义上虽是基督徒，但我几度造访此地后发现，很多人依然坚信古老的马拉普教（Marapu），这个崇拜万物的传统宗教让岛民相信，他们观察一只鸡的内脏所获得的启示，要比阅读《圣经》来得多。

我选择松巴岛作为离开雅加达后的第一个落脚处，部分原因是想起1991年初次来访时，这里曾经是个被印尼人忽视、雅加达鞭长莫及、避开苏哈托政治改革的边远地区，我很好奇这些年来它是否脱胎换骨，或者与雅加达的差距是否拉大。如今的松巴岛乍看之下是比过去进步了，市场里无论老少都用手机话家常，连传统竹屋的茅草顶上都安装了俗称小耳朵的碟形天线。不久以前还得靠两条腿四处奔波的村民，现在个个骑着新摩托车到处溜溜转。那些我曾触及过的古老神秘的传统是否依然存在？

我把行囊丢进设备简陋的旅馆房间，并交代工作人员扫掉地上的死蟑螂后，就出门探险去了。瓦伊卡布巴克号称松巴岛西部最大的城市，但你只消花二十分钟左右就能绕着它走完一圈。城里最雄伟的建筑是一栋拱门教堂，旁边紧贴着一座缩小版悉尼歌剧院。另外还有一家看似20世纪30年代落成的医院，内部陈设更像那个年代的风格。除此之外，当地多半只能见到煤渣砖头盖的小店铺和小平房。我沿着主街走去，打算物色一双鞋，却找不到中意货色。这里不像雅加达，没有占地宽广的豪华购物中心。主街两边全是几乎什么都卖的家庭小铺，店里摆满不下五百种杂货，所有商品都蒙上一层灰，因为某个热心的包工头在几个月前挖开大部分路面、铲除所有人行道之后，就没钱继续施工了，于是每当小巴士从街上开过去，必定扬起漫天灰沙，然后飞进门户大开的店面，落在箱中的白米上，还有一堆塑料椅、海滩球、椰子刨丝器、纱笼、电池、洋葱、酱油瓶、咸饼干、鱼干、引擎零件、铁皮浪板、人字拖鞋、牙膏、钓鱼线、手工面包、丁香烟、摩托车轮胎以及进城光顾这种小店的村民可能需要的其他用品上。当地杂货店老板全是华人（通常为女性），而且都具备一项看家本领：只要把手伸进积着厚灰的货堆，就能取出顾客想买的任何东西。哪怕是遇到伸手不见五指的限电时间，老板照样能摸黑抽出一把弹簧刀、一截缎带、一本笔记簿。我买了双灰色的鞋子，它们淋过一次雨之后，就变成了绿色。

可想而知，在瓦伊卡布巴克不可能撞见印多超市。

如果你从平淡无奇的街道举目望去，可以看到西松巴岛。这地区大部分是丘陵，地面突出许多裸露的岩块，纷争不断的部族相继在丘陵上建造堡垒，许多传统村落一直存留至今。瓦伊卡布巴克的现代生活虽已渗透到这片丘陵周边面积狭小的平地，但西边村落依然高踞在一大片水泥屋上方，看似身在其中，却又与之隔绝。

我在西松巴岛发现的第一个村落是塔荣村，从路上只能看到村中几个茅屋尖顶从一片树林上方钻出来。当我费劲地爬上通往村子的一条石子路，才发现先前所见的那些屋顶，属于一片用竹子搭建的高脚屋。每间屋子都开有两道门面向宽敞的前廊，压得低低的大屋檐缓缓朝中央向上延伸，形成又尖又窄、指向天空的屋顶，仿佛小童戴上一顶尖帽压住厚厚一排刘海的模样。我继续往上走，经过一群四处乱窜的鸡、猪仔与村童后，便进入村子中央，来到一圈房子前面。那些屋宇皆以水牛骨做装饰，看守着一大片布满巨坟的椭圆形空地。一座刻有花纹的坟墓顶端冒出一团火来，火堆里摆着某种动物。

火焰熄灭后，我看到一只四脚朝天的野猪，露出嘴巴，舌头上塞着一块灰石头。村中一名长老戴着树皮布头饰跳上那座坟墓，然后拔出腰刀在野猪腹部切出一道口子，接着就伸手进去掏出内脏摆在一片香蕉叶上。一位态度高傲、头戴鲜艳粉红头巾、裤腰处围着一块花色精美依卡布（ikat）[1]的鹰钩鼻大人物，站在较高处的一块墓碑上方，指挥村民分配食物——猪耳朵给这家人，猪尾巴给那家人，从猪肝旁切下来的那块软绵绵、黏糊糊的内脏给某位贵客。

我纯属巧合地邂逅了迎接"受苦月"的庆典，这是松巴岛特有信仰马拉普教每年的习俗，相当于基督教的四旬斋节或伊斯兰教的斋月。受苦月来临期间，村民生活必须有所节制，妇女不得在天黑后捣米，也不能梳妆打扮、大声奏乐，敲锣、宰牲、庆典一律遭禁止，但庆祝受苦月降临的活动仍可如常举行。

庆祝活动还不少。那天晚上，我坐在村子正中央的一座石头坟上待到午夜过后，沉浸在村里的祭司和许多年轻男子你来我往的呼应声中。这些男人举行活动期间，所有妇女只能待在家中，但他们似乎毫不介意或是没注意到我在现场。我完全琢磨不透他们在做什么，因为听不懂当地方言罗利语，事后才得知他们口里吟诵的其实是一种只有祭司才听得懂的神圣经文，但我依然专心聆听他们敲打圣锣（村民在受苦月才会请出这种乐器）的声音，看着各家的户长鱼贯走进坟间空地，放下一碗祭拜祖先的米饭。

那昏暗的光线、沉稳的诵经声、缓慢而重复的动作，对我起了

1　依卡布，东南亚与印度等地结合染织技术的传统织品，织纹繁复、色彩丰富。

强烈的催眠作用。正感到昏昏欲睡之际，突然传来一阵令人毛骨悚然的呐喊声。我在瞬间惊醒，发现一群小伙子手举长矛朝我的方向冲来，接着兵分两路绕过我坐的那块墓碑一齐涌向村子后方，然后用力将长矛掷入下方灌木丛，象征性地为全村消除去年的罪孽，让大家顺利进入冥想月。

　　次日早上我再度回到塔荣村时，看见一位鼻头宽扁、满面皱纹、坐在长廊下剥豆荚的老婆婆笑吟吟地招手要我过去。她围着一条印有蓝色小花的旧棉纱笼，穿了件镶蕾丝边、领口超低的上衣。我脱下鞋子爬上高达腰际的长廊，在她身旁坐下，她一句话也没说，便立刻消失，几分钟后又端着一只用鲜花装饰的铁托盘走出来，盘中摆着一杯喝了让人舌头发麻的甜茶。她的另一只手上提着一个装满廉价首饰的小篮子，里面有仿制的珊瑚珠、做成子宫状（象征多子多孙）的金耳环，还有编着"松巴岛"字样的小发带。西松巴岛观光客不多，我这才恍然大悟，老婆婆招呼我是为了推销东西。虽然我费了番唇舌向她解释，我其实不是观光客、目前住在印尼首都雅加达，又以刚展开长途旅行、不便携带多余物品为由拒绝买她的东西，但实在不忍心看她失望的表情，于是索性请她——我喊她波波妈妈——和我聊聊昨夜的庆典。

　　波波妈妈开心地拍起手来，接着就把小篮子往旁边一推，开始以动听悦耳的印尼方言，教我认识西松巴岛文化，我发现要了解当地习俗并不容易。波波妈妈告诉我，松巴岛传统村落里每样事情都有特定安排，例如谁在哪个场合负责敲哪个锣、谁从哪扇门进入哪个房间，还有塔荣村的罗利语对日常物品的称呼会随着它们的所在地而改变，例如村子里的米饭、腰刀、头饰，若被一群为了取得祭品而去猎捕野猪的男人带进森林后，就被换上另一种叫法。波波妈妈还告诉我，圣矛和圣锣只能摆在特定的房间，妇女也只能在特定的走廊编织东西，我不断问："为什么？"得到的答案总是："那是我们的 adat 呀。"

简单说，adat 是指传统文化，在苏哈托当政和"田妈妈"设法削弱并铲除这些文化，把它们变成"小印尼"展馆里的陈列品之前，它包含着更广泛的意义。雅加达之类的大都市很少提到传统文化，但印尼许多岛屿的集体生活——出生死亡、结婚离婚、遗产继承、文化保存、教育活动——全靠传统知识与先人智慧奠定根基。西松巴岛的居民常自豪地说，他们拥有像炼乳或蜜糖一般"浓厚"或"黏稠"的传统，在苏哈托处心积虑贬抑传统文化之际，松巴岛却依然能够维系古老文化，原因或许是它处于全国经济发展的边陲地带。岛上传统文化与马拉普教密不可分，具有某种神圣不可侵犯的色彩。苏哈托失势后，传统文化再度被提起，且被有心人士利用，作为竞选和政治的工具以及争夺资源和土地所有权的武器。

塔荣村的黏稠传统文化，不会在短期内迅速消失。村民们都安安静静、好整以暇地度过受苦月，无论我何时走进村子，总会看到波波妈妈坐在长廊下，一副等着找人喝杯咖啡或聊聊闲话的模样。其他的长廊上，也总是三三两两聚集着慢条斯理、井然有序、反复不断地完成日常工作的村民，例如几名村妇在某个走廊上编制附有尖盖的棕榈篮，准备到月底时拿它们来盛装供饭，一位长辈在另一条长廊上雕刻鼓。曾经姿态高傲、戴着粉红头巾、在昨夜的庆典中发号施令的鹰钩鼻男人，暂时卸下大祭司职务，玩起一种名叫"空壳拉壳"的游戏，参加者须在一块凿有许多小洞的方形木头上移动干豆子，不能让豆子掉到洞里。

当这位祭司把一大群欺骗我游戏规则的小朋友赶跑后，我对他说，印尼政府在松巴岛推行家庭计划似乎看不出太大成效。

"我们真是该谢天谢地，如果你只生一两个孩子，你就会想让他们受教育，到时候这里所有的传统，"祭司一边说，一边挥手指着那些巫婆帽形状的房子、雕满花纹的墓碑、昨夜举行杀牲仪式留下的血迹以及一位不断击鼓的长老，"都会跟着消失了。"

村民每天都在为这些传统忙里忙外，但还不至于没空陪我喝杯茶或咖啡，或是与我讨论野猪猎人的前途，或者向我解释为什么应该用牛皮做盾牌（坚韧耐用）、用马皮制鼓（能发出圆润洪亮的声音）。

虽然我已多年没住过乡下了，不过对大小事物都好奇的我很快又适应了乡间生活。我会随手帮村民剥豆荚、将制作小饰品的珠子分类，或是把玉米摊在地上晒干、将花生装进小袋卖给想解馋的青少年。村民也会主动轮流请我帮忙编篮子或剁洋葱，只要他们认为我有能力胜任这些工作。大家一边干活一边用印尼话闲聊，我会向他们描述我虚构的丈夫、生活和我父母居住的村庄，如果我闷不吭声地专注于手边工作，他们也毫不介意，只是待在一旁继续用罗利语聊东聊西。

波波妈妈第一次招待我到家里做客那天，特意请我从她家右手边（男人房那边）的门口跨进去以示尊敬。门楣上挂着一具伸展的水牛头骨，门前一排整齐的柱子上也钉着许多牛骨，它们是过去举行丧礼和祭礼之后留下的纪念品，也可借此向陌生人宣示屋主的地位。

塔荣村的村舍有男人房与女人房之分，中间仅设一道高达胸部的隔墙。男人房专供举行正式庆典和接待客人之用，若供电无缺，还可以看电视，但平日看来死气沉沉的，日常活动都在隔墙另一边的女人房进行。我看见女人房里的煮菜锅冒着炊烟，还从竹地板的缝隙瞥见养在屋下的猪仔和鸡（波波妈妈会把馊水从这些缝隙倒下去给它们享用）。炉灶上方挂着一个表面沾满煤灰的大木箱，而里面收藏着几件重要物品，包括花半年时间编织而成、只用来包裹下葬死者的依卡布，还有给女孩当嫁妆的祖传沉重象牙手镯（没了它，即使好家庭的女孩也嫁不出去），以及婚丧典礼专用的锣鼓。屋里每次生火煮饭，总会再给箱子里的宝贝蒙上一层烟灰。

波波妈妈一面热心地向我献宝，一面告诉我这些东西不能随便带出家门，"要等有人过世以后才能拿出来用"，她说。

我来村中作了几回客，并且帮波波妈妈剥了一堆大蒜、补了一堆衣服后，她就不再把我当客人看，还会亲密地牵着我的手，拉拉杂杂地与我聊些家庭琐事。她总是把头发扎成一个髻，慈祥的脸庞散落着几丝白发。平日神采奕奕的她心情愁闷的时候，眼神会变得黯淡无光，她担忧媳妇老是不怀孕，操心孙子不认真在田里干活，希望地方政府别再承诺做不到的事，认为前来探望她的孙儿孙女花太多时间玩手机，不好好温习功课。

波波妈妈家中人丁兴旺，然而个头娇小的她却是全家支柱，她不怒而威，家人都不敢违抗她的命令，我也不例外。有一天她告诉我："明天早上我要给你个惊喜，你 8 点来家里。"隔日早上，我好不容易把自己从床上挖起来，并准时抵达山上后，才发现她昨晚在另一个村庄过夜未归，但我并未擅自离开，依旧老老实实坐在她家帮忙干活。三个小时过后，这位女家长才春风满面地回来，一句话都没解释。

为了庆祝受苦月结束，村子里杀鸡宰猪，办了三天流水席。村民们相信，马拉普教中的神灵会透过大自然显灵，并通过祭司说明他们的旨意，每年还会把每个人的运道显示在某只鸡的内脏里。因此，受苦月结束后，各宗族成员都会送一只鸡给宗祠。那些鸡被一个个扭断脖子、割开喉咙之后，就被插到架在火堆上的竹签上去毛。接下来，两名小伙子拿大刀一砍，把鸡胸剖成两半，露出内脏，并且将切半的鸡排列整齐。所有羽毛被烧光的鸡，简直跟一个模子印出来似的，但村民们照样认得出哪一只是自己的。当祭司走向某只鸡的时候，鸡主人会神情肃穆又紧张地随之缓慢移动，看着祭司拔出长刀小心翼翼划开鸡肠，露出里面的一道鸡油。如果那道脂肪又厚又黄，就表示鸡主人来年将过得平平安安、顺顺利利；要是鸡主人看到薄薄一层近乎白色的鸡油，则会一把鼻涕一把泪地哭着离去。

　　每只鸡可以透露每个村民的运气，但鸡的总数可以告诉我们整个宗族的运势。在传统农业社会中，劳动人口的多寡可决定一个宗族的强弱；而在部落战事频繁的社会里，男人愈多意味着军力愈强。松巴岛是个务农且好战的社会，财富是以人口数量来衡量的。因此，当我把我的鸡送去波波妈妈家宰杀，就如同把自己当作她家族中的一分子，可为她的宗族增添力量。一天下来，波波妈妈家的几个大塑料桶里已经堆了一百多只鸡，它们将在第二天的宴会上被大家享用。

　　村里另外两个家族原先对此耿耿于怀，但不久便消气了，因为大家认为我能够"归属"某个家庭才是重点。当地传统仪式最重要的功能之一，就是要让每个人明白自己和其他人在村中的归属和地位。

　　当天早上，我去市场给自己挑了只看起来像只吉祥鸟的小公鸡，因为它有红褐色的颈部，还夹着黑斑纹，尾巴的羽毛亮丽夺目。鸡贩将两只鸡脚绑在一起后，我就把它倒挂在摩托车的把手上带走，一路上只听见它咯咯咯地叫个不停。

　　前往塔荣村的途中，我打算寄个包裹去雅加达，于是顺道在邮局停了一下，为避免鸡被偷走，干脆把它带在身边。印尼各地邮局外观一律是橘黄色，就算开在最小的市镇也很有效率，办事员个个训练有素、态度和善，而且热心得过头。当你为了赶着寄包裹而冲到市场买个包装用的米袋，他们会在办公室等你。你回来以后，他们会从自己的手提包里取出针线，帮你把米袋缝好，还会主动告诉你，这星期的船班被取消，所以你的包裹需要再等十天才能送出去。一位上了年纪的邮局局长曾告诉我："如果印尼的公家机关统统站在天国门前排队的话，上帝肯定会让邮局第一个进门。"我同意。

我一踏进瓦伊卡布巴克的邮局，就发现人山人海，因为今天是持有贫户卡的家庭领取津贴的日子。这是印尼社会福利新制的重点项目，贫户可获政府补贴的稻米、免费医疗服务和救济金，因此深受居民重视。而在邮局大排长龙的人，多半像是从城外山上的传统村落过来的村民。由于庆贺受苦月结束的宴席即将登场，大多数人都盛装打扮，女士们围着纱笼，男士们缠着腰布、戴着头巾，谁也没注意到我和我手上咯咯乱叫的鸡。

为了参加塔荣村今晚的盛宴，我和邮局里的其他顾客一样着意装扮了一番，披上我最好的纱笼。另外，我还准备了一份小礼物：槟榔和石灰粉，并特意装在一个棕榈叶编的小袋子里。虽说嚼食槟榔会把口腔染红、让嘴巴破裂、将牙齿腐蚀变黑，但松巴岛的乡下居民彼此拜访的时候，都习惯互赠槟榔以免失礼。接着，我看到法嘉（就是与我共乘过出租车的爪哇医生）走进邮局。我们打从认识以来，只相约吃过一两次晚餐，所以我很高兴见到他，立刻热络地和他打招呼，然而他只是上上下下打量着我，一见到我一手捧了个包裹，一手提了只猛拍翅膀的鸡，就表情尴尬地掉头而去。

他似乎认为我成了异类，不但举止可笑——这么快就"变得像本地人"，更糟的是，还跟其他危险、无知、等着领社会福利金的农民混在一起，让令人厌恶的晦涩传统和原始信仰破坏了高效率、现代化的邮局形象。我开始感到忸怩不安，因为那只倒栽葱的小公鸡居然把粪便拉在了邮局地板上。

瓦伊卡布巴克有很多照相馆，每次我拿着U盘去洗照片时，也会碰到令人尴尬的反应。我常去的那家照相馆的店员，不是留着刺猬头的华侨男孩，就是裹着紫色头巾的少年。每当他们看到U盘里的影像——波波妈妈和她家人、我跟一群祭司、躺在血泊中的一群鸡或一头牛——总会露出狐疑的眼神看着我说："就这些？你真的要洗这些相片？"如果我拍的画面是古色古香的传统住宅、散布在村子里的巨大坟墓或是松巴岛的风景，他们倒还可以接受，但这些人物、这些仪式……都是不值得他们怀念、和现代印尼无关的老古董。

我初抵松巴岛那天，曾经嘲笑一群身上带着大刀、拉着布条呼吁民众停止暴力的松巴岛男人，后来发现当地居民平日就用这种大刀杀牲、制鼓、剖椰子和削铅笔。

我还发现，法嘉告诉我的大刀砍人事件并非特例。

自荷兰殖民时代以来，军人、传教士和政府官僚莫不努力平息松巴岛纷争，然而暴力似乎与岛民的生活息息相关，所以他们始终不愿离开易守难攻的山顶村落，可是住在这种地方却对妇女造成不便，因为她们每天得花三四个小时从山谷提水上来。直到今天，许多村落依然彼此对峙；罗利村受不了威耶瓦村，蓝伯亚村憎恨埃迪村，柯帝村向来不受欢迎。因此，再小的事件都可能引发冲突，例如1998年，松巴岛有人抱怨公务人员的考试不公平，结果引爆一场全面性的宗族战争，导致数十人被乱刀砍死，几百人无家可归。如今这些冲突规模虽然缩小，但依旧时有所闻。有一天，我在骑车前往柯帝村的路上，收到法嘉医生的一条短信："柯帝村出现了五具尸体，显然因有人私奔，当心遇到战争。"

那天我虽未见到任何尸体，却相信真有其事。地方政府为减少这些致命冲突，曾严禁村民在城里和许多传统庆典中使用大刀，唯部落长老例外。机场悬挂布条提醒大家，雅加达国会在 1951 年通过的第十二条法律指出：未经许可携带尖锐武器者可处十年徒刑。不过，当初的立法宗旨是平息印尼人对荷兰人发动的五年游击战，只适用于人民不再需要抵抗野兽或猎人头的现代统一国家。

有些人比喻，反对松巴岛禁用大刀，有点像反对美国实施枪支管制。在拓荒者需要猎捕野兽、对抗原住民的年代，枪支确实在美国文化中扮演重要角色，可是现代美国人都去超市购买食物、通过法律手段来扩张自己领土，几乎用不上这类致命武器了。大刀的用途则远胜于枪支；波波妈妈的儿孙们每天都使用这种"武器"，不过就我们所知，他们从来没有随便拿大刀砍过人。如今大刀在松巴岛乡间依然是不可或缺的工具，只是现代生活逐渐让它失去了正当用途。在印尼大部分地区，以大刀杀生祭祀的习俗已不复见。而在松巴岛最大城市瓦英阿普以及瓦伊卡布巴克市区比较先进的地段，居民也已经找到其他工具（如削铅笔机）来取代大刀的功能，而且不再自己动刀杀鸡宰牛，一概交给屠宰场处理。

印尼不仅在地理和文化上展现多元性，在生活形态上也是如此。不同的族群往往像是同时生活在不同的年代里。21 世纪初的今天，有些地区的生活已非常现代化，有些地区还跟老祖宗差不多。即使在同样的地区，也会看到新旧并存的现象，像是农夫骑着摩托车去稻田、村民用手机录下牲礼祭祀影片等。

瓦伊卡布巴克的现代化进程始终进行得缓慢而吃力，直到现在才开始产生新旧冲突，而在印尼其他地区，年轻人的抱负与家庭需求相抵触的情况，则已经延续了近一个世纪。1922 年出版的印尼第一部现代小说《未竟之爱》(Sitti Nubaya)，就是在讨论这类冲突。

　　这情况使国家领导人面临一项难题：他们该如何为新旧并存的印尼制定法律？

　　这趟旅程上路以前，我把二十年前初访松巴岛时所拍的照片存进了iPad。2011年秋末的某个雨天，我悠闲地坐在松巴岛南岸的一个长廊上，一边和当地青年雷克西闲聊，一边把那些照片秀给他看。他拿着我的iPad兴致勃勃地将屏幕上的影像滑来滑去，点了一张照片出来，画面中有个穿着校服、戴着头饰、抓着小马的小男生露出顽抗的表情瞪着镜头，我说："他年纪很小，可是凶巴巴的。"雷克西附和了一句："他一副叫人家'少来惹我'的模样，跟我们的村长佩里普斯爸爸好像。"说完就继续滑照片。

　　接着，他又把小男生的照片滑回来。

　　"等一下，他就是佩里普斯爸爸。"雷克西说。我听了哈哈大笑，觉得这种事不太可能发生，因为那张照片是在一个叫高拉的地点拍摄的，而我跟雷克西聊天的地方和那里隔了二十五公里远（对当地人来说，高拉堪称另一个星球：拥有另一种语言、宗族和忠诚观念），更何况照片里的小男生现在的年纪顶多不过三十上下，还没老到能当村长的地步（村长多为德高望重的长老）。不过，雷克西太太是从高拉村嫁过来的，她坚称："我发誓，就是他！没错！"于是我们出发去找佩里普斯。

　　依政府规定，全国的村长应该是要上班的，不过就我所知，印尼没有哪个村长这么奉公守法。虽然如此，我觉得办公室仍不失为寻人的好地点。上午十点半左右，村长办公室里一名睡眼惺忪的警卫告诉我们，佩里普斯去参加一个传统庆典了，但不知地点在哪儿。

　　雷克西和我跑了几个小村，都没打听到佩里普斯的消息，最后有人告诉我们，他在下一个村子跟别人谈判新娘聘礼的事。于是我们骑着摩托车前往山顶树丛，然后把车子停在一个猪舍边，猪舍里关着一头母猪和一大群不停尖叫的小猪。

猪舍上方是一座尖顶村屋，前廊传来准新娘家属叽叽喳喳的谈话声。他们正在等待新郎家那边派代表过来，但也很欢迎我们这两个不速之客。几位头发灰白的男士一边整理头上的发带，一边掏出几袋槟榔招待我们。一名老妇不声不响地蹲在墙边，口里嚼着一团高尔夫球大小的烟草。她身旁坐满大人小孩，如果大人移动位置，小孩就立刻补位。走廊上还有一群为了参加这场庄重的集会而仔细喷上发胶的青少年，其他孩子也都穿着最称头的衣裳，打扮得异常整洁，好让邻居们刮目相看。聘礼谈判可是一桩怠慢不得的大事。

佩里普斯坐在拥挤的人群中，虽然年龄只有多位男性出席者的一半，却显得威风凛凛。他既高高在上，又相当亲切，一见我们出现，就代替主人请我们坐到走廊上，并示意女眷们端上咖啡。我已经百分之百确定，他就是二十年前那张照片里的小男生。

佩里普斯和这户人家的长辈们正在讨论聘礼谈判策略，他们展开具体交涉以前，还需要留意很多细节。佩里普斯告诉我，首先他们得宰杀一只新娘家挑选的狗，然后由男女双方各请一位祭司判读狗心脏显示的预兆，以便了解这对新人是否匹配。事后那只狗会成为烤猪晚宴里的第一道菜，作为"诚心"的象征。

听了佩里普斯的解说后，我第一次注意到，松巴岛人会以特定动词来形容不同的宰牲方式。例如，杀牛和杀猪是"用割的"（划破喉咙），供人食用的鸡也是"用割的"；为判断吉凶而杀的鸡是"用剖的"（从中间剖开以露出内脏）；杀狗（不管目的为何）则一律"用打的"（其实较接近重击）。

万一狗心透露不祥预兆，男女双方虽不至于放弃嫁娶计划，却会影响女方得到的聘礼价码。凶兆表示夫妻可能分离，明智的新郎肯定不想提供太多聘礼给任何一位搞不好会哭着跑回娘家的婚配对象。由于提供聘礼将损失一笔财产，几乎形同遭窃，因此男方可利用占卜狗心的机会当场为聘礼杀价。

聘礼谈判正式登场后，参与其事的男士们发现我看得津津有味，个个都像演戏似的立即展开一场意志力攻防战。由于狗心透露的是吉兆，佩里普斯要求男方给女方四十头牲口（包括水牛、乳牛和马），代表男方的长辈只答应提供十五头，佩里普斯当下露出嫌恶、气愤的表情拒绝回应。双方沉默良久之后，一位长辈说，好吧，好吧，二十头。佩里普斯说："好啊，现在给二十头，另外二十头什么时候给？"最后双方谈妥的数字增加到二十五头。接着，佩里普斯做了个摊开睡垫的动作请对方就寝，并且宣布："我们已经用过丰盛的晚餐，没必要再继续讨论这件事了，大家休息吧。"我问佩里普斯接下来会怎样？"明天一早他们就会做出合理决定了。"

隔天我再回到聘礼谈判地点时，来客已经离开。昨日看到的母猪和小猪还待在猪圈，但里面多出了十五头水牛、两头乳牛和三匹马。依照最后谈判结果，双方已经约定好了男方再送二十头牲口过来的时间表。佩里普斯不愧是个思虑周详的谈判高手。

一般人会认为，既然聘礼这么高，生了一堆女儿的家庭肯定很高兴，实则不然。原因之一是，这种交易并非只对女方有利。以佩里普斯参与的交涉来说，新娘家除了须提供预卜吉凶的狗，还得贡献二十件女用纱笼、二十条男用腰布（必须是正规手织布，而非市场烂货）以及其他物品，例如银手镯（上等家庭给象牙镯子）、厨房用具，外加一匹供人骑乘的马。

我知道这种坐骑比那些被用来祭祀和当作食物的普通马要值钱多了，但始终分不清被关在畜栏里的马儿谁是谁，感觉它们都长得一个样，于是就跑去问新娘父亲，哪一只才是他们的新坐骑。他立刻指着一辆停放在一棵大树旁的崭新摩托车（我的摩托车正巧停隔壁），它身上扎满装饰用的头巾和缎带，俨然一匹在当地一年一度举办的马术竞赛中赢得冠军的坐骑。"我们已经是现代村子啰。"新娘父亲说。

因此，收聘礼嫁女儿不见得划算，还须考虑其他状况。嫁出去的女儿如泼出去的水，她们出阁后便和娘家再无瓜葛，而成为夫家一份子，生儿育女之后，孩子也只能冠她们的夫姓，她们生前是夫家人，死后仍是夫家魂，连遗体、丧礼、葬礼及牲礼都要顾及夫家的颜面。

我曾犯了个大忌问波波妈妈的儿子，他母亲死后会葬在塔荣村，还是埋在娘家村（在大约三公里外的另一座山头）。他听了先是露出困惑愤怒又沉痛的复杂表情，仿佛在说：你好大的胆子，竟敢问这种问题。接着才简单地解释，她母亲虽然不在塔荣村出生，但"她就像我们买来的一样，对吧？所以她会躺在我们的坟墓里"。

在关于婚礼谈判的闲聊中，我向佩里普斯和其他人提起，自己在二十年前曾为了观看巴梭拉战争节（用骑马互掷长矛代替活人献祭的宗教传统）来过这里。

我坐在阴暗的走廊上，拿出像宝石般闪闪发亮的iPad，点出高拉村长佩里普斯儿时的照片后，一群人立刻凑了过来。有些村民从门口露出脸孔，有些孩子在老人背后窥探。虽然他们从来没见过触摸屏，但摸了几分钟之后就上手，还轮流拿着我的iPad快速滑动照片、放大缩小画面或是盯着屏幕反复欣赏自己的倒影。

村民把玩我的iPad之际，我问佩里普斯，过去二十年来，他如何从一个性格倔强的十一岁小男生，蜕变成高拉村推选的村长。他告诉我，他十三岁那年父母双亡，被迫辍学，有段时间"我学坏了，偷牛、偷钱都干过"，直到结婚生子才拥有像样的生活，后来"我斗胆竞选村长，村民也都信任我"。

接着，有几张照片引起一阵惊叹，因为一些长辈从照片里认出年轻时的自己，他们在拍照当时都已经成年。大伙儿一边滑照片一边说："噢，看哪！这是某某某。""啧，啧，哈！我记得他是从柯帝村来的！"骤然间，众人鸦雀无声。

大家只是默默盯着某张照片里的一名年轻人，他的头发又卷又乱，还留着吓人的胡子，连小孩看了都不敢吭气，佩里普斯也不再谈笑风生，村民就这样僵在那儿。

过了好久以后，佩里普斯才打破沉默，吐出那个年轻人的名字："库拉哈巴！他是最勇敢的战士♂"

我乍然想起库拉哈巴曾是当地马术竞技场上的英雄，如今已不在人世。20世纪90年代中期，他在一场宗族战争中杀了人，后来被送进牢房，因身体日渐衰弱而在狱中病故。从村民描述他临终前的健康状况来判断，我猜他是死于肺结核，但很多村民认为他是因为敌人对他下咒而死——在松巴岛屡见不鲜的交战活动中，施咒也是一种战术。

接下来，大家转移了话题。佩里普斯和他朋友提到高拉村的婚姻谈判情况后，就轮到我开口。村中长辈想知道，西方国家的新娘子家里需要提供新郎什么东西。我说新娘的父亲得负担酒席费。哦，可是嫁妆呢？我坦白告诉他们，西方婚姻其实不重视嫁妆，他们都异口同声惊叹道："哇！你们听见了吗？"

我开玩笑说，我真希望自己举行婚礼以前，也有人帮我瞧瞧狗心脏能卜出什么预兆，那样我说不定就不会结婚了，村民们这才松了口气问道："所以你们那儿也会把狗打死？"

经过热烈讨论后，又有人说道："可是，既然你们没嫁妆，为什么大家不离婚算了？"真是个好问题。我认为传统婚姻交易制度可使村民团结一致，与社区形成更紧密的关系，功能远胜过如"领结婚证—举行派对"等任何婚约仪式。而教育程度高、住在都市的新一代印尼人，则拥有较多选择伴侣的自由，也可以在必要时离婚。这两种婚姻制度各有利弊，最怕的是新制与旧制发生冲撞。

德喜就是个处于新旧夹缝中的女子。她住在松巴岛另一个沿海村落，我初次踏进她住的村子时，看见两个小男生正准备在一块凸凹不平的坟地上较劲，他们选择的武器是郁金香形状的木陀螺。比赛即将展开，两个男生各自岔开双腿，紧接着将重心向后移到一条腿上，然后胳臂使出全力把陀螺朝前方甩出去，陀螺不停地在地上打转后，谁先将对手的陀螺打歪，让它摇晃倒地，谁就赢得比赛。

其中一个小男生名叫德瓦，是个笑容腼腆、不爱说话、好奇心强、讨人喜欢的孩子。在德喜的四个手足当中，他年纪最小，也是唯一的男孩，而且显然是个陀螺高手。他耐着性子指导我甩了一会儿陀螺，可我怎么试都学不会，让他沮丧得不知如何是好，于是大姐德喜过来解围。她邀我去走廊上喝咖啡，与我聊起印尼的世界地位和未来前景。在传统村落里遇到头脑聪明的女子，我并不感到意外，因为这些地方的女性必须掌管复杂繁琐的家庭财务，还得监督每个家庭成员遵守当地习俗，但是在传统村落中遇见像德喜这么有世界观的女性，倒是让我吃了一惊。

德喜和排行老二的妹妹怡拉，都是二十来岁的中学老师。大姐德喜富责任感，谈论政治和教育政策时态度小心谨慎。怡拉幽默叛逆，总爱伶牙俐齿地挖苦政府提出的各项愚蠢政策。她们曾在帝汶省的省会古邦就学（从松巴岛搭船过去，要两天才到得了），现在仍会通过手机和脸书跟住在其他岛上的大学同窗联络。

德喜家是第二个收留我的西松巴岛家庭。有时候，我会下山去市场买回一堆不知名的蔬菜，然后跟她家的女眷一起蹲在冒着炊烟的锅子旁，向她们请教如何煮香蕉花才能去掉苦味。到了晚上，大伙儿会坐在一起摆龙门阵，她们的寡母宝琳娜妈妈会织着小餐巾，我会缝补破衣服，德喜会把最新出版的印尼小说（尤其是短篇小说）推荐给我，怡拉会聊音乐。如果我们懒得料理家务，就坐在外头的走廊用老旧的笔记本电脑观赏 DVD。

印尼各地的陌生人之间一概以亲属称谓相称。对女性最常用，也是最尊敬的称呼是 Ibu（妈妈），一般简称 Bu。不同的地区还有其他更亲切的叫法，例如东南诸岛的 Mama、西北部的 Bunda。全国对男性的通称是 Papak（爸爸），而且各地几乎都简称 Pak。这些称谓可单独使用，也可与"人名"甚至"职称"连贯。介绍某位老师的时候，可以只称 Ibu Guru（女老师）。如果你跟我一样不擅长记人名，这种叫法很方便。更方便的是，许多印尼人（尤其是爪哇人）不用代名词，在交谈过程中会不断提起自己的名字，例如"你明天来波波妈妈家"，而不说"你明天来我家"。

小孩有时会用 Tante（阿姨）和 Om（叔叔）称呼大人，这是荷兰时代遗留的习俗。大人会用 Kakak 和 Adik 来称呼手足，这两个名称虽无性别之分（可指兄弟或姐妹），但与长幼有关。

前者年纪较大，后者辈分较小，使用之前得先判断说话对象的岁数。如果某位年轻的女性被某个老太太喊一声"大姐"，千万不要觉得受伤，因为这种叫法代表友谊和敬意，例如宝琳娜妈妈其实比我年轻，但我还是称她"妈妈"，她则喊我"大姐"。

有天晚上，我问宝琳娜妈妈，如果我们把她家的女孩卖了，能挣多少钱？二女儿怡拉立刻眼神发亮地说："很多！"根据传统说法，好人家的女儿身价，至少跟她母亲一样高。怡拉继续说："而且她可以得到一百个这个。"接着就拉开两条胳臂拍了拍肩膀，比出一支牛角的长度。我心想：既然每个女儿的身价能值一百头牛，而她家有四个可爱的女儿，不就代表一大笔财富了吗？于是我对宝琳娜说："哦，那以后厨房里就只剩下我们两个人了，而且我们会变成老富婆！"

每个人听了都大笑，不过德喜立刻提出理性的观点："决定聘礼其实是很伤脑筋的。"她说得一点也没错，因为谁会愿意提供一百头长角牛，把这些在古邦上过学、爱看书、认为宰牛是浪费资源的"现代"女孩娶回家？话说回来，如果她们不收聘礼，就形同背叛为她们供应昂贵现代教育费的宗亲，会让宝琳娜妈妈蒙羞。

在迈向现代化的过程中，集体社会可能遭遇的主要困境是：若要实现个人理想，就得牺牲某个共同文化提供的多重保障。

我待在塔荣村时，已经很习惯听从波波妈妈的指挥了。她总是默不作声地发号施令，只要看我一眼，我就乖乖脱下爪哇式纱笼，改穿本地式样。有时候，她会提醒我记得把一小叠钞票跟宰好的鸡一起放在盘子里当供品。要是她觉得哪家邻居受到冷落，就轻轻推我一把，示意我去坐到别人家的走廊上。

我告别松巴岛前往其他目的地后，仍继续和波波妈妈互通短信保持联络。六个月后，她发了条短信说服我回松巴岛参加马术竞赛季。

2012 年 4 月我重返瓦伊卡布巴克时，当地人还记得我。民宿老板不等我开口，就主动端来一杯无糖咖啡。在网吧打工的女孩一见我沿车道走过来，立刻请另一位顾客离开我从前最爱的那张桌子。我常去光顾的那家餐厅老板为了表示欢迎我归来，免费招待我一盘鸡。我爬上塔荣村的山坡时，发现波波妈妈已在她家走廊迎接我。她就坐在半年前我们互道珍重的地方，一看到我便开心地站起来跳上跳下，仿佛我是个刚从战场返乡的军人。

波波妈妈高兴了没两下，竟号啕大哭起来，还抓着我的手捧在她胸口，摇头晃脑地哭得愈发厉害，边哭边说她嫂嫂在昨天夜里魂归西天了。我出声安慰她，她还是哭个不停，原来她不是在为嫂子难过，而是因为她催我回来看马术赛，她却得服丧，以至于无法履行约定和我一道去赛场。在罗利文化中，微妙的礼尚往来规矩使得一切秩序井然，而波波妈妈无法履行约定会打破这一规矩。

我提醒她，人算不如天算，我们还是可以一起参加葬礼，这才让她破涕为笑。不过在葬礼举行前，我得先按当地习俗前去拜谒亡者。

当我提议第二天就去吊唁那位亡故的兄嫂时，波波妈妈赶紧摇头并压低嗓门（每当她认为我讲了不得体的蠢话，就出现这种动作）说："明天不行，还有一堆事要安排。"虽然她在婆家地位崇高，但依旧得花时间备办适当礼物送给嫂嫂的家人，也就是她自己的娘家。至于该送哪几样东西，得根据过去收受的礼物来决定——张三家可能在某人上西天时送过一头猪，李四家可能在王五入土时送来一把刀。那天我看见塔荣村的一位朋友坐在纺织机前忙着织一块依卡布，准备带去丧家向波波的嫂子致敬。

二十年前我初次在松巴岛陪一名死去的老奶奶喝茶时，还不太了解当地的礼物交换习俗，而且在她的葬礼上看到的送礼仪式相当简单，只宰了一头乳牛。二十年后的现在，我想起那场葬礼是在安纳卡朗市中心附近举行的，于是用 iPad 搜寻当年拍下的照片，结果找到一群五官长得像小精灵的女学童笑眯眯地站在老奶奶安葬之地后方的相片，接着便骑上摩托车试着搜寻她的家人，最后果然凭着照片找到老奶奶的坟墓。我把车子停在墓旁，然后将 iPad 的照片递给坐在附近的一个阿婆看，她从中认出了一位参加过那次葬礼的客人，告诉我沿着马路走一公里左右即可抵达他住的村子。

我记忆中的那条沙土路已铺上柏油，变得和以前不一样了，但我终究还是找到了老奶奶家，她侄女兰布贝拉正坐在走廊上。兰布贝拉小我几岁，我初次见到老奶奶时，曾经为她和老奶奶的遗体拍过照，还加洗了一张相片送她们。可是当我拿那张照片给兰布贝拉看时，她却矢口否认在照片里摆着得意姿势的女生是她，眼睛却泛红了。我用 iPad 把她在照片中的脸部放大让她再仔细瞧一瞧，她还是一口咬定："这不是我，一点都不像！"接着就从身上的纱笼摸出一个皮夹，然后抽出一张使用了很久、看起来皱皱的身份证，"看吧！这才是我！我长这样。"她指着证件黑白照说。

我不想继续招惹她，准备就此离开。这时候，一名身穿牛仔短裤、眼里堆满笑意的男人从房子暗处走出来，想看看外头发生了什么事。他就是二十年前请我和老奶奶一起喝茶的小伙子！他不但记得我，还把其他人从昏暗的屋子里叫出来。他们先前一直在观赏电视转播的英国足球赛（电视的出现，似乎是过去二十年来这个村子最大的改变），现在则是一边盯着 iPad 里的照片，一边说："看，那是提穆斯叔叔！""嘿！那是我呀！"大伙儿还把兰布贝拉奚落了一顿，笑她居然不知道小时候的容貌会跟长大后不一样。虽然她被一群人捉弄得有点懊恼，却难以抗拒那些照片的吸引力，而且很快就认出画面中的几个人，还跟着大家指指点点、嘻嘻哈哈。穿牛仔裤的男人请我喝了一杯茶，他的笑容依旧灿烂（和二十年前一样），但已不再年轻。

参加波波嫂子的葬礼前，我找了杰若米陪我前往高拉村附近的山区参观马术竞赛。杰若米是我在雅加达认识的法国研究人员，专攻犯罪学和都市帮派文化。他想在印尼找个民风比较淳朴友善的地方休息一阵子，于是跑来松巴岛待了两星期。

　　身材高大、肤色较深、拥有厚厚双眼皮的杰若米，立刻掳获了波波妈妈家里那些年轻小姐的芳心。他一派悠闲地在各家走廊长坐、在河中沐浴、大啖用狗肝烹调的晚餐。松巴岛海边拥有连绵不尽的白沙，一般游客来到这种地方总会想从事海滩活动，杰若米毕竟是来度假的，当然也打算去海边遛遛。于是我和他约定，只要他用摩托车载我去看马术竞赛，我就答应提前离开赛场陪他去海边。他把泳裤塞进摩托车的置物箱，我们便出发了。

　　高拉村的马术竞赛在当地称为"巴梭拉"（pasola），是由一群剽悍的年轻人分组参加的竞技活动。参赛者一律戴着造型奇特的头饰（例如在随风翻飞的头巾上绑几根艳丽的羽毛或一颗松果），骑着小马展开激烈厮杀，马儿身上都装饰着彩带、绒球、铃铛和钱币。

　　比赛开锣后，松巴岛的骑士们立即分成两队人马彼此擦身而过，某村的选手以顺时针方向快速围成一圈，对手则以逆时针方向在第二个圈子里奔驰。每一名骑士展开猛烈进击时，一只手必须紧抓缰绳引导马匹前进，同时得扭动备用长矛充当盾牌，然后用另一只手举起矛枪奋力掷向敌方，设法在冲入敌阵前的一瞬间击中目标。他们往往须同步做出转动、投掷、避开长矛的动作，并维持风驰电掣般的速度骑在马背上，看起来非常刺激。

　　我和杰若米前往赛场的过程也是惊险万状，虽然他有一双长腿，但是在陡峭、泥泞、颠簸的山路上驾驭摩托车并非易事，更何况还得避开一路上故意偏离车道的摩托车骑士，他们甚至会故意在车上倒立两下才坐回原位。那些摩托车骑士正赶着去参加马术竞赛，一旦超车从我们身旁呼啸而过就面露得意之色。

　　我们随着观众在赛场中绕来绕去看了两小时比赛，一会儿帮这队加油，一会儿替那队欢呼，还吃了官夫人们提供的汤圆，跑去跟担任裁判的佩普里斯村长打了照面。杰若米开始显得不耐烦，我知道该是离开的时候了，于是和他一起走回摩托车停放处。

车钥匙不见了。

我们试着寻找杰若米先前见过的几个人（卖矿泉水的小姐、请吃汤圆的太太）打听钥匙的下落，还搜遍他去过的每个地方，包括他坐过的那棵大树下（但不确定是哪一棵）、他小解过的那丛灌木、被身着滚石 T 恤和尖形头饰的骑士和高声欢呼的观众踩过的草丛（草长得老高，且占地两公顷），但杰若米仅有的一把本田摩托车钥匙真的不见了，连个钥匙圈的影子都没有。

起先我以为他在开玩笑，可他不但没有糊弄我，还露出如丧家之犬般的表情，一副听候我大发雷霆的模样。假如是在伦敦或北京，我可能早就捶胸顿足了。但在高拉村这种地方，我镇定得像激不起一丝涟漪的池水，因为我知道虽然印尼总会发生一箩筐令人挫败、欠缺效率的事情，不过只要你发挥一点幽默和大量耐心，几乎没有摆脱不了的麻烦，每样事情总能设法搞定。

马术竞赛在我们拼命寻找钥匙之际骤然结束，当我看见观众三五成群地相继离去，忽然想到我们恐怕得推着一台被锁住的摩托车，沿着泥泞不堪的山路步行五公里，才能抵达最近的市镇，我不那么淡定了，希望能稍快点设法搞定一切。

长期跟雅加达犯罪团伙打交道的杰若米灵机一动，立刻朝几个一脸流氓相的家伙走去，打算请对方以接电方式帮我们发动车子，这样就算没钥匙也能把摩托车骑回市区。我跟雅加达官僚体系打交道的时间也不算短，于是当机立断在附近搜寻当权人士的踪影，最后找到一名肩上别着几颗金星、手里握着无线对讲机的警察。

我堆满笑容、低声下气地上前说明："警察先生，不好意思，我干了件蠢事，麻烦你帮忙给个建议，告诉我怎么做才能解决问题好吗？"我知道他开着一部看起来性能不错的双驾驶座小卡车，说话的时候忍不住偷瞄了那卡车两眼。

警察先生没有正面回答我，而是用对讲机请来一位肩上别着更多金星的长官，高级警官一见我就说："你很慌张吧，真对不起。"俨然出错的人是他，不是我们，接着便指示属下呼叫另一部警用卡车过来。

我们乘着警车回到摩托车停放处后，杰若米往我们那台车的方向一指，四名体格结实的警察一骨碌地跳出卡车，合力把上锁的摩托车扛到卡车两排长凳中间，众人一起离开了马术竞赛场。

其实，要让那些警察帮我们偷辆摩托车易如反掌。半小时前还显得慌里慌张的杰若米在卡车上坐定后，立刻挤出顽皮的笑容用法语对我说："我刚才真该叫他们搬一台更好的摩托车！"

我在波波的嫂子发丧前一天去谒见了亡者。老太太的遗骸身着大礼服，头发被仔细梳了个髻，上头扎着一朵红色大蝴蝶结，膝盖处围着一块美丽织锦，下巴微微垂在胸前，姿态和聚在四周睡着的一群老妇几乎没什么区别。她已经在这个拥挤的房间里坐了一星期，现在天气这么热，我很惊讶她身上竟没有发出异味。波波妈妈戳了我一下，我赶紧把一大袋槟榔搁在亡者脚边，但我发现其他客人都把带来的礼物直接摆在她膝盖上。

波波妈妈刚离世的嫂子，是她哥哥四任妻子中的第二任，而那位兄长已在两年前辞世，大老婆也在一年前撒手人寰。"她们一个个按顺序倒下了。"一位礼仪师说。她所谓的顺序是指大老婆和二老婆嫁给丈夫的次序。接着，波波妈妈把我介绍给他的第三任太太。这位瘦小干瘪的妇人缩在死者遗体后方一个角落，脸部的皮肤已松垮得不成样，全靠嘴里含着的烟草才把脸颊撑起来。

　　第四任老婆用不着介绍，大家就知道她是谁；她看起来比任何人都神气，年龄起码小三姨太十岁，而且全身披着上等绸缎。波波妈妈后来告诉我，打从她哥哥娶了这女人后，她就没跟他讲过话，还频频摇头反复说道："这桩婚姻不合适，他不该把这小妾娶进门的。"波波妈妈直到哥哥死后才跟他和解，送了一头大水牛给他送终。

　　翌日，正式葬礼在塔荣村举行。波波妈妈家的走廊热闹非凡，村民敲锣打鼓地出席后，还大费周章地用棕榈叶编了一张送葬用的帘子。上午9点左右，波波妈妈的孙子比利领着一头漂亮的白牛出现了。比利是个大眼睛、双眼皮、细皮肤的帅哥，他把那头宝贝白牛照顾得肥肥壮壮，还将它略带粉红色的毛皮搓洗得干干净净，帅哥和白牛看起来登对极了。

　　男士们开始干活，他们为白牛的两只角缠上黄丝带，又仔细在它额头上方绑了一朵宛如旭日的大花，接着将棕榈叶的边缘固定在一只牛角的尖端，让叶子垂在白牛的喉部下方，再把叶子拉到另一只牛角的尖端圈住牛头，使呈现扇形的牛角看起来更壮观，以彰显馈赠者的慷慨。

　　比利拿出猪油为白牛按摩，直到它浑身上下在正午的阳光中闪闪发亮才歇手。

　　族里的男士们将白牛外观打理妥当后，就在它后方一字排开。他们披戴正式腰布和头巾，佩挂最上等的剑，每人嘴里还叼着一根烟，手里捧着锣或鼓。刚才他们敲敲打打地穿过市区，走了三公里路来到死者的村落，目的是向民众展示波波妈妈的婆家出手有多大方。这支送葬队刻意不经过郊区稻田，而选择穿过人群沿着最大一条街道前进，居民有的驻足观看，有的匆忙让路。他们赞叹："哇！看那头神气的牛！那家人真了不起！"送葬行列挡道时，路上小巴士和摩托车都识相地跟在后头不敢僭越。

　　波波妈妈为女眷们雇了"交通工具",为避免塞车,所有妇女挤在一辆平板拖车上缓慢通过稻田,在波波娘家村子下面的竹林里等待男士们抵达。山脚下的巨坟被围上以新砍树苗搭成的鹰架,目的是用来起吊重达数吨的雕花合顶石。波波妈妈小声说:"她会葬在那里,跟我爸妈埋一起。"我听了很讶异,因为按一般习俗,妻子会跟丈夫埋一块儿,而且有钱男人会先替家属盖好新墓穴。波波刚过世的嫂子之所以选择与公婆长眠于此,是因为她不想在死后还得跟讨厌的小妾关在一起。"这件事老早就定了。"波波妈妈说完这句话,便绝口不再提别的事。

　　当全员到齐、男士们吸烟休息了一阵子后,女士们也加入了送葬队。波波妈妈兴奋地拉着我的手爬上山坡赶到最前面,跟帅哥比利和漂亮白牛并肩走在一块儿。为了壮大声势,送葬行列进入墓地的时间已经过细心安排。我们抵达坟场时,每座坟墓旁都挤满了人,每道走廊上也都座无虚席,数百位旁观者都能看到波波妈妈慷慨馈赠的奠礼。

　　波波妈妈和娘家一位代表各自简短发言后,葬礼出席者便鱼贯前进,轮流向村长致敬。我被安插在波波与几位宗族长辈后面,波波几个年轻儿子前面——这象征某种荣誉。当每位来宾分别和村长碰了碰鼻子后,我也依样画葫芦,却闻到村长浑身的米酒味。我献上的一盒烟以及两公斤的咖啡和糖,后来随其他礼物悄悄被带走,并转赠给屠夫。

　　一匹乳白色的马已经躺在空地上,脑袋和身体分了家,眼睛失去光泽,颈部开了大口。这匹马成为第一个祭品的理由,是为了让死去的老太太骑着它顺利进入来世。第二个倒下的祭品,是一头牛角被涂成粉红色的水牛。紧接着出现的是另一头角上绑着红花环的水牛，一名小伙子抢先跳到前面，快速抽出长刀划开它的颈动脉，搞得牛血四溅。站我旁边的一个男人对小伙子的杀牛技术不以为然，当下吐了一口恶心的槟榔汁在地上。那头脖子被划开的水牛依然怒气冲冲地喷着鼻息猛跺脚，虽然它一条前腿和一条后腿被绳子拴住，但力气还是很大，一组男丁又拉又扯地才勉强镇住它，它挣扎了一会儿终于跪下，喉头不再溅血。而那名年轻刽子手已经趁机开溜了，他的表现不但为族人蒙羞，事后还得缴一笔罚金。

到了下午三四点，墓地人满为患，所剩空间已不多。在一大摊血泊中，躺着一匹马、七头水牛和一只按清真规矩为穆斯林客人宰的白牛。波波妈妈奉献的那头牛，即便在死后依然是所有祭牲当中最好看的。猎鹰在村屋上方的高空盘旋。

下一步屠宰工作开始了。男士们扒开地上几只牲口的毛皮并小心翼翼地剥下，露出光滑得宛如巨大蚯蚓的粉红躯体，接着就剖开肚皮取出内脏，将腹腔内依然冒着热气的消化了一半的草料堆放在香蕉叶上。

夕阳西沉之际，被剥了皮的牛腿已悉数躺在地上，活像巴黎的红磨坊舞娘在跳大腿舞，将蹄子踢向墓碑。一颗马脑袋被弃置在广场中，犹如好莱坞电影《教父》里的场景。某些坟墓顶端摊摆着一堆铜锣、马皮鼓和发亮的肝脏，恍若一幅惊悚静物画。

一位宗族长老参考一本详载了各项礼物和祭品的登录簿，指挥送礼的客人将葬礼中屠宰的肉类打包带回家。我也得到一大块肉，上面还拖着一条令人垂涎三尺的肠子，因为我不但送了礼，也沾了波波家人的光——他们在几天前送了两头猪给祭奠茶会的客人享用，今天又送一头白牛。

从外人眼里看来，拿一头牛作为丧葬礼物，是对死者及其宗族表达敬意的一种象征。这头牛的牛角会被钉在宗祠前面，说不定会取代过去悬挂的较不重要的丧葬纪念品，还可以光宗耀祖。不过，波波妈妈赠送那头白牛不仅是为了向死者致敬，也是为了报复。

松巴岛居民赠送任何物品的用意，总含有某种交易成分。如果我送了你一只肥牛，就表示你欠我一头体积相当的牲口，总有一天（例如我奶奶、我丈夫或我本人过世的时候）你非偿还不可。要是你没有多余的牛可送人，那该怎么办？你可以向别人告贷或者多尽些义务。万一你得让子女退学、卖掉田产或者偷一头牛（松巴岛每年发生周期性盗牛案）才能还债，你也只能照做。因此，波波妈妈"馈赠"这么慷慨的丧葬礼物，其实是想给已故兄长的第四任老婆制造麻烦。这类礼物交换习俗，一如伴随婚姻而来的义务，具有重要的文化功能。那些彼此交缠的共同义务，就像某种错综复杂的保险制度，意味着任何亲戚有急需或有困难时，都能获得集体资源，而且长期以来，似乎相当有效地为当地村民消除了财富不平等现象，拥有一个水牛头骨的家庭和拥有十二个头骨的家庭，生活差别并没有那么大。

有些人显然唯恐与某些逃不掉的义务扯上关系。心理学家从跨文化实验中发现，在松巴岛这类送礼文化熏陶之下成长的人，拒绝接受陌生人礼物的可能性最高，因为他们不想亏欠别人，怕有心理负担[1]。当传统文化的义务与现代社会需求互相冲突时，麻烦就来了。在封闭的旧社会中，遵守文化传统是居民获得他人敬重和社会名望的基石，然而现代社会已不同于往昔，许多印尼年轻人的眼界比父母宽多了，卫星电视、因特网、廉价机票、公费奖学金，让他们看到更广大的印尼和世界。

---

[1] 见 Henrich et al., "In Cross-Cultural Perspective: Behavioral Experiments in 15 Small-Scale Societies," *Behavioral and Brain Sciences* 28, no. 6 (2005): 795–815. ——原注

教育是迈向广阔世界的重要途径。塔荣村大祭司的看法或许是对的，他曾指出现代教育和传统文化难以兼容并蓄。我在松巴岛见过不少年轻人因为必须履行某些传统义务而退学，试想：当你得牵着一头牛去参加葬礼并割破它的喉咙，眼睁睁看着你的未来和希望随着渗入坟地的牛血而流逝，会是多大的煎熬？我曾经问那些年轻人，他们是否为此感到愤愤不平？他们只是耸耸肩说："传统就是传统，你能怎么办？"

印尼政府认为，只要每个家庭的长辈不再花大钱办丧事，这些年轻人就能实现个人抱负。早在1987年，苏哈托政府曾限制松巴岛每次举办丧事最多只能杀五头牛，但松巴岛地处偏远，雅加达鞭长莫及，始终无法真正掌控当地居民。近来地方政治人士重施故伎，再度为松巴岛的宰牲数字设限，但收效也不大，因为居民会蒙骗当局。

有一天，我骑着摩托车在松巴岛南岸瓦诺卡卡海滩附近的冲积平原上迷路时，遇见了农夫佩特鲁斯爸爸。当时我需要别人指引方向，而他需要有人载他一程，双方一拍即合。后来因为种种机缘，我在他们夫妻家里住了几天。佩特鲁斯爸爸是社区长老之一，拥有十二公顷土地。某日晚上，佩特鲁斯和几位朋友坐在家中与我闲聊时，他想知道我赚多少薪水，因为他听说我四处旅行，以为我是有钱人。我笑说："有钱人？你上次参加葬礼杀了四头牛，而我只要有一头牛，就可以旅行半年了，你还认为我很有钱吗？"

佩特鲁斯和他朋友听了都吓一大跳。后来他每遇见一个熟人，就把此事复述一遍给对方听，每次都引起热烈讨论，人人都觉得不可思议。

我跟西松巴岛一名商人聊过之后，总算猜出佩特鲁斯如此震惊的原因。我问那位商人，为什么瓦伊卡布巴克每家商店老板几乎全是华人？他说："这跟资本有关，我们的宗族是以牛只数量而不是现金数字来计算族人的资本，可是就算你有几百头牛，还是买不了一包水泥。"

政府推动"禁屠"措施背后的假设是：牛和水泥可以互换。只要村民少宰几头牛，再把剩下的几头卖了，就能买台拖拉机或盖间旅馆，等赚了钱以后再买台拖拉机，这样肯定能富裕起来，一言以蔽之：这叫资本主义。

不过，上述逻辑在松巴岛行不通。该岛存在着两类差异悬殊的资本：金融资本（金钱、水泥、商店）可以转换为水牛、墓碑或其他文化资本；文化资本却不能变身为金融资本。文化资本是全宗族（包括活人和死人）的财产，你对它有所贡献，它就保障你的社会地位。你也可以出售文化资本为子女筹措学费、为自家工厂添购发电机或者买下印多超市加盟店，但松巴岛人不会干这种事。如果我暗示佩特鲁斯爸爸可以卖掉一头牛来换取六个月的旅费，就好比提议别人把空气当私有财产拿去卖钱，再用这笔钱去买个镀金抽水马桶。

住在偏远松巴岛的居民选择奉行传统文化，而把满足个人需求和欲望以及追求财富摆在其次。印尼其他地区也有类似的观念，巴厘岛即为一例。该岛兼具印尼最"现代"的经济活动和黏性传统文化，苏门答腊和爪哇各地曾兴建大量印度教庙宇，尔后逐渐式微。现在的巴厘岛则是印度教寺庙最后一座堡垒，并且承袭相关节庆传统，几乎天天举行小型印度教仪式。居民会暂停工作，梳妆打扮，敲着铜锣赶去参加每一场迎神庙会、锉牙仪式[1]、火葬典礼。这些庆典成为巴厘岛一大吸引力，2012 年为该岛带来三百万名外来观光客，但

1　锉牙仪式，即将步入成年的仪式，接受锉牙者的年龄介于十六至十八岁之间。

也会影响观光业者的生意，当地一位外国旅馆老板曾沮丧地告诉我：
"有些俄罗斯观光客白天会兴致勃勃地到街上拍照，专找身材姣好、
古铜肤色、头上顶着一堆水果的姑娘猎取镜头，可是如果你告诉他
们，因为旅馆工作人员得去参加庙会，所以他们的衣服还没洗好，
他们肯定暴跳如雷。"

而巴厘岛每年只有在安宁日（Nyepi）[1]这天不工作，不举行庆典。

一个下雨天的午后，为了打发时间，我坐在波波妈妈家的长廊
上研究我的印尼大地图，没多久就吸引了一群孩子，地图上一下子
伸出十几颗小脑袋，还有一堆抓着地图指指点点的脏手指。我问他
们："松巴岛在哪儿？""呃……"他们七嘴八舌地表示不同看法后，
一个年纪较大的孩子指出了正确位置。"那雅加达在哪儿？"这问
题再度考倒他们，这些小萝卜头把"市"和"岛"、"岛"和"省"、"省"
和"国"全搞混了，还有一个小家伙竟把马来西亚当成印尼的一省，
我猜如果觊觎马来西亚多年的印尼建国之父苏加诺还在世的话，肯
定会为他感到骄傲。

孩子们问我下一站会去哪里旅行，我立刻指着地图上的小岛萨
武，它坐落在松巴岛和帝汶岛之间的浩瀚大海中。接着，我用手指
大略划过地图上的一连串小黑点，然后告诉孩子们，这些小点点代
表从帝汶岛边缘沿着澳洲北岸一路伸向印尼巴布亚省尖端的弧形群
岛。但我只说出其中一两个岛名舌头就打结了，因为我从来没去过
那些地方，也不认识任何到过当地的人。接着，孩子们抓起地图瞄
着那些小黑点反问我："说吧，聪明人，基萨尔岛（Kisar）旁边是
什么岛？"

1　安宁日，巴厘岛一年当中最重要的日子，相当于过新年，日期在每年三四月。

我和他们约定：下次再来松巴岛时，我要举办一场地理常识比赛。当天晚上，我特地跑去瓦伊卡布巴克的大街上，四处搜寻能送给他们好好研究的地图，结果发现，我能买到西松巴岛甚至 NTT[1] 分区图，但跑遍整个市区竟找不到一张全国地图。我向杂货店的扑克脸华侨老板求救，满心期待他能拿出看家本领，把手伸进灰尘密布、堆积如山的货品中抽出一张地图来。可是，杂货店没有这种地图，书店和文具店也没有。

在松巴岛，国家不存在。

1　印尼文 Nusa Tenggara Timur 的缩写，即松巴岛所在省份东努沙登加拉省（East Nusa Tengaara），岛民挖苦地开玩笑说，这三个字母代表：永远被忽视的岛屿（印尼文：Nusa Tertinggal Ternus，英文：The Perpetually Neglected Islands）。——原注

第四章

来自他乡的居民

印尼东方列岛的居民和船舶有着密不可分的关系,煤油、蛋、米、糖等民生物资悉数由大货船运来,船班多寡可左右物价高低,渡轮则为岛民提供接触广大外面世界的通路。岛与岛之间有二十四小时营运,营业时间较短、可输送车辆的平底渡轮或国有企业培尼公司(Pelni)经营的载客大渡轮,遵循昔日荷兰蒸气邮轮开辟的航线往返于各岛。岛上居民对每艘渡轮的名称耳熟能详,某些港口的居民还把船班时刻深印在脑海里。

我计划搭乘每个月从松巴岛东部的瓦英阿普港(Waingapu)开往萨武岛的培尼渡轮。日军占领松巴岛时期,曾在岛上铺设一条横贯公路,从瓦伊卡布巴克沿此路前去瓦英阿普需四小时车程。瓦伊卡布巴克居民都知道渡轮开船时间,于是当地朋友帮我预约了一辆共乘出租车,好让我准时上船。

我们抵达港口后,却没瞧见渡轮的影子。警卫客气地说,渡轮停在船坞进行年度维修,"下个月就回来载客了"。我看见码头稍远处有一群小马被赶上一艘兼载车辆、即将前往松巴岛东北方弗洛勒

图 B：东弗洛勒斯岛及周边岛屿（东努沙登加拉省）

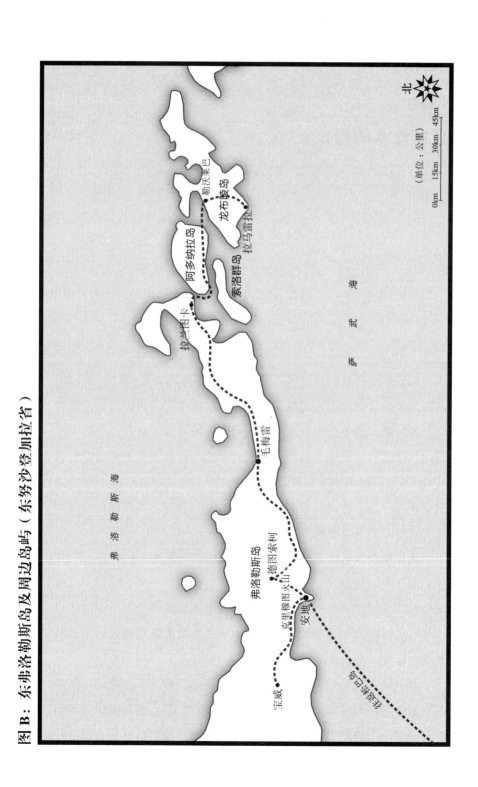

弗 洛 勒 斯 海

萨 武 海

拉兰图卡

阿多纳拉岛

勒沃莱巴

龙布棱岛

拉马甫拉

索洛群岛

毛梅雷

弗洛勒斯岛

德图索珂

克里穆图火山

安地

宝威

阳日湾纽屯

北

（单位：公里）

0km 15km 30km 45km

斯岛（Flores）的渡轮，便紧跟着它们上了船，然后挤进两台卡车的轮胎间，车上载着一堆发酸的海苔。除了那群小马之外，同行乘客包括一帮赌徒，还有一头眼神哀戚、倒卧在一堆干草边的白牛。

　　17 世纪葡萄牙传教士在弗洛勒斯岛定居后，原本崇拜多神教的岛民从此改信天主教。该岛沿海地区虽比潮湿的苏门答腊和翠绿的爪哇干旱，但岛上有十几座排列得像脊椎骨的活火山，土壤相当肥沃。火山群和东北岸曲折绵长的白沙滩，构成令人惊心动魄的绝世美景。每到黄昏时分，山上氤氲缭绕，笼罩着神秘气氛。某个雾气弥漫的傍晚，我遇见一群坐在河里沐浴的妇女。一位母亲羞答答地将纱笼撩到胸部，让女儿用抹了肥皂的石头为她搓背。她向我挥手道："来洗澡啊！"我大声回应："我不想着凉！"旁边一名少女立即笑呵呵地捞水泼我，我发现河水竟是热的。此行上路以来，我尚未洗过热水澡，于是索性连人带衣踏入河里，躺在吐着泡泡的温泉中奢侈享受了一番。

　　我没料到河水会是热的，是因为先前并未瞧见河边插着任何"观光风景区"都会常有的标志牌。印尼官员往往认为，只要立上这么一块牌子，即可促进观光业。于是各地风景区就变成这副德性：诗情画意的瀑布旁建造了仿松木纹水泥桌椅，平坦柔滑的海滩被粉红色水泥墙阻隔，墙上只开一道迎宾拱门，写着一排大字："欢迎莅临落日海滩观光风景区！"温泉被引入铺着俗气瓷砖的浴池中，掩蔽在摇摇欲坠的木棚里，壮丽峡谷的道路两旁设满摊贩、丢满饮料盒。

　　弗洛勒斯岛中部奇迹般避开了这些观光建设，当地的克里穆图火山是印尼较为人知的原始自然景观，最接近的城市德图索柯距离它大约三十公里。1989 年我曾造访这座火山，犹记巨大的火山口附近藏着三座湖泊：一座白色，一座绿色，一座血红色。"现在那些湖的颜色都变了。"我在德图索柯（Detusoko）一所修道院过夜时，一名修女这么说。我决定上山去瞧瞧。

我等在大马路边准备招手拦巴士之际，一名坐在咖啡摊前的小伙子提议用他的计程摩托车载我上山。这种交通工具被印尼人称之为"偶接客"（ojek），通常以本田或雅马哈小摩托车为主，但是在比较贫穷的省份看到的摩托车多半有点破旧，我心想：要我坐着它去市区逛逛还可以，可是叫我靠它爬三十公里山路去一座火山？谢谢，门儿都没有。"那我请你喝杯咖啡好了。"名叫安东的小伙子又提议，这回我接受了他的好意，可是我咖啡还没喝完，一辆巴士竟摇摇晃晃地从我眼前开过去，最后只得坐安东的摩托车上山了。

那条九弯十八拐的山路底下是个深邃的谷地，大片沐浴在柔和晨光中的梯田一路迤逦到河边。安东在路上告诉我，他其实最喜欢照顾动物，不太好意思拉客赚钱。"小姐，我既不笨也不懒，可是高中毕业以后就读不起大学了，如果不做载客生意的话，在这里除了种稻，还能干嘛？这里跟爪哇不一样啊……"

对外岛居民来说，爪哇形同另一个神秘国度，苏哈托却老想把爪哇价值观灌输到全国。我问安东是否去过那里。"什么，去爪哇吗？噢，没有……"他说话的口气带着点敬畏又显得有点疑惑，仿佛我问他有没有去过罗马的圣彼得大教堂似的。稍后安东提起他两个哥哥都在爪哇工作，我问他怎么不搬去跟哥哥住、去爪哇读大学、去那边开出租车赚学费？"可是小姐，那里的情况跟这里不一样。"这时，山路上突然冒出一个之前塌方留下的大坑，安东赶紧扭转车身，避开后笑着说："你瞧，在爪哇绝对看不到那种东西！"他不去爪哇的另一个原因是：担心自己进不了"那边的"大学、怕自己看起来太像乡巴佬，于是我勉励他："你不去尝试永远不知道结果，大不了再回来继续做你现在的工作。"

　　接下来几个月，我们继续保持联络，他偶尔会发短信问我近况，我也总是回他消息。约莫一年过后，我在等候飞往爪哇第二大城泗水的班机时，意外收到一则短信："哈啰，小姐，你在哪儿？我在泗水。"原来安东已进了大学，想成为兽医，安东说："我考虑过你的话以后，觉得你说得有道理，除非我去尝试，否则不可能成功。"他发现爪哇一点也不像他曾经担心的那么陌生可怕，尽管他还是觉得自己有点像土包子，不过其他来自同乡的同学都很乐意为他传授生存要领，"留在爪哇总比坐在德图索柯等乘客上门来得强"。

　　安东把我送到克里穆图火山后，我就欢天喜地地踏入早晨清新的空气和美不胜收的景色中，独自坐在世上最美的地方听鸟儿鸣唱，看蝴蝶飞舞。山上较近的两座湖泊被一道扭曲的石墙隔开，我记得从前其中一座是翠绿色，另一座是乳白色，而位于远方的第三座湖看起来则是黏黏的铁锈色，如今那两座相邻湖泊的颜色似乎混在一起，都变成蓝绿色。天空飘来朵朵白云，灰蒙蒙的云影掠过湖面。我走向通往第三座湖的泥土路时，经过一位公园管理员的身旁，他竟拿着一把和瑞士小刀一般大的镰刀，在占地数英亩的草地上除草。当地人认为那血红色的湖泊是祖灵安息之处，如今湖水颜色变深，几呈黑色。地质学家说，湖水变色是湖底火山口喷出来的矿物质涌入湖中的杰作。不过，根据克里穆图国家公园官方网站的说法，当地人认为那是湖中亡灵对某位军旅出身的候选人当选印尼总统表示不满的结果。

　　我在宁静的湖畔稍坐了片刻，不时听见鸟鸣和偶尔传来的虫叫声。现在是旅游淡季（11月中旬），山上游客本来就不多，但我依然为自己能在此地独揽美景感到惊喜。这里看不到从爪哇私立学校搭游览车过来探索国家奇景的富家子弟，也没有迷恋火山、猛按相机的日本旅行团，连个背包客的影子都没瞧见。能遗世独立地在此饱览山中美景固然令人兴奋，但我不禁要为印尼的孤立处境打抱不平。

印尼在世界舞台上的地位显然并不突出，例如2012年的伦敦奥运会选手之中，仅二十二位来自印尼；换句话说，每一千万名印尼人当中，只有不到一人参加奥运竞赛。虽然曾任联合国维和部队的印尼军队一度广受欢迎，但跻身国际组织高层的印尼人屈指可数，成为这类组织领导者的印尼人更是付之阙如，也没有任何印尼人得过诺贝尔奖[1]。

想当年，阳刚外向的苏加诺（能说九国语言）曾走访各国抨击殖民主义、拒绝邻国干涉，在国际上赢得较高的知名度。阴柔内敛的苏哈托只会讲几句英文，在国际场合总觉得不自在，但他依旧勇往直前与邻邦展开谈判，成为创立东南亚国家联盟（由东南亚各国领袖成立的互助组织）的推手。不过，苏哈托执政三十多年来，始终在国际上保持低调，日后印尼人也未曾努力提升国家地位。

虽说选择在他国定居的印尼人少之又少，不过有些人会担任外劳。2012年，全国有四百万人漂洋过海去帮别的国家（大部分去沙特阿拉伯和马来西亚）扫厕所、除杂草、盖旅馆。这些外劳几乎悉数参加"套装行程"计划，由政府核准的中介机构整批送往国外，等到聘约期满再送回国。这种有别于人口大迁徙的移民，可将祖国的影响力散播至海外。

若干年前，我和朋友鲁裕讨论过印尼人口大量外移这档事。鲁

1　除非你把研究印尼脚气病而荣获1929年诺贝尔医学奖的荷兰人艾吉克曼（Christian Eijkman）也算在内，另外还有两位东帝汶人曾因反对印尼统治而获颁1996年诺贝尔和平奖，严格来说他们也算印尼人。世上与诺贝尔奖无缘的第二大（以人口计）国家是埃塞俄比亚，该国人口名列全球第十四位。——原注

　　裕是一名法裔设计师，受过良好教育，出身上流中产阶级，拥有一大票各国朋友和一本盖满戳记的护照。如果他是韩国人或柬埔寨人，说不定会选择住在纽约或巴黎。某日清晨4点钟，鲁裕驾着他的蓝色甲壳虫，漫无目的地带着我在雅加达市区兜风。我喋喋不休地谈到国家认同问题时，他忽然转头看着我说："你饿不饿？"我说饿，他说："我也是。"接着就把车子停在一个临时街头摊贩旁。几分钟过后，我们坐在人行道边一张平滑的棕榈席子上，各自享用刚做好的西式蛋卷饼和甜姜茶。我继续谈论国家认同问题：为什么到海外定居的印尼人这么少？我猜原因之一是：喝过洋墨水或去海外做过事的印尼人就像身上镀了金一样，归国后可享有崇高的社会地位和经济地位，所以他们宁愿待在印尼。不过，鲁裕提出了另一个理由——他把一团辣虾酱抹在蛋卷饼上，一边吃宵夜一边挥手说："如果没有这些食物的话，印尼人怎么活下去啊？"

　　有些印尼人就算不太满足生活现况（例如安东这样的年轻人），也没必要跑去海外追求更好的生活，因为国内的就业机会跟外国差不了太多，何必要出国？他们只要搭船去另一座岛，即可摆脱地域和宗亲束缚，还能学习新舞技、尝试新食物，而不须接触没学过的外语、不熟悉的货币、缺乏人情味的警察。

　　印尼的食物拥有某些共通和相异的特色，虽说各地都有风味独具的家乡菜，但我在某些小岛旅游时，却难得品尝当地风味餐，只有被请进居民家中做客时，才能吃到摆在香蕉叶上的野菜泥、玉米泥或南瓜泥，而在全国各地的街头摊贩或小吃店料理食物的人，都是流动人口。我吃过最家喻户晓的印尼菜，是西苏门答腊省的米南加保族（Minangkabau）创造的平民食物巴东饭（nasi Padang），巴东为该省省会。

米南加保族的男性常远赴外地谋生，该族群直到近几个世代，仍习惯群居在空间宽敞的木屋里。那些屋墙微微向外倾斜、屋顶翘成牛角弧度的房子悉归女性所有，因为米南加保族是母系社会，年幼男孩可与母亲同住，长大后就得自立门户。然而许多少年郎离开娘家以后往往居无定所，直到婚后才能搬进妻子家，为了解决居住问题，只好离开西苏门答腊省到外地赚钱。

米南加保族就像麦当劳征服美国一样攻克了印尼各地餐厅，不过并未成立某个大企业和一般家庭餐馆抢利润。他们经营的巴东饭馆往往没有牛角形屋顶，总是不搭调地挤在一排专卖手机和摩托车零件的店铺之间。要是餐馆屋顶没有空间可加装一块状似牛角的弧形铁皮浪板，他们就拿油漆在窗户上画个象征米南加保族的识别标志，那些牛角标志也跟快餐迷一眼就能认出来的麦当劳黄金拱门一样遍及全国。

巴东饭馆自有一套相同的运作模式：店家大约从黎明开始筹备，到了上午10点左右，一桶桶食物已沿着饭馆窗户下方的架子摆好，而且各家都供应忍当肉（rendang）。这道菜须将辣椒、椰奶和肉质坚韧的牛肉放在一起炖煮几个钟头，待汤汁、佐料、牛肉融为一体，就变成一道呛辣滑嫩的佳肴。另一种常备食物是以浓稠的椰浆熬煮出来的干树薯叶，或切块菠萝蜜。其他十多种菜色都分装成小盘整齐地堆栈在架子上，包括：臭豆煮虾（吃过这道菜的人如厕以后，会留下刺鼻异味）、辣酱烧茄子、浮着薄薄一层灰色酱汁的猪脑、质地像脱水海绵的炸猪肺、淋上浓浓综合香料酱的水煮蛋、白白的眼珠子瞪着天空的碳烤鱼以及满满堆在盘子里的青辣椒。这些菜色未必都能令人食欲大动，但总会有一样合你胃口。

那些饭馆的食物架后方，必定挂着一道阻挡饿苍蝇飞进去的纱帘。较大的餐馆会在顾客入座前，先将一碟碟小菜和一大碗体积如椰子壳的白饭端到桌上，餐费按碟计价，客人吃几碟菜算几碟钱，较小的馆子则是请顾客自行走到食物架前面选菜。印尼各处都能买到外带食物，比方说和西方三明治一样普遍、用棕色蜡纸卷成圆锥状的饭团，大多数印尼人认为那些食物安全无虞，吃了不会拉肚子。米南加保族是严守戒规的穆斯林，就算你在松巴岛这种地方（当地食用猪肉）的巴东饭馆用膳，他们供应的饭菜也绝对不会掺进任何非清真食材。

印尼不但随处可见米南加保族经营的小吃店，路边也有许多爪哇人开的炸豆腐摊，不过最深得我心的食物，是萨萨克族（Sasaks）年轻人在全国各地市场角落贩卖的冰椰子水，萨萨克族来自西努沙登加拉省的龙目岛（Lombok，紧邻巴厘岛东边）。

当你在街头走得又热又渴、差点七窍生烟时，最令人开心的一件事就是看到"ES KELAPA NTB"几个单词，意思是：西努沙登加拉风味冰椰子水。贩卖这种饮料的路边摊，会用醒目的橘色塑料贴纸剪出这些字母。摊车的规格和一间流动厕所相仿，有个大约两米长一米宽、漆着俗气鲜绿色或粉红色的木箱，箱上立着充当店面的玻璃层架，上面会贴着或漆着所卖吃食的广告，食物种类包含：冰椰子水、炸豆腐、烤沙嗲，甚至还有巴东饭。整个摊车架在两个大大的脚踏车轮上，有把手的这一端顶着路边，酷似独轮手推车，另一端附有一根可支撑摊车的短木桩。印尼人称这种流动摊车为kaki lima，相当于英文的 five feet，意为"五只脚"或"五英尺"。我认为应该是指"五只脚"，代表摊车的两个车轮、一根木桩和小贩的两条腿，不过也有人认为是指"五英尺"，理由是1811年至1816年拿破仑掀起欧洲战争时期，英国人曾短期占领遭法军攻入的爪哇岛，时任爪哇代理总督的莱佛士（Stamford Raffles）下令，当地所有人行道宽度至少须达五英尺以上，而流动摊车都停靠在人行道上，因此就以"五英尺"为名。

　　为满足生意上的需要，这些摊车都经过精心改造，附有抽屉、活动层板、嵌入式冰箱、带有支架的炭火炉或瓦斯桶、折叠式长凳、伸缩帆布篷以及撑开的大伞。每个流动小贩无不绞尽脑汁节省劳力、增加空间、吸引顾客，只有卖冰椰子水的男孩例外，因为他们携带的东西太占地方，无法全部摆在摊车上，只能将大量椰子堆放在人行道上或是某块空地的破围墙后。他们会拿大刀剖开一颗颗绿色的椰子球，将里面的汁液倒进加了冰块的大啤酒杯，然后在这玻璃杯中放上又白又软、削成宽条的椰肉（他们最常使用的削椰肉工具，是钉在一根竹棒上的锯齿状瓶盖），接着浇上一小匙红褐色的椰糖和一大勺炼乳，一份透心凉的饮料便大功告成。

　　就我所知，这些卖冰椰子水的男孩最擅长四处抢生意，他们会从这座岛漂流到那座岛，游走于小镇和小镇之间。一名萨萨克族小伙子曾说："我一直觉得很奇怪，这里明明到处都长椰子，为什么本地人没想过要拿椰子去卖钱？于是我们就跑来做生意，而且连续两三个月生意好得不得了。后来有三四个本地人觉得他们也可以做同样生意，结果市场就饱和了，所以我们又搬到别的地方。"这么一来，流动摊贩的生意会不会愈来愈差？"一点也不会，干这种工作很辛苦，每天得在太阳底下站十个钟头。本地人太懒，没办法久站，所以只挑凉快的清晨或傍晚卖饮料，可是这种时间谁会口渴到想喝冰椰子水？于是他们开始亏钱，最后只好收摊，而且在其他萨萨克族人搬来以前，市场里再没人卖冰椰子水了。"

　　印尼还有一些被其他部族垄断的行业，例如马都拉族（Madura）在全国各地开理发店；爪哇族女子完全掌控佳木（jamu，一种用印尼草本植物熬煮的传统药材）的销路；南苏拉威西省的布吉族精通造船，在欧洲人登陆印尼以前的贸易与海盗时代，他们打造的二桅帆船早已称霸海上，后来仍是印尼人长期使用的水路交通工具；布吉族的近邻望加锡族（Macassaress）是贸易专家，权倾一时的布敦苏丹国（苏拉威西岛东南部岛国）的子民长期从事鱼干贸易。岛与岛之间的移民传统为印尼各地创造了某种统一性：无论走到哪里都能看到巴东饭、爪哇佳木、西努沙登加拉冰椰子水，还有马杜拉理发师。只要将这些不同种族的特色混合在一起，就可以形成印尼特质，实践"多元而统一"。

　　如果你想亲身体验"多元而统一"，顺便观察人生百态，不妨去搭一趟培尼渡轮。在印尼，即便是再小的渡轮也设有许多舱房以及专供特等舱乘客使用的餐厅。大型渡轮经济舱多达五层，以三夹板订制的公用平台上有两大排座位，中间隔着数公分厚的金属栏杆，栏杆上方附有不甚牢固的行李架。乘客们大剌剌地在公用平台上摊开自己的纱笼和睡垫，但不会侵犯彼此的地盘。

　　最常见的乘客活动是睡觉和闲晃，有些人会聊天、玩牌、打扮、互相按摩，孩子们老爱尖叫，其他人要么用手机听吵死人的音乐，要么拼命吃东西。19世纪中叶，英国博物学家华莱士（Alfred Wallace）曾经搭着荷兰邮轮（现代培尼渡轮前身）前往印尼群岛最荒僻的地区，花了十二年时间帮红毛猩猩拍照、给昆虫制作标本，并如此描述船上食物：

> 早晨6时供应一杯茶或咖啡予爱好之人；7时至8时之间端出内含茶、蛋、沙丁鱼之简易式早点；10时为诸君送上白葡萄酒、杜松子酒、苦啤酒以促进食欲；11时复推出未附汤之丰盛膳食；午后约3时，侍者连连奉上茶、咖啡、苦啤酒诸饮料；附啤酒之美食晚宴于午后5时开席；6时半再添以红酒；待晚

间 8 时诸君用过茶与咖啡，晚宴方告正式结束。嗣后复依乘客
之所求，供以啤酒、汽水，诸君之味蕾遂于冗长乏味之旅程中
频受刺激。[1]

　　现代印尼渡轮的经济舱乘客，每日可去食物舱领取免费三餐，
饭菜一律装在发泡餐盒里，且内容一成不变，只有一团硬邦邦的白
米饭，配上几片烂兮兮的卷心菜，偶尔再加一块鱼。虽然船上不再
供应杜松子酒和苦啤酒，服务员仍不吝于提供其他"味蕾小刺激"。
他们会在低层甲板四处走动，贩卖面条、肉丸汤或是加了一堆荧光
绿和萤粉色果冻的浓稠饮料。但这些东西仍无法满足乘客诸君的味
蕾，于是你会看到船舱这边有个女人把私藏芒果拿出来剥皮，那边
有个家庭在大啖炸虾饼，或把饼干分给邻座乘客吃。
　　船上也提供正式娱乐活动，震天价响的扩音器昭告众人："各
位先生，各位女士，接下来我们要放映一部精彩浪漫谍报片，由中
国艳星周玲玲主演。请注意：本片是描述打破禁忌勇于追爱的浪漫
故事，仅供成人观赏！敬请各位前往五号甲板左手边的迷你电影院
欣赏，票价只要一万卢比[2]。"在大型渡轮上，每当头等舱餐厅里的
贵宾酒足饭饱后，餐厅就摇身变成供普通乘客消遣的舞厅。扩音器
一宣布："限穿着整齐、正式服装的男女伴侣入场"，乐队便开始在
拼花地板小舞池后方演奏摇摆乐，乘客们随即绕着这座迪斯科舞厅

1　引自 Alfred Russel Wallace, *The Malay Archipelago: the land of the Orang-Utan, and the Bird of Paradise. A Narrative of Travel, with Studies of Man and Nature*, Vol. 1 (London: Macmillan, 1869), Chapter XIX. ——原注

2　2011 至 2012 年我在印尼旅游期间，卢比兑美元的汇率是：九千至九千五百卢比换一美元，兑英镑汇率则是：一万四千至一万五千卢比换一英镑。到了本书写作期间，卢比兑美元及英镑汇率双双贬值，一美元相当于一万一千五百卢比、一英镑可换一万八千卢比。（编按：本书提到的汇率皆以作者旅游期间的汇率为准。）

尽情旋转。

许多乘客虽然互不相识，却能轻松交谈，话题不外乎他们去过哪里、下一个目的地、在某些陌生岛屿见过的奇风异俗、家乡的食物和温馨，当然还有不可思议的物价——在巴厘岛买一公斤地瓜，竟然要价 3 万卢比！

每次交谈的开场白几乎总是："你是哪里人？"一旦确认彼此所属的种族，便开始揶揄对方："我本来想请你吃点鱿鱼干的，可是我知道你们巽他族（Sundanese）只会啃树叶！""噢，别生他的气，反正你知道巴塔克族（Batak）都那副德性，他们一向就是这么粗鲁……""你是布吉族啊？那跟你做生意可得当心，大家都知道你们有多奸诈！"

培尼渡轮大部分乘客在船上交谈时都得说印尼话，因为他们分别来自拥有各种方言的地区，印尼话是全国唯一通用语言。马鲁古男士会和帝汶女士话家常，亚齐人会找西苏门答腊人闲扯淡，来自巴布亚不同地区的居民会交换彼此对爪哇的感想。

印尼话是个有趣的语言，因为不讲究文法，所以名词没有单、复数之分，如需表示复数，只要把某个名词说两遍就行，例如：anak 是一个小孩、anak anak 是两个小孩（通常写作 anak 2）。印尼话也不讲求时态，只要在句子中插入时间副词，即可表示过去、现在、未来。例如"我昨天付钱给你"、"我明天给你钱"。印尼话也是个语意模糊的语言，例如 besok（明天）可能指今天过后第二天，也可能指不久后的某个不确定时间。

在印尼独立早期，民族党官员曾选择以马来语作为全国通用语言，因马来语易学且已广泛使用，至少在商业界是这样。另一个理由是，马来语有别于爪哇语。当时大多数教育水平较高的民族党官员都说爪哇语，他们之所以未轻易采用其母语作为新"国语"，甚至为此感到庆幸，是因为爪哇语极其复杂，若成为国语，外岛居民恐将长期居于劣势。爪哇语也是阶级分明的语言，对长幼尊卑所使用的词汇截然不同。苏加诺及其同党至少在表面上主张人人平等，不希望把某个重视阶级之分的语言散播到全国，以免让早已深入爪哇文化的封建思想在各地生根，因此民族党党魁苏加诺爱听别人称他为"兄弟"，但崇拜父权的苏哈托总统则希望人家喊他"父亲"。

打从印尼独立以来，学校一律用印尼话教学。经过一个世代后，全国人民几乎都说国语。虽然他们仍会在家乡和市场里讲土话，但我在公共场合很少听到南腔北调。如今这情况已有转变，可能原因是印尼推行地方自治后，各地外来公务员人口减少，本地人自尊提高，说方言的人也就增加了。因此，2011年我在拥有七十六种方言的东努沙登加拉省旅行时，发现人们在当地的住家走廊、咖啡摊、市场、村长办公室甚至某些校园有时会以某种方言沟通。

搭乘渡轮返乡的乘客当中，有的飞黄腾达、趾高气扬，有的壮志未酬、低头不语。而即将迎接新生活的乘客往往抱着喜忧参半的心情，虽然他们下船的时候，可能会有某位背井离乡的伯伯或姐姐前来迎接，不愁没有落脚的地方，但是对他们来说，踏上这段旅程毕竟是人生一大步，因为他们长年住在拥有明确阶级制度和社会规范的村落，从未去过外地生活。他们踏出渡轮以后，势必得抛开旧习气，表现得更像印尼人，不过到了目的地之后，说不定会欣慰地发现，他们依旧能买到巴东饭。

弗洛勒斯岛东方的海面上，突出几座土质干燥、地形崎岖的小岛，居民大都靠捕鱼维生。我在一艘轮流停靠各岛的小渡轮上，认识了身材结实浑圆的丽娜妈妈。她用电发夹把一头卷发烫得直直的，整个人看起来端庄慈祥。这天她刚结束弗洛勒斯岛的一个教师训练研习活动，正准备返回阿多纳拉岛（Adonara）上的家。

丽娜妈妈在船上问我："你跟我一起回家怎么样？"我一口就答应了。起初她还兴奋地拍手，接着却愈来愈担心：这个白种女人要吃什么？睡哪里？会不会用蹲式厕所？然后就开始揣摩我对她家的期望，甚至企图让我打退堂鼓，说她住的村子没电也没自来水。不过，我刚踏上渡轮时一直没想好要去哪座岛，现在总算有了新计划，可不想半途而废。

丽娜妈妈住在阿多纳拉岛最偏僻的一个村落，位于一座火山的斜坡高处，山边有条可直通主要道路的水泥路。由于这条路十分陡峭，乘坐"偶接客"循此路上山的人，必须紧贴着司机才不会从后座滑出去。我们来到水泥路口时，只看见一辆"偶接客"停在附近，丽娜妈妈要我先坐这台摩托车上山，说她随后就到。司机把车骑到水泥路尽头之后，立即粗声粗气地赶我下车。一群坐在路边闲唠嗑的妇人聊到一半，立刻瞪大了眼睛看着我。为表示礼貌，我赶紧用愉快的口气跟她们打招呼，顺便提起天上正在起乌云，但她们始终瞪着牛眼，没任何反应。接着，丽娜妈妈搭着另一台摩托车来了。她只丢下一句"我朋友，她要在这儿住几天"，就忙着把我带开，没再向那些妇人多做解释。

丽娜妈妈加快脚步拉着我爬上一条小路，在一堆木屋之间绕来绕去，但天上乌云跑得比我们还快。第一片乌云降下豆大的雨滴后，我们赶紧躲到丽娜的弟媳家避雨。几分钟之内，大雨倾盆而下，我还没来得及自我介绍，那位弟媳就跑去煮咖啡，我和丽娜忙着接雨水。雨水从铁皮屋顶的缺口直冲下来，汇聚成好几条小河，我们在每条小河下方摆个锅子，要是雨水被风打歪了，或是小河水量变大了，便移动锅子。这个缺乏水井的山村似乎就用这种方式集水。

　　雨停的时候，天色渐渐转黑。我握着手电筒和丽娜妈妈一起穿过湿滑泥泞的道路走回她家时，她不断反复跟我说："对不起，没有灯。"

　　到家以后，我有点意外地看到她家院子里的一棵香蕉树旁，居然有碟形天线，屋里还有电视，后来才知道村里设有一台公用发电机。村民一致同意，每天晚上定时观赏雅加达（与这里相差一个时区）制作的电视节目，可增添一点生活情趣。因此，只要电灯会亮、电视能动，无所事事的邻居们就陆续晃进丽娜妈妈的家，然后一屁股坐在棕榈席子上，和她家人一块儿欣赏连续剧。

　　印尼电视台从 20 世纪 90 年代初就有连续剧了，当时是从墨西哥进口，苏哈托曾批准女儿经营的电视台引进这类可以消磨时间的外国节目。如今印尼也出现不少本土制作的电视剧，而且竞争激烈，各家电视台无不铆足全力，从观众和广告商的口袋里捞钱。本土电视剧故事情节老套，却格外吸引观众，他们最关心的是：瑞奇的 DNA 检验结果会证明他和英珠相爱是乱伦的吗？他妈妈是不是没他想象的那么正直？西蒂的老公是个混账东西，他真的比较喜欢那个虚情假意的女学生、讨厌听话尽责的好老婆吗？

　　许多电视剧总少不了忠厚老实的乡下表弟遭到油嘴滑舌的城市亲戚欺骗的戏码，或是演员用力把车门一甩，然后冲进高楼林立、灯火通明的雅加达暗巷的场景。奇怪的是，电视屏幕里的车子从来不会卡在雅加达一塞就三四个小时的车阵中，剧中人也没有一个住在雅加达臭运河边用三夹板和过时的竞选标语七拼八凑搭建的茅草屋里。没有人会为了居住文件行贿，没有人会被警察或者法官勒索，也无需将因不停地追逐争斗而受伤的高中孩子送去医院。

　　不用说，那些电视剧都穿插了很多的广告，不是宣传各种美白霜和护发霜，就是推销网购药品和曼谷假期。事实上，广告里的某些产品在阿多纳拉岛也买得到。虽然印多超市未必能攻下印尼每个角落，但是小路边摊子肯定无所不在。这些摊子通常搭有一座不太牢靠的木棚或竹棚，棚前开一扇小窗，窗顶绑一长条铁丝，上头挂满一串串红色和金色包装的单人份咖啡粉，还有装在五彩小袋里的发胶、洗发乳、洗衣粉和花生，任何产品几乎都能分装成小份。摊子窗台上还会摆一小堆槟榔，外加一大撮可能从自家院子采下的芒果，还有顾客一次可只买一支的罐装丁香烟。在印尼零售市场上，这类能少量贩卖的分装产品最吃香、销路最好，因为老百姓身上带的现金很少，买不起一整瓶洗发精或一整罐咖啡粉。

　　我坐在丽娜妈妈家的地板上连吃了六顿白饭配鱼干后，不禁好奇她和她的女性朋友们看了那些电视广告作何感想。她们是否认为只要使用广告里推销的一小包洗发精，就能把她们天生的满头卷发变得像瀑布般又直又顺？她们是否渴望自己能化作广告中那些幸福洋溢的母亲，把营多捞面料理得像精致西餐一样，端给心爱的老公和乖巧的子女享用，而且大家都拿着叉子一起"坐在饭桌前"呢？

　　"坐在饭桌前"这句话，是从某位对电视广告不屑一顾的朋友嘴里吐出来的。他最清楚印尼寻常百姓（非雅加达中产阶级）都吃什么样的三餐：凶悍的一家之主往往优先用餐，而且大部分时候是"坐在地板上"吃。年纪较长和青春期的子女若想吃东西，多半捧着食物带到他们可把玩手机的角落。除了年幼的孩子，人人都用双手扒饭。这是个需要下点工夫学习的技巧：先用右手拇指和旁边三指把米饭捏成勺状，然后充当汤匙捞起一些酱汁、一点辣椒、一块咸鱼。很多印尼人都说，用手吃东西，食物更美味。我学会这技巧后，也深表赞同。普通家庭的孩子在五六岁以前，通常由女性亲人拿汤匙喂他们吃东西，她们总是追着小家伙在屋子或院子里到处跑，努力把食物塞进他们嘴里。成年妇女会等家人吃饱以后再来解决残羹剩饭，还习惯边吃边盯着电视广告，不过那些广告所歌颂的"印尼"和她们现实生活中的印尼天差地远。

阿多纳拉岛的村民常拿食物来比喻雅加达电视演员，形容他们不像"加糖黑咖啡"（指黑皮肤阿多纳拉人），而是"牛奶咖啡"（印尼与欧洲混血种）。许多其他岛屿的居民则认为，电视里那些浅肤色的有钱人，既没有礼貌又自私，代表了典型的爪哇都市人。苏哈托当年发射的人造卫星，如今不断为电视放送有钱人形象，让只能做做发财梦的升斗小民满足视觉享受。观众们也都露出心向往之的神情看得津津有味，仿佛衣衫褴褛、饥肠辘辘的穷酸小孩，踮着脚尖站在积雪的大街上偷窥坐在熊熊烈火前享受大餐的富裕人家。丽娜妈妈家的邻居们正如痴如醉地守在电视机前时，村中每日配给的公用发电机油料突然告罄，观众们只好点着油灯回家睡大觉。

从某个角度来看，电视剧里呈现的"印尼"不符合现实生活中的印尼，恐怕会挑起城与乡、贫与富之间的不和。从另一个角度来看，成千上万的印尼老百姓正是因为看了这些电视剧，每天才能听到几小时的国语。况且，爪哇的电视台除了播出质量低劣的戏剧和游戏节目之外，也会穿插一些新闻节目，报道全国和其他岛屿的时事，于是对家乡有强烈认同感的村民们发现，他们居住的地方和全国各地之间其实存在着不少共同点，例如：不只是他们的地方首长会因贪污受审、苏门答腊和巴布亚的校舍一样会坍塌、其他地方的农民也会想知道他们该如何运用农产品涨价之后所增加的收入。

雨季已经开始，该是播种的时候了。丽娜妈妈与我各拿着一根削尖的棍子，在地上找到土壤最松软之处，然后用木棍在泥土表面戳一个洞，并撒下两粒晒干的玉米种子，接着用双脚踩踏一番，将土壤覆盖上去，再持续以同样模式撒种。我原本以为干这么轻松的活，恐怕种不出什么能吃的东西，没想到两个月后，丽娜妈妈发短信向我报告，我先前种的玉米已经成熟，她正下锅煮着。

播完玉米种子以后，我该干的农活尚未结束。"你跟我去 kebun 采喂猪菜。"丽娜妈妈的阿姨苏珊娜宣布。这位举止优雅的老阿婆白发苍苍、缺了门牙，她平日大概很少说印尼话，每次开口总是小心地咬字发音。她似乎也摸不清自己的岁数，只说"应该有两百岁了吧"。我们去采猪食的时候，丽娜的小儿子想当跟屁虫，却硬是不肯自己走，苏珊娜只好用背带把这三岁的小壮丁绑在腰上，然后四平八稳地顶着一把没有刀鞘的大刀，往山边一条近乎垂直的上坡路走去。印尼话 kebun 有好几种含意，可能指菜园、花园、农场或后院，所以我压根儿不知道我们将要前往何处，直到走完两公里山路后，才发现苏珊娜说的 kebun 是一片杂草丛，里头虽长满了好料，但一瞧便知无人栽种或照顾。

丽娜妈妈的两个女儿也来了，另外一个开朗爱笑、喜爱地理的儿子爬到一棵树上摘下一粒芒果，但只啃了一半就把芒果扔到地上，因为他得空出两只手来干活，如果他肚子又饿了，就再爬到另一棵树上摘果子吃。大女儿每晚与我同睡一张床，正处于爱当阿葫芦的后青春期，她跟大伙儿一起上山的目的，只是想到高处接收手机信号、查看脸书信息。

苏珊娜虽然走了一大段路，却丝毫未露疲态，其他人一走到摘菜处，就休息个老半天。我们每采完一些树薯叶，便坐下来稍事喘息，然后吃颗芒果或几粒蒲桃。蒲桃长得像莲雾，咬起来脆脆的，我们头顶的树上挂满了几大串这种水果。苏珊娜每隔几分钟总会提醒大家："先歇会儿吧。"大家采摘的树薯叶原本是要拿来喂猪的，但我问苏珊娜："我们能不能也吃一些？"因为我已经两天，不，应该说已经一连几个星期没尝过新鲜的绿色蔬菜了。虽然这里的植物好像完全不用照顾，就会自动从土里冒出来，但许多印尼人（尤其是东部诸岛居民）似乎认为绿色蔬菜算不得真正的食物，于是就出现这种后遗症：印尼虽拥有肥沃的土壤，大多数人却营养不良。据卫生部统计，五岁以下印尼儿童当中有四分之一以上患有贫血，身高未达同龄者应有水平的印尼孩童多达一千一百五十万人，超过全国儿童总人口三分之一。我表达想吃"猪食"的意愿后，苏珊娜立刻教我怎么摘取适合人吃的树薯嫩叶。

我们完成任务以后，"两百岁"的苏珊娜先把一截粗得像成年男人大腿的树薯根稳稳地摆在头顶，再举起一袋给猪吃的叶子搁到最上面，准备下山回家。我背着一袋体积较小、给人吃的叶子，还有依然不肯自己走路的三岁小壮丁，让那小子负责扛大刀。三人再度踏上两公里山路返回村子，途中我悟出一个道理：休息是为了走更长远的路，苏珊娜每隔几分钟就让大家歇会儿，是为了让我们养精蓄锐走完回家的路。

我在路上还想到一个问题：假如丽娜妈妈种玉米的时候，能采取更好的方法、选用更好的种子、更有系统地分隔植株、更小心地挖洞填土，收成是否会更好？或许会吧。话说回来，假设她和家人每次只需花十五分钟重复挖洞、撒种、踢土的动作，就能种出好吃的玉米，那么干再多的活又有什么意义？

丽娜妈妈并非没有抱负。她曾在马来西亚当过四年女佣，她表姐也做了八年。两人每天清晨 4 点就起床，一直工作到上午 8 点，接着休息到下午 3 点以后，又得煮饭、侍候晚餐，由于雇主包吃包住，每个月可实拿九十美元工资。不过，丽娜妈妈现在转任兼课老师，薪资是女佣的六倍。她和表姐已经"在工作与生活之间找到了平衡",表姐说:"虽然这里没薪水可领,但菜园里有免费食物,我想工作就工作,想睡觉就睡觉,生活好极了。"

　　讽刺的是,苏哈托下台以后,印尼人远赴马来西亚做苦工这件事,曾在全国助长了民族意识。

　　幅员广袤的印尼和北方小邻国马来西亚之间的长期敌对关系,一部分是苏哈托在执政时期采取反马立场留下的影响,一部分是印尼对马来西亚抱持羡慕嫉妒的心态所致。

　　马来西亚在1957年脱离英国统治时,经济水平已和独立了十多年的印尼等量齐观,2011年人均国民收入更是达到印尼的三倍有余,因此产生了某种优越感,连住在印尼最偏远地区的居民都能感受得到。接着,多金的马来西亚人开始从印尼偏乡输入像丽娜妈妈这样的外劳,替他们扫地板、取橡胶。2006年至2012年,每年平均有十五万印尼人前往马来西亚担任合法正式雇员,还有成千上万的印尼人在马来西亚非法打工。我不只一次听印尼人说:"这种事真丢脸。"不过说出这句话的人,有时还得依靠在马来西亚打工的亲戚接济。

　　印尼拥有数千万名脸书用户,最能立刻引起网友们热烈讨论的话题,莫过于有人试图(无论真假)宣称蜡染布、忍当肉甚至某种名不见经传的民族舞蹈的发源地是位于马六甲海峡右岸的马来半岛(旧名马六甲),而不是在海峡左岸的印尼领土苏门答腊。这些网民会为这种事感到愤怒,在外人眼里看来很讽刺,因为当年苏加诺也曾异想天开地宣称,马来西亚应归印尼所有,理由是两地文化不可分割。我漫游印尼诸岛期间,twitter网站上的反马言论至少激增了三倍,印尼年轻人主张,他们应该焚烧马来西亚国旗、去马来西亚大使馆丢石头或者在网络论坛上广发"我恨马来西亚"的信息,因为他们看不惯马来西亚暴发户宣称，某些代表印尼的文物风俗应该归属于马来西亚。

星期一大清早（我不是早起的鸟儿，但印尼人都习惯天未亮就起床，对我来说很不方便），丽娜妈妈穿好浅褐色的教师制服后，便骑着摩托车载我往山下冲去。她一路猛踩刹车，把我安全送到一个小渔村码头时，还不到早上六点。我们互相拥别后，她就匆匆离开了。

码头上有一群包着头巾的妇人，正在等候开往隔壁龙布陵岛（Lembata）的木船，船班每周只发一次。她们身旁摆了几个大篮子，里头装着咸鱼干和鱿鱼干，丽娜妈妈称她们"咸鱼妇"。

我随意向她们道了声早安，就安静地坐着看书。那些咸鱼妇倒是聒噪得很，虽然不是说印尼话，但听得出来在谈论我，而且愈聊愈起劲儿。稍后其中一人走过来戳了戳我的鼻子，我抬起头看着她问："什么事啊，妈妈？""哎呀，我们分不清你是西方人，还是爪哇人。"我忍不住捧腹大笑，接着便问她会选哪个答案。"因为你鼻子长，所以我想你肯定是西方人，可是她们看你讲话的样子和动作，都以为你一定是从爪哇来的。"

这些咸鱼妇来自布敦岛（Buton），该岛曾是苏拉威西岛东南端的一个苏丹国，印尼全国绝大部分鱼商都出自那里。后来当地穆斯林在信奉天主教的阿多纳拉岛落地生根，经过几个世代后，陆续在这座岛上建村、投资。虽然他们住在阿多纳拉岛，但并不真正属于这里，丽娜妈妈曾笑着说："他们会卖食物给我们，但从来不跟我们一起用餐，就怕我们给他们吃猪肉。"

咸鱼妇在家乡只说布敦语，当她们裹着头巾出门，把咸鱼和奶油饼卖给阿多纳拉岛的居民时，则改说印尼话。她们的言谈举止和许多印尼人很接近，但一看到我的鼻子，却分不清我是西方人还是爪哇人。她们住的地方离爪哇不算太远，然而对她们来说，爪哇各方面都像外国，跟西方没什么两样，她们的脑海里不存在"印尼人"的观念。

　　我跟着咸鱼妇和她们的鱿鱼干一起搭上了开往龙布陵岛的船班后，便在摇摇晃晃的船上寻思：我是否该写一本书来描述这个看似不存在的国家？

第五章

天高皇帝远

　　我在龙布陵岛唯一的巴士总站，看见几名像鳄鱼般虎视眈眈等着生意上门的拉客司机（我给他们取了个诨名叫"鳄仔"）。这些经常聚集在印尼各地客运中心的年轻人，不是在车站附近闲晃，就是冲到刚到站的乘客面前，提议用"偶接客"载他们一程，顺便推荐住宿的地方或初抵大城的乡亲会需要的东西。龙布陵岛的拉客司机看起来像见习生，只会一味模仿在省会古邦（Kupang）讨生活的鳄仔，为自己的小巴士频频放送饶舌歌，而且每个人的装扮都很前卫。我在龙布陵岛看到的鳄仔，有一名穿着"朋克未死"T恤的槟榔族、一位不断批评时政的无政府主义者，还有一个套着利物浦球衣的年轻人——这家伙把衣服下半截和低腰牛仔裤的裤管全剪掉，露出了结实的棕色腹肌。他们的时尚观明显来自纽约布朗克斯区，当地的黑人曾流行用一条大链子把硕大的镂花十字架挂在臀部，由于龙布陵岛主要信奉基督教，这类饰品也深受当地年轻人喜爱，取代了他们从基督教商店买来的一堆塑料念珠。

　　印尼各地的鳄仔普遍留着一种前卫发型——前短后长，中间一

图 C：东努沙登加拉省、马鲁古省东南诸岛

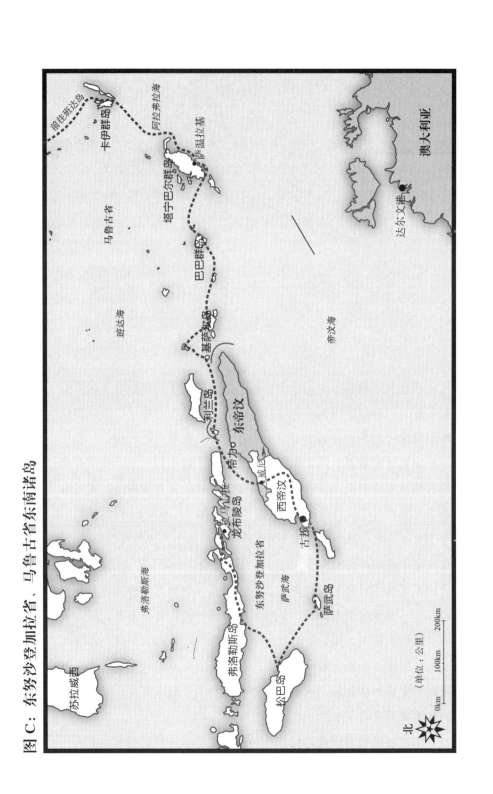

排尖尖翘翘的头发，两鬓剃得精光（通常修剪成某种纹路或图样），脖子后面的长发编成一撮猪尾巴似的小辫子。此种打扮之所以特别吸引他们，是因为住在东努沙登加拉省、帝汶岛、龙布陵岛等地的年轻人属美拉尼西亚族（Melanesia），都有一头卷发。换句话说，不管他们抹上多少发胶，中间那排头发还是会扭成难看的一团，朝脑袋两边垂下，只有脖子后头的小辫子可保持令人满意的猪尾巴状。为赏心悦目起见，他们常把中间头发染成金黄色，以便遮住看起来营养不良的橙褐发色。

　　一台加装长凳的工程卡车靠站了，有名鳄仔立即朝那辆卡车点了个头，暗示我它就是即将开往拉马雷拉村的巴士，车上正播放着震耳欲聋、内容不雅的饶舌歌。我上车之后立刻紧抓着车尾一根杆子，因为这位置离车上音响最远，而且没有任何遮拦，可以吹风赏景。为了寻找乘客，卡车在市区绕了一两个钟头。车上长凳座无虚席，乘客之间的地板上，胡乱堆放着大量行李，外加一堆盆栽、一头小猪和一大叠塑料椅，塑料椅上还摆了两大盘紧挨着音响喇叭的鸡蛋，看起来岌岌可危，因为音响每传出一阵低音节奏，鸡蛋就跟着频频抖动。

　　卡车离开了市区和柏油路，一路颠簸地朝山上开去，路边的竹子和高草不断从没有车篷的车体两侧扫过乘客的背部。对面的长凳上挤了十一个人，我这边的人数也不遑多让，大家的手脚都以奇怪的角度顶在堆得像座小山的行李上。中午的空气变得沉闷滞浊，乘客们纷纷展开印尼的全民休闲活动：睡觉。须臾之间，人人都张着大嘴、垂着脑袋昏昏进入梦乡，身体则如骨牌似的一齐倒向坐在末位者，最后全压在那人背上（我就是被压的人之一）。

　　三四个小时过后，卡车来到一座枯黄的山顶，我看见拉马雷拉村依傍在海边，景观酷似地中海。山顶的神龛里，有一尊站在石膏鲸鱼背上的圣母玛利亚雕像。拉马雷拉村素以捕捉鲸鱼和海豚见长（我正是为此而来），村里弥漫着一股鱼味。两天前，村民一口气捕获了六头抹香鲸，鲸鱼肉总重约达三十六吨，是今年渔获量最多的一次。村子里每一根没人用的晒衣绳、竹架子、金属管，全都挂满一条条的鲸鱼肉。许多乌龟壳吊在竹篱上，露出尖牙的海豚颚骨则被随意堆置在井边。那些四处晾晒的鲸鱼肉又厚又黄，村民们利用波浪状锌管将鲸鱼油引入已去掉上半部的水瓶中。

我在海边漫步时，看见海水来回轻拍着躺在海滩上的一排巨大鲸鱼龙骨，一具覆盖着发黑鲸鱼肉的鲸鱼头骨猛烈撞上礁石之后便随波漂荡，一具比我人还高的鲸鱼肋骨耸立在幽暗的沙滩上。全村散发着一股腥臭，接下来四天，我每顿晚餐都吃鲸鱼肉。

收留我的人是当地一名男老师的遗孀，她家墙上挂着一张鲸鱼分解图，就像肉铺里的那种牛肉部位示意图一样。每当村中捕获鲸鱼，村民便依此图分配鲸鱼肉，几乎家家户户都能获得赏赐：这块肉给捕到鲸鱼那家人的长辈，那块肉给出动捕鲸船的宗亲，有些肉给村中第一氏族的后代，有些肉给负责维修、照料捕鲸船的渔夫，剩下的就平分给全村居民。

当鲸鱼群出现时，第一个发现它们的村民会大喊一声："Baleo！"这是 16 世纪在附近殖民地传播天主教、繁衍子孙、扰乱商业的葡萄牙人留下的习俗。村子里每个壮丁一听到这声音，便立刻冲向长时间停放在海边茅屋下的捕鲸船。

捕鲸船以厚重木板拼接而成，长度介于十五到二十米间，光是要把它们从布满木屑的停船处推到沙滩上，就是件苦差事。拉马雷拉村的男人最爱的休闲活动，是捧着装在汽油罐里的棕榈酒豪饮一番，如果村里的壮丁都把时间耗在这上头，可就没力气把船推下水了。每艘捕鲸船能容纳八到十名壮丁，他们每次出海总是

大呼小叫、气喘吁吁地快速划动船桨冲向猎物。伦敦《每日邮报》
（*Daily Mail*）曾在 2007 年刊登的一篇特别报导《石器时代徒手杀
鲸的捕鲸人》当中指出，古代捕鲸人是以蒲葵叶编制风帆，"每艘
船皆以手工打造，没有一根钉子或任何金属零件"。现代印尼捕鲸
船则是以钉子建造，一旦生锈海水就大量涌入船内，捕鲸人得耗费
不少时间操控使用过度、动力不足、装在舷外的马达。

　　我在拉马雷拉村的海边遇见一群捕鲸人，并接受邀请随他们出
海。浓厚的云层笼罩在白浪滔滔的海面上，由于捕鲸船实在太重，
这群壮丁征召了附近几名醉汉帮忙，才勉强把船推进海里。船上总
共装载了十个人和六支鱼叉，外加一具二十五马力的生锈引擎。

　　一行人上船后，最年轻的壮丁和我负责把渗入船里的海水舀出
去。我拿起一个只剩半截的汽油罐充当水瓢，可是那罐子裂了条大
缝，不管舀多少水出去，海水还是一直渗进来，令人疲于奔命。捕
鲸船的一侧竖立着两根裂开的长棍，棍子的裂缝中插上数支四五米
长的竹竿。猎鲸行动展开后，船上的壮丁把一根形状像阿拉伯数字
七的金属箭头，连同一条长长的绳子固定在每根竹竿末端，在这之
前工具一直紧紧地盘卷在船底。接下来，鱼叉手独自站在船头平台
上，其他人则站在后方不远处专心扫视海平面，以便搜寻可泄露鲸
鱼行踪的喷水柱。我们始终没瞧见鲸鱼的踪影，只看到一群海豚以
优雅的弧度跃出水面。刚才大伙儿还有说有笑，海豚一出现，每个
人都噤声不语，仅靠手势沟通。船外的马达依然轰隆作响，持续载
着整船人通过波涛汹涌的海面。

　　鱼叉手摆出掷标枪的动作——一个完美的瑜伽战士二式体
式——将握着鱼叉的手臂从一条弯起的前腿上方平伸出去，准备随
时抛出鱼叉。此时天上乌云密布，海水颜色变深，连个海豚影子都
很难看出来，就算海豚现身，也无助于搜寻鲸鱼。我们先前遇见的

那群海豚本可远离我们的视线，然而它们非但不打算离开，还纵横交错地在"战士"面前跳来跳去，迅速分散了他的注意力，害他不知道应该看左、看右还是看中间，只能心灰意懒地举着鱼叉指向天。我不禁担心万一船上伙伴真的捕了几只海豚丢在我脚边现杀现宰，我还得负责把海豚血舀到船外。不过，随着捕猎活动的持续，我变得没那么多愁善感了。如果在这种天气下被捕到，海豚必须高高跃起、直接跳到"战士"面前，并在出水时自行放缓动作，以确保醉酒的鱼叉手有时间聚焦。这样的海豚早就被自然选择淘汰了。

当海上卷起狂风，船上的壮丁们决定休息一下。他们关掉引擎，取出用棕榈叶包裹的烟草，一边吸着烟，一边大声啃着香蕉，丝毫不担心我们的船正漂向一块明显的礁岩。起先我也完全没有担心，因为我早就把相机装进了"防潮袋"（是个以棕榈叶密封的竹筒）。接着，我发现海水逐渐漫过船底，于是连忙向大家提议："我们要不要赶快下锚，免得撞上礁石啊？"得到的回应是："锚？我们船上没有锚。"大伙儿又在海面上随波逐流、漫无目的地兜了几个小时的圈圈，最后依然是全身湿透地空手而归。

后来我一边和两名捕鲸人闲聊，一边秀了几张红色塑料独木舟的照片给他们看，同时告诉他们我喜欢在爱尔兰西岸的大西洋上划这种小船，而且常看到海豚，有时甚至能遇见鲸鱼，但无法捕捉它们，其中一个捕鲸人问："为什么？是因为船上只有你一个女人而没其他帮手吗？"我答道："不，是因为西方人禁止猎捕这些动物。"

另一名捕鲸人说："哦，对呀，我知道那个，别人是怎么说来着？它叫什么？"他朋友接腔："保育。""没错，没错，就是保育！"

我个人认为，印尼小渔村的捕鲸活动，还不至于造成这类海洋哺乳动物数量锐减。带我出海的那群拉马雷拉村捕鲸人在喝得醉茫茫的情况下，驾着没有船锚还会漏水的捕鲸船出海，结果奋斗了六小时后仍一无所获。我猜大概是因为前两天村子里有过大丰收，所以他们这次出海不如平日工作得那么带劲。事实上，当地村民平均每年只能捕获八到十二条鲸鱼。不过近十年来，他们曾经驾着马达船捉到不少海豚——我随捕鲸人出海的第二天，与我同船的那批醉汉就带了七只血淋淋的海豚上岸。

某些西方非政府组织对这些捕鲸活动很不爽，还制作耸人听闻的 YouTube 影片揭露龙布陵岛等地屠杀鲸鱼和海豚的行为。他们呼吁世人拒吃印尼制造的金枪鱼罐头，因为这个国家对海豚不友善，结果冒犯了印尼中央政府。我造访龙布陵岛之前的几个月，YouTube 曾公布一段相关影片，雅加达的海事暨渔业部随后便召开一场记者会作出回应，并谴责那些爱护海豚人士在暗中操纵贸易保护主义，不让印尼制造的金枪鱼罐头进入欧美超市。

"这不是事实（指海豚和鲸鱼在印尼遭到猎捕），那种事怎么可能发生？我以前从没听说过海豚遭到猎捕。"渔业资源局局长告诉记者，"当地人都认为海豚是人类最好的朋友，怎么会去追捕它们？更别说是吃它们的肉，或者拿它们的肉当饵了。"

坐镇在雅加达办公室的渔业资源局局长，很可能完全不清楚那些"当地人"在做什么，更遑论了解龙布陵岛的居民生活。在这座偏僻的小岛上，你得爬到最高的腰果树顶端，把树干当自然天线才能打通手机。

苏哈托时代曾通过政治改革和精心擘画的指挥系统，将首都官员的意志贯彻到全国村落，并汲取各地资源和信息回报给中央政府。如今这套系统已遭瓦解，主谋则是 1998 年继苏哈托出任总统的哈比比。当印尼失去东帝汶之后，政府采取的因应之道是去中央化。

东帝汶独立让雅加达备受重创，哈比比总统必须思考此事对其他地区可能造成何种影响。当时许多地区认为他们长期遭到独裁统治者苏哈托的冷落，而盛产镍矿与铜矿、坐落在石油田和瓦斯田上方、曾经布满珍贵硬木的岛屿也普遍认为，雅加达不断榨取他们的财富，利用当地宝贵物产来建设爪哇。虽说全国近60%的人口都挤在爪哇岛上，必须注入大量资源，但其他岛屿还住着一亿个国民，政府不该坐视不管。雪上加霜的是，雅加达竟长期指派爪哇官员和军队铲除各岛异见分子。

出身于苏拉威西东方小岛的哈比比心知肚明，爪哇必须停止对其他一万三千四百六十五座岛屿的掌控，印尼才可望进一步走向民主，这意味着必须将更多权力下放给各省。

不过，某些群情激昂的省份（包括油藏丰富位于最西边的亚齐省以及矿产丰富位于最东边的巴布亚省）可能试图仿效东帝汶先例，完全摆脱印尼掌控。哈比比认为，上上之策是削减诸省权力，将部分政权移交给各县，让他们继续接受印尼统辖。

令人惊讶的是，哈比比说到做到，在短短十八个月内便达成地方自治的目标。中央政府依然掌管国防、财政、外交关系、宗教事务、司法和国家计划，而医疗、教育、投资政策、渔业以及其他诸多事务，则转交到近三百个县政府手里。在此之前，地方政府只能服从雅加达的命令，欠缺自我管理经验。

地方显要了解到此事代表的意义后，纷纷向中央游说增设县政府，印尼人甚至以"遍地开花"来形容政治分权，将之比喻为绽放出巨大花朵并朝四面八方洒下串串金雨的灿烂烟火。自苏哈托交出政权以来，全国多出了十个省份。2012年岁末，县政府更是增加了70%，多达五百零九个。

2001年这场政治烟火秀刚上演不久，我便进入雅加达卫生部供职。刚开始，这个单位里的每个人照常办公，不是忙着撰写工作纲要、训练各省幕僚，就是跟企划部讨论事情、前往国会游说。大家幸福地坐在设有空调的办公室里，与早就熟识的各省幕僚合作共事，似乎和地方自治扯不上关系。事实上，在县政府被迫承担某些政治责任以前，地方政府与中央政府的运作方式并无太大差异。

2004 年以后，事情出现了重大转折。全国公民从这年开始直选县长[1]，地方政治人物也开始拿出魄力，推动可能不符合雅加达期望但可以讨好选民的大胆措施。雅加达中央部门依然摆出大权在握的姿态，但民众对中央运用经费的方式和地方政府的所作所为日益感到不满。

渔业资源局局长震惊地听说遥远的印尼外岛屠杀海豚这件事以后，雅加达的因应之道是发布新的禁令遏阻居民捕杀这类动物，同时将禁令下达各级政府，并加强 1975、1990、1995 年通过的相关法律。由于 YouTube 影片中提到龙布陵岛，雅加达遂特别关照地方官员留意此事。不过，当地方官员在该岛县府勒沃莱巴（Lewoleba）讨论这些国家法令时，捕鲸村居民却要他们闭嘴。

一位捕鲸人说："他们从几个月前就想解决保育问题，可是全村的人都跑去勒沃莱巴示威，地方政府不敢强制执行（新规定），这件事也就不了了之。"

如今电视观众每天在欣赏连续剧以前，也会看到全国性新闻节目播出愤怒的印尼群众聚集在某个政府办公室前举着标语呐喊的画面，上街示威似乎成为印尼选民表达需求、反抗权威的手段。这些活动甚至演变成一种行业，联络人会召集听候差遣的群众、供应现成的抗议布条、指挥抗议者在示威当天喊口号。示威活动有时长达

1　印尼的二级行政区包括"县"（kabupaten）和"市"（kota），县长为 bupati，市长为 walikota。当我未指明特定人物时，bupati 可同时指称县长和市长两种职位。——原注

数日，场面往往还会失控，不是车子被推翻，就是房子被烧毁，有时必须出动警察，导致民众遭到殴打甚至枪击。

一位国有企业退休董事告诉我："这是暴民当道的民主。"不过，大多数印尼人似乎认为，以这种粗暴行为来表达需求和异议，可以破除人民必须服从政府的紧箍咒。

我进入下一段旅程时，发现了某个新县城的若干地标。从船上望过去，首先看到的是一座隐约浮现在海面的小岛，一会儿又看到几座电信基站矗立在岛上最高点。当渡轮吐着蒸气驶向陆地时，又瞧见一片白茫茫的影子出现在港口后方的山顶，随着渡轮逐渐靠岸，才看出那是一栋富丽堂皇的大楼，旁边还有一座类似王宫的建筑。听当地人说，那两座建筑分别是县长办公室和县议会，不过以当地人口规模来看，它们简直大得离谱。而且，这只是民选县长的个人办公处，并非县政厅——县政府每个部门也都各自拥有占地宽广的办公大楼。

我走向坐落在山上的县长办公大楼时，发现它前方那两条漂亮平整的柏油路是城里唯一的双线道公路。这使我想起印尼诸岛的某些城市里，往往就只有一条这样的柏油路，偶尔才会再多铺一两条。松巴岛的县政府所在地安纳卡朗，也有一条平滑无比的双线公路支线穿越各个村落，直达现任县长儿时的家门口。有些破落的小岛，必须经历一番周折才能升格为县，例如目前我所在的萨武岛（位于松巴岛和帝汶岛之间），但是碍于缺乏建设经费，当地依然像个衣衫褴褛的灰姑娘，无法和其他县城一样披上华丽的外衣。"这是工程承包商送的大礼。"一位穿着制服的副官说，他正在清洗一部停在县长办公大楼门外的休旅车。

我在县立医院外头和一群公务员聊天时，一辆黑色休旅车快速通过了大门。身穿浅褐色制服的警卫们一见车子进门，便立正站好、踩熄香烟、藏起咖啡杯，其中一人赶忙拉着我离开座位，然后自顾自地走进仪仗队。休旅车在我眼前不远处熄火停妥后，一位穿着笔挺黑制服的帅哥，立即从副驾驶座跳出来迅速打开后车门，萨武县长像电影里的黑帮老大似的跨出空调休旅车，鼻梁上的眼镜蒙着一层雾气。仪仗队匆忙集合，一边蹬着脚跟向县长敬礼，一边喊着某种军中口号。身上穿着华丽丝质依卡布衬衫、胸前别着一枚闪亮金徽章的县长，也蹬着脚跟回礼。他默默看了我一眼并和我握手之后，就快步走进空调开放的办公室。

我从渡轮上的一份报纸得知，2008 年升格为县的萨武岛是印尼最穷的县[1]，岛上三分之二的家庭生活水平甚至未达"一级小康"标准，是印尼四个财富等级中最低的。所谓"一级小康"，其实是政府美化的说法，意指"即将步入小康阶段"。

几个月前我曾来过萨武岛，当时的印象是：这里既干燥又荒凉，本地女子会编织美丽的依卡布，男子会哼着歌爬上频频摇晃的糖棕榈树采集树液。"依卡布"常被称为"扎染布"，不过印尼依卡布和跑去纽约参加伍德斯托克音乐节（Woodstock）的嬉皮士们爱穿的蜡染 T 恤布料完全不同。依卡布的制作法，是将棉线或丝线分段染好不同颜色再织成布，织布女一旦在脑海里想好某个图样，就将许多根线扎成几束先染一个颜色，接着再扎几束线染上另一种颜色，如此周而复始，之后再用手工织布机把所有彩线织在一起，就能变化出美丽的图样。因此，要完成一匹纹样精美繁复的依卡布，可能得投入数个月的时间。

1　事实上，印尼有几个县市也称得上"最穷"，就看你拿什么标准来衡量。虽然在东努沙登加拉省采用的各个评量项目中，萨武县的得分都是最低，不过在矿产丰富的巴布亚省和马鲁古省，也有一些财库空虚的地方政府。——原注

每年当玉米收成以前，萨武岛的粮食往往会短缺数个月，这些织布人只能靠棕榈糖水果腹。上回我来萨武岛时，许多岛民每日三餐之中就有两顿是以这种糖水打发。不过，该岛主要城市西坝升格为县城以后，当地生活情况似有改善，一位咖啡摊老板告诉我："现在这里很繁忙。"他曾经拥有六辆小巴士，几乎包办岛上所有的交通工具，后来因生意太差而离开家乡。

2011 年，也就是萨武岛升格为县的三年后，岛上出现了大量崭新的摩托车、一支黄色卡车大队（因取得当地政府出资的工程合约）、各种新潮休旅车，而且几乎所有车种都挂着红色公家牌照。萨武县是从省会古邦分出来的行政区，因此邮局依然采用古邦邮政编码。西坝市只有两个街区，路边伫立着几家店面开放的商店，道路末端是码头。

二十年前，我曾在这座码头枯候一艘误点了很久都没出现的渡轮，后来只能拜托一位载货帆船的船长把我送到弗洛勒斯岛。当天晚上，我睡在那艘大船的甲板上，每隔一段时间，身上就被打到船上的浪花喷个几滴海水，偶尔还会被跳到甲板上翻来覆去的鱼儿惊醒，不过只要看到船员们叼在嘴里的烟火又能安然入睡。我们将抵岸边时，船长说他没有停船许可证，我只好纵身跳入海里往岸边游去（幸亏从前上过救生课，没让随身包碰到水）。游上岸以后，衣服还黏着一堆海草的我，立即招到一辆恰巧从旁经过的小巴士。如今西坝市几乎每星期都有渡轮进港，码头边还新盖了一座屋顶铺有蓝瓦的渡轮站，这类象征"进步"的建设在其他外岛也很常见。

但真的"热闹非凡"吗？还差得远。

1991 年，我曾在岛上一位退休校长开的民宿过夜。当时老板娘态度坚决地要我在一本画了整齐字段的登记簿里，写下住宿日期、姓名、国籍、护照号码、宗教信仰。我填写数据时，她紧张又期待地从我肩膀侧边探头探脑的，直到我在最后一栏写下"天主教"，才听见她放心地大大吁了口气，因为她用不着四处张罗清真食物给我吃了。时隔二十年后的现在，我再度回到这家民宿，老板娘的态度看起来比以前放松许多，因为她有了固定的穆斯林客源（来自爪哇和其他地方），而且都是中央政府派来协助处理基层工作的公务员，直到萨武县政府为新成立的各部门找到幕僚他们才会离开。

萨武岛正在经历某种巨变。若干年前，地方政府几乎一无所有，现在则每年握有三千万美元以上的预算。不过，2012年县政府岁入和自然资源税收加起来一共只有两万九千美元，96%的经费直接来自雅加达的"平衡基金"，这意味着印尼若想达到均富，还有一长段路要走。东加里曼丹省古泰卡塔尼加拉县的财富水平和萨武县形成激烈的对比，前者盛产煤矿，岁入高达四亿两千九百万美元，超过萨武县年所得一点四万倍。因此，雅加达拨给古泰卡塔尼加拉县的经费，在该县岁入的占比不到2%。

萨武县政府获得中央补助的平衡基金后，挪出四百一十万美元建造坐落在山上的豪华县长办公室。工程进行期间，县长（他的"愿景／任务"包括改善所有市民的健康）征用萨武岛仅有的一所医院半数的房间，其中一个房间被划为县议会二十位议员的讨论室，并指派一群助理看守医院大门。我遇到县长当天，就是在跟这批公务员聊天。他们虽是萨武岛人，但有生以来大部分时间都在古邦甚至在爪哇生活与工作。我问其中最健谈的一位先生，他为什么选择回来？他用令人惭愧的口气说："选择？如果你的上司要你回来协助地方建设，你会怎么做？"

我骑着摩托车在萨武岛兜了一圈，打算探究县长可能利用何种资源达成他的"愿景／任务"，他主张"将萨武岛建设成一个创新、进步、有尊严的行政区",但我看不出太大成效。

接着,我将摩托车拐进一条布满碎珊瑚的小路。前方有几座沙丘,上头遍布巨大的蚌壳,大约有数百个之多,有些宽达一米,而且所有的蚌壳都张开了,俨然对着天空露齿而笑。每个蚌壳里还积满灰色的海水,海水逐渐蒸发后会形成细细的砂粒,这就是萨武岛制盐法。我把手指伸进一个蚌壳,沾了点海水,以为能尝到英国马尔顿牌(Maldon)天然海盐的甘味,却发现那盐水尝起来又黏又油,还带苦味。

这片长长的海滩呈弧形,四下没有半个人影,只隐约看得出人类在此活动过的痕迹。一艘挂着浮筒的独木舟侧躺在海滩边的灌木丛里,一间东倒西歪的棕榈小屋旁边横陈着一根树干。我心想:能够静静待在这个只闻海浪轻吟的地方也不失为一种享受,于是就坐在那根倒下的树干上看书。

"对不起,我要砍树干了。"我吓得跳起来,发现一个结实、黝黑、汗流浃背的男人挥着一把斧头站在我面前。他有一把浓密的胡子、满口的黑牙、红红的眼睛和鬓角泛白的卷发。

我们互相打量一番之后,他笑着说:"过来见见我老婆。"然后把老婆从我旁边那间歪歪斜斜的小屋叫出来。

这男人是个渔夫,雨季来临期间海况恶劣,他和老婆就改行煮盐。他得把我方才坐的那根树干砍成木柴,扔进一个汽油桶底下的火堆,将桶里的海水煮成纯净的白盐。

这位煮盐人没问我任何问题(比方说"你从哪里来?"),就开始批评那些霸占医院的官员。"你瞧瞧四周,萨武岛就只有这些东西,"他挥手指着荒凉的海滩、废弃的船只,以及在桶里冒泡的盐水说,"可是大家却以为我们有了自己的政府、帮议员盖办公室、进口高级汽车,就会有好日子过。"

他形容县长及其政敌都是"萨武岛古邦人"，意思是他们虽然生在萨武岛，但成年后一直住在海对岸的省会古邦。苏哈托实施地方自治以后，这些官派移民才返乡大力支持新县，期盼自己也能官运亨通。

煮盐人说："县长和他的同党不断告诉我们，只要我们继续依赖古邦，就永远无法发挥真正的潜力。而且他们老提起'尊严'这档子事，可是新的县政府只想维护他们的尊严，想得到国王的待遇，想开车到处巡视，想要人民向他们敬礼，想被雅加达当大人物对待。"

他老婆一直拿着椰壳汤匙耐心地驱赶在一大桶盐卤上乱飞的小虫，这会儿也发表意见了："那些人都想成立新的县政府，想来管我们这些老百姓。可笑的是，以前他们还觉得在古邦做大官很值得骄傲，现在怎么就忽然都变成'我们的同类'了。"

虽然制作手工盐是件苦差事（得把棕榈树拖到空地砍成煮盐的柴火），但这对夫妻表示，优质手工盐市场行情相当好。上个星期，他们以二十万卢比的价钱，把一袋盐卖给医院对面的小吃店。煮盐人神采奕奕地说："所有县府官员都会去那家小馆吃午餐，搞不好县长还吃到了我的汗水。"

那些贪图权势的地方官有时必须游说多年，雅加达国会才会批准他们成立某个新县。地方政要会邀请雅加达决策者前往他们的行政区，并安排大型集会，让这些决策者亲自了解"人民的意愿"，让上层知道当地居民有多么渴望由家乡人来领导。这些政客向居民推销的观念是：他们遭到中央政府漠视的时代就要结束，地方繁荣发展的新时代即将来临。

在具有致富潜能的地方，觊觎权力的当地政客会设法争取在盛产天然资源（如镍矿或煤矿）的地区附近成立新县。他们对人民说，如果我们拥有自治县，就能保留更多财富，不用上缴给其他的县、省和中央。

穷乡僻壤（如萨武岛）的地方显要则认为，雅加达提供的经费可增加人民财富，因为这些钱不会交给某个省会，被其他宗族侵吞。那些高官还说，中央提拔的经费可用来带动地方经济，因此新设置的县很快就能自力更生。

以上两种论调，其实都不可能成立。假设中央政府打算把经费拨给比较穷的县，势必得从比较富的县挪出一些经费。雅加达的平衡基金已占国家岁入 26%，不可能为了扶助较贫弱的县提高占比。除非新成立的县能增加印尼生产总值，否则增设新县就必须减少各县经费。

我继续在萨武岛闲逛，期盼能找到几个织布人。前次来的时候，只看到一位太太在织一块带有萨武岛传统花朵图案的依卡布。当时我曾停下来问她，那块布是不是织了给她自己用？不过她已丧失听力，我就转向她女儿请教依卡布的纺织法，她却意兴阑珊地说："什么？你是说把一堆线绑起来，然后一遍遍丢进不同颜色的染料，最后变出一朵花或一只鸟的玩意儿吗？现在谁还有耐心搞那种东西？"

虽然我没找到织布女，倒是遇见几位忙于其他活计的妇女。她们一字排开地坐在小小的棕榈棚下，拿着铁锤将几堆和葡萄柚一般大小、用篮子从海边拖回来的石头敲碎，好给建筑工人使用。附近有几名男子不停地攀爬二十米高的棕榈树，从树干上汲取可煮成糖浆或用来酿酒的汁液。还有一些人在养海菜，他们把空水瓶依间隔绑在数条长绳上，然后将海菜分成几小把固定在绳子上，每两把海菜之间相隔一个手掌的距离，海菜绑好之后，就任凭绳子漂浮在靠近岸边的海水里，等到它们长成大把大把的时候再去采收。

这些工作所得，当然无法取代雅加达拨给萨武岛的经费（占该岛岁入96%），也无法让这座小岛变成一个"创新、进步、有尊严的行政区"。

遇到萨武县长的次日，我骑着摩托车沿海岸公路去了一趟西坝市，接着又从萨武岛的山上绕了一圈返回原地。那片土壤干燥的丘陵地一路滑向蔚蓝的大海，山上长着高达四层楼的糖棕榈树，风景十分秀丽，可惜路况很糟。

在这种道路上骑车当然毫无乐趣可言。我的脊椎因车子上下颠簸而被挤压得缩在一块儿，然后又以怪异角度恢复原状。右手因紧扣把手而变僵硬，左手因猛催油门而变麻木。只要路上突然冒出几个坑洞和碎石，我就被车子震得牙齿格格打战，眼珠频频抖动。我的大腿死命夹紧车座，小腿也处于紧绷状态，左脚不断来回换挡，右脚始终不敢大意地斜靠在刹车垫上，还得随时准备双脚踩地以防翻车。我想起若干年前骑摩托车载巴黎朋友娜塔莉去松巴岛兜风时，她的感想是："这种地方会让屁股开花。"那正是我此刻心情的写照。

太阳渐渐下山，气温慢慢转凉，我愈来愈后悔走上了这条"捷径"。我正感到懊恼时，就突然遇见奇迹，在一座小山头上看到一条平滑得宛如黑丝绒的柏油路，于是我把车速加快四倍往前冲去，开始放松戒备，左顾右盼地欣赏马路周边那些被橘红色的天空衬出剪影的高大棕榈树。

即将爬上另一座山头时，出乎意料地看到有个人招手要我停下来。这位衣着考究的男士正在扯着嗓门打手机，我等他吼完了才提议让他搭便车，没想到他却说："谢谢，不用了，我也有摩托车。我只是想警告你注意路况。"

从这座山头再前进五公里左右之后，那条柏油马路果真突然弯到左边就不见了，摩托车骑士只要一个不留神，肯定会直接冲向前方的石子路。

事后我才得知那位先生是县议会最年轻的议员，也是公共工程委员会的委员之一。他在公共工程部收到这个路段的完工报告便出来视察，竟发现承包商不想继续挖排水沟，于是这条路短少了一百米，既没铺柏油也没收边。换句话说，万一突然来场大雨，这个路段必然出现塌方。我遇到那位议员当天，他气急败坏地对我说："我看他们八成是只把地上的泥土漆成黑色就交差了。"接着又拨了一次手机，但承包商拒绝接听。

我想起曾经在西坝市区的布告板上看过一则信息：这条再度施工的二十五公里道路，工程费高达二十二亿卢比，等于是每公里花了将近一万美元。于是我问那位议员，为什么这条路不是以渐进方式从市区一路铺过来，而是只在一条破烂的道路中间铺一小段？

那位议员解释，因为铺设道路这类大型工程合约是由公共工程部提供经费，而且通常会分成若干子工程，再转包给不同的承包商。

这些"子工程"支撑了印尼现阶段的庞大建设计划。上述案例耐人寻味之处，在于那位县议员居然愿意监督地方首长及其团队实施的"工程"，大多数印尼人都不敢指望地方议员会一板一眼地要求首长负起责任。民众常开玩笑说，那些议员只要做到"四 S"[1]——露脸、坐下、闭嘴、拿钱——就算尽责了。

我问这位县议员，他的工程委员会如何决定道路的技术规格和维修经费。"老实说，我不清楚。我们都是新手，没有人真正知道

---

[1]　英文是 Show up, Sit down, Shut up, Salary。印尼文称为"四 D"，Datang, Duduk, Diam, Duit。——原注

预算该怎么拿捏，所以到头来只能信任主管。"他表示，这么做也有问题，因为公共工程部缺乏训练有素的工程人员为他们提供意见，"就像瞎子给瞎子带路"。

地方自治烟火秀每绽放一次新的花朵，印尼势必得物色更多有能力掌管卫生部门、规划基础建设、审核财政预算、设计教学课程的人才。理想情况是各县愿意在本地人当中觅才，但由于某些新县过去不受省政府重视，因此并未培养出相关人才。

"我不知道（公共工程）部里面谁看得懂计算机电子表格，但又不能向古邦求救，因为当初是我们主动想脱离他们而自治的。"那位议员站在刚刚竣工的马路上踢着一团松散的柏油说。

我从萨武岛搭上了开往古邦（在帝汶岛西岸）的培尼渡轮。原先的计划是去印尼最新成立的西南马鲁古县。这个县的四十八个小岛分布在东帝汶海，离塔宁巴尔群岛（Tanimbar）六百公里。但培尼渡轮每月只有一个船班前往当地，我正好错过了。

经我多方试探，古邦的港务长终于松口告诉我，有一种"先锋"船每两星期会开去西南马鲁古县。用"先锋"形容这种船算是比较客气的说法，意思是它可以提供其他交通工具拒绝提供的载客服务。港务长用狐疑的眼神上下打量着我说："你知道它是一种货船吗？"我从他的口气听得出来，他认为我看起来不像是能搭那种船的货色。"我们是为了服务一些小岛的居民才答应载客，不过……"

我向他打听了先锋船的行驶路线后，就宣布我决定在东帝汶边界的小港威尼登船，他更加狐疑地又看了我一眼，但还是给了我发船日期和时刻：9号早上10点。9号早上9点30分左右，我从威尼港仅有的一条街慢慢晃到港口前，可是港边一艘船都没有，海面上也看不到任何船影。

自称"运输部办公室"的小楼空荡荡，四周没半个人，于是我发了个短信给古邦港务长询问是怎么回事，他的回复是："耐心等。"我接受他的提议，找了一棵树坐下来看书。约莫一小时过后，有个年轻人摇摇摆摆地走过来，样子不像是当地人。我问他是不是在等船。"这里有船？我已经在这儿待了两星期，可从来没在码头上看到过船。"

他是从泗水被派来此地监督这座码头扩建工程的工程师。我问他，如果这码头从来没人使用，为何要扩建？"这是'子工程'，懂吗？"他回答。

我从中午等到下午 2 点，先锋船始终没来，不得不开始思考应变计划。就在这当儿，乍然看见远方海面出现一缕烟，然后变成一团云。一小时过后，一艘覆盖着蓝绿条纹防水布的庞大平板货轮终于靠港。没有人下船，我是唯一从凹凸不平的步桥走上甲板的新乘客。

我环顾了一下同行乘客，原本以为只会瞧见十来个苦力，哪知道甲板上居然挤满了男女老少，加起来大概有三百人，每一小块空间都被占据了。大家各自蹲在电器纸箱、米袋、方形鸡蛋盒堆栈起来的堡垒中，谁也不看谁，充满敌意。我设法在一袋大蒜后方给自己弄了个大约两尺宽三尺长、小如老鼠洞的栖身处，却立刻遭到一名大声咆哮的邻居驱赶。甲板上仅有的空位似乎只剩下一台嗡嗡作响、散着热气的冷冻机顶端，我刚在那儿摊开睡垫，一位大妈就拿着一根大木匙靠过来要挟我。一名船员当下命令我回到先前的老鼠洞，而那位大声咆哮的邻居依然余怒未消。

我得在这船上待五天，才能抵达目的地萨温拉基。

恐怖的是，我发现每次停船，船上似乎总免不了再度爆发地盘争夺战。古邦港务长果然没骗我，先锋船真的是一艘货轮，货物都摆在甲板下面。每当我们停在港边，不管是遇到烈日当空的正午，还是万籁俱寂的夜晚，覆盖在我们头顶上的防水布就被掀开，甲板上的纸箱堡垒被拆除，睡垫也被卷起来，乘客从步桥走向码头，整艘船的甲板则被吊得老高以便卸货。

停船卸货的时间从两小时到一整天不等，然而从第一块甲板降下来的那一刻起，地盘争夺战就开始了。这时新旧乘客会一齐涌入船上攻城略地，谁都不会留意还有几块甲板依然被吊在与他们脖子等高的半空中。船上一片喧腾，船员们吆喝乘客远离吊在空中的甲板，以免有断头之虞。在船上待了两天的老乘客对打算建立地盘的新乘客大呼小叫，不达目的绝不罢休的新乘客也不甘示弱地嚷回去，有些家庭扯开嗓门指挥家人两面包抄入侵者，这个家属负责摊开睡垫，那个家属堆起纸箱。

我已掌握了挑选地盘、建立主权的窍门，知道如何远离全天不打烊的卡拉OK、避开臭气冲天的厕所。虽然待在某个"门口"（防水布旁边空隙）附近还不错，既可吹风又能赏景，不过万一被雨水泼到就很扫兴，况且落在防水布上的雨滴可能积成水潭，不得不随时提高警觉。

和人丁兴旺的家庭做邻居也要当心，因为印尼孩子多半教养差、爱尖叫。还有，绝对不能坐在带着棕榈酒罐、手提音响和吉他上船的粗人附近。

待在甲板旁边的空间固然让我较能轻松自如地四处走动，但也意味着别人会不断在我面前踏来踏去。上船第二天，我在厕所边找了个颇为清静的角落安顿下来，这里是死路，隔壁是大货舱，两边都能受到保护。为了守住这块地盘，我跟一位不动如山的老妇和她女儿结为盟友。

　　这对母女是在利兰岛（Liran）上船的，当地连个码头也没有。一艘狭长的渔船停靠在我们货轮边上后，那位女儿就站在不停摆荡的渔船上把老妇抬起来，货轮甲板的一名水手从上方抓住老妇的手用力一拉，她整个人就顺势翻身上船。她女儿尾随其后爬上船之后，我立刻把她们拉进我的地盘，后来还把几位意图鸠占鹊巢的乘客数落了一顿，要他们尊重长辈，这方法还挺管用的。

　　行船的日子逐渐形成某种节奏。迎向蓝天的船头，是大家进行晨间冥想的好地方。早上 9 点，无情的太阳会将乘客逼回空气污浊的防水布下方，任你再怎么挥动权充扇子的纸板仍无法驱散那臭气。落日西沉的黄昏，是一天当中最令人心旷神怡的时光。

　　火焰般的彩霞轻吻着海水，海豚纷纷出动尽情玩耍，时而在货船旁边飞跃潜水，时而顽皮地挺起弧形身躯腾空旋转，连船上醉汉都看得如痴如迷，还兴奋地朝着成双成对的海豚母子指指点点，或是看着某只海豚跳到离船身最近的地方。艳红的霞光渐渐褪去，七彩的落日美景正式登场，朦胧的粉霓拥抱着灰云，一团火球高挂在海平面上方，幽暗的海水在船头激起白浪。船头寂静无声，甲板内的卡拉 OK 歌唱会则在闪闪发亮的霓虹灯下展开。

　　五天的航程着实漫长，船上却没有说中文的、美丽的周玲玲来转移注意力。我原本打算写一堆信、读一堆报告、找一堆事做，结果却无所事事，大部分时候只是瞪着天空，看着水面浮光，慵懒地思忖着，该向挥着木勺在船上四处走动的船员买一盘饭，还是等抵达下一个停靠点再说。

　　每当货船靠岸，我就有探索机会。在一个海边小村，某个退伍军人请我喝了杯浓浓的咖啡、吃了块厚实的家庭式蛋糕。他告诉我，军队里的基层素质愈来愈好，高层素质却每况愈下，"以前我们有聪明将帅和傻瓜士兵，现在情况倒过来了，大多数军人都受过良好教育，可惜最聪明的毕业生再也不想待在军中了"。

　　货船在基萨尔岛停靠了一整天，同船乘客哈利是当地人，并提议做我的向导。于是我们骑着他的摩托车走到小岛尽头，眺望已成为独立国家的东帝汶，接着又去看飞机跑道，哈利骑车徐徐经过一座军营前方的"减速慢行"标志时说："这些当兵的只会惹是生非。"后来我们又去拜访赫马努斯爸爸，这位鹰钩鼻老绅士只会讲欧依拉塔语，据传这是"消失的以色列部落"[1]当中的一种语言，就算在基萨尔岛也没有几个人会说。去年有个好事的雅加达基督徒为了赶快迎接"基督再临"[2]，于是忙着把赫马努斯爸爸带去耶路撒冷朝圣。后来赫马努斯家的棕榈屋外头，摆着十颗用水泥砌的石头，成了以色列十大消失部落的纪念碑。在印尼旅游最有趣的一点，就是偶尔会碰到一两件荒唐事。更妙的是，西南马鲁古县现任县长最近表示，他想把基萨尔岛变成宗教旅游胜地，因为这个总面积只有一百平方公里的小岛让他想起了以色列，理由是吉塞尔岛和以色列都干燥多山，且盛产绵羊和山羊。

　　有些小镇居民一看到我们的船靠岸，会主动请我进门使用他们家的浴室，让我洗去尘埃，还送我蛋糕、陪我聊天。每当我向他们致谢，他们总是挥着手说："别客气，别客气，如果哪天我去你家，你一定也会这么招待我的！"我渐渐发现搭货船旅行这五天以来，我的日子过得挺不错。

　　在船上，当然有很多聊天机会。每到一个停靠站，也总会遇到问我一堆问题的新乘客，有些老乘客还会代我作答。在聊天过程中，

1　消失的以色列部落，指的是组成以色列古王国的十个部落，公元前 722 年，被亚述帝国掳走当奴隶。
2　《圣经》记载，耶稣被钉上十字架升天以后，还会再降临世上。第一次降临是指耶稣在马槽出生。

我也慢慢了解到他们踏上这段漫长旅程的目的。

许多乘客之所以往返基萨尔岛，是为了递交工程提案，例如一位乡长的弟弟不久前刚利用一堆回收瓶子帮县长办公室架设了一株圣诞树，现在又得为明年复活节的装饰工程交一份提案出去。二十年前，我很少听印尼人提起"递交提案"这种事，现在不但常听到非政府组织提起它，连牧师、学生、农民、老师、乡村妇女团体、警察和其他人也经常挂在嘴上。如今每个印尼人似乎都在绞尽脑汁想提案，以便从经费充裕的地方政府身上挤出一点（有时金额还不小）油水来。

在船上与我共享地盘的老妇没打算递交任何提案，她是要去医院，因为她双腿肿胀，不利于行走。但利兰岛没有医院，只有一个居民约八百人的小村，村里除了一所小学和一所中学之外，还有一个保健所，仅有一名女性工作人员，而且只受过接生训练，"她能做的事就是拿药给你，那些药在路边小店也能买到"。西南马鲁古县的其他小岛也没有医院，不过听说六个月后，新设的县城就可以分配到一所造价低廉的地方医院了。

以交通时间来说，距利兰岛最近的医院位于东努沙登加拉省的省会古邦，搭船过去要一天半才能到，可是这位身体孱弱的老妇无法去那里就医，因为利兰岛属于马鲁古省，古邦不接受她的健保卡，她也无法享受较便宜的医疗费。因此，为了前往设在萨温拉基的医院，她只能一动不动地坐在船上三天三夜。就算到了那所医院，也得塞个红包才能见着医生，因为西南马鲁古县已是自治县，萨温拉基的医院不再接受利兰岛的健保卡。

假设这位年逾古稀、抱病在身的老妇照章行事，又得再搭三天的船前往马鲁古省的省会安汶。"不过，要是你认识一些老熟人的话，事情大概都能搞定。"老妇说。

第六章

幸福大家族

2011 年圣诞节来临前，我在马鲁古省东南海域的几座小岛上漫游，身边只有 19 世纪英国探险家华莱士的著作陪伴我。1857 年圣诞节，华莱士也曾在这附近的一艘船上度过，可是并不开心，他在书中抱怨："船长枉为新教徒，殊不知当为圣诞节设宴欢庆。晚餐悉如平日以米饭佐咖哩，我只能再进美酒一杯以聊表庆贺。"

华莱士其实不爱发牢骚，他曾以轻松笔调描述印尼东方小岛，尤爱活泼好客、不请自来的卡伊岛（Kai）居民：

> 卡伊岛民唱唱叫叫涌上前，既摇桨来又打水……快乐逍遥赛神仙……教我思想起娇羞矜持、循规蹈矩之稚子与放浪不羁、嬉闹欢腾之顽童蓦然相见之妙趣。[1]

华莱士所言不假，卡伊岛居民的确热情好客。2004 年的圣诞节

1　引自 Wallace, *The Malay Archipelago*, Vol. 2, Chapter XXIX. ——原注

图 D：邦盖群岛（中苏拉威西省）　　　　　　图 E：卡伊群岛（马鲁古省）

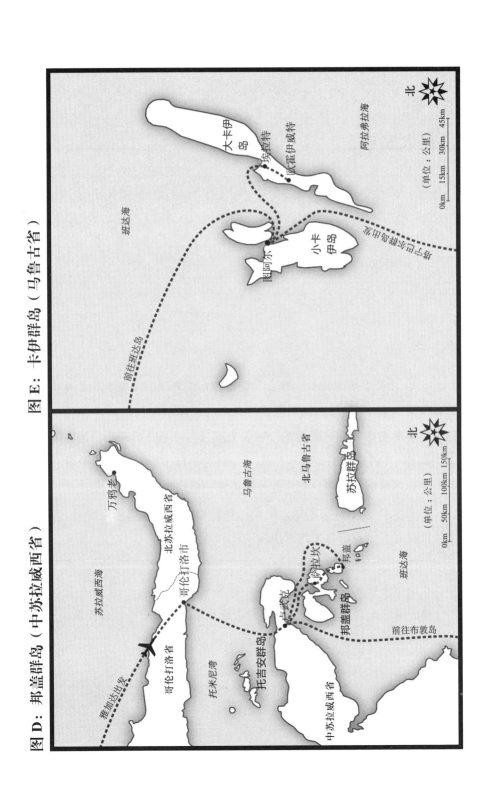

图 D：邦盖群岛（中苏拉威西省）

雅加达出发
哥伦打洛省
万鸦老
北苏拉威西省
哥伦打洛市
苏拉威西海
托米尼湾
托吉安群岛
邦盖群岛
阿拉坊
邦盖
卢武克
中苏拉威西省
马鲁古海
北马鲁古省
苏拉群岛
班达海
前往布敦岛
北

（单位：公里）
0km　50km　100km　150km

图 E：卡伊群岛（马鲁古省）

前往班达岛
班达海
阿尔
大卡伊岛
埃莱特
欧霍伊威特
小卡伊岛
阿拉弗拉海
前往塔宁巴尔岛
北

（单位：公里）
0km　15km　30km　45km

和新年假期，我曾造访卡伊群岛首府图阿尔市（Tual），在美景如画的海滩连待了几天，某日去港口闲逛时，看到有艘满载乘客的广体木船正要收起步桥，于是赶紧跳上去坐到长凳上。收票员过来问我要去哪里，我反问："我可以去哪里？"

旁边有位身材魁梧的光头男士，一听我连自己要去哪儿都不知道就上了船，便自告奋勇向收票员宣布："她是跟我们一起的。"

这位住在图阿尔的男士名叫布兰姆，正准备携家带眷返回出生地欧霍伊威特村。那村子位于人口稀疏的大卡伊岛（Kai Besar），从图阿尔搭船过去两小时就到。全家人将去探望他母亲和一大家子的手足与亲戚。

码头上已有吉普车在等候他们。大伙儿一拥而上之后，就把返乡礼物塞进各个角落，袋装白米和水泥绑在车顶，蛋糕推到座位底下，盒装鸡蛋搁在大腿上。吉普车爬上一条未铺柏油的山路，穿过一片树林、村落和农地，再顺着漫长的下坡路往海边开去，终于抵达了欧霍伊威特村。

村子地势较高的部分坐落在悬崖顶端，村中有条铺着晶亮珊瑚石的大路通向崖边的教堂。造型简单、精心维护的教堂以木头打造，门窗漆着对比色，洁净的棉质窗帘随着咸咸海风轻轻飘动。大路尽头是一百二十级的陡峭阶梯，可直达地势较为低缓、似乎无人管理的海边。色彩斑斓的鱼群悠游于美丽的海岸珊瑚礁附近，当地人认为珊瑚礁不稀奇，都说它们不过是一堆"彩色石头"罢了。

布兰姆有十三个兄弟姐妹，在家排行老幺。他一返抵家门便直接带我去拜见母亲，家中每个人无论长幼都喊她"欧妈"，这是荷兰人对祖母的称呼，她没问我来历就把我当一家人看。当天欧妈家的地板全被家人的睡垫占满了，我被安顿到一名亲戚家过夜。我在接下来几天，三餐都在他们家解决，并且和村民共度了愉快的圣诞佳节。

那年圣诞节过后，我每隔一两年总会再和布兰姆联络，后来他换了电话号码，双方就失去了联系。2011 年圣诞节来临前，我再度想起七年前在欧霍伊威特过节的情景，虽然一直联络不上布兰姆，还是决定不管三七二十一，非去欧霍伊威特走一遭不可。

我在图阿尔加洗了几张上次在欧妈家拍的人物照——穿着白色（kebaya）[1] 的欧妈；布兰姆和他的妻子玛丽亚；还有他们的孩子，为了用自己大城市的酷劲镇住乡下的侄子们，带着青少年喜欢的宽包边墨镜；"宿娘"（我住在她家里）和"厨娘"（整群人在她家里就餐）——便朝着欧霍伊威特出发。

前往大卡伊岛的快艇形似棺材，船上两百个座位挤了大约三百名乘客，有位婆婆虚弱得像只被拔光毛的鹌鹑，弓着身体占去我半个位子。船身剧烈摇晃、忽高忽低，每晃动一次婆婆就尖叫，还死命抓着我的手，把我的指关节都掐白了，最后竟然将胃里的东西吐在我脚上。

从码头通往欧霍伊威特的山路依旧未铺柏油，我乘着载客摩托车穿越一片又一片绽放着野兰花的树林，在路上不禁自问：我已经七年没见过布兰姆的家人，甚至记不清他们的名字了，现在就这么出现，是否太过唐突、不受欢迎？

印尼人的慷慨热情从没让我失望过。抵达欧霍伊威特之后，我人还没跨下车，布兰姆的弟媳欧娜已认出我来，马上拉着我去欧妈家。九十高龄的欧妈已在去年仙逝，家里现在住着欧娜、英茄（也就是"厨娘"）和她们的丈夫，还有一个小宝宝。

我请欧娜欣赏我带来的相片时，英茄从屋里走了出来，她一见

1　可巴雅，印度尼西亚及马来西亚等地传统服装，以薄纱或薄棉缝制成合身的开襟上衣或连身裙，下摆、领口与袖口处有精致繁复的刺绣或花纹，通常套在蜡染衫外面。——译注

照片就说："那些照片是伊丽莎白在这里拍的！"我立刻向她点头致意，以为她会跟我打个招呼，没想到她居然不认得我，还等着我向她解释这些照片是怎么来的。欧娜尴尬地低下头咕哝道："她就是伊丽莎白。"英茄这才高兴地振臂欢呼："哇！你就是伊丽莎白！可是你变得好老！"

两个小时过后，我们三人去屋后摘了些蔬菜，然后一起蹲在厨房剥菜叶，大家有说有笑，仿佛这七年来我从未离开过，她们也知道我一定会回来。英茄妈妈宣布："你留下来过圣诞节。"真是深得我心。

接下来，她哇啦哇啦地说出一大串我在过节期间应尽的社会义务，很多都跟教堂活动有关，因为大多数的欧霍伊威特村民是基督徒。不过，我发现村子下面多了一座没见过的清真寺，还看到几名穆斯林女孩跟在其他庆祝圣诞节的孩子后面，一起挨家挨户唱歌、拍手、摇着用可乐罐和干玉米做的沙铃。他们为了让大人们掏出糖果和零钱，还念了几首自编的儿歌。"伊丽莎白妈妈……"他们吟唱道，"可爱的伊丽莎白妈妈，你躲在哪……"我不可能不拿出皮夹发了些一千卢比的小钞给他们。我跟英茄妈妈提起这些孩子把圣诞节和"不给糖就捣蛋"的感恩节习俗搞混了的时候，她说村里有些穆斯林的亲戚是基督徒，所以会在圣诞节前来拜访；在他们的宗族社会里，大家族的亲情超越了信仰上的差异。

我的第一项义务，是和一群绅士淑女一起参加礼拜仪式。村子里的成人都盛装出席，女士们套上高贵的可巴雅和蜡染纱笼，男士们身着蜡染服或依卡布衬衫。英茄妈妈和其他女执事披着不同的黑色丝质绶带，男执事们都围着白领巾。教堂里的长凳经过重新排列，每个人可以隔着中间走道面对面，淑女们坐左边，绅士们坐右边。

无宗教信仰的我原本打算在教堂里神游太虚，却被赶到最前排座位，只好假装祷告、唱歌、聆听女牧师（马鲁古省卡尔文教会的神职人员女性多于男性）慷慨激昂的布道。一个多小时后，我们才进入点蜡烛仪式。第一位上前的人是"尊敬的村书记，他的智慧将指引我们"，他缓缓步向走道，庄严地点燃一根蜡烛，又慢慢走回座位。我心想：天哪，接下来还有老师、助产士、家庭福利公会会长、担任各种职位的每个村民都要上前点蜡烛，如果整个仪式都照这种龟速进行，不拖到半夜才怪，于是我又心不在焉地想起当地人出席这类场合的仪容：肤色深的女士们在脸部涂上白米磨成的扑面粉，然后将槟榔汁当唇膏抹在嘴上，看来颇具惊悚效果。

忽然，欧娜妈妈戳了我一下。"现在，我们有请伊丽莎白。她的来访提醒我们要爱印尼这个国家，也要爱欧霍伊威特这个村庄。"仪式主持人以庄重平和的语气说，我立即回过神来，缓缓步向走道，并庄严地点起一根蜡烛，再慢慢走回座位，就像每个人一样。毕竟，这种庆典给每个人一种归属感。在伦敦或雅加达这类越来越多的人默默无闻生活的大都市，人们通常不会有这种感觉。

接下来，教会执事宣读政令通告，并公布新的"禁忌"：从今天起，村民不能抓海参，但欧克托爸爸家的芒果树禁采令取消。实施禁忌是当地的传统资源管理方式，通常由村中长老宣布，以防村民在鱼类繁殖季节滥捕，或者是督促村民节约共同资源。

有些不希望作物遭窃的村民偶尔会塞点小钱给长老，请他们向村民宣布不得采摘作物的禁忌。欧克托爸爸家的芒果树就长在村子里的珊瑚路边，若不颁布禁忌，每天经过那条路的小男生肯定会把果实累累的芒果摘掉一大半。现在禁令一解除，欧克托爸爸从教堂回家以后，就可以采收自家水果了。当天下午，他和全族人都聚在走廊上大啖芒果。

一百五十年前，华莱士曾在帝汶岛写文章指出，这种禁忌的威力不容小觑：

> 此地遍存"禁忌"之俗，习称 pomali，瓜果、树木、住居、
> 庄稼及诸般财货皆得其庇佑而免于招损，百姓亦深感敬畏。横
> 插一枝棕榈于住居门前，即可昭示众人此乃禁忌之地，其防盗
> 之效，更甚于以重锁栅栏加身。[1]

如今，某些禁忌甚至被政治人物利用。例如 2003 年，图阿尔
市的地方选举引起争议，某政党打算向当权者示威，遂在该市河口
唯一的一座桥梁设下禁忌，堵住陆地交通。由于这条河将市区隔成
两半，住在桥两边的居民必须搭船才能到对岸，许多临时渡船因此
应运而生，而且收费昂贵。有些学生如果正好住在学校对岸，就得
提早一小时起床上学，政府官员也无法顺利抵达办公室。汽油、煤油、
稻米等各种民生必需品，连续数星期不得不在河口这边卸货，然后
用舢板运到另一边。物价随之飞涨，人人叫苦连天，但谁也不敢违
反禁忌，直到马鲁古省长介入才告解除。

圣诞节期间天气糟透了，每天一到下午（上午往往也一样）海
上就卷起阵阵狂风扫向悬崖，侵袭欧霍伊威特村的小木屋。椰子树
梢像德国现代舞大师皮娜·鲍什（Pina Bausch）跳空中芭蕾似的疯
狂乱舞，一波波雨水冲刷着铁皮浪板屋顶，扫进毫无遮拦的前廊缺
口，村民紧闭百叶窗躲在屋里不敢外出。我抵达村子当天就停电了，
直到离开时尚未恢复供电，只有教堂里的发电机照常运转。

整座村子与外界断了联系，看不到电视剧，也接不到电话，对

1　引自 Wallace, *The Malay Archipelago*, Vol. 2, Chapter XL. ——原注

外通路完全被洪水和怒海淹没，只有收音机可听。记得上次来这儿的时候，我曾经和村长坐在一起听广播，那时中央政府常通过各省和各县广播网将政令传达给各村落，我们听到的内容包括：政府对电鱼行为提出新禁令、申请某村落助产士培训计划的候选人名单等。那时村长每日必听广播、必做笔记，还会出门将广播消息昭告村民。

现在，英茄妈妈每天晚上也会打开收音机了解外地最新消息。圣诞节期间，我们在广播中听到一堆政府高官的祝贺词以及培尼公司宣布："奇拉麦号"渡轮将在 12 月 30 日抵达图阿尔，比预定船期晚两天。还有一则消息是：1 月 2 日星期一，政府不办公。接下来是家族点播节目：住在图阿尔的詹氏家族想通知住在班达艾里的布吉族亲戚，他们因天气不佳无法前去探望；住在图阿尔的马图图家族呼叫住在瓦尔的贾发爸爸马上进城处理要事。

几乎所有点播节目都会提到某个"大家族"或"宗族"。有天下午，我问欧娜妈妈的丈夫丘毕，他们这个大家族里到底有哪些人，他拿出一张纸画了一幅宗族图，第一位成员就是去年与世长辞的女家长欧妈。

宗族图里除了欧妈和夫婿，还包括十三名子女、四十三个孙辈、二十八位曾孙，加上一个刚刚出世的第五代婴儿，整个算下来，欧妈共有八十五个直系后代。不过，这个宗族图没有把配偶、姻亲、堂亲和表亲画进去，丘毕说："要是把夫妻、姻亲，甚至把我爷爷奶奶那一辈都算进来的话，整个宗族就有几千几百人。"他说完又拿出一张干净的纸，让我画上我的家谱。

我写上祖父母的名字，下面只列出三位成员：父亲、哥哥与我。丘毕爸爸看了人丁这么单薄的家谱后，立刻露出不知所措的表情，俨然把我当成了吸狼奶长大的弃养儿。

"宗族"是将具有真正血缘关系的人牢系在一起的群体，在实施地方自治的民主时代，宗族的地位显得特别重要，因为某些"大家族"所提供的选票，足以在地方议会取得相当多的席次。另一个与宗族类似但和血缘无关的群体是"门阀"或"派系"，例如因地域、同窗、帮派、职业关系而结合的一群人，苏哈托则是靠两者（军队和家属）替他打下了江山。

宗族和派系是利益输送的循环系统，利益输送则是印尼政治与经济的命脉。

派系领导者通常是某位大人物（有时为女性），某个派系会通过层层关系帮这位大人物注入选票和基层干部，让他保住权位并顺利获得各种财源、计划和工作，日后他再将这些财源、计划和工作回馈给派系。

一名县长可能代表某个家族领导另一个家族、替家乡争取比其他地方更多的利益、满足全县甚至全省选民的要求，也会为真正的血缘宗族奉献全力。

一天晚上，丘毕和欧娜与我聊起他们的女儿刚通过公务员考试，便得到一份令人称羡的教职这档事。不过，某天早上，丘毕爸爸听说稍晚才会发布的教职分发地点公告函显示，他女儿被派到离欧霍伊威特不远的天主教小镇瓦尔任教。

这可不是好消息，因为大卡伊是个相当封闭的小岛，如果年轻人因为工作被困在岛上某个村落，将来要获得升迁或拓展职业生涯就难了。于是，丘毕爸爸直接跑去教育部申诉，但主管官员耸着肩表示，大家都知道那封公函已经签字，而且再过两小时就要公布，现在想改也来不及了。

"幸好我们在雅加达有名亲戚是议员，我跟他提了这档事，他马上转告县政府的人，事情就解决了。"后来公告时间改期，分发名单也改写，丘毕的女儿目前在图阿尔市某所学校教书。"很酷吧？"

这名父亲得意地说。

稍后我讲了一个如何收买警察让我通关的故事，并且下了个结论，"所以我是个堕落的人"。丘毕和欧娜听了大笑，我接着说："这件事其实跟令嫒的故事有点像，有些英国人会认为你们这么做也是一种堕落行为。"

屋里突然安静得吓人，气氛愈来愈凝重。双方沉默了许久，欧娜妈妈才站起来边收盘子边说："我们要不要去教堂？"

事后回想起来，我很后悔当时说了那句话，并非因为我让两位用心待客的主人没面子，而是因为我慢慢了解到"利益输送"和"贪污营私"之间的差异，印尼人在日常生活和投票期间，一向把这两件事分得清清楚楚，但不会刻意讨论二者的区别。

虽然如此，一般人倒是很爱拿"贪污" —— 通常简称 KKN[1] —— 当聊天话题。有一回，我跟一群小伙子坐在一起观赏电视足球转播赛，印尼在一场东南亚赛事中遭到主要对手马来西亚痛击，马来西亚再度得分后，我旁边的小伙子一脸嫌恶地摇着头说："我真希望有人举办贪污世界杯，那样我们起码能知道我方赢定了。"

不过，很多人嘴里提到的 KKN，其实是指印尼在建立民主制度和官僚体系过程中无可避免的"利益输送"。

"民主"在印尼还是个相当新的概念，许多人以为只要选出全国和地方的领导者及立法者就是在实践民主，因此印尼的选举活动多得惊人。老百姓可直接选举总统、国会议员、省长、省议员、县市长、县市议员和村长，每五年都得参加七项不同的选举，所以选民非常了解印尼的民主运作模式，而且人人同意一件事：在全国如火如荼地推展的地方自治和民主制度已将利益输送／贪污营私变成

1　Korupsi, Kolusi, Nepotism 的缩写，意思是"贪赃枉法、互相勾结、裙带关系"。

更必要、更普遍的行为。

如果你想当选县长，就得砸下大把钞票，不但要收买某个政党支持你，还得承担造势活动所有成本。虽然开销大得令人咋舌，但你只要去某个竞选办事处待上几星期就不会大惊小怪。

除非你有万贯家产，否则必得靠借贷来支应所有选举活动费，日后还得偿还债务，败选者势必陷入财务困境。据称印尼每次选举过后，精神科的病患必增无疑，严重负债者还会自杀。

胜选县长（几乎清一色是男性——根据最新统计，印尼五百多位县市长当中，仅八位是女性）月薪只有六百美元，根本无法拿来还债，于是就以安插职位、提供采矿许可，或是签订新医院、新车站工程合约来抵债，民众还会再三替他们开脱："他们当选以后都背了一屁股债，当然只好贪污。"[1]

这些偿债方式其实称不上违法，相较于一位美国国会议员在某大石油公司为政治行动委员会（Political Action Commitee）慷慨解囊协助她筹募竞选经费之后，该议员便提议支持该公司以油压裂解法开采天然气的做法，印尼县长违法程度并不为过。他们为亲戚安插职位的做法，其实跟英国下议院议员为某位朋友的女儿安排实习工作没什么两样。不过，纵然是合法利益输送，往往也会因使用不当而产生不良的政策、职务和道路。

有时候，我不禁要为这些大人物感到唏嘘，他们即使未曾直接

---

1 西方学术界做过某些复杂的研究，可证实县官贪污的说法。一项林木盗伐研究运用卫星影像显示，在苏门答腊、加里曼丹、巴布亚等森林茂密的省份每成立一个乡，盗伐率平均上升 8%。即使是国法禁止伐木的地区也不例外。另外，当预算交到县政府手中后，地方道路支出年年倍增，并且在首届县长直选结束后的同一年再度翻倍。政府稽查结果显示，从 2001 年至 2010 这十年当中，地方道路支出增加七倍，道路品质却在下降。——原注

获得宗亲的支持，一旦身居要职，宗亲们还是会不断要求他们给予
"回报"。

我刚抵达欧霍伊威特时，便听说雅各布爸爸是个大人物。他
在这个小村土生土长，二十多年前离开家乡寻求财富，现任查亚普
拉市议会议长，并曾数度连任议员。查亚普拉是巴布亚省会，而
巴布亚省堪称印尼最富的一省，为当地政治人物提供了绝佳的从
政机会。

我还听说雅各布爸爸将于次日莅临欧霍伊威特，这是他离家多
年来首度返乡，而且即将参加一场隆重的"霍克霍克威特"仪式——
专为迎接初来乍到的新娘而举行。虽然她是雅各布迎娶的第四任新
娘，村民仍是兴奋雀跃地翘首企盼。

隔天早上，我看到村中妇女都盛装打扮，准备恭迎这位大人
物。这下我可有点心慌了，因为我手边没有几件像样的衣裳，每次
参加村里的社交活动，只能轮流围上两条尚可见人的纱笼，两者还
兼作我的床单。不过现在没时间想太多了，我赶紧抚平昨晚被我睡
过的那条纱笼围在身上，加入其他妇女的行列前往举行迎娶仪式的
地点。

我们沿着道路走向河边一座喷泉时，大人物雅各布已事先送来
必备食品。当小巴士的几名车夫卸下一打打可乐和雪碧汽水、一箱
箱饼干、一盒盒鸡蛋时，我发现那些车夫也留着朋克头加猪尾巴的
发型。接着，小巴士开去接大人物，我们留在现场恭候大驾。村中
的妇女都撩起粉红和紫色的丝裙蹲在河中平坦的石头上，然后抓起
河沙用力摩擦被槟榔汁染黑的牙齿，几名一丝不挂的男孩从高高的
河对岸跃进水里。

大家一听见路上传来汽车喇叭声，便各就各位，开始鼓掌拍打
出某种节奏，几位年长妇女将一块红绸布举起来。巴士停下后，在

场所有人一齐涌向来自爪哇的小新娘，这名未成年少女满脸惊慌，显然无人事先告知她会遇到什么场面。有人立刻将那红绸布围住她脖子并盖住她全身，以便遮掩她穿的那件浅棕色旧家居服。"啧，啧，啧，"女士们说，"让新娘子穿抹布装进村成何体统！"她们以"抹布装"形容一种宽松家居长袍，一般女子只会在家里偷闲或打扫的时候穿在身上，不会披着它去叩见婆家。

少女被带往河边进行受孕仪式，由于她已怀胎八个月，此举似嫌多余。接着就展开过门仪式：一名妇人撑着一把粉红阳伞在新娘头上旋转，我们唱着诗歌排成一列在她身后摆动双手徐徐前进。每走一段距离，某位女亲戚就迎上前来和紧张得脸色发白的新娘搭讪，有些亲戚还会塞几张小钞或送上几颗水果给她。水果只有两样，槟榔和柠檬，虽然它们象征"荣誉"，可是会让吃不惯的人倒胃口。

我们手舞足蹈地沿着海边走去，然后爬上一百二十级的陡峭阶梯前往村子高处，那儿摆了几块圣石和数尊荷兰大炮。连日来太阳头一次露脸，新娘却哭丧着脸摇摇晃晃地踏上悬崖，后面跟了一大群嘻嘻哈哈、唱唱跳跳的热闹群众。新娘得到村里一位长老的祝福后，又摇摇晃晃地步下悬崖。

新郎官雅各布比新嫁娘年长二十多岁，和她一样挺着又圆又大的肚子，在整个迎娶仪式中始终板着一张脸，看样子不是个健谈的丈夫。事实上，这对新婚夫妻在村里公开露面了三次，却没跟对方说过半句话。祈福仪式结束后，我只跟新郎握了个手，也未和他交谈。

新婚夫妻沿着山坡爬上爬下折腾了好一会儿，就背对着雅各布母亲家发霉的墙壁坐在地板上。这位高堂立刻扑向儿子大腿号啕大哭，见他面无表情、纹丝不动地坐着，只好把哀伤情绪转移到新媳妇身上，将脑袋埋进她的长发哭得没完没了。新娘神色慌张地安抚了一下婆婆，然后十分难得地挤出笑容看着两位脸色泛白、年纪小她六七岁的继女，两名继女是雅各布另一位爪哇妻子所生。

哭声在骤然间结束，喜宴随之展开，大家立即把新郎新娘晾在一边，开始大吃大喝起来。宴会上提供的大量罐装汽水，还有从商店买来的各种甜点，是村里罕见的食物。每个人都理所当然、毫不节制地把它们打包藏好准备带回家。

接下来，舞会开始了。女士们排着队伍摇摆旋转，男士们敲着规则的鼓声，长辈们唱着传统歌谣，大家都乐在其中、无比尽兴。大人物雅各布用白信封包了二百五十万卢比的赏钱给每位跳舞女士，她们立即挥着信封高声欢呼。

圣诞夜当天，雅各布的两个女儿曾经打扮得花枝招展地出现在教堂。一个穿粉红缎面佛朗明哥舞裙，另一个穿粉红蕾丝蓬蓬纱裙，两人头上都戴着粉红羽毛饰品，脚上都踩着迷你高跟鞋，俨然是去参加朋友的婚礼。她们不但姗姗来迟，还一面走向前排座位，一面摆出炫耀姿态，村里的女孩们个个像飞蛾扑火似的绕着她们打转，她们的父亲照旧冷若冰霜地尾随其后。当教会执事宣读"欧霍伊威特大家族"奉献给教堂的捐款名单时，他依然摆着一副扑克脸。

布兰姆爸爸从图阿尔市寄来一份捐款，欧妈家族另一位成员阿育布爸爸（现任中马鲁古县社会事务暨就业部主管）也捐了钱，还有很多村民为家乡提供圣诞节捐款，这里给十五万卢比，那里送三十万卢比。雅各布（议员兼新郎）捐献的金额占了所有捐款的十分之一。

我很好奇雅各布回到既没有空调设备和丰盛晚餐，也没有接送专车、奉承幕僚和电视采访，甚至收不到手机信号的家乡是什么感受。后来听说他是因为父亲于不久前辞世而返乡（难怪他母亲一见他就号啕大哭），所以他成了真正的一家之主，但他回到出生地之后并未流露半分喜色。

村民一开始可能是对那位小新娘感到好奇，而不是基于尊敬雅各布的地位才感到兴奋，一旦热情冷却便懒得巴结他了。虽说村子里出了这么一位大人物，的确给欧霍伊威特增添了不少光彩，不过村民并未因此而高兴，因为过去二十年来，雅各布一直在照顾外地人，包括查亚普拉市（与欧霍伊威特相隔一千公里）的政党基层、教会信众和政府员工，婚礼中的一位跳舞女士嗤之以鼻地说："他好像觉得我们上不了台面似的。"

连小学生都期望他们的大人物能回馈乡里，我曾在某个小岛举办的小学生作文展中看到一封内容如下的信：

给县长爸爸的一封信，桑义赫岛县

　　哈啰，县长爸爸，你好吗？我很高兴认识你，县长爸爸，因为我想求你一件事，可是我要先想好怎么让县长爸爸帮助我们。我们想要有电，也想要足球场，还想要修理坏掉的马达船，可是怎样才能把船修好？现在谁都没办法再让船动起来，连船老板也修不好。希望县长爸爸你能帮帮我们卡拉马科拉村的忙，这就是我们对县长爸爸的请求。祝你身体健康，县长爸爸。哦，对了，祝桑义赫岛县生日快乐。

诚心许愿的阿达米

这封信的每一行字皆以不同颜色书写，口气有点像在跟圣诞老人讨礼物。某些地方报也会刊登性质类似的每日读者来函（或手机短信），例如一位读者写道："亲爱的南布鲁县县长，7月到12月的合格教师薪水怎么还没发下来？我们何时才能拿到钱？麻烦尽早发饷，因为按时领薪是我们合格教师的权益。若有可能,敬请马上支薪,别再拖延。+628524934 某某某。"

现在的印尼人可不像过去那么能够容忍营私舞弊的行为，假如县长为了金屋藏娇而兴建私人豪宅，或是利用前往雅加达洽公期间躲在五星级饭店里陪年轻女艺人嗑药，印尼选民会把这类贪官污吏赶下台。

虽然民众对其他类型的"贪污"（未履行约定、不好好铺路）屡生怨言，却没有人因利益输送而丢官[1]，原因在于选民依然期待他们的大人物能够继续照顾他们的宗族。如今印尼各地都在力行民主，几乎人人皆有办法在该体制中找到某个层级的大人物为他们输送利益。

我在距离欧霍伊威特两小时航程的卡伊群岛首府图阿尔，认识了一位拥有营销学位的年轻人。他在泗水证券交易所（已停止营运）干了十三年经纪人之后，厌倦了替人卖命的工作，于是回到卡伊群岛寻找经商机会，后来成立了一家香水专卖店。开店以来，日子过得很辛苦，但并非生意不佳，而是受父母刁难，因为双亲坚持他应该再谋个公职。他离开爪哇后生意其实做得不错，可是父母认为他不干公务员让他们脸上无光，而且再也不能享受公职带来的好处。"这里的父母都教育子女要当公务员，别做生意人。"他说。

嘲讽官僚体系是印尼全民运动，大家一致认为公务员都是既懒惰又自私的蠢蛋，满脑子只想填满自己的口袋，处处为难诚实老百姓，可是他们却依然希望子女当公务员。爪哇以外的地区更是如此，因为那些地方民营企业的就业机会不多。

1　2004 年南苏拉威西省办理选举时，十三位省议员当中，有十一名议员虽曾犯下贪污罪，但照样获选连任。

　　这又是荷兰时代留下的遗风。在荷兰东印度公司被荷兰政府接收整整一百年后的 19 世纪和 20 世纪之交，印尼全国中学总共只有二十五名"本地人"，当时官僚体系日益膨胀，需要增聘人手，远道而来的荷兰人根本来不及补充名额。往后的三十年间，殖民政府刻意培植当地人才，让六千五百名印尼人接受中等教育，他们毕业后几乎全数获得任用。从过去的历史来看，香水商的父母判断得没错，受教育确实可获任公职，但公务员过多其实也有反作用：可能损害教育质量。

　　印尼虽是领土分散、地理受限的国家，但每年仍有五千五百万人接受学校教育，堪称一项奇迹。每十名学生中有九人初中毕业，十五至二十四岁的国民几乎都能识字。更令人印象深刻的是，全国各地师生比例极低，每位老师带的学生很少。不过，某些国际排行榜显示，印尼学校的班级规模虽比美国或英国来得小，但学生阅读和数理能力在国际测验中的成绩，始终接近倒数第一。在国际数学与科学教育成就趋势调查（TIMSS）的标准数学测验中，十五岁的印尼学生只有 0.4% 拿到"高标"分数，表示他们懂得整理、分析信息并做成结论。半数以上同龄学生连"低标"都达不到，意味着他们"只有一些整数与分数、运算和基本几何图形知识"。在 2012年的国际学生能力评量计划（PISA）中，共有六十五国的十五岁学生参加国际测验，印尼学生阅读能力排名六十，数学和科学能力排名六十四，成绩比三年前还差，而参加 PISA 数学测验的印尼学生当中，通过高标者仅占 0.3%。另外，这个全球人口第四多的国家没有一间大学跻身亚洲最优秀一百所大学。

　　如此难看的成绩单系教学不良所致，教学水平低落则是利益输送的结果。担任教职最容易挤进令人垂涎的公务员行列，地方政治人物也总是为其支持者提供教职，于是学校里被安插了一堆立志当公务员、无意作育英才的人。这些教师的心态与印尼官僚如出一辙，认为他们可以弹性上班、随意休假。直到几个月前，我和在邦盖群岛（Banggai）改行卖香水的股票经纪人聊过之后，才第一次见识到这种效果。这片岛屿坐落在苏拉威西岛（整座岛的形状像英文字母K）大海湾的右下角，景观乏善可陈，连印尼人都不敢恭维。其中巴乔族（Bajo）的渔村居民直到最近仍习惯住高脚屋，那些房子与海岸有段距离，设有高出海面的栈道，犹如挤在一块儿的长脚蜘蛛。萨拉坎是邦盖群岛县的新首府，我在那儿的一家民宿认识了巴乔渔夫朱奈迪爸爸，他邀我去他家过夜。朱奈迪爸爸住在波比西村，为了替该村争取新码头，特地跑去萨拉坎递交请愿书，当时正准备打道回府。

巴乔的高脚屋居民被地方政府视为"海上吉普赛人"，2000年的一场海啸，冲走了该岛大部分的离岸渔民小区，于是政府强迫居民搬到岸上。朱奈迪爸爸的海上高脚屋，设有一条与陆地相连的宽阔木栈道，房子后面是兼作厨房的走廊。远处地板有个长方形的洞，前面遮着一块旧竹席充当茅厕，蹲在那儿可以欣赏美得令人窒息的蓝绿色海湾以及搜寻虾蟹的小孩划着独木舟在海湾内来来去去的景象。

我和朱奈迪爸爸坐在厨房的长凳上眺望大海时，一名青年乘着一艘破旧的独木舟朝我们前方的一座海上茅屋划过去，接着就爬上阶梯开始拆房子。我问朱奈迪爸爸那家伙想干什么，朱奈迪爸爸说："搬家。"这位青年是那间房子的屋主，当他拆除所有组件后，会把整间屋子从高脚木桩上抬起来，然后用独木舟拖到新居住地。

傍晚我帮忙朱奈迪的老婆谷茹妈妈准备晚餐的时候，她指派我坐到椰子刨丝器前面。那工具装在一个离地板仅五公分高的长方形小凳子上，前端有根向上弯的金属杆，末端是个布满锯齿的圆球。

我的工作是跨开大腿蹲在小凳子上，然后用双腿夹住上方的圆球，将半颗椰子刨成丝，直到香喷喷的椰肉一丝丝地落在我的双脚间叠成一摞为止。接下来，谷茹妈妈剥洋葱、剁大蒜，我把洋葱、大蒜、辣椒和青柠汁捣在一块儿，做成烤鱼用的参巴酱（sambal）[1]。印尼人常使用一种带钩的研磨棒，顺着石钵的凹面把酱料捣匀，但我一向不太擅长拿这种工具，捣出来的参巴酱总有一堆看相不佳的疙瘩，于是我提议跟谷茹妈妈交换位置，改由她来磨酱料，但她立刻露出受到惊吓的表情，因为当地人迷信谁要是吃了中途换手制作的参巴酱，就会有莫名其妙的灾祸上身。

晚餐过后，担任教师的谷茹妈妈为了向我证明她是正式而非挂名公务员，便拿出教师工会卡给我看。所谓"挂名"者是指通常不具老师资格、由地方指派的约聘教师，虽然他们占教员总额三分之一左右，但在印尼人看来不算正牌老师。由于他们不是公务员，因此无法享有终生教职和保障津贴。在波比西村任职的女校长和四位主要教师皆为正式公务员，其他五位老师则属挂名公务员。印尼每所拥有一百二十名学生的学校，平均聘用十位老师。

翌日清晨6点半左右，谷茹妈妈站在一大锅热油前面做早餐，一见小儿子穿着校服走进来，便交代他不要迟到（印尼全国小学规定早上7点开始上课）。接着，一位邻居走进来话家常，谷茹妈妈在油锅里多放了几片香蕉叶，并端出另一杯咖啡待客。这时已经6点50，她尚未梳洗着装。到了7点15分左右，我问她波比西村的学校究竟是几点开始上课，她不好意思地用手指了指我、那位邻居，还有那些油炸香蕉叶说："没关系，大家都知道我有客人。"

1　参巴酱，印度、马来西亚、新加坡、印度尼西亚等地常用调味品，类似辣椒酱，有时掺入小鱼干和虾米。

言下之意是我害她没去上班吧。我问她，我能不能跟她去学校，说不定还能帮她上上英文课？她当下如释重负地匆匆梳洗一番就出门。我们到校的时间是7点半。

校园里一片混乱，全校一百二十名学生到处跑来跑去，开心地放声尖叫。学校每日授课五小时，刚开始半个钟头，一个老师也没出现。谷茹妈妈去办公室拿了根棒子交给一名学童，他神气活现地握着棒子敲响一只铃铛。孩子们听从老师指令在瞬间依班级排好队伍，一位小朋友跨步向前喊口令，每位同学立即抬头挺胸。谷茹妈妈向他们道了声早安，学生们有礼貌地齐声回应，一名女生带领全校合唱了一首颂扬国旗的爱国歌。

我帮忙教四班和六班的英文课，谷茹妈妈亲自带一班的课，并指示二、三、五班（学生年龄分别是七岁、八岁、十岁）进他们的教室温习课本，"直到你们的老师来为止"。那些孩子乖乖走进教室，可老师们始终没来。

由于校舍不足，无法容纳全校六个班级，校方就用三夹板把每间教室隔成两半。我面对着三十来个年纪不满十二岁、全数挤在半间教室里的小毛头说："大家早！"孩子们中气十足地回答："老师早！"我指着坐我附近的一个年龄较大的男生，用英文问他："我是伊丽莎白，你叫什么名字？"他已经学了三年英文，却答不出这个简单的问题。其他孩子赶快转移目光，生怕我叫到他们，不过我很高兴看到一个女生举手，然后故意指着前排一个男生问这小女生："他叫什么名字？"她自鸣得意地宣布："我叫菲菲。"

谷茹妈妈已打电话通知校长学校有访客，校长在早上九点半现身后，就请我去她办公室坐。办公室里光线阴暗，一座书架顶端（好奇心重的孩子绝对够不着那儿）摆着三颗大地球仪，每颗都小心仔细地包在塑料袋里。架上还有一男一女两具人体解剖模型（也都包在泡泡塑胶纸里），和一堆用卷轴卷起来从未展开过的地图挂件。女校长解释，她的职责不在教书，只管行政。"不过有时候我还得授课，我们的教员实在太少了，你能怎么办？"她叹息道。

印尼人之所以迷恋公职，或许是 20 世纪 60 年代中期经济动荡与恶性通货膨胀引起的后遗症。那时公务员薪水虽低，但至少不缺生活必需品，例如政府配给的米、油、糖。当印尼贫民只能穿着粗麻衣上市场时，政府照样能为公务员供应制服，这或许就是印尼人迄今仍对制服抱有狂热的原因。印尼人的确酷爱各种制服，公务员甚至部长和县长每日必着制服，大多数中央政府机构容许员工在星期五穿正式蜡染衬衫，有些地方政府还会要求员工每周穿一次传统服亮相。全国公务员一律佩戴黑底白字、刻着姓名的塑料工作证，外加一小枚代表工作单位的金色徽章。

有头有脸的大人物会依场合更换制服，我和钻研东南亚政治的英国学者迈克尔·比勒（Michael Buehler）聊起印尼的制服狂热时，他说："在系列竞选活动中，地方政客换衣服的频率，比美国流行乐坛天后麦当娜（Madonna）开演唱会的更衣次数还高。南苏拉威西省长早上是大官，中午是童子军，下午是虔诚的穆斯林，晚上又变成商人。"他就是单纯地投在场的选民群体所好。

印尼公务员制服大都是死气沉沉的浅褐色、橄榄绿或蓝色，衣服上会绣着两个颜色醒目的标志，一个代表政府单位，一个代表任职部门。这些标志已成为印尼一大特色，并且被国内诸多政党、企业、伟士牌（Vespa）[1] 摩托车骑士俱乐部复制。连某些登记在案的恐怖

1　伟士牌，为意大利知名摩托车厂牌，1946 年开始生产小巧轻便、外形简单的踏板式摩托车，印尼因其价格实惠而大量进口，深受民众喜爱。——译注

分子集团，也会绣上强调其身份的醒目徽章。相偕前往麦加朝圣的同村居民会穿同样的服装，参加婚礼的家庭也会着相同的装扮，不只伴娘如此，新郎新娘双方家长、手足以及兄弟姐妹的配偶和子女，也即整个宗族无一例外。

20 世纪 60 年代的印尼，形同大批公务员组成的福利国家，那时公务员薪水寒酸，也无心认真工作，只要能利用职务之便从别人身上捞一些油水就心满意足。如今的印尼人虽然较容易通过合法手段提高收入，不过揩油心态未曾改变。某位任职于农业部的官员曾告诉我：“我每个月底薪是五百万卢比。”当时他正好下榻我所入住的宾馆，而他前来当地开一小时的会议，起码要花掉五天的差旅费，“连同所有津贴算下来，我每个月至少可以拿一千万卢比回家，这里面还不包括我能捞到的一点‘额外收入’”。他并未具体说明“额外收入”有哪些，但根据我在卫生部的观察，这部分收入可能包括采购计算机的回扣、巧立名目的训练讲习会支出等。

印尼公务员所有的额外收入，都是长官赐予的礼物。换言之，政府部门犹若一个庞大的宗族，或者有如一座上下共谋其利的利益输送金字塔。那些长官往往以家长自居，把部属当子女看待。

我在印尼卫生部任职时，总是讶异地看到与我共事的中层主管精打细算地搜刮同僚或属下合法取得的额外收入，来源包括出席专家座谈会、海外出差、筹办多项会议等。他们殚精竭虑地确保每个“子女”（即属下）都有取得额外收入的公平机会，因此某些训练课程之所以无人缺席，是因为轮到某些属下参加，并非课程主题与他们的工作相关。从另一方面来看，这么做也符合平等原则，是传统庆典礼物分配法——给这人一块猪肝、给那人一个猪鼻——的现代范例。长官决定分给属下哪些好处后，受惠者从来不会察觉长官自己口袋里的钞票是否塞得太满。

印尼只有小部分公职是依考试结果录用，大部分的公职则是可以买卖的，官价最高的职位都在公共工程部之类的"湿"部门以及每年主掌穆斯林麦加朝圣活动的宗教部，这些单位可从各种计划或服务中抽取大量油水。即使像卫生部这种"干"部门，也有办法暗中向低层员工搜刮两年的底薪，其结果是制造了一堆昏庸无能的官僚。某位掌管"国家机关"的部长最近表示，印尼全国四百七十万名公务员当中，95％欠缺必备的工作技能[1]。

官僚体制导致人民怨声载道，许多新县市的居民却无能为力，因为既得利益者太多。我在印尼待过的每个家庭二等亲以内的成员，都跟官僚体系有所牵连，那些成员包括：敲着铁罐驱赶野鸟的西苏门答腊稻农、每天工作九小时还得赶回家做饭的爪哇养老院杂工、住在高脚屋的朱奈迪爸爸，当然还有欧霍伊威特村的丘毕爸爸及其家人。

欧霍伊威特（Ohoiwait）是个欢度圣诞节的好地方，村民亲切好客，整个村子弥漫着浓厚的温暖气息。不过，庆祝圣诞节也挺累人的，必须出席各种教会仪式和典礼，于是我决定善待一下自己，去班达岛过新年。班达岛是个小型观光胜地，海上有迷人的珊瑚礁，岛上有几座碉堡和大炮，还有一座火山。在这里会遇到其他外国人，可以用英文聊天，而且民宿主人不会一大早六点钟就把其他村民喊过来，看我喝不加糖的咖啡（他们说那是"空咖啡"）。

从图阿尔北岸启程的培尼渡轮非但误点十八个小时，还比预定航行时间（四十四个小时）多花了几个钟点才开到班达。下船地点离我住的民宿不远，走路就可以到。民宿有个正对着阿比火

1　此数字不包括全国四十六万五千名军人以及四十一万两千名警察。

山（Gunung Api）的舒适露台，第一天傍晚只有我一名房客。我独自坐在露台欣赏这座朦胧地矗立于海面的火山，在落日余晖的照拂下，林木蓊郁的山坡渐次变成透明的绿色。一抹薄雾慵懒地挂在山前，一名渔夫划着橄榄树干雕凿而成的独木舟静悄悄地从我眼前漂过去，在倒映着火山的平静水面荡起小小的涟漪。值此风平浪静的时刻，我却想起眼前这座火山曾为当地带来严重破坏。

阿比火山最近一次灾情惨重的喷发，发生于 1988 年。那之后的第二年我去了一趟班达岛，犹记得我在火山下方的小海湾游泳时，水温愈来愈热，自海底火山口涌上来的气体，将海水变成一大缸热乎乎的盐水。每次地牛发威，就给当地带来地震、海啸和岩浆。一百五十年前，英国博物学家华莱士曾撰文叙述更严重的火山爆发活动，并且提到班达岛几乎每年总会出现一次地震，每隔几个寒暑又会发生更严重的灾难将房子震垮，把停在港口的所有船只甩到街上[1]。

我住的民宿靠近市区码头，那儿停放了许多开往周边各岛的小型水上巴士。我打算渡海前往能看到大面积肉豆蔻园的隆瑟岛（Lonthor），于是对着船夫们隔空喊话：“有没有去隆瑟岛的船班？”

他们扯着嗓门响应：“当然有！”我又喊道：“你们什么时候开船？”他们回答：“客满就开！”

几个小时过后，我漫步在一片橄榄树林中，那些大树的支柱根个个长得比我头顶还高，下方是一层比较低矮的灌木，树上垂挂着一种形似黄色小桃、硬如台球的果实。有些果实裂了一道开口，露出深红色的网状豆蔻碎壳和肉豆蔻皮，摘一颗果实可取得两种香料。新鲜肉豆蔻的果皮光滑柔韧，干燥后可碾压成深橘色的碎屑，是制作浓汤、咖喱、圣诞饼干的上好调味料。果皮包覆着薄薄一层易碎

---

1 引自 Wallace, *The Malay Archipelago*, Vol. 1, Chapter XIX. ——原注

的内壳，里头就是带有皱褶的肉豆蔻果仁，目前主要用途是作可口可乐神奇配方的原料。当地居民光脚走在林间，一见掉落在地上的橄榄果实，就用岔裂的棍子戳起来放进他们背在身后的藤篮。林中静谧祥和，不过老是有一群嗡嗡乱叫的蚊子攻击我的脚踝，我赶紧逃到一块空地，暴露在一口老旧石井前方白晃晃的正午阳光下。

"喝水呀！"一名个头矮小的男人笑容可掬地对我说。他挑着一根竹扁担颠呀颠地穿过豆蔻园的窄路走过来，担子上晃着两大篮肉豆蔻。我问："井里的水好喝吗？"小个儿男说："当然好喝，这可是一口圣井！井水只有在快要干掉的时候才不好喝。"我发现井内蓄满清澈的水，于是喝下了几口甘泉。

我们站在半山腰眺望着看似虚无缥缈、坐落在小岛中央、激烈撼动过周遭世界的阿比火山之际，我对小个儿男提起二十三年前我曾到过班达岛，那时这座火山刚爆发没多久。"对，这口圣井的水在 1988 年干过一次。"他解释井水干涸是灾难将临的警讯，过了一会儿又说："其实，1998 年井水也干过一次，紧接着冲突就发生了。"他提到的"冲突"，是指一场造成数千人丧命的班达群岛宗教代理战争[1]。我有些惊讶：圣井不但能预告天灾，还能预告人祸。但这也说得过去：在印尼，自然与人密不可分。

接着，小个儿男邀请我去看他的 kebun。这个词有几个含意，我以为他可能是指某个院子或农场，结果发现是他在树林中围出来、面积接近足球场大的一块农地，里面有座肉豆蔻苗圃、几株果实累累的成树，还有一棵树干连遭劈砍、几乎看不见果子的大树。小个儿男笑着说："那棵树是公的，结的果实不多，但可以让母树多生

1　代理战争是利用第三方（如其他国家的军队、民兵或佣兵）代替己方出征，以不引起全面战争为前提打击对手。——译注

些果子出来，就跟人一样。"他拿起长刀砍进公树的树干，一见树干流出深红色的汁液又说了一遍："就跟人一样。"

那天傍晚我回到民宿时，露台宝座已被某位带着一罐冰啤酒在看书的白种男人占用。我有点紧张。在过去的数月里，曾有这样的场景——我在沙子里小便，用手背擦鼻子，就着削铅笔刀吃芒果，并无时无刻不在思考如何在下一站保住在渡轮上的位置——这让我变得有点野。

我靠近他。"你在读什么书？"我问，作为开场白。

他把书翻过来让我瞧了瞧封面，书名叫《妓女的智慧》(*The Wisdom of Whores*)。他大概是见我一脸震惊的表情，于是赶忙声明："不是你想的那样。"长长的沉默。我又问："你喜欢这本书吗？"听到他说："这本书其实很精彩。"我才松了口气向他承认我就是作者。他看看我，看看作者照片，又看看我，震惊程度似乎不亚于我乍见他那一刻。

这家民宿有如小型联合国：读我那本书的人名叫约翰，是雅加达一所韩侨学校的英文老师。除了他之外，民宿里还住了一对提前退休、精通潜水的加拿大夫妻，一名认为殖民行为是人类天性的瑞典人，两名老在谈钱的庸俗芬兰背包客，一对性格开朗、惊讶地发现班达岛历史故事有别于他们童年所学的荷兰情侣，还有一个几杯啤酒下肚就胡言乱语的德国人。跨年夜当天，小联合国出现最后两名成员：一位看起来傻乎乎、说话带上流社会英国腔的富二代金发女郎和她的健壮情人。金发女郎穿着一件胸口极低的细肩带白色超短紧身洋装，打算去参加在艾比萨岛（Ibiza）举行的海滩舞会。那装扮很适合她在黄昏时分贴着男友坐在民宿露台上，不过当她在午夜街头派对里多喝了几杯而趴在警察身上时，那身打扮可就不堪入目了。

　　1月2日这一天，民宿的房客陷入一片惊慌，因为大家听说预计飞离班达群岛的所有航班统统被取消，他们必须等候下一班培尼渡轮靠岸，才能耗费十个小时返回省会安汶。

　　其实，那些航班并非真的被取消，只是误点而已。所有飞往班达的航班一律由当地省政府补贴、包租，希望借提供廉价交通来讨好选民。省政府每六个月更新一次包机招标作业，而且上个租约到期以前，拒不受理新申请案，因此班达群岛每年总会遇到两次连续数周无机可搭的情况。这段青黄不接的时期，正巧碰上旅游旺季来临的12月和1月初。

　　有些岛民认为，这是省会安汶破坏班达观光业的阴谋，一位拥有数家观光民宿的女主人说："安汶政府忌妒我们，他们讨厌观光客只在安汶待几天，就跑来班达度假一星期。"

　　我问一位机票代理商，他是否认为有人故意打断航行服务？他一笑置之地说："事情没那么复杂。"我又问，那省政府为何不提早六个星期展开招标作业？"这就是我们亲爱的国家的官僚作风。"原来如此。

第七章

大地之母的宠儿

我在破晓前抵达北马鲁古省的省会特尔纳特市后，便坐在一个路边摊前喝杯研磨咖啡等天亮。晨光渐次洒向这个热带岛屿，加马拉马山（Mount Gamalama）呈现灰蒙蒙的轮廓。这座火山组成特尔纳特岛大部分的地形，再过片刻就会展露清晰翠绿的面貌。耀眼的太阳自火山后方跳了出来，坐落在火山东南方的特尔纳特市霎时充满朝气。

加马拉马火山也损害了特尔纳特岛对财富的创造（盛产丁香）。2011 年 12 月（我抵达当地前一个月），山顶喷发大量火山灰，数星期后的几场暴雨，把山坡上厚厚一层火山灰变成一条黑泥河，冷却的岩浆不断聚集能量形成泥石流，夹带的岩石有些宽达四米，推倒了所经过的一切，摧毁了八十栋民宅和三条人命。

我前往受创最重的灾区一探究竟，看见一名男子正在房前铲泥巴，让遭到掩埋的窗户重见天日。他老婆请我进门后，为无法请我喝杯茶而道歉。我发现泥石流冲垮了屋后的石膏墙，还剩三面墙的破屋看起来像是抹上泥浆的建筑模型。

图 F: 苏拉威西岛南部、布敦岛

图 G: 哈马黑拉岛（北马鲁古省）

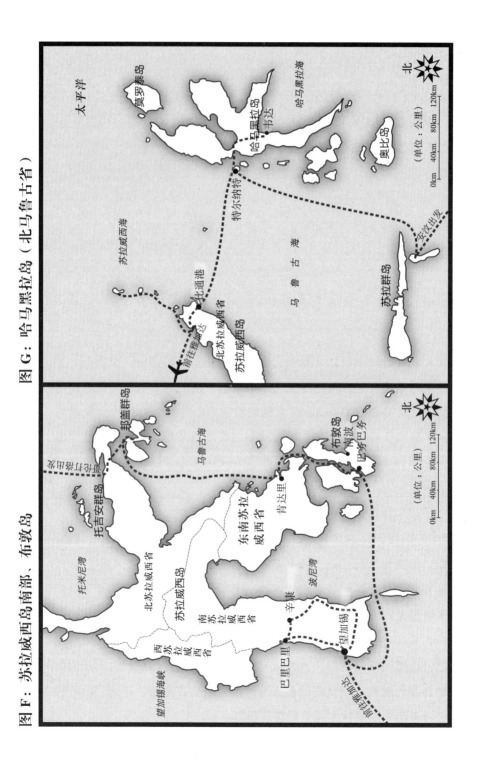

　　特尔纳特岛的山坡地属高风险禁建区，奇货可居的平地则拼命盖房子，请我进门的女士希望政府把她家迁往较安全的地点。

　　等待新建案期间，这家人暂时在技术训练中心栖身。泥石流灾情爆发之初，这里曾涌入四千名难民；危机逐渐解除后，军队陆续铲除了残余房屋的泥巴。如今训练中心还滞留了三百人左右，他们一起住在会议厅，用叠高的硬纸箱、小孩的脚踏车、晾着校服的麻绳以及泥石流侵袭后仅存的生活物品分隔地盘，大家似乎只能逆来顺受。爱冒险的孩子们最开心，因为可以使用隔壁幼儿园的秋千和跷跷板。

　　训练中心似乎在举办小型派对，我循着音乐走过去，发现一座充当厨房的军用帆布篷，里面有位救灾志愿者拿着一柄不锈钢园艺铲，将一大锅米饭分别盛进各家人的饭碗，其他志愿者则从一个塑料盆里夹出炸鱼块，又从一口大缸里舀一匙蔬菜汤，浇在每个人的米饭上。

　　用餐结束后，厨房变成临时舞厅，居民（大多为男性）随着响亮的当嘟乐（dangdut）节奏跳起屈膝、翘臀、扭腕的舞蹈。当嘟乐是印尼的一种流行音乐，结合一点印度曲风，并以传统乐器甘丹鼓（gendang）敲出当—嘟、当—嘟的节奏，堪称宝莱坞与家庭音乐的大杂烩。

　　接着，有人带着一堆形似超大手榴弹的榴莲抵达现场，大家随即清空地板，开始扒开果皮吃起来。印尼的飞机或高档旅馆一律禁带榴莲，因为那臭味会通过空调系统飘散至各角落。我始终无法接受榴莲味，主要因为它会停留在口腔上方，让人挥不去又滑又油又腻的感觉。此时此刻，居民们却抢着请我品尝他们视为人间美味的水果，还一语双关地说："这里，这里，吃我的！我的比他的甜！"

　　我搭乘志愿者组长的便车返回民宿的路上，他抬头望了望笼罩在火山顶的乌云层，忧心地摇着头说："那里会下一场大暴雨，明天我们就得提供饭菜给更多难民了。"

火山的确常给这些岛屿带来灾害，不过大量喷发的火山灰，却形成最富饶的土壤。印尼群岛总计有一百二十七座活火山，从苏门答腊延伸至爪哇岛的一系列火山，为当地孕育了产量甚丰的稻田，许多农民每年可种三期稻米（土壤较不肥沃的地区只有一期），还能生产大量蔬菜水果。火山群绕过婆罗洲，从南边画出一个大弧形之后，便通过马鲁古省数百座小岛，然后分布至苏拉威西岛北端。印尼东方海域诸多小岛（尤其是班达岛和特尔纳特岛）的火山灰在海风经年累月吹拂之下，不断飘落在山坡上累积成适合种植香料的沃土。

全球火山监测系统可监测到超过半数的活火山现况，某座火山的大喷发活动，有时会惊醒其他沉睡中的同伴，例如苏门答腊的西纳彭火山自 1881 年以来长期处于休眠状态，2010 年突然苏醒过来，这个睡美人效应可能是六年前海底火山喷发引起的慢速反应。那一次的喷发活动铸成 2004 年 12 月 26 日的南亚大海啸，导致十七万名印尼人罹难，大多数死者为亚齐省居民，迄今仍影响着当地人的生活与行为。

2012 年 4 月，我在亚齐省高地旅游之际，不断接获来自雅加达、松巴岛甚至远从巴布亚省而来的手机短信，朋友们频频问道："你在哪儿？""你还好吗？"当时我正搭乘小巴士沿着一条颠簸的山路前往塔肯贡（Takengon），不明白为什么每个人都站在街上，一则来自新加坡的短信为我揭晓了答案："亚齐省发生大地震，预估二十分钟内会有海啸。"

我在二十分钟内来到塔肯贡一家相当豪华的旅馆，旅馆里的房客、员工还有从街上走进来的路人，全都黏在电视机前观看灾情转播，记者报道地震规模达里氏 8.6 级。位于海边的亚齐省会班达亚齐刚从 2004 年的震灾中重新站起来，我们却从电视画面上看到当地居民有的尖叫逃跑，有的跨上摩托车或开着汽车慌忙冲向地势较高处。大伙儿正看得聚精会神，头顶上的大吊灯突然颤抖了几下便剧烈摇晃起来。人人都不敢作声，面面相觑了好一会儿，接着有人说："地震又来了！"众人赶紧三步并作两步地冲出旅馆，外头正下着大雨。

第二波地震的振幅比半小时前来得大，我的牙齿跟着抖动的窗户一起格格打战，胸口开始砰砰乱跳。旅馆一名女接待员紧抓着我的手臂，捏得我整条胳臂都麻木了。地震停止的时候，我们已被冷飕飕的山雨淋得全身湿透。我余悸犹存，但手臂依然被牢牢抓着。那接待员虽然吓得面无血色、膝盖发软，却始终不肯坐下来，也不想回室内避雨，只是不停地在嘴里低声叨念着"创伤"这个词。后来她告诉我，她的母亲、一个弟弟和两个妹妹，全被 2004 年的海啸卷走了，那次灾难过后，她就搬到这座高地，为的是赶走伤心回忆，不再触景生情。

地震的来临可能会在瞬间夺走你现有的一切、改变你未来的命运。有能力的人可以往城市搬迁，住在不会漏水又有空调的房子里，避开地质灾害威胁，但是印尼还有数百万人口只能住在地震活动频繁的地区，过一天算一天。

印尼大地之母虽然破坏力不小，但也十分多产。马鲁古省会安汶市的数学教授艾迪斯曾告诉我："马鲁古省的居民被大地宠坏了，因为这里盛产香料，让居民轻松致富，而且土地很多，海里也有捉不完的鱼。"

我无从得知当印尼人看到今日的人类面对气候变迁与海陆资源

的态度后，是否会明白他们的行为（懒散、浪费、不懂得未雨绸缪）有多么跟不上时代。换个角度来看，发达国家居民的行为恐怕才是不合时宜的，那些高收入者（多半是住在寒带的白种人）或许是为了弥补其先人对他国子民（大都是住在热带的黄种人）犯下的罪过，才开始珍惜地球资源。他们提出"土地富饶会把人民变懒"的论点，多少带有种族歧视、以偏概全的意味。不过，我也常听印尼人说："大地之母把我们宠坏了。"

马鲁古省和巴布亚省的主食是西米，这是将某种棕榈树的树心（木髓部）刮下来之后加工而成的淀粉粒，可以烤成煎饼或者做成酱料。我觉得那种煎饼尝起来很像干纸板，1579年来过马鲁古群岛的英国探险家德瑞克则形容西米露的味道像酸奶。不过西米是当地居民主要热量来源，一个家庭大约花四天的工夫完成砍树、刮心、洗涤、晒干等工作，即可获得足以喂饱全家一整年的西米。"这里的居民从来不懂得深谋远虑，大家都很懒惰。"艾迪斯说。

虽然印尼的土地面积在世界排名中仅占第十五位，其棕榈油、橡胶、稻米、咖啡、可可、椰子、树薯、四季豆、木瓜、肉桂、丁香、肉豆蔻、胡椒以及香草的产量却名列全球第三，茶叶、烟草、玉米、花生、鳄梨、香蕉、卷心菜、腰果、辣椒、黄瓜、生姜、菠萝、芒果、地瓜和南瓜的产量则排在前十名，同时也是全球第十大林木生产国，海洋与河川渔获量仅次于中国。

印尼的地壳底下还蕴藏着其他财富，除了坐拥大量天然气，巴布亚省的格拉斯堡（Grasberg）矿场还有全球最大金矿，每天更固定生产铜矿。印尼也是世界第二大（排在中国之后）的锡、煤生产国以及这两种矿产最大出口国。此外印尼还盛产铝矾土（可提炼铝）和镍，产量排名世界第二（仅次于俄罗斯），出口量依然为世界之最。这个国家甚至能直接从地上挖出沥青来。

　　我住在巴乔渔夫朱奈迪爸爸家的时候，认识了一位龙虾养殖人，他向我透露，他哥哥多达在苏拉威西岛附近的布敦岛经营一座沥青矿场。嗯？我一直以为沥青是从石油提炼出来的副产品（即人造沥青）！"不，不，沥青是从地上挖出来的，我哥会带你去矿场瞧瞧。"后来我从相关资料得知，印尼是天然沥青最大生产国之一，布敦岛则是印尼最大沥青产地，我还看到印尼布敦沥青公司（Buton Asphalt Indonesia）得意地在网站上张贴了几张公路照片，那些平滑得像一级方程式赛车跑道的公路一看便知是在中国，令人印象深刻。我查阅地图时发现，多达的矿场所在地并未被标示出来，不过大约抓出了它的位置是在七十五公里之外，尽管距离相当远，我还是打算骑着我在巴务巴务市（Buabua）租来的小摩托车前去一日游。

　　"你不能骑车过来，路况太糟了！"多达在电话上告诉我。以前住在道路平整的爪哇时，我从来不把这种劝告当一回事，也不用担心会遇到泥巴路。不过在印尼东部诸岛闲晃了几个月后，我已经非常了解"路况很糟"代表什么意思：道路不是无法通行，就是根本不存在。于是我前往巴士站询问是否有班车开往南波（Nambo，是最靠近沥青矿场的城市），但每个人都摇头说："现在已经没人想跑那条路线，路况糟透了。"最后我只好租了一辆汽车（在印尼旅游期间，我只租过这么一次车），还雇了一位司机。

　　司机是个留着朋克头的二十岁小伙子，他负责握方向盘，我只管看风景。车子经过一个拥有棋盘格稻田和几座印度庙的美丽村落时，朋克小子形容那是个"血统纯正的巴厘村"，自20世纪60年代起便成为越区移民据点之一。那些印度庙完全仿照巴厘岛红砖庙的形制，以煤渣砖砌成，村落周边的房子都是五颜六色的高脚木屋，村子里的房子则是盖在地面的水泥屋，前方的道路张贴着布敦县长候选人竞选海报，还有头上顶着高高一摞水果的巴厘岛美少女图。

我们从巴务巴务市行驶了十公里后，柏油路面突然裂成令人心惊胆战的几大块。再往前开去，马路竟变成了小溪。车子涉水穿过一片幽暗的森林时，朋克小子掏出一支丁香烟，看了我一眼，又把烟塞回口袋。游走印尼这几个月来，我早已习惯别人不征求我同意就在我面前点烟（巴士乘客都这样），于是请他自便。他立刻抓起一根烟迫不及待地点起来，我笑着说："哇，你真是不来一根不行了！""小姐，不是这样。我拿烟出来是因为这附近有恶鬼，烟味能把它们赶跑。"说时迟那时快，一头野猪突然冲到我们前面，朋克小子险些把车撞进树丛。

路上的小溪终于干了，但泥巴还未干，车子开始打滑。我们起先觉得很好玩，但还是不敢掉以轻心，朋克小子始终紧握着方向盘。快到目的地时，眼前的道路突然变平坦了，路面既没有柏油，也没有泥巴。我下车查看了一下，发现脚下的路面踩起来软绵绵的，感觉像是儿童游乐场里的橡胶防滑垫。原来我们已经把车子开到天然沥青上面，这些地表上的沥青被不断从矿场开出来的重型卡车压成了马路。

矿场经理多达曾在卢武克（位于中苏拉威西省）的一所伊斯兰大学攻读政治传播学，毕业后因运气不佳，未能谋得梦寐以求的公职，但也不想无所事事，于是在老家的沥青矿场接下一份工作。多达带我前往山坡上的矿场参观，矿场的地面看起来像一大块破碎的花岗岩，但踩起来也是软绵绵的。我捡起一块灰色的矿物把它撕开后，它流出又黑又黏的液体，还散发出施工道路的味道。我徒手挖出了沥青。

我对一般矿场的印象是，内部有许多坑道、支柱、熔炉、铁轨，还有全身脏兮兮的矿工，那些矿工仿佛在蚁丘内爬行的蚂蚁，不断从肠子一般的地下坑道进进出出。布敦岛的矿场景象和一般矿场相差无几，我看见三名矿工坐在一块可遮阳避雨的蓝色防水布下抽烟，两台黄色挖掘机闲置在一大片沥青上，矿工们只要发动机器，将挖掘机定位，挖起地上沥青，然后倒进卡车，就完成该做的工作了，可是他们却闲着没事干。

我用调侃的口气问多达："他们在休息吗？"不，是挖掘机的柴油用光了，没办法发动。我乍然想起昨天在一个渔船加油站，听到大家都在讨论效率低下的燃油运输制度，不过这些矿工没事干，并非因为柴油迟迟没运到，多达笑着说："他们只是忘了叫货，大家得再等十天，柴油才会送来。这种情况常发生，我们印尼人不太擅长先把事情规划好。"

忘记叫货其实没什么大不了，麻烦事还在后头。我参观布敦矿场时，当地的沥青采矿活动已逐渐陷入停摆状态，因为政府可能明令禁止出口未加工矿砂及矿物。按法律规定，该禁令必须等到2014年1月才生效，后来雅加达的矿产与能源部改变初衷，忽然在2012年2月宣布，采矿公司须在三个月内提交完整矿物及矿砂加工计划，若是未能如期交出，就得不到出口许可。

我参观布敦矿场那天，该消息已经发布。当时大家都不知道矿场是否能取得出口许可，也没有人清楚相关规定是否涵盖沥青，以及处理程序有哪些。多达经营的矿业公司要求矿工把他们从地面挖起来的大块沥青敲碎，然后将小块沥青装进麻袋，"我们认为那样就是半加工成品了，应该可以过关"。但他们既不确定，也很难查证，因为矿产与能源部曾经将新规定张贴于网站，却又在同一天紧急撤下。照理说，"增设加工处理机"可提高出口矿物附加价值、为印尼人创造就业，不过多达已把按日计酬的矿场零工全数解聘，少数正式矿工则被调去缝麻袋，"可是这段期间我们照样得继续付他们工钱，所以必须及早知道接下来会有什么状况"。

六个月后，最高法院废除了这条差点生效的出口禁令。又过一个月后，宪法法庭也做出裁决，将矿产与能源部试图为中央政府夺回的若干权利交还给县市政府。而矿产与能源部在两天前又颁布一道造成混乱的规定，要求外商采矿公司将他们在印尼投资公司一半的股份卖给印尼企业。

这条规定宣布后，引起几家最大的外商投资公司不满，印尼两大部门立即出面澄清事实。矿产与能源部部长说，我们已决定暂缓实施该规定。经济行政部部长则在同一天表示，我们并未做出该项决定。

沥青可创造大量税收和矿区土地使用费，未来收益可能十分庞大——布敦矿场的储藏量估计达三十六亿吨，依黑市现价计算，值三千六百亿美元。从我们抵达矿场那条路的路况来判断，这笔钱用于地方基础建设的部分显然不多。

多达和我往海边走去，我看到岸边堆着一座重达五万吨、等着送出港的未加工沥青山。后方有十来个穿着毛边牛仔裤和破T恤的年轻人，不断把从河里捞来的石头倒进许多小木槽，并搅动石头，将它们压进生锈的钢筋和板模中间。他们正在给未来的新码头起造骨架，码头是为了促进出口而增建。

沥青山的前方，有块布告板上贴了张加拿大班夫湖松林密布的湖畔风景照，并且用中文（每个字有一英尺高）写着"欢迎参观沥青矿场"，还提供了一个手机号码。无论印尼是否禁止出口矿物，一艘货轮已预定在当天晚上将海边那堆沥青运往中国。一名蹲在沥青山上的小伙子解释："他们在禁令宣布以前就拿到出口许可了，只是因为其他行政问题才耽搁了一点出航时间，他们一直巴不得码头能早日完工。"

当地人似乎有点异想天开，以为在这个偏僻角落建一座专用港就可以繁荣地方经济。不过我在旅途中也遇到过其他类似情况，北马鲁古省的哈马黑拉岛（Halmahera）即为一例。

　　我常和印尼渡轮的同船乘客交换手机号码，各奔东西后仍会约在某个港口见面。例如我造访特尔纳特岛时，就有一位在船上认识的工程师曾邀我去海边享用烤鱼大餐，当时隔壁坐着一名颧骨很高、脸颊宽阔、长得像鸟的男士，那是哈马黑拉岛少数原住民的五官特征。当我们聊到附近岛屿不同的优点时，这位名叫皮特的男士就直接插话，说起哈马黑拉岛与雷里雷夫村（皮特的故乡）以及该村附近小镇韦达的故事。

　　韦达镇位于马鲁古省边陲地带，我对当地所知有限，仅在某个旅游网站上看到一行文字形容当地“是个只有泥巴路的破村子”。不过皮特爸爸说，韦达镇是中哈马黑拉县的县政府所在地，“非常繁荣”。现在最适合去当地瞧瞧，因为县长的双胞胎女儿要出嫁了，“每个大人物都会去那儿”。

　　哈马黑拉岛紧临特尔纳特岛。就地理位置而言，是北马鲁古省的主要岛屿，形状像只趴在海上的胖蜘蛛，但以政治地位而论，则长期备受忽视，与小小的特尔纳特岛相形见绌。1989年我初访哈马黑拉岛时，当地仍属印尼开发最少的地区。我曾在夜晚拦下一辆军用吉普车（当地除牛车之外，似乎没有别种交通工具），搭着它穿越岛上一座茂密的森林，看到林中有一棵树被数百只闪着淡绿光芒的萤火虫照得晶亮耀眼。四百多年前，这番奇景也曾让英国探险家德瑞克留下深刻印象，做了以下描述：

　　　　夜来漫步于林间，但见无数恍若仙子之小虫飞舞于空中，其身如蝇，通体有光。林内枝丫酷似明烛，流萤飞处宛若灿星。[1]

那片夜间森林确实有如灿烂星球般令人叹为观止，不过当白天来临后，岛上景观便不再引人入胜，你会看到二次世界大战留下的生锈坦克车被弃置在哈马黑拉岛美丽的海滩上。日本曾派大军驻守此岛，美国麦克阿瑟将军决定以隔壁的莫罗泰岛（Morotai）作为太平洋战争的作战基地后，日军曾于1944年年底采取反攻行动。

1989年我造访哈马黑拉岛时，只对当地的萤火虫、坦克车和牛车留有印象。二十三年后的今天，该岛已被分割成几个县，因发现镍矿而发迹。皮特爸爸叙述了雷里雷夫村的转型过程：那里原本是个环境脏乱的小村，只有一堆棕榈屋和辍学生，后来因规模庞大的外资企业韦达湾镍公司（Weda Bay Nickel）在当地采矿而繁荣起来。皮特爸爸说，如今韦达镇已经摇身变成盖满两层楼房的市镇，一路上车水马龙，年轻人都去爪哇读大学。大型外国采矿公司成为一个发展故事的英雄，这种事情可不常听说。我决定先参加县长女儿的婚礼再拜访矿场。

我抵达哈马黑拉岛的港口之后，没瞧见任何牛车或军用吉普车，只看到各式新潮的休旅车，就像停放在伦敦或墨尔本高级住宅区某个昂贵有机食品超市停车场的那些车种。不过哈马黑拉岛的休旅车多为营业用共乘出租车，它们都停在港口边，等着以最快速度将乘客送往全岛各角落。此地变化幅度之大，实在出乎我的意料。我挑了一辆开往韦达镇的出租车坐上去，车子行经几条刚铺柏油的马路穿越山林，又绕着数座未完工的桥梁涉水通过几条河，最后进入处处展现出新气象的韦达镇。县长办公室高踞在山上，镇上有一条多

---

1 引自 Drake, *The World Encompassed by Sir Francis Drake*, p.96.——原注

线道公路、一家玻璃帷幕新酒店（我猜它的地毯和墙壁很快就会发霉），还有几排盖得像乐高积木、连白天都点着灯的住宅。

县长女儿的婚礼已在昨日举行，我正好错过一天。那家玻璃帷幕酒店后方依然可见婚宴遗留的痕迹。一顶白色尼龙帆布篷下方，铺着面积相当于两个足球场大的红毯，来自特尔纳特岛的餐饮人员，正忙着收拾数百盘没人动过的菜肴，不知该如何处置被扔在几个大垃圾箱里的剩饭。

宴客中心被加上围篱，外头是田野与建筑工地，里面展示了几张比真人还大的计算机合成照，其中一张是双胞胎一号小时候站在美国南方某座老豪宅前方的留影，另一张是双胞胎二号穿着花俏缎面长裙俯瞰某个现代城市的影像。两张独照中间穿插了县长和夫人在海外的合影（非计算机合成照）以及县长穿着制服英姿焕发的巨幅肖像，旁边罗列着他在第一任内的政绩。

首宗成就是："为各级政府兴建基础设施"，另一项功业是："释出吉比岛（Gebe）保护林地供采矿部门使用"。

"啊，你应该昨天就来的。"我的民宿主人薇拉说，"婚礼热闹极了，我们整晚都在跳舞，真不敢想象这排场花了多少钱！"

事实上，其中大部分花费（三万五千美元左右）是以公费支付的，但县长毫不愧疚。我听说两对可爱的新人在婚礼中跨过了一排堆满白米的托盘，这是地方传统习俗之一（虽然薇拉或任何和我聊过天的人都不记得有这种习俗），象征天长地久、不愁吃喝的婚姻。县长告诉记者，县政府有志于提倡地方传统婚礼，因此文化与观光部门拟定的相关预算，理当用来支持该年度最盛大的婚礼，好让当地人牢记传统。

这场盛大婚礼对县长的声誉有加持作用，来宾都把他当作地方文化守护者。出席宾客多达七千人，包括一位省长、一位省警局局长、一名军事指挥官、三位邻县县长以及海湾地区镍矿场的几位大老板。

为了讨好这些大人物，县长又多办了几场宴会。第三天的重头戏是庆祝印尼民主奋斗党（Indonesian Democratic Party-Struggle）生日，该政党有意支持县长参加该年选举。庆祝会当天，红色的党旗（上面有个黑色水牛头）在酒店门前随风飘扬，每栋政府办公大楼和政党办事处的外面也都插满党旗。跨性人组成的地方代表团穿着印有县长肖像的 T 恤，在一台平板卡车上随着当嘟乐回旋起舞。那些隆过乳的跨性人为了展露性感，还故意将 T 恤剪开再别上安全别针，不过没敢破坏胸前的县长肖像。跨性人已成印尼各大城市观光特色之一，主要从事美容业、娱乐业、性行业，民众对他们的接受度很高。我去过印尼某些偏远乡镇后，发现每个县城也都看得到跨性人。他们常应聘前往小型村落担任婚礼化妆师或者为选举集会跳舞，而我在捕鲸村拉马雷拉遇到过的两名跨性人，则是受雇协助当地教堂布置启用典礼会场。

县长在街上举办了一场游行，打头阵的乐队成员约有一百名，那些年轻人一律穿着高级 polo 衫，衣服上也都印有县长肖像，外围还写了一圈标语："我的县长，你的县长，加油加油！"民宿主人薇拉骑车经过游行队伍时，穿了一件宣称"我是阿巴阿西姆（县长别名）大粉丝"的 T 恤，她指了指我，又扯了扯她的 T 恤问："你的 T 恤呢？"我没拿到这种免费赠品。

群众夹道欢呼"再做五年！"时，我正巧经过县长前面，发现这位高官长得实在不像大人物，而是个秃头矮胖子。他在几位忠仆左右护驾之下站在官邸外，像打着节拍似的对路过群众频频举手致意，丰腴的圆脸挂着愉悦的笑容，群众看到县长举手也很开心，显见他极受镇民欢迎。阿巴阿西姆出生于韦达镇，2007 年（县政府成立十八年后）当上县长，一上任便将县政府迁到韦达镇，并且为这个"只有泥巴路的破村子"盖了一堆蓝瓦屋和一家高级酒店。

　　第二天是中哈马黑拉县的生日，也是县城迁至韦达镇的四周年纪念日。镇民和大批公务员、学生、童子军、警察以及家庭福利联盟成员几乎都得穿上团体制服，参加上午八点举行的庆典。群众密密麻麻地排着整齐的队伍聚集在县政广场周边，这是县长的舞台，台下坐满演员、工作人员和听众。一座高耸的摩天轮矗立于远方，仿佛在提醒大家：当天各项庆典结束后，将有一场狂欢派对。

　　来宾得到的待遇明显有阶级之分，学生和基层公务员站在没有遮阳篷的广场远处，我和家庭福利联盟的女士们坐在社区中心外的红色绒毛椅上，头上架着帆布篷。社区中心是庆祝仪式的核心区域，在里面座椅都铺上白缎，坐着一群公务员眷属。主办单位没有为学生提供吃食，我和福利联盟的女士们每人拿到一盒黏不拉几的蛋糕，公务员眷属们则得到炸鸡午餐。社区中心前排扶手椅保留给头号大人物，他们可享用罐装可乐和芬达汽水，我们只有装在塑料杯里的白开水可饮用。

　　庆祝仪式完全比照军队操练形式，某位"总司令"不断对着扩音系统喊口令："高中生向右跨两步，举起手臂！预备起：一！二！"现场的高中生马上跨步向前，举起一只胳臂量好彼此距离，另一只手臂伸向右侧，同时踏出两步各就各位。"太阳眼镜，摘下！"大家乖乖把眼镜塞进口袋。"手机，收好！"没任何动静。几分钟后，学生们刚刚排好的队形又乱成一团，总司令再度发号施令。

　　9点15分左右，社区中心礼堂出现一阵嘈杂的对讲机声音，广场上的指挥口令也变得愈发急切。县长的双胞胎女儿抵达了现场，两人的长相和衣着看似雷同但小有区别，都穿了一袭上半身缀着紫红亮片的浅蓝缎面长礼服，两位新郎官穿着蓝衬衫、打着亮紫色领结。广场上闹哄哄的，不时传来几声嚎叫，接着就涌入一批舞者，后面跟着一群身穿白衣、脸戴尖鼻子面具、脑袋顶着形似折叠餐巾头饰的男子。我问薇拉那种装扮象征什么，她也不明就里，只是笑一笑说："我想是代表某种新传统。"

那些打扮得像幽灵的男子身后出现一艘巨大的无底"船"，由一群装扮成战士的警察扛着，由于游行场所离海边甚远，他们无法依传统仪式扛着真正的科拉科拉战船（kora-kora）[1]进场。县长及夫人在假船护送之下缓缓朝社区中心行进，庆祝典礼在县长就位后正式展开。来宾致词完毕，紧接着是一场令人眼花缭乱的表演，表演者在三位身披金线斗篷、脚踩亮片长筒靴的高大乐队女指挥带领下，整齐划一地做出踏步、打鼓、挥舞彩虹旗的动作。

印尼全国的地方领袖，为了名正言顺地成立新的县政府或巩固个人权力，往往热衷于举办他们一度视为落后农村习俗而避之唯恐不及的传统庆典，如果无法翻出旧传统，就创造新花样。地方政要一同前往县城参加历时长达一周的传统庆典之际，许多乡政府也得暂停工作，配合主管们参加每次庆典附带举行的大型园游会，在现场摆满代表政府各单位的精致摊位。一名曾在亚齐辛其尔县看管卫生部摊位的护士抱怨："这种事谁都逃不掉，我们已经在医院里超时工作了，却还得花一整个星期来这里挂彩旗、发传单、想办法比其他摊位争取更多来宾在我们的访客簿上签名。"各乡政府也设有独立摊位，并自制特殊点心招待客人，我在某个摊位拿到一杯冰镇海菜汤，在另一个摊位尝到土产蚕丝，招待者说："我们的蚕蛾可是举世闻名！"

这些园游会有如争取地方认同的狂欢派对，当我和钻研印尼政

1　科拉科拉战船，印尼马鲁古群岛传统独木舟，长约十米，船身很窄，可容纳四十名船夫，一般用于运送香料，17 世纪曾充当对抗荷兰人的战船。

治的澳洲学者艾斯皮纳尔（Ed Aspinall）提起印尼打算恢复地方传统时，他的反应是：印尼全国各地的传统庆典一概遵循相同模式，"我认为那种地方文化传统看起来既低俗又虚假，只能说那些官僚非常冲动、做做样子罢了，是非常典型的印尼作风"。

　　皮特爸爸津津乐道的那座大型镍矿场，从韦达镇搭快艇过去不到两小时即可抵达。哈马黑拉矿场占地约五百五十平方公里，开采计划是苏哈托总统即将卸任前所授权。印尼轰轰烈烈推行地方自治后，没有人知道中央政府核准的开采权会交给省政府还是县政府，甚至不清楚这座矿场应该属于何省、何县。开采权原本归马鲁古省，一年后又落到北马鲁古省手上，但这个新成立的省份既无可用办公室，又缺乏能干幕僚或明确地界。雪上加霜的是，该省基督徒和穆斯林之间冲突不断，外国投资者很难找到理想时机为这个尚无法运作的矿场砸下重金。

　　开采计划于 2006 年恢复，当时法国矿业巨擘埃赫美集团（Eramet）收购了一些股份[1]。后来驻雅加达的一群非政府组织（大部分由教育水平甚高的中产阶级社运人士经营，并获得国际游说者大力支持）提出抗议，理由是矿场预定地已被划为森林保护区。他们忧虑采矿活动可能干扰住在森林地下洞穴的稀有蝙蝠，并侵犯采矿区原住民的生活，更担心采矿公司把矿场废料倾倒在拥有大量珊瑚和鱼群的海湾。这些非政府组织表示，他们打算为一群害怕遭到报复而不敢透露姓名的当地居民发声，却没料到他们在筹备示威活动时，某些当地人竟发起支持矿场的反示威。

　　我在码头上搜寻开往雷里雷夫村的快艇时，遇到几名年轻人，

1　埃赫美集团与日本三菱集团共同谈成这笔交易，最后买下印尼国营采矿公司 10% 的股份。——原注

他们抓起我的提包就把我送上了韦达湾镍公司的快艇。独自一人搭着快艇的我，忽然有种感触：我不是善变的人，但每次去到印尼不同的地方，当地人对我的身份总会有不同的解读。我看起来不像观光客，因为我年纪太大、穿着不够暴露，也不喜欢去海边打发时间，而且我总是单枪匹马，其他观光客则是出双入对，所以我常听到别人问我："你都没有朋友吗？"

我在旅途中遇到的印尼人，看到像我这种外表风尘仆仆，习惯穿着实用鞋子、长袖棉衫、多口袋黑背心（摄影记者常穿的那种），说话带雅加达口音，老是忙着写笔记的短发白种女人，以为我具有以下几种身份：在松巴岛，我像疟疾研究员；在塔宁巴尔群岛和卡伊群岛，我变成人类学家；在弗洛勒斯岛，我成了修女（！）；在亚齐省，我被当作救援工作者和选举监察员；在加里曼丹，有人当我是非政府环保组织成员；在某些印尼小城，我被误认为是英文老师；在韦达镇，居民以为我是工程师。

我从韦达湾镍公司的快艇取回提包后，又改搭一艘公用快艇。同行者是民宿主人薇拉的表妹泰熙，她刚参加完县长女儿的婚礼，正准备返回雷里雷夫村的家。薇拉托她照顾我的时候，坚持说："这才是家人！"泰熙未发表任何意见，只是默默地为我腾出地方。

两小时不到，公用快艇在一座嘎吱作响的木造码头边放我们下船。上岸以后，我们把泰熙从城里采购的东西全部堆进一辆平板卡车，便驱车上路。途中经过只有一间病房的医务所以及设有两个贩卖亭的市场，贩卖亭没营业，市场里有三名女子坐在地上，面前堆着西米和树薯。我看到两座教堂和一座清真寺，外加几栋有五彩廊柱的新屋，其他建筑不多。无论是从码头到泰熙家的短暂路程（不经过村中心），还是皮特爸爸对这个新兴之地的描述，都令我浮想联翩。

她家比我想象的大很多，通往客厅的正门前面有一排列柱，客厅里摆着一大套沙发组，包括一张人造皮大沙发、两个扶手椅和一个毛玻璃桌面的铝制茶几。这种客厅在平日派不上用场，只适合用来谈判嫁妆和接待户口普查员。中堂又大又暗，地板铺着冰冷的瓷砖，搁着一台超大平板电视和卡拉 OK，除此之外别无他物。中堂旁边有两间卧房，我使用的那间地板上摆了个泡棉床垫，墙上挂了张 Hello Kitty 海报。

侧门边有另一组沙发，是招待朋友抽烟喝酒的地方。我发现有个房间摆着一张大餐桌和一台冰箱，由于村子里的发电机仅在晚上供电，那冰箱只能当食品柜来用。厨房位于屋子后方，是个水泥洞。每个房间的墙下和地面都爬满像蛇身一样扭来扭去的电线，门柱上、沙发下和椅子下也是。这栋房子屋龄不过几年，却没在墙内安装任何线路。

村里只有四条道路，路旁的木造和棕榈小屋悉数被水泥和瓷砖建筑挤到一边。某些小屋装饰着彩色玻璃，许多房屋柱子上漆着假的大理石纹，百叶窗和门板上还镶着各种玻璃片。虽然这不是我想象中的新兴之地，但非常的 Gengsi，即炫耀、相互攀比——一个绝大多数印尼人鄙视、同时许多人又乐此不疲的习惯。

我去街上闲逛时，在海边栈道遇到两名来自特尔纳特岛的年轻人。他们主动前来搭讪，并且向我透露他们已经来雷里雷夫村两个月了，结果发现这里的工作很无聊，心情超沮丧。两人都是韦达湾镍公司帮员工聘来的老师，一个教英语，一个教计算机。英文老师说："我接受这份工作的理由是：不想跟政府官僚打交道。可是这里的情况更糟糕，因为日本人不想照法国人的方式工作，法国人不肯和澳大利亚人讲话，所有人都拒绝跟巴塔克族员工交谈。如果公司某个部门想做某件事，附属单位就设法阻挠，令人伤透脑筋。"

2007 年，印尼首开世界先例，要求天然资源开采公司必须投资地方社区，并通过了相关法律，然而这些年来企业界始终没有建立这种惯例。我待在雷里雷夫那几天，曾经听到立意良善的"企业社会责任计划"出现严重纰漏的故事。采矿公司成立之初，社区联络员曾鼓励当地人为该公司员工种菜，没想到卷心菜种出来了，工人却没出现，因为矿场的兴建工程延宕多时，后来采矿公司任凭那些卷心菜在农民手里烂掉，也损害了自己的信誉。

当员工陆续到任，食堂也开张后，负责履行企业社会责任的主管又要求当地人养鸡。可是当那些鸡快要下锅时，经营矿场餐厅的国际餐饮加盟商却拒绝买本地人养的鸡，理由是它们不符合西方后台老板制定的标准。在我想象中，这是个私人领域内的"老鼠屎效应"，但当地鸡农都认为该公司懦弱无能，前景堪忧。不过告诉我这故事的鸡农说："这家公司肯定是故意刁难，他们一点也不笨。"

我想吃一餐饭，却遍寻不着，因为中午过后雷里雷夫村的小吃摊一概不营业。后来我在路边发现有个塑料盒里装着十二个刚出炉的小餐包，于是顺手拿走全部面包，并留下一万二千卢比，接着就在返回泰熙家的路上狼吞虎咽地吃了几个。回到泰熙家之后，屋里没半个人，我把剩下的餐包放在盘子里摆到桌上，打算让泰熙和她老公弗立莱克斯回家后享用，然后就去冲了个澡。

洗完澡出来一看，桌上盘子是空的。一群小男生突袭并捣毁了那座小面包山，又喊又叫地在屋里乱跑，直到泰熙十一岁的女儿盛气凌人地冲进家门，才把他们赶走。晚餐由她和朋友掌厨，餐桌上摆着米饭、树薯和几颗水煮蛋。

晚餐快煮好时，另一群蝗虫从天而降，这回闯进家门的是几名喝醉的十七八岁的小伙子。他们轮流冲进浴室梳洗一番之后立即朝厨房进攻,把女生们刚端上桌的食物一扫而空,连声"请"或"谢谢"都不会说,我问这几个家伙是谁,泰熙的女儿耸耸肩回答:"是亲戚。"泰熙的弟弟隔天要结婚,整个大家族已陆续从各地村落赶过来。

这些男生吃晚餐时都在热烈谈论采矿计划。早期印尼大型采矿公司只需获得雅加达首肯即可展开运营,而且深受年轻人欢迎,大多数居民也不敢抗议,因为抗议者很快就会遭到军队镇压。如今某些国内外团体善于利用自媒体和 Twitter 论坛,鼓励当地人对采矿公司表达不满。这些活跃分子期许地方人士对采矿公司多加施压,以减少他们对环境的危害,并要求他们为土地和劳工付出更公平的代价、为矿场周边社区做更多的投资。

餐桌前的小伙子对这种事当然很热衷,其中一个喝得烂醉、獐头鼠目的家伙抱怨,当地人只能得到无聊的差事,工程、建筑之类的好差事都落到外地人手上(他都无法发出和工程专业有关的多音节词),"所以我就跑去跟示威者一起把采矿公司的快艇烧了,我们一定要让他们知道谁才是老大"。我问他有什么技能。"把自己灌醉!"另一个家伙代答,第三位曾在爪哇就学的小伙子表情尴尬地说:"你想得到好差事,结果却跑去烧快艇,简直就像搬砖头砸自己的脚。"

獐头鼠目的小伙子得意地夸耀完自己的光荣事迹后,就满面春风地骑着一辆崭新的摩托车扬长而去——那辆车是用韦达湾镍公司付给他家的土地补偿金买的。当天夜里,他把摩托车骑进了海里,直到第二天早上退潮后,才有人发现他被海浪冲到沙滩上,但没人看到摩托车钥匙。

我在咖啡馆一边吃着早餐,一边思索该如何顺利通过矿场安全哨进去参观的时候,有位穿着深蓝色制服的帅哥走进店里,他一见我就说:"你是从雅加达来的。"接着便与我攀谈起来。这位名叫阿米尔的帅哥是从爪哇调来驻守韦达镇的警察，最近暂时借调到韦达湾镍公司的保安队。他觉得保安工作很无趣，没事就出来晃晃。双方聊了一会儿之后，他主动邀我参观矿场，于是我坐着他的摩托车经过该公司的飞机跑道，又穿越一片即将兴建港口和坑道的土地，然后长驱直入通过了矿场大门的安全哨。

这就像踏入了另一个世界。

矿场的医生是阿米尔的朋友，保健中心暂时设在一排改装过的货柜屋里，但医疗设备却是我在印尼乡间所见中最干净、最齐全的。

诊所委托给民间承包商急救医务公司（SOS Medika）经营，阿米尔的医生朋友是该公司员工。她邀我共进午餐之后，便套上铁头靴、戴上安全帽（我也戴了一顶），带我穿越五十米长的庭院前往食堂。虽然矿场方圆数英里内没有放置任何工程机械和器具，公司照样规定大家必须戴安全帽。他们会执行这种规定颇叫人意外，因为印尼向来是个不太重视安全保护的国家，经常可见工人挂在高压电塔上徒手接电线。

食堂里的空调不强，内部装潢和日内瓦世界卫生组织、华盛顿世界银行、英国国家广播公司伦敦总部（我在这些机构用过餐）的员工餐厅差不多，虽然这里不供应高级葡萄酒（像国际货币基金组织餐厅那样）或各国橄榄油（欧盟执行委员会餐厅有这些货色），但是餐台上有沙拉、浓汤和新鲜寒带水果，甚至还有奶酪！不过我们进来的时候，食堂员工已经开始收东西了。

用餐者有白种人，也有来自爪哇和苏门答腊的印尼人。他们在这个环境封闭的矿场每工作一段时间，就搭公司专机飞去爪哇、巴厘岛或印尼其他"文明"地带休息放松几天。阿米尔骑车载我返回雷里雷夫村的途中，经过一栋正在搭建骨架的大楼。那是新盖的安全哨，体积比雷里雷夫村的民房大了好几倍。当地的大型安全哨愈盖愈多，而且驻守着外来军人和警察，采矿公司和矿区附近居民之间的关系难免日趋紧张。不过，我倒是有点同情韦达湾镍公司，毕竟他们已投入大笔资金，也尽量以最不伤害环境的方式开采矿砂，而且起码愿意提供经费给当地医生、在村子里安装发电机、为本地人改善教育和训练机会。或许他们只是在做表面文章，骨子里仍以营利为优先，但至少跨出了第一步，有做总比没做好。

我从矿场回到雷里雷夫村后，又得准备迎接另一场婚礼。泰熙的弟弟即将娶媳妇，母亲家的简陋厨房已成为面包工厂，许多铁制小烤箱被搁在柴火堆或者瓦斯炉上加热后，烤出了一盒盒巧克力面包卷和一个个圆形蛋糕，蛋糕皆以斑叶兰做香料和装饰。院子里有个太太握着一根木桨，把装在大炒锅里的糯米、棕榈糖和椰奶搅拌在一块儿，炒锅下面生着一团火，大功告成后，她就把整团米糊拨进几个珐琅印花盘里。

婚礼有点像服装展示会，有点比排场的调调，只有泰熙的母亲和我穿上传统纱笼和可巴雅，其他女士都穿着合身的"现代服"。新娘戴着宝石头冠，披着全身缀满银色蕾丝的西式白纱礼服。女客们有的穿杏黄色雪纺纱长袍，有的在圆点洋装外加了件宽松的短外套，很多人都挽着人造皮手提包。一位皮肤干瘪、牙齿掉光的阿婆竟穿了一件镶着亮片的弹性纤维上衣，和一条轻飘飘的薄纱迷你裙，还扭腰摆臀地跟着村里较有地位的男宾们跳起加卡雷雷战舞（cakalele）[1]，那些男宾跳舞时手里握的是棕榈叶而非长剑，阿婆一直跳到满头大汗才停止，汗水在她抹着白粉的脸庞留下了几道污迹。

---

1 卡雷雷战舞，起源于印尼马鲁古省北部和中部、用于婚礼的一种舞蹈，表演者会举着木制刀剑和盾牌出场。

婚礼结束后，我才第一次有机会坐在泰熙家的客厅跟她聊天。她劈头问道："你叫什么名字？"我心想：我已经和她女儿同床共枕两夜，还帮她母亲煮过饭、参加过她弟弟的婚礼，她居然连我姓啥名谁都不晓得，由此可见她有多好客。

泰熙是中学老师，可是教育态度显然和她的职业有矛盾，例如她会因为九岁儿子不想上学，就纵容他赖在家里一星期。有天早上，她想帮儿子穿上制服短裤，他生气地把裤子一扔就跑掉，她也没有马上追过去，只说："男孩子嘛，你能拿他怎么办？"她不想放弃教职，却老是抱怨工作乏味、薪水太差。不过，印尼几乎所有教师都埋怨薪资太少，所以大多数人还兼副业，例如开家洗衣店或咖啡馆什么的。我问泰熙是否考虑做生意，她反问该做什么生意。我说，嗯，未来一两年内，韦达湾镍公司至少会雇用六千五百名工人，但是村里只有两个小吃摊，而且天一黑就打烊，既然她每天只上课到中午，何不在晚上开个小吃摊？

她想了片刻之后摇摇头说："那太累了。"

泰熙的生活态度，令我想起了住在阿多纳拉火山的丽娜妈妈，她认为只要靠戳、撒、踢、戳、撒、踢的动作往土里丢几粒种子，就能获得一堆玉米。印尼乡下居民年复一年过着勉强糊口的日子，但许多人依然抱着知足常乐的生活态度。

更有抱负的村民多半会搬到都市或外岛追求财富，例如在布敦岛卖咸鱼的女子、在西苏门答腊省卖巴东饭的厨子以及力争上游的工作者（像是来自弗洛勒斯岛的"偶接客"司机安东）。他们搬到新的居住地以后，就成为当地人口中的"外地人"，有时被称作"客人"，有时被贬为"入侵者"。这些人勤奋工作、善于存钱、懂得未雨绸缪地投资子女教育或经营小本生意，以改善家庭和子女的前途。换句话说，印尼有数百万人都在实践这种中产阶级价值观。

如今，从印尼地下资源和肥沃土壤冒出来的财富，已逐渐让雷里雷夫村等地的村民跻身中产阶级，至少根据世界银行制定的标准来看是这样——世界银行所划的贫穷线是以"每日收入两美元"为基准，收入超过这个水平线的人就算"中产阶级"。近年来，商品价格逐日上扬，印尼某些极偏远地带的村民可以靠出售棕榈油、橡胶、干椰肉、可可、肉豆蔻、丁香及其他农作物，每天赚到两美元以上的生活费，但他们尚未形成储蓄、投资的观念。

"看哪！快看看她！"一位和我一起烘烤婚礼蛋糕的太太说。此人长得高高壮壮，嘴里只剩两颗牙，一颗被槟榔汁染得黑黑的，另一颗是金牙。她抬起下巴指着一名妙龄女子要我看，对方假装漫不经心地把胳臂伸向前方，好让大家看见她在手上把玩的新型手机。"看到没？他们家把全部的土地卖给采矿公司以后拿到一大笔现金，于是就盖了栋新豪宅。这本来没什么，可是他们后来又拿信用卡买了五辆摩托车，而且不是普通的车子，是每辆两千万卢比的拉风车，接着又买了三部手机。结果不到两年他们就没有饭可吃，也没有地可种了，还欠了一屁股债，真不知道接下来会怎样？"

那段时间，印尼政府的所作所为也和雷里雷夫的村民相去不远：只知贩卖商品、悠闲度日、大量消费，未曾投入太多经费促进经济成长。"接下来会怎样？"似乎也是西装革履的银行研究员、重要智库成员或是外国记者想提出的问题，不过他们却忙着吹捧印尼经济。

当时的经济专家们大放厥词地谈论印尼的"人口红利"——指年轻劳动人口占总人口比例大增所伴随的经济成长效应，认为印尼经济前景一片光明，香港或雅加达股市的计算机屏幕上将持续呈现吸睛的成长趋势图。理论上，印尼的年轻家庭会把钱存起来，银行则会将这些存款放贷给新公司。年轻劳动人口增加，意味着有更多人制造产品，进而创造更多财富。但实际上，印尼有三分之一的年轻人全然不事生产，五名成年人当中有四个人没有银行账户，银行却不断借钱给民众买东西，而非让他们拿去创业[1]。

智库机构麦肯锡全球研究所（McKinsey Global Institute）也很看好印尼前景，完全避谈中产阶级所重视的储蓄和投资观念，并指出印尼可通过消费致富，报界大肆宣扬的一份麦肯锡报告指出："到了 2030 年，印尼约有 50% 的人口可望成为消费阶层，目前该阶层人口仅占 20%。"这意味着除了现有的五千五百万名消费者，印尼还会增加八千五百万名新消费者，他们的每月净收入超过三百美元。

麦肯锡曾为该报告征询过"多位学界、政界与业界专家"的意见，这些专家包括九位印尼内阁部长、两位大使，再加上总计七十五位的经济学家和企业老板，我很好奇当中有多少人了解雷里雷夫这类村子的人口红利。

1　2012 年的数据指出，十五到二十四岁的印尼年轻人当中，每十人有三人既非在学，也无工作（连非正式工作都没有）。目前，印尼无业的高中毕业生超过六百万人，而且许多公司发现他们欠缺工作能力。企业界表示，在"有技能的"员工之中，近半数并不具备完成个人工作所必须的思考、运算或英语能力。——原注

第八章

冰上的利润

我爱边陲小镇，尽管那些地方多半带有一点不安、善变与投机的色彩。塔胡纳（Tahuna）是最接近菲律宾的印尼小镇之一，坐落在苏拉威西岛东北方的桑义赫岛（Sangihe），自北方邻国流入了各种俗气的东西，例如大玻璃瓶装可乐、颜色鲜艳的果酱馅饼、摆着大型手提音响以及贴有巨乳金发女郎闪亮贴纸的三轮摩托车。不过，这里比较不如某些小岛那么懒散悠闲。

我搭乘拥挤的渡轮抵达塔胡纳之后，便在洒落着金光的黄昏中沿着防波堤漫步，欣赏港口里的点点渔船。每艘渔船都漆上不同色彩的条纹，有浅蓝、淡橘、碧绿和白色，大小船只两头皆呈 V 字形，船身狭长优美，上面横跨一长竿，两侧吊着几根浮木，靠在岸边的渔船看起来像长脚蚱蜢，浮在海上的船舶比较像在池塘水面滑行的彩色水蝇。我心想：如果能坐渔船出海一天应该会很有趣。

我陪两个小孩踢了一阵足球，又和一位满口酒味的教士聊了一会儿，就继续在岸边闲逛。一团厚重的乌云突然像橄榄球队准备冲锋陷阵似地迅速在天空聚拢。

图 H：桑义赫群岛与塔劳群岛（北苏拉威西省）

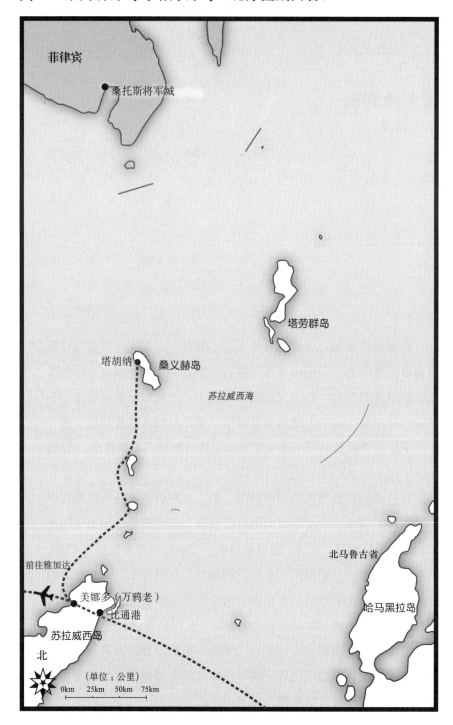

菲律宾

桑托斯将军城

塔劳群岛

塔胡纳　桑义赫岛

苏拉威西海

北马鲁古省

哈马黑拉岛

前往雅加达

美娜多（万鸦老）

比通港

苏拉威西岛

北

（单位：公里）

0km　25km　50km　75km

几分钟后，热带性阵雨哗啦啦地打下来，我赶忙冲进滨海大道上的一间贩卖亭，全身已经湿透。暴雨猛烈拍击堤岸，扫进贩卖亭的竹席墙缝隙，所有东西都被打湿了。贩卖亭老板娘与我同名，也叫伊丽莎白。她要我站到比较干的角落，并端上一杯"可以帮你暖暖身子"的热茶和一盘庆祝圣诞节留下的糖霜饼。我发现那些胖鼓鼓的新月形小饼干也掺着坚果和橘皮，味道和我奶奶生前做的圣诞饼干一模一样，内心不禁涌起一股乡愁，眼泪差点夺眶而出。

伊丽莎白妈妈东拉西扯地与我聊起她死去的丈夫、橘子的价钱、在圣诞饼干里放太多香料的坏处，还提到她和我奶奶（生于一百年前、住在与塔胡纳相隔一万五千公里的地方）会用同样的食谱，是因为双方拥有相同的宗教信仰。聊着聊着，她儿子忠奇（年约三十岁、留个刺猬头）打着赤膊走进来，然后背对风雨站在充当窗户的墙壁开口前一边和我们说话，一边把强韧的透明钓鱼线缠绕在有车轮盖那么大的轮圈上，钓鱼线末端绑了个和钩形耳环差不多大小的鱼钩。

我问忠奇，当地人都钓些什么鱼？他用"这里还会有什么鱼可钓"的口气说，金枪鱼。什么，就用你手上那玩意儿钓吗？我以为有办法捉到金枪鱼的人，应该是像海明威笔下那种意志顽强的渔夫或是驾着远洋拖网渔船把成群海豚也拖进网里的船员，但忠奇和他朋友却是乘着二人小舟去钓鱼，船上除了一小块防水布之外，没有任何能够遮挡酷日和暴雨的东西。小舟前端摆着一个加盖长箱，运气好的话，箱里能装满金枪鱼——多半是黄鳍金枪鱼或大目金枪鱼。虽然那些小舟长得像木片做的模型，却能装下三条金枪鱼，每条重量大概有我体重的 1.5 倍。

接着，忠奇向我示范钓鱼技巧。他先岔开双腿，假装站在一块左摇右晃的甲板上，然后把左臂穿过以左手握着的轮圈，再将钓鱼线绕着右手缠几圈。他说用这种方式钓鱼能快速把上钩的金枪鱼拉上船，而不至于让它耗尽力气。要是被钓到的金枪鱼一直做困兽之斗，就会破坏鱼肉品质，渔夫也会被搞得精疲力竭；但如果把金枪鱼拉上来的动作太快，它扯断钓鱼线逃脱的概率则比较大。忠奇一边说明，一边举起右手模仿金枪鱼挣扎的动作，我发现他手上伤痕累累，于是问他为什么不戴手套。他说偶尔会戴，不过戴手套会让触觉变迟钝，无法判断钓鱼线是否会绷得太紧而断掉。

忠奇使用的钓鱼技巧和设备，恐怕跟古代渔夫差不了太多。澳大利亚科学家表示，世上第一批捕捉金枪鱼的渔夫大约生存于四万两千年前，捕鱼地点在帝汶岛附近海域。塔胡纳的渔船除了安装小型马达之外，也和几万年前的渔船相去不远。不过，现代的鱼市交易和远古时代大不相同。

忠奇钓到金枪鱼之后，不会捧去孝敬母亲或是款待自己的妹妹和同住的亲戚（他们为了来塔胡纳读中学而寄住在他家），也不会仿效拉马雷拉村捕鲸人的做法，把金枪鱼挂在晾衣绳上晒干后存放起来，等到捕鱼淡季再拿出来与家人分食。他打算把金枪鱼卖到日本，成为东京寿司店的生鱼片。这个愿望有时可行，有时会落空，问题出在基础建设上。

伊丽莎白说，塔胡纳的电力供应一直很不稳定（捕鱼旺季亦然），因此风雨来临期间会断电，风停雨歇之后照样是一片漆黑。贩卖亭外那条千疮百孔的道路出现一连串泥坑，忠奇坚持陪我走回民宿，伊丽莎白拿了一小包饼干要我带着，"要是你在夜里肚子饿了，就吃点饼干吧。"

忠奇在潮湿黑暗的泥坑路上告诉我，他曾在雅加达某机关服务了八年，哥哥目前还留在当地一份知名室内设计和生活风尚杂志工作。父亲过世后，兄弟二人抽签，忠奇中了，于是回到桑义赫岛

奉养母亲，"我不想当公务员，返乡以后只能从事这个小镇唯一的
行业。"

我很欣赏忠奇，这位沉默寡言、文质彬彬的渔夫不但没有抱怨
命运的安排，反而对现职颇感自豪。我问他，明天我能不能跟他一
起出海钓鱼？

他沉默了老半天没吭声。

"你那么有兴趣？"我说是，他停顿半晌又说："但我们只有白
饭可吃。""没问题。""太阳很毒。""我有帽子。""而且现在是雨
季。""我也有雨衣。""嗯，你想来就来吧。不过我看你只要连吃四
天白饭就会受不了。"

四天？我心想：在这个狂风暴雨的季节，我当真想待在只有
一小块防水布的小渔船上吗？或许我把出海钓鱼这件事想得太美好
（可以早出晚归去探险），于是下了个结论：我那"凡事点头"的原
则未必适用于现在。

忠奇看出了我的心思。"这事我们等明天再谈。"他说，接着就
不再提出海的事。

第二天，我看到两名渔夫把钓具装到小船上，然后将缠在轮
圈外的钓鱼线挂在船尾一根长杆上，杆顶飘着一面印尼国旗，船内
摆了两大桶马达油、一些给渔夫喝的水、一袋可为钓上来的鱼保鲜
的冰块、一桶鱼饵以及装在大板条箱里和葡萄柚一般大的光滑圆
石头。

渔夫会给钓线绑上这些石块，连同鱼饵一起抛进海里，借着石
头的重量让钓线迅速下沉，直接略过不想钓到且体型较小的鱼群，
进入金枪鱼出没的深水区，接下来只要稍稍抖动鱼线，即可用鱼饵
诱惑猎物。我问那两名渔夫打算在海上待多久？一名渔夫答："得
靠运气来决定。"

另一名渔夫说："冰块能撑多久就待多久。"

事实上，出海渔船只要遇到下面几种情况就得回头：

（一）鱼箱装满。

（二）石头用光。

（三）鱼还没钓到冰块就要融化。

（四）汽油或饮水只够撑到回家。

鱼价会随着冰块融化而递减。冰砖是印尼各地市场上常见的东西，每天清晨，在市场设摊的男男女女会骑着平板三轮车，去当地制冰厂载运巨大的长方形冰砖。塔胡纳没有制冰厂，当地体积较大、最多可装三十条金枪鱼的八人渔船，是用居民自制自售、装在塑料袋里的冰砖来保鲜，渔夫们称这种冰砖为"一千砖"，因为每一小块冰砖售价一千卢比。

为了寻找桑义赫岛的地图，我在当地的旅游服务处停留了一下，发现里头空间宽敞，墙上贴满褪色的"观光风景区"大照片，还用图钉覆上黄色玻璃纸。八名身上挂着胸牌、穿着笔挺浅褐色制服的工作人员，坐在八张办公桌前，桌上空空如也，没有一张纸、一支笔或一台计算机，连个电话都没有，办公室里最有生气的东西，是正在播放连续剧的电视机。

我用愉快的口气向大家打招呼，问他们是否有地图可供我参考。他们一听说有客人想要一张地图，先是神色慌张地你看看我、我看看你，接着就各自散开搜柜子、翻抽屉。有人拿出了一张介绍海底火山的折页，我看到里面只提到那些火山跟桑义赫岛火山的相关位置，但没有提供如何前往海底火山的交通信息。一名工作人员鼓起勇气告诉我："我听说美娜多（当地华人称为"万鸦老"）那边有个德国人有艘船可以载游客过去。"美娜多是北苏拉威西省的省会，搭一夜渡轮即可抵达。

我和他们聊了一下桑义赫岛的观光业：这里观光客多吗？一位女士说："唔，确切数字不太清楚，很多观光客是从美娜多过来的，但应该算多吧，每年至少来两百人。"那他们怎么知道要去哪儿观光？"唔，如果他们来这里，我们就给他们观光小册子。"

我从旅游服务处走去市场，向一位和蔼可亲的布吉族商人租了辆摩托车，他送我一小袋咸香蕉片之后，我就骑车前往海边。蜿蜒崎岖的沿海公路下方是美不胜收的海湾，沿途村落遍布着附带花园的整齐平房，家家户户的百叶窗漆着不同的颜色，还搭配着同色系的窗帘。

我骑着摩托车大约行驶了三十公里后，这条直达海边的道路前方出现了一座凯旋门，意味着达哥渔港快到了。在经过一大片看似废弃的建筑时，我从一块纪念匾额得知，这些房子建于20世纪70年代，苏哈托曾经在此主持过落成典礼，如今却杳无人迹。

建筑后方就是码头，我瞥见一艘设有舱房、铺位、厨房的大船正准备起航，船上甲板有八个标着号码的活门，每个活门下面是可容纳十到二十条金枪鱼的冷藏箱。船东在岸上向妻儿道别，即将载着刚向塔胡纳小商人采购来的一百条金枪鱼，前往二百四十公里外的美娜多。

我问他如何在这种地方取得冰块？他朝我们后方一栋破建筑点了个头说："我从那家工厂拿到的。"我又问，塔胡纳的渔夫为何抱怨这附近没有制冰厂？船东说，这家工厂的三台制冰机当中只有一台可用，而且制好的冰块只够供应给较大的批发商，由于输电网提供的电力不足，工厂无法让其他的机器运转，也没钱自备发电机。船东表示，虽然他和其他民营企业商人乐于投资制冰厂，却遭到地方政府拒绝，理由是工厂属国有财产，不能民营。

　　他向我告辞并和妻儿拥别后，便召集船员祷告，祈求一路平安，安全抵达美娜多。从达哥渔港出发后，得花十八个小时才能到达彼岸。

　　大船将要起锚之际，一艘双人小船从海湾那头绕了过来。小船上的渔夫拼命吹哨喊叫，大船上的船员立即熄掉引擎，然后小心抛出几条绳子，将对方带来的三条金枪鱼拉上船。留在岸上的一名船员说："那两个渔夫肯定高兴死了，因为他们只要避开中间商，就能卖比较好的价钱。"我问，他的船东不也是中间商吗？他笑着接口："我的意思是比较小的中间商，你也知道印尼的中间商多得数不清。"

　　过了两天，忠奇打手机通知我，他的两位菲律宾同行刚来到塔胡纳，打算把打鱼所获交给批发商，问我想不想当他们的跟班？我觉得他好贴心：前几天怕我吃不了苦，而委婉拒绝我跟他出海四天，现在又想让我见识一下金枪鱼的交易过程。我立刻赶去海边跟对方会合。

　　忠奇提到的菲律宾同行，一名年近四十岁，脸上堆满笑容，只会讲一点印尼话；另一名比较年轻，也比较健谈，说印尼话时很有礼貌，但是怪腔怪调。我问年轻渔夫，收获好吗？他说他们已经出海三天，抓到一条大金枪鱼和两条小一点的。他们顶着刺眼的阳光，将渔船停靠在市中心附近的防波堤下方。滨海大道上有个临时过磅站，旁边摆了一张金属工作台、一堆塑料泡沫冷藏箱、两大袋冰块（当地渔夫常用的那种"一千砖"）和一个秤台，旁边还有两只不断用爪子扒土的鸡和一条舔着地上残留血迹的狗，但没看到批发商，我们待在船上等着。

　　中年渔夫索性横躺在渔船的竹板平台上打盹儿。年轻渔夫说，那平台是他们的"卧室"，只要天不下雨，海浪不打到船上，他就趴到船尾刷洗一个架在两根棍子上的三夹板箱，那是"厨房"，但已严重烧焦，他笑着说："昨天失火了。"我在船上看书，三人继续等待。

接着，另一艘小船停到我们旁边，船上只有一名渔夫，他撕开几个袋子，将已经融化的冰块一一扔进海里。菲律宾年轻渔夫凑到我耳边说："这里的人赚到钱以后，就统统拿去买酒，让上帝很生气。"

批发商总算在三个小时后现身。年轻渔夫利用等人这段时间，帮中年渔夫剪了头发，还洗好在捕鱼时堆积的一大盆塑料盘，我们三人都热坏了。

批发商抵达后，两位渔夫揭开冷藏箱，但里头没冒出冷气，因为冰块早就融化了，我从一摊血水和扁塌的塑料袋中看到三颗鱼眼睛。批发商助手把三条大鱼一并扛上肩，然后脚步沉重地沿着防波堤走上台阶，将金枪鱼摆在"检查台"上。

一名少年拿着一根长长的串肉签，插进每条鱼的背鳍，郑重其事地把三条肥厚的粉红色鱼肉放进女批发商手里，这是决定价格的关键时刻，她戳了戳每条鱼之后宣布："一 A，二 C。"两位渔夫面无表情。

最大的那条鱼幸运地被归入 A 级，表示质量已达标准，可以运到日本做寿司了。这种等级的金枪鱼每公斤售价两万五千卢比，约合二点七美元。C 级金枪鱼每公斤可卖两万卢比，更下面的等级只能以出口价一半的价码卖到当地鱼市场。

大金枪鱼还搁在秤台上，一只狗开始在附近嗅来嗅去，一位华人买主立即对批发商员工喝道："快点把那条鱼放到冰上，要不然还没运到美娜多就变成 C 级了。"几位助手连忙将金枪鱼从磅秤上抬下来装进泡沫箱，然后丢了些冰块在箱子周围。这条鱼即将被空运到巴厘岛或雅加达，因两地有多家公司持有出口许可（印尼的关税和货物税制度，准许雅加达附近的公司行号将某些产品运往海外）。金枪鱼运抵两地之后将再度转手，最后被送上飞往东京的货机，并得到妥善的冷藏。至于忠奇捕获的金枪鱼，起码会被摆在冰块化掉的袋子里三四天，价钱也会随之下降，然后至少还得再花两天时间才能运到鱼市，大多数桑义赫岛的渔夫也处于同样情况。

除非忠奇选择违法，走一趟菲律宾。

有时，他确实会这么做。桑吉赫的其他渔民也会这么做。那天傍晚，我沿着防波堤往北走，经过数十艘大大小小、停在吃水线以上的蚱蜢船，中途遇到一名刚刚入港、正要把渔船拴在椰子树上的渔夫。我问他："收获好吗？"渔夫容光焕发地说："抓到七条金枪鱼。"我又问，我能不能瞧一瞧那些鱼？他伸出下巴指着大海说："来不及了，我已经卖给那边的人了。"

"那边"是指菲律宾南部重要港市、当地人简称"桑将城"的桑托斯将军城（General Santos），那里的鱼价是桑义赫岛的三倍。这名渔夫前往菲律宾卖鱼，在当地属违法行为，为了掩饰自己的国籍，便随身携带一面菲律宾国旗。他拿出那面旗子给我看了一眼，就把鱼价算给我听：他抓了七条鱼，每条约四十五公斤重，他去一趟菲律宾要多花一百万卢比的油钱，而且光是单程就得在海上多航行十六七个小时，但是把金枪鱼卖到菲律宾，一趟下来可多赚一千六百美元。"我若不去那边卖鱼就是傻瓜，印尼在这方面很丢人，这个国家不肯给渔民更高的价钱，反而损失了一堆收入。"渔夫说。

印尼鱼商除了为出口许可伤脑筋之外，还得首先应付当地的文书工作。"在菲律宾，你只要随时把办事员从床上叫起来，他会马上穿着短裤帮你打好三行字，你就得到需要的文件了。"一位印尼批发商说："在这里，我们得等到星期一早上，而且从8点就坐在办公室等，直到11点穿着制服的办事员出现为止，这期间鱼价一直在下跌。"他表示，更重要的还是基础建设。菲律宾有一座日本人出资兴建的金枪鱼出口专业加工港，许多民营企业也建造了码头和自有冷藏工厂，出口商还会包下从桑将市起飞的货机。"渔船停靠码头后，他们会直接把鱼送进冷藏库并填好文件，然后就运往东京。"印尼批发商说。

印尼确实欠缺安全稳定的基础设施，虽然它是全世界最大的群岛国家，不过世界经济论坛指出，印尼的港口基础建设在一百三十九个国家中排名第一百零四，连瑞士、津巴布韦、博茨瓦纳等内陆国家都有直达某些海港的交通施施。另外，印尼的道路、空运和电力设施也很差[1]。

地方自治引起的自我之争，也是基础建设受阻的部分原因。由于各县负担不起港口或铁路等设施的巨额投资，因此需要共同集资始能完成建设，但没有一位县长想拿出县政府经费用来兴建可为其他地区提供就业和耀武扬威的港口，省长们也无法贿赂这些县长推动建设，因为省政府本身经费也不足。

中央政府在草率拟定的总体经济计划中，梦想着未来二十年印尼基础建设所需的经费将有一半（约九百亿美元）来自民间投资者，却未考虑一项事实：印尼只有规避责任的司法制度以及反复无常的出口规定和价格限制，这些制度和规定固然可为政客带来选票，但几乎不可能使企业获利。我旅游印尼期间，曾多次乘坐小巴士往来于各城市之间，那些巴士从甲地开到乙地总会消耗不少油料，因为它们往往为了多载几名客人，而在市区多绕一两个钟头。由于政府

1　2011年一份针对印尼十九省共一万两千四百家企业所做的研究显示，东印尼企业每周平均遇到四次停电、两次停水，西印尼企业遇到停电、停水的次数虽然少一半，但依旧经常发生。——原注

补贴油钱，印尼人加一公升汽油只要四千五百卢比，因此巴士司机不太需要担心他们消耗的油费可能超过他们多赚的车资[1]。

印尼家庭缴纳的电费也低于发电成本，住在二十四小时供电区的民众似乎没有关电视的习惯，卧室、客厅、走廊的电灯也经常整夜开着。政府通过能源补贴政策，将五分之一的国家总经费送进了拥有汽车、空调、微波炉的中产阶级口袋。然而每当市政府提到要涨油价时，民众就上街重演 1998 年的事件——当时一场反对油价上涨的示威活动，演变成全国抗议行动，最终导致苏哈托下台。面对这种情况，还有哪家民营企业愿意进入市场？

民营企业保持谨慎不是没道理，因为打从荷兰东印度公司的贸易商进入印尼以来，政治当权者便长期干预印尼诸岛各项生产及贸易活动。殖民政府固然容许民营企业经营大农场，但是农场可生产何种作物、以多少价格收购，完全操之于殖民政府手中。苏加诺当政时代，也力图以宪法削弱民营企业的经济角色。[2]苏哈托时代情况好一些，虽然他是典型的父权式领导者，却选择把经济大权交给一群打算破除官僚作风的专才。不过从官场文化看来，印尼官僚始终认为他们有权任意干预市场。

2013 年初，民族党官员为了讨好农民，曾公布一份禁止印尼进口的大量蔬果（包括大蒜）名单。假设该名单拟定者跟任何一位农民或进口商交谈过，可能会发现印尼每年只生产一万三千吨大蒜，却要吃掉四十万吨，但他们连这点基本功课都没做。该禁令实施两

---

1 2013 年 6 月，印尼油价涨到每公升六千五百卢比，一年大约替政府节省十三亿美元支出。世界银行估计，印尼政府一年仍须负担一百八十亿美元的油价补贴，后来卢比大幅贬值，导致油价补贴经费大增。——原注
2 该条文一向颇受重视，例如 2004 年，印尼宪法法庭废除了准许电力公司私有化的法令，主张为了全民利益着想，国家必须保留电力部门的控制权和经营权。——原注

周后，国内大蒜价钱翻涨了三倍，结果是：少数农民欢天喜地，数千万名家庭主妇愁眉不展。

有些商人看不惯同行老是埋怨政府管太多，于是干脆自谋生路，艾德就是个例子。他是出生于龙目岛的印尼华侨，职业为锁匠。我和杰若米去参观松巴岛马术竞赛，发现摩托车钥匙不见了之后，前来搭救的警察就是把我们送到他的锁行门口（见第三章）。艾德住过泗水、巴厘岛以及远在巴布亚省的碧雅克等地，也曾经与非洲的马达加斯加岛做过香草贸易，把丁香卖到全世界。"想在印尼做生意很容易，只要你有生意点子，就可以直接创业。"艾德说。

那各种相关手续、执照、费用该如何应付？"那些事等以后再来处理。"艾德说，刚创业时如果有人要求他出示执照，他只要向对方解释，该事业还在尝试阶段，不知道能否成功，就可以把事情打发过去。万一对方不接受这说辞，他只要拜托管事的人即可取得各种所需执照，"这样大家都不敢有意见"。2012年初，我曾在机场巧遇一位经营潜水度假中心的朋友，当时她正准备去处理度假中心建筑执照的问题，我问度假中心要扩建吗？她说不是，这次只是去帮六年前盖好的房子申请执照。

艾德是西松巴岛唯一的锁匠，他说如果当地发生盗窃案，警察多半会来找他询问最近是否有人到他店里来打钥匙。除了经营锁行，他会趁当地市场缺货时进口丁香，还会修理电冰箱、收音机，另外兼卖渔网、纸尿布、芬达汽水等杂货，而且他是西松巴岛唯一拥有枪支及弹药贩卖执照的人，所以杂货店墙上还挂着一把来复枪。

"想在印尼赚钱，只要找到别人不做的生意就行。"艾德说，这让我想起某些印尼小城的商家总喜欢互相抄袭、做同样生意，例如瓦伊卡布巴克每三家店就有一家帮人洗照片，连市场对面的小裁缝师也以此为副业。所以我离开瓦伊卡布巴克以前，并没有在当地加洗我答应给朋友的照片，心想可以等抵达下一个城市再说，却万万没想到下一个城市只有一堆药店，一家照片冲印店都没有。有些地方则是三步一家水果店，五步一家美发廊。艾德说："印尼人一看到某个生意很好做，就只会一窝蜂照抄，不太了解市场饱和概念。"

渔夫忠奇的母亲伊丽莎白想去雅加达探望孙儿，却和多数印尼人一样不敢独自旅行。某天晚上，我坐在她的摊子前面喝茶时，她向我宣布："我们一起去雅加达。"

我压根儿不想去雅加达，但伊丽莎白意志坚决："你从那里来，我想去那里。我们有同样的名字，而且你奶奶烤的饼干跟我烤的一模一样，所以我们应该一起去雅加达。"于是忠奇帮我们订了船票和机票。

离桑义赫岛最近的机场在美娜多，我们搭乘夜间渡轮前往该城。"圣玛莉号"上方甲板的舱房看来非常舒适，下方甲板则挤满了铺位，甲板后方有一堆存放金枪鱼的泡沫冷藏箱挡住了进出公厕的通道。

伊丽莎白和我并肩躺在卧铺聊天时，她告诉我，她渴望见到的孙子"其实是我儿子"。

我对印尼错综复杂的家族关系早已见怪不怪，还记得有位朋友才为她母亲举行过丧礼，几个星期后又介绍我认识另一位在世的妈。不过，当我得知伊丽莎白的孙子也是她儿子时，下巴还是差点掉下来。

她看见我吃惊的模样连忙解释说："不，我的意思是，他不是我真正的儿子，是他把自己当成了我儿子。"伊丽莎白曾在这位孙子刚出世的时候去过雅加达。"但是他爸妈都得工作，我可怜那孩子，就把他抱回家了。"那时这孙子才五周大，八岁以前一直跟着伊丽莎白住在桑义赫岛。

我们抵达美娜多机场后，伊丽莎白茫然无助地站在电扶梯下，说什么都不敢踩上去。尽管她到过外地，也搭过飞机，还住过雅加达的儿子家，却依然对现代化设施感到恐惧。我能体会她的心情，城市的生活步调对她来说太快了。而我在生活悠闲的印尼小城漫游了五个月后，也再次感受到重返雅加达带来的震撼。

第九章

一页沧桑史

我回到雅加达第一天，就去参加艺术家朋友阿里芬（Renjani Arifin）的雕塑展开幕式。画廊位于一栋大理石铺面的新潮购物中心，展场中有一群七岁小朋友在把玩新问世的 iPad，还有一群我行我素的雅加达名流捧着酒杯随意走动、互送飞吻、轻声细语，身旁站着几尊姿态暧昧的女孩或妇人裸体石雕，每座雕像都抱着泰迪熊若有所思地凝望着虚空。一位策展美女向我抱怨，她花了快一小时从一两公里外的新建豪宅区旁多克英达赶过来。"你从哪里来？"

我说："桑义赫岛。"美女一脸茫然，她和许多印尼上流阶层一样，去过巴黎、纽约、墨尔本和曼谷，却从没到过爪哇和巴厘岛以外的印尼，也从未听说过桑义赫岛。我刚开口向她描述某位渔夫在小渔船上的生活，就发现她眼神呆滞，于是赶紧闭上了嘴巴。

开幕式进行到一半，雕塑家的弟弟鲁威硬拉着我到楼下的纸杯蛋糕摊逛逛，摊子老板是我另一位朋友南琪。鲁威花四万五千卢比买了三个纸杯蛋糕，如果是在印尼乡下，一个纸杯蛋糕只卖一千卢比，差别在于乡下蛋糕没有堆上一圈圈粉红和紫色的奶油糖霜，也

图 I：亚齐省

泰国

安达曼海

马六甲海峡

班达亚齐　　实格里　司马威

唐塞村　　　　　　　伊迪

塔肯贡　　　兰沙

亚 齐 省

米拉务

棉兰

雅加达出发

苏门答腊岛

诗地加兰

辛吉尔

班亚克群岛

哈拉班

北苏门答腊省

尼亚斯岛

前往巴东

印 度 洋

西苏门答腊省

西比路岛

北

（单位：公里）

0km　60km　120km　180km

没有撒上一粒粒小小的银色星星糖。

南琪是建筑师，以经营蛋糕摊为副业。她换了个怪异的新发型，还染成黑白两色，脑袋一边头发剃得精光，剩下的头发畸形地歪向另一边。纪录片制作人多蒂站在她旁边，下身穿一条蓝色紧身裤，上身套一件宽松蜡染衣（那上衣当夹克稍嫌过长，当洋装又嫌太短），一只向外勾着的手臂挂了个圆鼓鼓的手提包，包包中间有颗圆球装饰了几朵花瓣四散的白色皮雕花。

我试着想象阿多纳拉岛的咸鱼妇对南琪和多蒂的穿着会有什么观感，她们肯定从未见过紧身裤。如果多蒂跑去印尼东部的布敦岛为当地捕鱼小区拍纪录片，应该也会像我一样只穿卡其裤、背着黑背包，被当地人误认为非政府组织成员、研究者或人类学家吧。

我发觉我和雅加达变得格格不入，难以在短时间内转换角色，重返穿着高级套装交际应酬的生活形态，于是只在雅加达停留了三十六个小时，便搭机前往北边的苏门答腊岛。

挥别雅加达之后的下一站，是位于苏门答腊西北角的亚齐省。当地适逢选举季节，正在举办省、县、市长的竞选及民调活动，我熟识的留美人权律师伊布拉罕（Nazaruddin Ibraham）打算参选司马威（Lhokseumawe）市长，并邀我出席竞选活动。

亚齐省居民笃信伊斯兰教，严守教规的妇女必戴头巾，虽说非穆斯林女性不见得非戴不可，但我认为入乡随俗是一种礼貌，于是在雅加达买了两条包头丝巾，便直飞苏门答腊第一大城棉兰。到了该市以后，我又转搭巴士途经几个建设得整齐完善的东北海岸城市。先前在印尼东方各岛旅行时，我曾看到某些县市插着庆祝成立四年、五年或十年的旗帜，不过北苏门答腊省（与亚齐省相邻）曾受荷兰统治，有些行政区历史悠久，当我骑着摩托车行经朗凯特县的时候，发现该县已经在庆祝两百六十二岁大寿了。朗凯特县与亚齐省交界处立有许多大广告牌，原有的肥料和农药广告已换成了呼吁民众支持正副县市长候选人的海报。大多数的海报上都有一对竞选搭档的照片，两人各戴一顶象征贵族身份的精致的金色小圆帽。某位候选人找不到竞选搭档，干脆给海报留了张空白照片。亚齐省现任省长优素福（Irwandi Yusuf）打算角逐连任，在海报中大量采用所属政党的代表色——橘色，但我看到的多数海报却是以红与黑为主色，代表印尼第一个合法宗教政党——亚齐党（Aceh National Party），该党系武装组织"自由亚齐运动"（Free Aceh Movement，简称"亚独"）的支派。1991年我在亚齐省采访时，曾听说誓死反抗印尼政府的亚独领袖正流亡瑞典，因此很难理解这些反叛人士现在为什么想出来竞选政府官员。

亚独是一个分离主义运动，由常驻美国多年的亚齐商人迪洛（Hasan di Tiro）以各种不同名义发起。1976年，迪洛返回印尼并自称亚齐国领导人，同时指派多位亲友担任内阁成员，不过他成立亚独之后，旋即遭到雅加达政府强硬镇压。迪洛在回忆录中提到，苏哈托派兵清剿他以前，他曾在当地丛林隐居两年，专心读尼采哲学、听古典音乐、写爱国剧本。

1979年，迪洛逃出印尼并流亡瑞典，亚独骤然销声匿迹，十年后才重出江湖。这期间，迪洛暗中安排一批伺机而动的青年前往利比亚接受游击训练，1989年才潜返亚齐，因此没有人知道这些分离主义者正密谋展开新暴动。

当时，我在雅加达路透社看到了麻烦将至的先兆。因为印尼安塔拉新闻社（Antara）报道亚齐乡下军警岗哨遭到小规模突击的消息，于是我赶忙冲去军事发言人努哈迪将军的办公室外堵人，请他评论相关事件。我问他，那些发动突击的分离主义叛党是否打算脱离印尼独立？他声称："叛党？胡扯！他们是普通罪犯！"不过他也提到那些人在从事"扰乱治安活动"[1]，等于在暗示他们比普通罪犯更有组织。几个星期过后，他始终无法解释政府为何搜捕了那些"普通罪犯"，并以从事颠覆、分裂活动为由将他们送审，也没有解释印尼新闻部主管们为何不让记者前往亚齐省采访。

1990年7月，我曾在一场鸡尾酒会中面带微笑、大摇大摆地走到印尼国防部长穆尔达尼（Benny Moerdani）面前提出一个疑问（那时我才二十五岁，还不太了解军方）：我想去亚齐省采访，但老是吃闭门羹，是不是因为军方一直在当地杀老百姓？如今我只要想起当年印尼政府军杀人如麻一事[2]就觉得恶心。苏哈托曾在自传中坦承，穆尔达尼有权不经司法审判对犯人行刑，是个不能轻易招惹的家伙。不过，这位将军在酒会中听了我的提问后，却面带微笑地回答我："亲爱的，你随时可以去采访，我们没有隐瞒任何事情。"接下来两年，为了厘清亚齐动乱的真相，我和BBC记者克莱尔（Claire Bolderson）曾数度相偕前去采访。

当时我们难以判断谁才是攻击事件的幕后主谋，只在一封写给印尼数大报社主编的信函中，看到投书人自称是这波突击行动的指使者。那封占一页篇幅的来函充满咒骂爪哇政权、鼓吹分离主义的论调，但信中提到的反叛组织名称不一，包括苏门答腊亚齐全国解放阵线、苏门答腊亚齐伊斯兰国、苏门答腊自由亚齐以及自由亚齐。

近几个世纪以来，亚齐省的咖啡馆曾是无数政治阴谋的秘商场

---

1 印尼军方习惯将"扰乱治安活动"简称为GPK（Gerakan Pengacau Keamanan），亚齐省某些近期文件则将GPK解释为：扰乱治安帮派（Gerombolan Pengacau Keamanan），显示当地的"自由斗士"不屑采用军方用词。——原注
2 当时亚独成员遭政府军杀害者逾五千人。

所，但我们从未在当地咖啡馆听人提过上述组织的名称。一般人习惯以军方用语"叛党"来称呼这些麻烦制造者，并针对其身份提出多项理论，认为他们大多是以下几类人物的组合：在军中参加短期反贪活动而被踢出军队的不满士卒、想从大麻交易中多分点好处的流氓（大麻一度是亚齐常用烹饪食材，该省迄今仍为大麻作物生产重镇）、从利比亚受训归来的激进分离主义分子。当年令我匪夷所思的是，这个连自己名字都说不清的组织，怎么会跟国际恐怖行动训练网络搭上线？若干年后我才得知，有些反动分子确实毕业于某些中东训练营，也的确包含一些军人和流氓。

那时各地暴力事件层出不穷，我曾目睹军用卡车队闪着大灯、鸣着喇叭沿亚齐省东岸主要公路开过去，戴黑面罩的士兵在一小批浑身脏污的俘虏头上挥舞着半自动步枪，直升机在空中嗒嗒作响，路上每隔几公里设一座检查哨，守卫都是近二十岁、不断咆哮的爪哇军人。我曾问一名巴士运输兵，他们在找什么人？这位已自军中退役的司机笑答："他们在找头痛人物。"那些哨兵不但无故揍人，还强迫身份证过期的路人吞下塑料贴膜的证件。

学校里的孩子告诉我们，他们一早去上学时，再也不敢穿越农场捷径前往教室，因为常在农地里发现惨遭军人弃置的尸体。"叛党"的行径也好不到哪里去，一名在遥远山村服务的非政府组织工作人员说，她曾看到一具被反叛分子丢在路边的士兵尸体，死者衣服全被扒光，"等着喂一群苍蝇"，生殖器还被挂在自己嘴上。这位女士说："叛党会来你家门口讨饭，你不给饭，他们就向你开枪；你给了饭，他们明天还会再来，然后射杀你。要是你运气好，他们会把尸体留在村子里让你家人安葬；如果你运气差，尸体就被扔进几里外的水沟，除了苍蝇、野狗，没人敢碰。"军队和叛党罪大恶极的共同点，就是不让居民举行有尊严的伊斯兰葬礼。

引爆双方冲突的导火线，是刚从瑞典流亡归来的叛党领袖迪洛在一部著作中改写了亚齐的历史，强调争取独立的重要性。

亚齐省自古资源富庶，数百年来持续将胡椒、樟脑、黄金、蚕丝和其他物产卖给阿拉伯商人。1290 年，意大利探险家马可·波罗行经苏门答腊沿海时，曾形容当地的费勒雷契王国（Ferelech，有人认为该王国靠近今日苏门答腊东岸的司马威）是"乘船前来依穆罕默德律法使百姓皈依伊斯兰教之撒拉森[1]商人"聚集的地方。这是最早提及东南亚伊斯兰教国家的记录，不过马可·波罗也特别强调，改信伊斯兰教的当地居民都住在城里（城外山上则住着食人族，只崇拜早上醒来后见到的第一样东西）。撒拉森人与阿拉伯后裔在当地居民身上留下了印记，因为多数亚齐人都长得高大健壮，拥有光滑的焦糖色肌肤、深邃的轮廓和火红的眼珠，他们还称自己的家园为"麦加走廊"。

亚齐的富庶曾引起早期欧洲贸易商的注意，不过他们决定和平共处，未在亚齐争夺地盘。尔后相继前来攻占殖民地的英国与荷兰，曾在 1824 年签订的英荷条约中承认，当时的亚齐苏丹国是主权独立的自由贸易国家。1873 年荷兰开始戮力征服亚齐省之后，亚齐人为抵抗荷兰统治，与荷兰人展开了长达三十年的冲突，并声称这是一场穆斯林对抗异教徒的战争，导致荷兰军队牺牲了一万五千名士兵，伤兵亦达一万人。1903 年，荷兰扳回颓势，成功占领亚齐，直到 1942 年日本入侵为止。这些细节在叛党领袖迪洛的历史版本中都略而不提，仅宣称亚齐向来是打不倒的主权独立国家，绝对不能在荷兰交出政权后成为印尼的一省。他在著作中也忽略了几项事实，包括印尼攻打荷兰人时，亚齐曾请求共和政府在该省设立办事处；

1　撒拉森（Saracen）是欧洲十字军东征时对阿拉伯人与穆斯林的称呼。——译注亚齐富商曾集资为刚独立的印尼采购第一批飞机，打破印尼遭荷兰封锁的局面。根据迪洛和亚独成员的看法，亚齐必能凭借光荣、独立、不败的历史开创未来，并矢志为独立奋战到最后一刻，迪洛甚至在其自传《自由的代价》（*The Price of Freedom*）中表示："不独立，毋宁死。"[1]

20 世纪 90 年代初期，我在亚齐省巡回采访时，曾经记录敌对双方人员多起死亡事件，也曾报道亚齐省地下反抗活动以及印尼军方采取残暴镇压手段的消息，结果引起迪洛的不悦和印尼人民的公愤。我发表一系列专题报道后，军事发言人努哈迪将军立即召见我，并指责我过度偏袒叛党。当我回到办公室后，也收到迪洛亲自从斯德哥尔摩发来的传真，训斥我对叛党报道不公，因为我在路透社电文中叙述，反抗军"显然是由被部队开除而图谋报复的士兵、分离主义者以及不满现状的亚齐人所组成……（虽然）在长达一年的冲突中出现许多暴行……但反抗目标始终不明确"。迪洛在信中愤慨地表示："亚齐政治犯……被爪哇人抹黑成'没有目标的叛党'，你和路透社的先生女士们，应该为你们成为爪哇传声筒感到羞耻！"

时隔二十五年后的今天，亚齐省当年的动乱已灰飞烟灭。长达十五年的血腥屠杀史，被改写成三十年的正义奋斗篇章。亚齐省的咖啡店里很少人提起主权问题，曾以反抗斗士自居的人也不再回味往事，甚至打算在印尼政府谋个一官半职。二十年前我初访亚齐时，曾在棉兰的一份报纸上看到爪哇将领苏纳尔科（Soenarko，是大举镇压亚齐叛党的军事指挥官之一）拥抱亚独游击队前指挥官马纳夫（Muzakir Manaf）的照片，如今马纳夫有意竞选亚齐省副省长，他

1　引自 Hasan di Tiro, *The Price of Feedom: The Unfinished Diary of Tengku Hasan Di Tiro* (Norsborg, Sweden: National Liberation Front of Acheh Sumatra, 1984), 321. ——原注

的搭档也曾是叛党，两者均获得苏纳尔科的支持。我为此感到不解，觉得这情况好比以色列的某高级将领变成了真主党（Hezbollah，反以色列的伊斯兰激进组织）的竞选总干事。马纳夫不仅欢迎老敌人加入所属政党竞选团队，还宣称双方拥有共同的宗旨、愿景和目标："印尼共和国不可分割！"

我乘着巴士从更多的竞选海报前面经过时，看到几个绿色大广告牌上写着一行大字："NKRI Harga Mati！"（印尼绝不妥协！）——harga mati 的原意为"不二价"，也含有最后底线、决不让步的意味。其他的绿色广告牌上出现另一行大字："Damai itu Indah！"（和平即是美！）我不记得之前曾见过类似的标语，但2011 年到 2012 年在印尼四处旅行后，我明白这些标语的出现代表着我身处问题区域。你不会在首都雅加达、爪哇中部大港三宝垄、巴厘岛海滩度假中心、松巴岛和东努沙登加拉省等地见到这类标语，但在其他地方见到的频率越来越多，而且我发现一个有趣的现象，在居民习惯拔刀相向的省份（马鲁古、中苏拉威西、西加里曼丹）多半主张"和平即是美"，而公开表达脱离祖国意愿的地区（巴布亚、亚齐、东帝汶）较常出现"拒绝向统一妥协"的论调。

打从苏加诺击败企图建立联邦制或伊斯兰国家的对手成立共和政体以来，分离主义的威胁始终像乌云般笼罩着全国。20 世纪 50年代，若干地区起而造反，西爪哇、南苏拉威西、西苏门答腊、亚齐省的叛乱分子渴望组成伊斯兰政权与雅加达政府分庭抗礼，信奉基督教的马鲁古省也打算独立，共和政府遂派兵扫荡各地叛乱活动。苏哈托上台后，命令军方持续加强铲除异己，并采取独裁统治，导致民怨沸腾，廖内省、苏拉威西岛、加里曼丹地区、亚齐省以及巴布亚省的居民埋怨：雅加达政府偷走我们的财富，拿那些钱在爪哇铺路，却强迫我们收留大批来自爪哇的移民；我们的传统不断遭到剥夺，成为观光小册子里的陪衬品，还被强行灌输国家理念，而那些理念只尊崇虚伪矫情、唯命是从的爪哇文化，跟我们毫无瓜葛。20 世纪 80 年代末期，虽然多数地区仍对中央政府怨声载道，但只有东帝汶、巴布亚（时称伊瑞安查亚）、亚齐三地主动发起抗争活动。

东帝汶和巴布亚是在印尼独立若干年后才被纳入国家版图的，两地居民始终不愿接受被印尼兼并一事。巴布亚人认为，他们是在受骗的情况下于 1969 年成为印尼一省的，因为雅加达在该年举办获得联合国背书的公投时，只准许社区长老投票。东帝汶居民也是在毫无选择的情况下与印尼"合并"的，1975 年葡萄牙殖民者放弃这块领地后，苏哈托就直接把军队开进来，因此东帝汶和巴布亚常出现零星的游击活动。不过，亚齐在印尼独立之时已被划为印尼一省（迪洛对此表示抗议），最初的反叛活动规模和东帝汶、巴布亚的情况不分轩轾。事实上，亚齐省的省长、若干县长和多位军警界高官悉由当地人出任，不像多数省份的政、军、警高层全是爪哇人，因此和其他省份相比，亚齐省享有较多自治权，也较少抱怨印尼的行政划分，而且 1990 年亚齐省向中央政府争取到的开发经费也比其他省份多。

然而，这些事实并未阻止年轻人继续争取独立，因为迪洛告诉他们，亚齐一向拥有主权，也必须捍卫主权。在流亡瑞典人士主使之下，游击战打打停停了十五年，经费则由流亡马来西亚的同党提供。印尼军方不断给予反击，20 世纪 90 年代初双方展开激烈的武装冲突，2001 年至 2004 年梅加瓦蒂担任总统期间，军方动用了更凶残的手段对付亚独游击队[1]。

---

1 2003 年 5 月，印尼政府曾与亚独就自治议题在东京举行谈判，但双方闹得不欢而散。梅加瓦蒂旋即宣布对亚齐实施戒严，强化军事管制，印尼军队随即展开近三十年来最大规模军事行动，对亚独进行空中和地面打击。经过一年多的扫荡，严重削弱亚独武装力量，印尼政府恢复行政控制权。

2004年12月，南亚大海啸夺走了亚齐省十七万条人命，当地经济受到重创。亚独领导人（在过去十五年的战乱期间，多数领导人流亡海外，从未踏足亚齐省）终于承认，该是停止杀戮的时候了。2012年我和亚齐省居民交谈时，许多人都指着几座未遭大浪摧毁的清真寺说，海啸来袭是真主对毫无意义的战争表达愤怒的象征，但我认为那些清真寺之所以没被冲垮，是因为建造者为荷兰工程师，盖得比较坚固，或者是当地营造商在建清真寺的时候，比较不敢偷工减料或使用一般建材，以免触怒真主。总而言之，这场惊天动地的海啸悲剧，促成了雅加达政府和亚独领导人走出战场展开和平谈判，并获得平民百姓广泛支持，叛党再也不能声称印尼人只想搜刮亚齐，不给好处了。

海啸为亚齐提供了重建机会，带来七十亿美元救济金和多项营建工程，意味着亚独的领导者可承揽某些工程，让当地年轻人就业，协助游击队战士重新融入社会——这是雅加达政府和驻瑞典亚独代表于2005年签署和平协议时约定的条件之一。该协议允许亚齐省享有高于其他省份的矿、林、渔业收益，中央政府承诺每年无条件拨出十二亿美元左右的经费给亚齐省诸县政府，外加七亿美元的"特别自治费"。最重要的是，容许前游击队领导人在亚齐省成立地方政党（即亚齐党）。换句话说，早年率领亚齐争取自由、现已逐渐步入中年、从未参与印尼建设的亚独领导人有权竞选公职，这又意味着他们可从过去的敌人手中取得各种经费，雅加达政府已经知道如何收买他们。

印尼政府也对巴布亚采取笼络政策。巴布亚位于新几内亚岛西半部，2012年我造访当地时，已分割为两省：巴布亚省和西巴布亚省。这是印尼物产最丰富的地区之一，盛产金矿、铜矿，遍布珍贵硬木和多种鱼类。苏哈托当权时代，雅加达从未善尽照顾巴布亚人之责，只把他们当做是连饭都不会吃的次等生物，认为他们可以在矿场和农场干活，但欠缺自治能力，于是派出众多经理和官僚予以管辖，但这些高层人士却跟外国人连手榨取巴布亚的财富，将其送往他们的祖国，这和荷兰人在几百年前对待爪哇人的态度一模一样。

巴布亚土地刚被"并入"印尼领土时，当地人曾对雅加达政府发动了一场小规模游击战。印尼实施地方自治后，他们依然对被迫纳入印尼版图一事心存芥蒂。印尼失去东帝汶一事曾经打击了国家尊严，若再失去"爪哇厨房"（巴布亚人自嘲的说法），恐将重创国家收入，于是雅加达当局开始对巴布亚采取笼络政策，一方面继续向当地征税，一方面提供特别自治费。不过这些来自矿产、林产及其他资源开采权利金的经费，大都直接流入了巴布亚新贵阶级的口袋。

其他省份为此鸣不平，马鲁古省政府的一位部门主管曾告诉我："我们努力当好公民，结果什么好处也得不到。事实证明，只有跟杀人不眨眼的军人套交情，你才能要什么有什么。"印尼独立之初，政权完全由一小批受过荷兰教育的印尼人所掌控，现在巴布亚大部分的资源，也被一小批在爪哇受教育的巴布亚人抓在手里。"风水轮流转，从前巴布亚的财富被雅加达政府窃取，现在又被巴布亚权贵偷走。"巴布亚省会查亚普拉的一名教士告诉我，他认为那些权贵高枕无忧的原因有二："第一，大多数巴布亚人太习惯把每件事都怪到爪哇人头上，根本不会注意现实情况。第二，这些权贵非常善于拉拢可能跟他们唱反调的人。"

目前巴布亚局势仍不稳定，不过 2012 年亚齐省竞选期间，雅加达政府对亚齐的笼络政策似乎很成功。

我一跨出巴士，就看到兰沙市的市区广场旁挂着长约二十米的巨幅标语——"2012 年和平选举宣言"。民众在宣言中表示，他们想确保选举期间不会出现暴力，并促请保安队也避免施暴，签署者包括现任市长和兰沙市摩托车车友会会长等人。广场对面另有一幅该市选举委员会张贴的大海报，上面站着一位穿西装、流口水、打算角逐市长职位的大胖哥，他上衣的几个口袋飞出一沓面额十万卢比（高达两百万美元）的经费。大胖哥身旁写了一句评语："对，他不像会靠贪污偿还选债的人。"海报标题是："停止金权政治！"我从这句话可以推断，亚齐省的本土政党和外来政党肯定都会贪污，和印尼其他省份半斤八两。

我打算去拜访兰沙地方议会代理议长（当时议长被拘禁），他是我在棉兰认识的一位女士的前夫，正是这位女士把代理议长的电话号码给了我。双方取得联络后，代理议长提议："星期天我们一起吃个早餐，早上六点半在中央广场会合。"约会当天，我匆忙起了个大早，在头上包了条丝巾，就睡眼惺忪地前往碰面地点。一抵达中央广场，便听见几个巨大的扩音器传来震天价响的音乐声，还看到一名女子站在露天音乐台上喊口令："一、二，甩甩手，三、四，转圈圈。"

她旁边站着几位戴头巾、穿运动套装的女士，正动作灵活地带领民众做有氧体操。台下的广场聚集了不同身份的市民，还有一群努力跟上节拍的肥胖中年男子。我不知道代理议长是哪一位，又找不到能为我描述他长相的人，于是也跟着大家一起甩甩手、转圈圈。有氧体操快结束时，一名中年男子突然抓起麦克风，站在广场上摆出候选人的姿态说："感谢大家愿意过健康的生活，让兰沙市迈向光明的未来。"我猜他就是我要找的人，于是上前自我介绍，接着便应邀和他的一群伙伴共进早餐。除了代理议长之外，用餐者还包括他的现任妻子和七个忙着拍他马屁的人，加起来有十个人。我问其中一个马屁精，代理议长是否每个星期天早上都这么勤快跑去广场做体操？他扮了个鬼脸说："妈妈，他不是勤快，是去尽义务。"

我原本想私下和代理议长聊些地方政治，可是用餐期间始终没机会引起他注意，他不是忙着讲电话，就是跟妻子讨论某种笔记本电脑的价钱。不过，我从旁人口中得知，他认为亚齐党在选举期间会采取零星暴力行动以迫使雅加达让步，他曾表示："基本上，只要我们不要求独立，亚齐省想要什么就有什么。除了独立之外，我们的要求都能马上兑现。"不过，他也认为这对亚齐省并没有好处，只会持续依赖中央政府，让民主体制变得十分脆弱。他还指出，亚齐人老是把暴力威胁当作谈判工具的做法，恐怕会变得难以掌控。

兰沙是座悠闲的城市，年轻人骑着新款摩托车四处溜达，咖啡馆里播放的是爵士乐而非当嘟乐。我想感受一下当地青年文化，于是找到棉兰那位女士的儿子瑞萨（年近三十岁，也是代理议长的儿子）带我去逛逛。瑞萨开着吉普车来接我，我没戴头巾就离开了旅馆。车子绕到市区中央大广场时，瑞萨忽然对我说："低下头！低下头！"我立刻把脑袋埋在膝盖间，直到他说"警报解除"才把头抬起来，接着从后视镜里看到一群身穿军绿色制服的人（也有戴头巾、穿长裙的女性）将路人拦下。他们是兰沙市政府雇用的宗教警察，为了加强执行伊斯兰教规，正在检查穆斯林妇女是否戴头巾。虽然我无须遵守伊斯兰教规定。"但也没必要自找麻烦"，瑞萨说。

离开兰沙市以后，我继续北上司马威市，加入朋友伊布拉罕的竞选团队。1990 年，我曾前往该市采访，并深入报道叛党攻击一家天然气厂的故事。那家工厂每天将市值七百万美元的天然气卖给日本和韩国,大部分收益由经营该厂的美国石油巨擘美孚公司(Mobil)和苏哈托政府均分,此事激怒了叛党,于是有消息传出他们可能发动一场攻击。不过后来证实所谓的"攻击",只是该公司不想公之于世的一场安全意外。我采访完工厂回到旅馆,一进房间就听到电话铃响:"是伊丽莎白小姐吗?"是的,先生。某个似乎来自军事情报单位的声音说:"这里是英特尔公司(Intel),我们忘记把我们的万能钥匙搁在哪里了,可能是留在你房间,能不能麻烦你找一找?"没问题。"很抱歉对你造成不便。"直到今天,我始终无法确定对方是想恐吓我还是真的搞丢了万能钥匙,两种情况似乎都有可能。

从那时起,司马威的天然气几乎被汲取殆尽,经济渐入萧条。现年四十五岁的市长候选人伊布拉罕期许这座城市能够自立自强,重新站起来,并且梦想将之打造成重要工业港,从亚齐省各地引进产品在此加工,然后出口到东南亚和其他地区。他的竞选总部位于一幅巨型海报后方,海报上是他和竞选搭档站在一座新建清真寺前的照片,旁边还有一行标语:"迈向大都市的桥梁。"他是以无党身份参选的,我注意到附近所有的竞选海报中,只有他们俩没戴帽子,亚齐各地方党派候选人都戴着金色小圆帽,而且一律穿着象征善良穆斯林的黑丝绒服,连无党人士也不例外。

竞选总部空间宽敞,一面墙上有个巨大的红手印,代表五号候选人伊布拉罕,大手印下方坐着各色人等,大部分是工作人员,也有趋炎附势者。候选人伊布拉罕笑容可掬地坐在人群中,一看到我出现就迅速起身,带我进入后面的空调房,"真高兴我有借口摆脱那些黏人的苍蝇了。"他说。接下来的两个星期,我看到这些"选举苍蝇"老在竞选总部附近盘旋,谈论他们能在各市区拉到多少选票。他们擅长逢迎谄媚、招摇撞骗,还会寻找各种机会跟候选人及其幕僚握手，巴望着对方在他们手里塞一张钞票。

　　"你不可能把他们全都挡在门外，万一他们气不过，说不定就去发起'抹黑'你的活动。"伊布拉罕的竞选搭档阿布巴卡尔（Zoelbahry Abubakar）解释，"所以我们有时会给他们两万到五万卢比，有时只送他们海报或贴纸。"竞选团队只要塞点钱给他们，那些苍蝇就会转移阵地，跑到另一个竞选办事处重复相同伎俩。

　　敲竹杠的人不只是他们。有一天，竞选总部为了吸引较年轻的选民，特地邀请几位说唱歌手和喜剧演员出席一场社区集会，某位诗人也不请自来。他以亚齐古典文学形式写了一首赞美伊布拉罕的诗，一到会场便开始朗读洋洋洒洒写满五页的作品，而且每几分钟中断一次，以便说明某个复杂的比喻。其实他并非头一回干这种事，早先他已经在某个亚齐党候选人的竞选集会中朗诵过同一首诗，这次只是把诗文里的候选人名字换掉而已。不过，伊布拉罕依然往诗人手里塞了两张面额十万卢比的钞票，才借故将诗人请出办公室。

　　伊布拉罕邀请我和两名中国生意人一起吃晚餐，目的是向他们募款，用餐地点在其中一人开设的餐厅。服务员端出的菜色有辣酱焗明虾、碳烤鱼、蒜爆乌贼等。我和伊布拉罕的随行人员津津有味地大快朵颐，招待我们用餐的两位中国人只吃了点虾饼，候选人则在一旁推销政见。

　　他说民营企业是经济引擎，他当选市长后的第一要务就是简化手续、创造就业、刺激成长。刚开始，餐厅老板的表情看来有点胆怯和不耐，大概是以为伊布拉罕会跟其他候选人一样，提出"你帮我出钱，我就给你生意做"的建议，但是听了他的政见以后，就咧嘴笑了。不过他很清楚这位候选人必须胜选才能实现理想，而且无党派候选人的胜算往往不大。第二位老板对伊布拉罕说："你应该知道我们没办法赞助每个候选人。"接着两人就礼貌地向我们告退，走去另一张桌子。亚齐党的候选人和侍从正坐在那张桌子前大口吃虾，等着跟这两位财神爷进行交涉。

我曾经问一位华侨女企业家支持哪个党，她含糊其辞地回答："我的选票只有一张，可是我有很多设备，今天这个党需要跟我借辆车子，明天那个党需要找我印几张海报，我能不支持吗？"她对于通过政商关系拉生意没有太大兴趣，比较想从中取得商业信息。接着又提到，"你想了解地方政客？找个商人问就对了，我们把他们的底细摸得一清二楚"。

司马威所有候选人可依指定时间，在市内某个大型公共场所举办竞选大会。伊布拉罕不打算搞这类造势活动，因为开销实在太大，例如随便请个歌手来献唱，就得支出数千美元，另外还得购置大量T恤、头巾送给选民，还要花钱请民众穿戴这些服饰出席造势大会（这部分成本大约是给每位出席者三美元），而且总得准备一些吃的喝的。一位小巴士司机告诉我，他每参加一场集会可拿三次钱，第一次是把竞选旗子挂在车上（可得二十五美元），第二次是把参加者载到集会地点（车资为平日的两倍），第三次是在集会场所附近兜圈子制造塞车的假象（价钱可商榷）。他笑呵呵地说："他们的目的是把会场搞得热热闹闹的，你只要把车子停在可以阻碍交通的地方，然后待在车上抽烟就行，我最爱选举季了。"

伊布拉罕没有举办造势活动，而选择去市场拜票。他堆着笑脸四处与人握手，随行团队成员——包括副市长候选人、竞选总干事、各类奉承者和几名贵妇——忙着在他身后发卡片，卡片上印有"选五号，选五号"的字样。一名成员为整个过程录像，另一位成员负责拍照，事后会给照片写上说明文字交付当地一家报社，该报社则会配合他们同意的"包装形式"刊登相关"新闻报道"。在为期两周的选战中，每天请报社登一张照片和一篇三栏跨页文章，得花两千美元。除了随行人员和记者外，伊布拉罕还请了一位保镖护驾。那名戴着全罩式墨镜、穿着醒目荧光粉红衬衫的高大秃头男子，始终表情严肃、岔开双腿、交抱双臂站在街角。市场里的每个人都看到，伊布拉罕重要到需被配保镖。

当天接近傍晚的时候，我们一行人前往郊区某个渔人社区绕了几圈。身上没带一毛钱的伊布拉罕看到一名在街角摆摊的女子，就指示一名随行人员向她买几个生蚝，并交代另一名随行人员捐点小钱给一名乞丐。其他随行人员发给当地人一些竞选卡片，副市长候选人拿起卡片，指着上面的照片对大家说："我们的样子很好记，就是没戴帽子的两个人，拜托拜托，请选五号。"那些居民以为伊布拉罕会给个信封或T恤什么的，结果希望落空。在拜票队伍中垫后的我只听到有人直骂他"小气鬼"，没听到有人询问他的政见。

第二天，我参加了亚齐党在尚未落成的清真寺大广场举行的造势大会。市区内几乎每一根灯柱上都飘扬着他们的红色党旗，平板卡车和摩托车组成的宣传车队也插满同样的旗子，为了炒热气氛，车队一路按着喇叭绕行市区。集会场所附近的几条街道，全被贴满亚齐党候选人肖像的休旅车给堵住了，有些车子外面还贴着亚独领袖迪洛的黑白照，相片上的他是个戴着一副圆框眼镜的老弱绅士，照片下用英文印着一行大字"我心目中的头号英雄"。他2009年自瑞典回到亚齐，八个月后便与世长辞了。

许多包着头巾的妇女带着儿女前来参加这场集会，孩子们尽情享用现场免费供应的棉花糖，整个会场看起来像是设在军营里的游乐场，弥漫着兴奋雀跃、近乎狂热的气氛。广场上有一群身穿红白黑三色军服、头戴贝雷帽、脚踏绑带靴的亚齐党自卫队，不停地用对讲机通话，姿态高傲地在人群中走来走去，后面跟着几个蹑手蹑脚的小男生。不少民众正全神贯注地聆听几位革命英雄（亚齐党候选人）的演讲。

讲台布置得像三重婚礼会场，台上摆了一排双人沙发，三张沙发上方都有丝绸顶篷，分别坐着三对尴尬的新人：亚齐省长、东亚齐县长、司马威市长候选人，以及各自的竞选搭档。省长、副省长候选人看起来最不登对。听说野心勃勃的省长候选人是迪洛的表弟，成年后大部分岁月在斯德哥尔摩度过，外表斯文、中等体型的他也是一位乐于助人的医生。与他搭配的副省长候选人，则是容貌比较粗犷的亚独前游击队指挥官马纳夫，近年来他已改变政治立场，不仅拥护过去曾试图歼灭他的印尼军事将领，而且坚信印尼不可分割。

我在造势会场旁边的清真寺找到一个好位置写笔记，这时一名亚齐党活动分子过来与我搭讪。他看到我拿着伊布拉罕的竞选卡当书签用，便要求我让他瞧一眼。我把卡片递过去，他居然随手将卡片揉成一团扔到地上，而且非但毫无歉意，还口沫横飞地给我上了一堂课，提到无党派人士是违反和平协议的叛徒、不投票给亚齐党的选民也是自找麻烦的叛徒。接着他又迅速转移话题，邀我回家见他父母，我毫不犹豫地点头了。（后来，在给我上了一堂长长的关于捍卫伊斯兰价值观的课后，他自告奋勇要陪我去"特别浪漫"的山顶城镇塔肯刚，我拒绝了。）

他家坐落在废弃的铁道旁，面积虽小但纤尘不染。我见过他父母之后，他又为我引见住在附近的亚齐党地区组长。这位满脸胡茬、未满三十岁的组长，根据他在野战学校学到的历史版本告诉我，亚齐省是 20 世纪 40 年代共和政府的重要领地，当地富商曾为印尼民族党提供政治献金，但是主权独立的亚齐并非自愿成为新兴国家印尼的一省，并斩钉截铁地说："这点一直受到误解，那些献金只是亚齐为了表示团结而送给伊斯兰兄弟国的礼物，目的是避免异教徒制造更多问题。"接着他又强调亚齐从未打过败仗，也从来没有被殖民者成功统治过，因此亚齐必须成为独立的国家。

听到这个年轻人一字不漏地说出迪洛版亚齐史，我有点不知该如何回应。亚齐党的现任领导阶层为了牟取政治利益，已经改变了对这个历史版本的看法，但是这位年轻人的脑筋显然还没转过来。

伊布拉罕邀我在投票日前夕共进晚餐。以往我们约会的惯例是，他在约定时间开车过来停在旅馆外面，先发短信给我，然后等我从房间出来，这回他却紧张兮兮地直接走进旅馆对我说："伊丽莎白，我得请你帮个忙。"我扬起眉毛看着他。"是这样，明天上午以前我需要三千万卢比。"三千万卢比，就是三千美元，超过我三个月的生活预算，我继续瞪着他。"我的意思是，下个月我一定还钱，而且你不用一次给我这么多……"接下来，我就糊里糊涂地站在提款机前了。我看着私人账户里的存款余额：一千二百万卢比，这笔钱本来是准备救急用的。我取出一半存款，把钱塞进一个牛皮纸信封，然后交给伊布拉罕。他只点了个头，就把信封放进口袋，没有交代用途，我也没有追问。当时我心想，这些钱恐怕是凶多吉少，再也拿不回来了。后来果然被我不幸料中，而且发现他把我的钱拿去雇用学生帮忙监督投票所。

事情过后，我始终想不透自己怎么会做出这种蠢事。每次我借住在印尼人家里，总会给些"饭菜钱"（他们也总是大方接受），但我从来不敢随便为其他事情慷慨解囊。印尼人没有未雨绸缪的观念，只有财物共享文化，认为"你的东西就是我的东西"，人人都有权利分享宗族资源。只要我对他们略施小惠，他们就把我当作大家族中的一分子，而且食髓知味，老是发这样的短信骗我散财："你是大好人……我们这些升斗小民……自从出了车祸以后就……"不过，我毕竟不是财神婆，没办法资助每个人，最后只能婉拒众家请求，帮助最困难的人。然而，我却莫名其妙奉送了六百美元给一名不可能打赢选战的候选人，让他拿去支付选举监察员的工资，而那笔钱足以改善某些印尼人的生活。现在我终于领悟到为什么有些人会被选举热情冲昏头了。

次日上午，伊布拉罕和一批随行人员前往投票所投票，我也陪同前往。选务人员身上的polo衫都印着一行字："慎投选票，拒绝干扰！"选民似乎把这句话奉为圣旨，个个秩序井然地排队等待选务员查验证件，然后轮流进入夹板屏风后方给选票盖下圈印，并折好选票塞进上锁的票柜，最后为手指蘸上紫印泥，表示完成了投票义务。我的手机响了，来电者是昨天在亚齐党造势大会上与我搭讪的那位活动分子（伊布拉罕戏称他是我的"亚齐党男友"）。他同样异常兴奋。我向他发了点牢骚说我在投票所遭到冷落，因为不能投票。"那我带你去我们的投票所，我们可以帮你弄张选票。"对方说。

双方在咖啡馆碰头之后，便骑着摩托车赶去设在城东一座清真寺的投票所。那儿站了一群满脸横肉、下巴突起、架着反光墨镜、不断互相拍背握手的忠贞党员，我的亚齐党男友走进投票所说："我朋友需要一张选票。"一名党员向他点了个头，就开始查阅一份名册。我连忙表示我只是开个玩笑，并非真想拿选票，但我相信只要我开口，他们肯定会想办法弄一张给我。我待在投票所的半小时当中，看到几个突下巴男人三度捧着几大叠钉了许多身份证的邀请函走进来，他们把这些信件分发给一群朋友，那些朋友就去报到。选务员拿到他们递交的信件后，只核对收件人姓名与身份证姓名是否相符，而没有查验他们是否为身份证持有者本人。只要他点个头，递交假证件的人就能拿走选票，而那些被其他候选人花钱请来检查选票是否造假的监察员，竟然都坐在某个角落玩手机。我问一位重复投票的选民是否"已经捺印"，他马上在我眼前竖起小指，我发现他的指尖涂了一层蜡，底下还留着几滴捺过印的痕迹。

伊布拉罕竞选总部外面的投票所开票结果是，两百七十四张选票中，伊布拉罕得十票。候选人总计十一位，他得票率排名第五，为了给他打气，竞选总干事说："你是不搞金钱政治的候选人里头得票率最高的。"正如大家所料，亚齐党大获全胜，赢得了司马威以及亚齐省一半县市的选举。省长选举结果是，从斯德哥尔摩归来的胖医生（曾任亚齐海外流亡政府秘密内阁"外交部长"）和他那位满脸胡茬的搭档轻松胜出。

我对亚齐省早期和现代的历史都有兴趣，然而重访亚齐这段时间，我在当地咖啡馆里听到的故事却遗漏了很多事实，例如1978年至1989年的间歇游击活动，20世纪90年代初期分离主义者、军人和毒品贩子为取得种种利益而互相勾结，以及叛党焚烧学校、杀害老师、恐吓移民、处决通敌者、向各方榨取金钱以支持叛乱目标的恶劣行径。[1]

二十年前我在亚齐采访时，曾对一名学生和一位非政府组织工作者留下深刻印象，这次我决定设法找到他们，想了解他们对亚齐史的看法是否改变。

1990年11月，我和BBC记者克莱尔联袂前往亚齐采访时，认识了一位名叫哈纳费亚的学生。有天晚上，我们停在滨海小村伊迪（Idi），敲了唯一一家民宿的门。由于宵禁时间快到了，那扇门始终紧扣门闩没打开，我们只看到一只眼睛从一片窗帘后方向外窥望，听到一堆人躲在旁边不安地窃窃私语，接着又有几只眼睛探了

---

1 我曾亲眼目睹20世纪90年代初的暴行。据记者报道，司马威的叛党按时向该市各区索取四千美元，金额占当时国际工程承包商总营业所得5%，占地方工程承包商总营业所得20%。——原注

探外面，终于有人把门打开了。我们进去之后，发现屋里的人似乎正在为一名瘦骨嶙峋的光头年轻人庆生，这位半边脑袋裹着头巾、半边脑袋包着绷带的男孩就是哈纳费亚。克莱尔和我把行李留在民宿，趁着宵禁之前赶去市场吃晚餐，哈纳费亚的姐姐也跟来了。我在餐馆的桌上发现一份印尼新闻周刊《节奏》（Tempo），封面上印着一根冒烟枪管和"亚齐"二字，内页有篇报道对我过去撰写的亚齐叛乱、暴行和悲剧故事的真实性提出质疑。虽然这篇报道造成我和军方关系紧张，但我认为很值得，因为它在亚齐引起了许多话题。

哈纳费亚的姐姐是个老师，克莱尔与我大口啃着姜黄椰奶炖鱼排时，她一口气读完了那本《节奏》，然后一言不发地把它摆回桌上，没有对内容发表意见。直到在回家的路上才压低嗓门跟我们聊了起来："现在干教书这行实在很辛苦，不过虽然政府给的待遇不好，起码收入稳定。亚齐省大部分私立学校都是伊斯兰学校，女性很难在那里找到工作，但私立学校薪水比较高……我弟弟被政府监禁了一个月，昨天刚回来，所以他身体状况看起来很糟。他们在牢里打他，又不给东西吃。"

稍后，我们从这位老师口中听到哈纳费亚的遭遇：哈纳费亚读大学时，为了负担自己的生活费，一直在影印行打工。有一天，某位女同学来店里影印，他亲切地跟她闲聊了几句，正好被一位爱慕这女生的军人看到。军人醋劲大发，拿起步枪的枪托就对着哈纳费亚的脑袋砸下去，打得他不省人事。等他恢复意识后，他已经和其他七十个男人一起被关在一间四米宽五米长的牢房里。故事讲到这里的时候，刚才始终神情木然地坐在一旁的哈纳费亚，忽然蹲在地板上小声说："那里挤得没有一点空隙，我们都像这样生活。"他一边发言，一边像小虫似地把瘦得只剩皮包骨的四肢缩起来，然后将一只手拱成杯状继续说：“每天只能吃这么一点饭。”接着又陷入了沉默。

他被拷问了三天之后才被宣判无罪，可继续在牢里关了整整一个月。后来狱方没有为他已经化脓的头部伤口提供任何治疗，就放他回家了。当时我在采访笔记中提到，长时间遭到不当拘禁，可能“导致这个大男孩一辈子找不到工作，甚至无法举行体面的婚礼”。

二十年后的今天，我再度回到伊迪那家民宿，打算寻找哈纳费亚和他姐姐。一名妇人前来应门，我还没说明我是谁，她就抓着我的手说：“你在哈纳费亚刚出狱以后来过这里吧！”接着就把我拉到一面墙壁前，我看到墙上有张哈纳费亚穿着体面结婚礼服的照片，他已经变成一个相貌英俊、体格魁梧、有对细长的眼睛和高高的颧骨，还有两撇八字胡的大男人了，“他现在可是公共工程部的大人物”。结婚照旁边是他姐姐的相片，外头还裱着相框，“她搬去爪哇了，而且已经过世。”

这名妇人是哈纳费亚的另一位姐姐，她给了我哈纳费亚的电话号码后，我立刻拨电话过去，有点别扭地说：“你可能不记得我，不过……”哈纳费亚不但记得我是谁，而且说话口气一点也不生疏，仿佛我们只分离了两个月，而不是二十年。我们再度见面时，他脸上绽放着温暖的笑容，还捧着我的手握了好一会儿，完全不像我印象中那个头上裹着绷带、个性腼腆的瘦皮猴。分享或者只是目睹一个人的转变——无论多么粗略——都会产生一种发自内心的羁绊。他变得比较健谈，但还是习惯用近乎耳语的声音说话，就好像他仍不相信和平，就好像他说的任何话仍会在将来被用来对付他，有时，句子说到一半就接不下去了。

哈纳费亚提到他没有回大学读书，军人施暴事件结束两三年后，始终无法好好工作。"别人都觉得我没用，因为我老是昏倒。"后来他的家人经常受到骚扰，但依然锲而不舍地对军方施压，终于让攻击他的军人受到军法审判，被军队开除。

我以为哈纳费亚在遭到军人虐待后可能加入了叛党，所以现在才能够在公共工程部（是印尼政府机构当中最能捞到油水的单位）任职，因为亚独成员签署和平协议之后获得了许多令人称羡的职位。不过当我询问哈纳费亚是否加入了亚独，他面露惊色反问："我为什么要那么做？那些叛党比军队好不到哪里去！"

2000 年，印尼民选总统瓦希德极力约束军队行为，并由政府提供工作给曾经遭到军人迫害的亚齐居民，哈纳费亚就是受惠者之一。我问他是否觉得替政府工作很奇怪。"我不想记仇。"他笑着摊开手，似乎在说：这有什么意义呢？

第二个让我印象深刻的亚齐人是阿喜雅。二十多年前，年龄与我相仿、身材苗条的阿喜雅是慈善组织"儿童救助会"（Save the Children）的母婴安全计划执行者。办公地点在亚齐省东北部的山村唐塞（Tangse），据说那是当时的叛党据点之一。克莱尔与我抵达唐塞村后，发现村内聚集了大批军人，一群仪容不整的士兵围坐在咖啡摊前悠闲地喝着茶或咖啡，有人解开了上衣，有人把衣服脱了，有人穿着军靴跨开双腿，把脚架在没人坐的长凳上。他们随意将武器扔在桌上或挂在椅背上，村童们好奇又小心地在附近转来转去。那些小兵不过是二十来岁的爪哇青年，他们即使害怕跟对手在游击战中交火，也不敢流露出恐惧情绪。有位士兵一看见我们，就装模作样地抚摸自己的手枪，还亲了一下枪管，嗲声嗲气地说："她是我老婆，我亲她抱她，她就帮我杀敌。"

唐塞村坐落于布奇巴里森山脉东坡的一座山谷边，村里盖了许多长得像瑞士小屋的高脚木屋，山墙上有精致的雕刻，还有美丽的花朵、藤蔓、月牙、繁星彩绘。那些房子建在高高的木桩上是为了躲避不时泛滥的河水。向晚时分，一片粉红色的雾气飘向稻田上空，笼罩着椰子树梢。我和克莱尔在儿童救助会的食堂过了一夜，第二天我斜倚在窗外欣赏眼前静谧的山景时，突然听到一阵靴子踩踏石头的声音，接着便看到昨天坐在咖啡摊前的军人全副武装、步伐整齐地从我眼前跑过去，其中两人还挥着武器对我吆喝了两声："我们要去杀敌啦！"[1]

接着，阿喜雅走过来站到我身旁，对那些士兵翻了几个白眼就转开头去。她从来不在光天化日下批评任何事情，"这里唯一的生存之道，就是闭上你的嘴。"不过天黑以后，她和同事们会关上食堂大门小声谈论山居生活。他们痛恨胡作非为的军人，也害怕无名的叛党。"他们全是一群暴徒！"我曾听过的某个士兵衣服被扒光、口含生殖器躺在路边的故事，就是阿喜雅的同事告诉我的。

2012年我重返唐塞村后，发现阿喜雅仍住在当地。这些年来她变胖了，我上她家敲门时，她正穿着宽松的白袍在祷告，看起来更显臃肿。她请我进门后的第一句话是："以前我们都不敢聊太多事，对吧？"独居多年的阿喜雅讲话速度变得很慢，话也不多。她提到她丈夫在2000年失踪，此后杳无音讯，但她不知道该找谁追究责任。"我方寸大乱，可是又不能怪罪任何一方，因为军方和叛党可能都是祸首，如果你老想指责别人，最后只会憎恨所有的人。"阿喜雅露出无奈的表情说。当时儿童救助会已成功降低唐塞村的母亲和婴儿死亡率，由于战况愈演愈烈，该组织担心继续运营会有危险，于

---

[1] 后来唐塞村的反叛人士告诉我，政府军在当地驻扎过一段时间后，也会去叛党膜拜的清真寺朝拜以及参加叛党加入的武术团体，有时还会以无线电事先警告叛党，军队即将采取何种攻击行动。

是被迫关闭，阿喜雅摇着头说：“好可惜。”

阿喜雅从不抱怨生活太苦，而是努力谋生，替人洗衣打扫，帮其他农民种稻、收割、晒谷，偶尔为某个发展计划做评估，靠勤奋工作把独子送进了大学。“我只祈求和平，祷告我的孩子不用过我们以前那种老是担惊受怕、茫然困惑、疑神疑鬼的生活。”

我翻阅从前的采访笔记时，发现许多亚齐居民也表达过类似的想法，然而我在亚齐省的咖啡馆里却不常听到这种论调。当我和亚齐妇女一起在厨房剥菜叶、烘咖啡豆时，她们鲜少以胜利口吻提起某些打着正义旗号的光荣战役。咖啡馆则是男人们聚集在一起强化怨气、磨炼恨意的地方，他们把高谈阔论当消遣活动，某些夸张的见解往往还被写入了历史。

亚齐省省会班达亚齐，是我此行再访的城市中改变幅度最大的。当地原有许多美丽的土灰色花园小楼，2004年被无情的海啸夷为平地后，只能从一片废墟中展开重建工程。如今班达亚齐可谓是一个真正的城市了，拥有多线道大马路、秩序井然的交通环岛、光鲜气派的政府办公处，还有新落成的医院、大学以及占地宽广的超市，大众交通工具则比过去少了许多，居民生活相当富足，每家至少有一辆摩托车（印尼人认为拥有私家车是进步的象征）。整座城市变得比往日更富宗教气息，每到星期五的祷告时间，餐馆和商店一律关起门来不做生意，不过全市最豪华的高塔网吧（Tower）照常营业，继续把顾客锁在店里让他们尽情享乐。

亚齐省西岸地区也愈来愈现代化，2012年初我骑车经过海岸线时，看到压路机正在将景色优美的滨海公路最后几个路段碾平。这条公路依山而建，下方是如缎带般的白沙滩，海浪轻拍着海岸，看起来宁静祥和，然而当大海发怒时，不知会带来多严重的损害。我沿着坡度下降的滨海公路前进之际，发现海啸遗迹增加了，有片农场仍积满海水，站着许多像电线杆的枯椰子树，景象十分荒凉。翌日曙光乍现时，我被一座清真寺的唤拜声吵醒，那座清真寺已被海啸冲垮，只剩下草草架在一根高柱子上的扩音器。沿海区有成千上万的组合屋密密麻麻地紧靠在一起，几乎所有房子都面山而建。印尼人不如西方人爱恋海景，西方国家的滨海住宅往往会在浴室和厨房安装观景窗，但亚齐省西海岸居民敬畏大海，不会坐在家门前欣赏海上黄昏美景。

海边各村落的组合屋外观长得一模一样，只有一两座复合式的木房子建成传统亚齐高脚木屋样式，大多数房舍则以水泥和煤渣砖为建材盖在平地上，某一村的房子全是淡绿色，另一村则都漆着焦糖布丁色。各村落均由特定捐款机构提供救济，它们的标志就成为居民的住址。"你要找阿姆娜妈妈呀？她住在足球场边的乐施会（Oxfam）。"住宅渐渐被居民改造，不是在屋后搭个厕所，就是在屋顶装个小耳朵，但重新粉刷的房子不多。这种统一的行动就像是一种提醒：在神灵的愤怒前众生平等。

班达亚齐市中心盖了一座海啸纪念博物馆。当年亚齐省惨遭海啸吞噬后，电视台连日播放哀乐和灾难现场影像，民众从画面上看到死去的孩童，仿佛摆在玩具店里的洋娃娃般并排躺在地上；黑色的猛浪快速奔向不断升高的摄影机；巴士、住宅、树木悉数被海浪掀倒，冲向内陆；班达亚齐清真寺挺立在废墟中；船只在屋顶晃动；幸存者呼天抢地；救援人员面容哀戚；愤怒的大海从海底卷起三十米的巨浪，摧毁了一个忙碌的文明世界。

海啸纪念博物馆设计得别出心裁，几根巨大的柱子上张贴着一大片弧形格子框架，从某个角度看过去，犹如一道卷起的海浪；从另一个角度看去，又像是一艘船。参观者从柱子中间走进去后，会经过一条又长又暗、两边是黑色水墙的甬道，置身其间给人的感觉是又敬又怕。

我从甬道另一头走出来后，发现这座造价七百万美元、竣工未满三年的博物馆，墙上竟有破洞和霉斑，天花板上还挂着电线，图书馆、洗手间都上了锁。馆内有数十座反复放映相同幻灯片的讲台，一堆照片与博物馆建筑图毫无章法地贴在展示板上，旁边是摆满小人和塑料椰子树的仿实景模型。我和一群小朋友一块儿欣赏了一部九分钟的影片之后，觉得馆内陈列的对象和播放的影片，完全令人感受不出灾难带给人们的沉痛与哀戚。这座庞大的博物馆是为了纪念十七万名海啸死难者而建，然而我只在一张照片里看到一个橘色尸袋，不见任何死者遗照。

我向一名拿着扩音器为一群学童导览的工作人员提出我的感想，他只是耸耸肩说：“馆方大概是不想让参观者触景伤情。”这是个不打算帮助人们记忆的纪念堂，也是个患有严重失忆症、选择性改写历史的博物馆。细想一下，这与亚齐竟然诡异地相契合。

第十章

苏门答腊异世界

亚齐是苏门答腊的一个省，地形与印尼东部若干省份差异颇大。苏门答腊则是坐落在印尼西边的一座巨岛，如果你把东努沙登加拉省至桑吉赫群岛之间的四千一百座岛屿面积统统加在一起，也仅占苏门答腊全岛的四分之一。一座森林繁茂的山脉自亚齐省北端隆起之后，沿着苏门答腊西岸绵延了一千六百公里。山脉东边的雨林缓缓下切至东岸的平地便渐次消失，留下一大片河流交织的沼泽平原，为印尼创造了阡陌良田。

苏门答腊地形复杂，文化也多元，住在"麦加走廊"的亚齐省居民是最虔诚的穆斯林，并以此为傲。世居亚齐省南部托巴湖附近、信奉基督教的巴塔克族重视宗族传统，对丧礼和宰牲祭典的热衷程度，不下于松巴岛居民。西苏门答腊省的米南加保族当中，有高傲的穆斯林、活跃的知识分子以及会做巴东饭的厨师。苏门答腊东岸的巨港（Palembang），住着直来直往的穆斯林贸易商。这只是苏门答腊众多族群中的四种。

我从棉兰（Medan）搭乘巴士北上兰沙（Langsa）时，不但惊

图 J：苏门答腊岛

泰国

安达曼海

马来西亚

司马威

唐塞村

亚齐省

棉兰

马六甲海峡

吉隆坡

北苏门
答腊省

班亚克岛
哈拉班

新加坡

苏门答腊

廖内省

巴东

占碑市

邦加岛

布奇杜阿比拉斯国家公园
西苏门答腊省

占碑省

邦科

巨港

丹戎潘丹

勿里洞岛

明古鲁省

南苏门答腊省

爪哇海

楠榜省

雅加达

万丹省

西爪哇省

爪哇

印度洋

北

（单位：公里）

0km   200km   400km

讶地发现亚齐省到处贴满昔日叛党的竞选海报，还意外地买到一张印有座位的车票，上面甚至写着预定发车时间。我觉得事有蹊跷，因为根据我在印尼东部旅游的经验，所有巴士总是等坐满乘客才上路，没有所谓的预定发车时间。不过，棉兰的巴士果真在指定的时间出发，而且我可以舒舒服服地坐在指定的位子上。

巴士离站还不到一公里，司机便突然紧急刹车，让一个站在路边挥手的家伙爬上来，随后又捡了两名乘客。他每停一次车，助手就把新乘客塞进后车门，送行的朋友跟着递上了几袋米和几篮鸡。最早上来的新乘客一见我就笑："对不起，你不介意我……"我赶快转移目光，但已来不及阻止她，结果是三名乘客共享两张椅子。巴士继续开了数公里之后，另外一个老兄也嬉皮笑脸地挤进来，两张椅子一下子坐了三个半人，新来的乘客只能勉强挤在椅子边和一堆水泥袋之间。

印尼是个充满各种移动迁徙的国家，可我却老是遇到一群弱不禁风的印尼旅客。例如搭船的时候，船还没离开码头，他们就开始头晕。巴士乘客老爱抓着一小罐辣椒膏凑在鼻子底下闻，据说这种万能药膏可以止吐，味道像浸泡过维克斯伤风膏（Vicks VapoRub）的清凉薄荷威士忌，你只要看到乘客把它拿出来，就表示他们快吐了。从棉兰到兰沙的车程长达十四个小时，最早挤进我座位的太太一上车就猛嗅辣椒膏，然后默默拿着塑料袋吐个不停，呕吐声淹没在车厢喇叭传送的当嘟乐中。

如果不想搭乘这类长途巴士，可改搭各种短程小巴士（苏门答腊北部居民习惯称之为"L300"，因当地大多数司机都开这种三菱车型），不过小巴士临时停车的次数更多，还会绕一大段路把乘客送到家门口或者让他们去亲戚家取包裹。一部载客量十一人的小巴士，往往挤了十八个人，因此最好能抢到车头的位子坐在司机旁边。

坐前座的好处是能欣赏风景，不用老盯着某个乘客的后脑勺或缀满亮片的头巾。司机为了保有自己的空间，很少让两名以上的乘客坐到前座。他们对巴士行驶区了如指掌，而且十分健谈、消息灵通，能提供各种建议，有时还会帮熟识的民宿提供送货上门的服务。坐在前座的另一个好处是：我可以很有技巧地假装翻找提包里的东西，趁机把汽车音响的音量关小。有时候，司机会容许我插上随身碟播放我带来的音乐，我很快从乘客的反应看出来，他们不爱西方摇滚乐，但绝不放过佛朗明哥舞曲或古典乐。

坐在前座观察司机的一举一动，也是件好玩的事。有一回，我们的司机在七弯八拐的单线公路上把车子开进一个急转弯时，随手点了根烟叼在嘴上，并开始剥一颗蛇皮果。这水果形状像泪滴，里面是白色的蜡质果肉，外面是难剥的棕色脆皮，不过这位司机先生驾驶技术超群，只需将前臂扣住方向盘，就能空出双手剥果皮。他载着我们连绕了几个急转弯，不但一路谈笑风生，还不时表演以左手换挡、弹烟灰、接手机，用右手肘控制方向盘的绝活儿。

一天下午，我站在司马威市的马路边向一辆 L300 挥手。巴士停下后，我问英俊的八字胡司机大哥能否载我去实格里（Sigli），他二话不说就让我坐进了前座，并自称东古哈吉。我很好奇他怎么会取这种令人肃然起敬的名字，因为"东古"是对饱读伊斯兰教经书者的尊称，"哈吉"是指去过麦加的朝圣者，取这种名字就像给自己封了爵位。五十五岁的东古哈吉留个小平头，戴着一顶绣了金线的白色小圆帽，一路上神情愉悦地和我聊着政府无能、选举活动、油价可能调涨的话题，还请我吃了油炸香蕉片（他嫌我太瘦），最后才问我为什么去实格里。

我说我只是要去转车，下个目的地是唐塞村（当时我打算去那儿寻找分别二十年的非政府组织职员阿喜雅）。东古哈吉宣称："我们在这里相遇，是真主的旨意！"因为我拦车的地点每天有几百辆巴士经过，但只有两辆开往唐塞村，其中一辆就是他的。巴士离开大路向西穿越了一片稻田，周遭山脉上方的云朵转为红橙色，山谷中的几座清真寺传来此起彼伏的晚祷唤拜声。巴士开进唐塞村时，群山已被染成灰紫色，天上点缀着一两颗星星。东古哈吉问我打算在哪儿过夜，我问他推荐哪家民宿，"民宿？唐塞村没有民宿。"

无语。

"你跟我回家怎么样？"

无语。

我并非不想领情，但"凡事点头"的原则不见得适用于每个地方。姑且不论这位司机大哥是不是虔诚的穆斯林，我总觉得在这个与世隔绝的山村里接受这种邀请似嫌不妥。

于是我说："非常谢谢你的好意，但我觉得没有必要，麻烦让我在非政府组织食堂前面下车。"东古哈吉听不懂我在说什么。"唐塞村没有非政府组织，你还是跟我回家吧。"

他转过头来看着我，我赶紧把眼睛移开。他忽然哈哈哈地猛拍方向盘说："唉呀！我不是那个意思，妈妈。"接着他就解释他是唐塞村的外地人，老家在碧罗恩，但他老婆是土生土长的唐塞人。"你还是跟我回家吧，她知道该怎么办。"

哈蜜姐妈妈果真知道该怎么办。她在客厅地板上摊开两张地毯，铺上我的睡垫。"这是你的床。"那两张地毯先前出借给当地清真寺，用来迎接大驾光临的现任亚齐省省长优素福，当天才从干洗店送回来。"你知道，你来我们家过夜，是真主的旨意。"哈蜜姐妈妈说。

我就这样认识了尤芙莉姐。她是哈蜜姐的女儿，也是东古哈吉的继女，夫妻俩都是再婚。我们到家时，尤芙莉姐坐在前厅的一张红轮椅上。哈蜜姐把我介绍给她父母认识——父亲是个相貌威严的

高大男子，五官有点像阿拉伯人，母亲有张又扁又圆的布丁脸，还
有一张染着槟榔汁的血盆大口和一对闪烁猜疑的小眼睛。没有人向
尤芙莉妲介绍我是谁。

于是我主动跟她说哈啰，她也跟我打了声招呼，虽然口齿不清，
但还可以听懂。她生了一对异常明亮的眼睛，脸上绽放着开朗的
笑容。

布丁脸婆婆对我说："别理她，她是个废人，你只要给我们一
点钱就行了。"

尤芙莉妲闷不吭声地坐在轮椅上，两只脚畸形地扭向内侧，右
手僵硬地搁在胸前，左手向上弯成钩状紧贴着身体。过了一会儿，
哈蜜妲才一边爱怜地抚弄她的头发，一边正式介绍她："这是尤芙
莉妲。"然后当着尤芙莉妲的面向我诉苦，说她照顾这个从小残障
的三十岁女儿——喂她吃饭、帮她洗澡、抱她上下马桶——有多
累人。

那天晚上，我没有打扰尤芙莉妲。大部分时间，她只是静静地
坐在轮椅上。如果她开口说话，我只能听懂一点，原本以为她在胡
言乱语，后来才知道她说的是亚齐话。

第二天，我跟着哈蜜妲和她父亲去种可可。这位老先生高龄
八十六，但身体仍十分硬朗，能扛着五十公斤的肥料健步如飞地跨
过田地。我们回到家后，几位住在较远村落的亲戚顺道过来问候尤
芙莉妲，双方态度都很别扭。我知道尤芙莉妲心智完全正常，只是
还没有时间好好认识她。

傍晚的时候，我想到村子里走走，顺便去拜访那些亲戚，于是
邀尤芙莉妲同行。尤芙莉妲兴奋极了，她外婆却吓得拼命摇手对我
说："不可以！她从来没出过门，会丢人现眼的呀！"

我问尤芙莉妲是否觉得跟我出门散步很丢脸，她猛摇头说："不

会！"咬字清晰，态度坚决。

哈蜜姐笑着说："好吧，如果你想去看亲戚，那得好好打扮一下。"接着她就帮女儿换上干净的衣服，还为她梳头、抹粉、搽口红，直到我说她把女儿打扮得太老气了才罢手。

我和尤芙莉姐凑成了一对奇怪的拍档：一个是皮肤粗糙、裹着头巾的白种妇人，一个是细皮嫩肉、坐着轮椅的亚齐小姐。我一边咒骂一边道歉地推着轮椅在凹凸不平的石子路上行走，从头到尾被颠来颠去的尤芙莉姐不仅毫无怨言，还充满笑容。事后哈蜜姐把我拉到一旁说，我走到不平的路面时，应该把轮椅打斜，将重心放在后轮。"是尤芙莉姐要我向你解释的，她认为如果她亲自告诉你，可能会让你心里不舒服。"

第一天出门散步时，村民们看到我们经过时都瞪大了眼睛，但我们始终神色自若地向大家问好。到了第三天傍晚，他们一见我们出来走动，也会主动与我们寒暄了。

翌日，我和哈蜜姐一起坐着摩托车行驶了大约四十公里，来到一个河畔村落贡邦。我曾听说这一带有不少私采金矿的工人，特地前来一探究竟，但真正的目的是想找哈蜜姐一块儿出游。这天风和日丽，我们爬到平原附近的稻田上方，看到一条奔腾不息的河流冲刷着谷底的灰色岩石，在马路和悬崖之间切割出一道峡谷，悬崖一边是寸草不生的岩壁，另一边则是长满绿色爬藤的峭壁。我们经过一座垮掉的吊桥附近时，发现桥上只剩两根高挂在峡谷上方的铁索，一名背着书包的女中学生和一个穿着校服的小学男生，还有两位背着婴儿的年轻妈妈，正手抓着上面的铁索，脚踩着下面的铁索走在半空中。

峡谷上有家餐馆，我们在那儿有说有笑地喝了杯咖啡。就像她的女儿一样，哈蜜姐拥有明艳动人的笑容，是个坚强、自信、果决但不专横的女人，我在餐馆里听到了她的故事，了解到她有多么坚强。哈蜜妲说，她和前夫育有尤芙莉妲和另外两个孩子，不过这老公一无是处。"他曾经偷军车拿去卖，结果把钱都赌光了，被军队逮到以后，根本还不出钱来。"他一度抛下妻小失踪了两年，后来哈蜜妲发现他早就娶了另一个老婆，还生了一堆孩子。当然，他从来没有帮忙照顾过尤芙莉妲，哈蜜妲学会一切靠自己。她在班达亚齐住过，海啸来袭时，她匆忙抓着无法动弹的尤芙莉妲爬到海水淹不到的地方，可是家却毁了。"海啸带来的好处是，我们终于得到非政府救助组织送的轮椅。"

为了照顾女儿，哈蜜妲曾向印尼社会福利部求助多年，唯有这次获得了外界的帮助。我问她尤芙莉妲是否上过学、有没有接受过复健和语言治疗？都没有。于是我提醒她，尤芙莉妲看起来性格开朗、喜欢社交，只要她多给女儿一点支持，尤芙莉妲或许就能拥有更独立、更充实、更有趣的生活。"毕竟，她心智没有残缺。"我说。

平常反应机灵的哈蜜妲默默注视了我好久又望着别处，然后平静地说："对，她心智没有残缺。"

第二天，一群村妇过来教我做亚齐蛋糕，尤芙莉妲看我笨手笨脚努力模仿她们揉面团的样子，笑得乐不可支。我问她，我哪里做错了？她说我把面团揉得"太薄了"。

一位马脸邻居大概是想替我找台阶下，立刻皱起长鼻子告诉我："她只是个残障，连吃东西都得靠别人喂她，你别以为她知道怎么做蛋糕！"

我正打算回应，哈蜜妲突然压低嗓门、口气冰冷地插进来说："她心智没有残缺。"

马脸邻居愣住了，似乎生平头一遭听说身障、心障是两回事，接着就告辞离去。哈蜜妲在邻居太太跨出大门时，又强调了一遍："她心智没有残缺。"

后来，我在加里曼丹认识了一名专为残障人士提供免费复健治疗的年轻荷兰志愿者，她认为印尼父母在思考如何照顾残障子女时，所面临的第一个障碍是宗教信仰，他们会说："这孩子是真主派来考验我的，我必须无怨无悔地承担这个包袱。"第二个障碍是，对生下不健全的子女感到羞耻（是不是我做了什么坏事而遭到天谴？），因此不敢让别人知道家有残障儿。第三个障碍是，担心这些子女接受治疗得花很多钱。最后一个障碍是，许多父母压根儿不知道子女可以接受治疗。

我认为她的说法固然有部分属实，但不能完全套用在哈蜜姐身上，因为她曾经设法为女儿求助。尤芙莉姐和许许多多印尼残障人士面临的最大挑战，是遭到邻居和亲人鄙视（例如马脸邻居和她外婆的态度），某些上层社会人士也不想和这些异类打交道。

在旅途中，我总是尽最大的努力同当地人打交道，但在苏门答腊的诸多小岛上，我还是栽了跟头。班亚克群岛（Banyak）严格说来是亚齐省的一部分，但居民都讲马来语，岛上一位警长自称："我是从亚齐省来的外地人，不算本地人。"

这位警长谴责当地渔夫短视近利，说他们经常把接了根管子的老式空气压缩机装在独木舟上，然后吸着压缩机打进管子的空气潜入深海，把氰化钾洒在龙虾、鲈鱼和其他昂贵鱼类身上。自2004年起，这种毒鱼技术已被列入违法行为，但依然广被采用。氰化钾的毒性会导致鱼群昏迷，渔夫活捉它们以后，可卖给海鲜餐厅放进水族箱，不过残留在海水中的氰化钾会被洋流带走，杀死大片珊瑚，破坏鱼群以及龙虾、海参等珍贵物种的栖息地。"我实在不知道该如何向他们解释那种行为有多笨。"警长摇头叹道。

这些渔夫的做法不仅可能破坏未来生计（鱼群都被毒死了），往往还会得潜水员病，有些渔夫曾在海底昏迷，还有两人因此丢了性命。遇见警长的那天早上，我听说住在隔壁哈拉班镇（Halban）[1]的一位妇人被鳄鱼吃了，提起此事的家伙还兴味盎然地说："吃得只剩下头盖骨。"

警长点头接腔："放心，他们打算请个巫师去捉那条鳄鱼。"他还向我说明，那位鳄鱼召唤者会前往妇人受害地点，把一根圣矛钉入地下，这样就可以召集到一群鳄鱼，好让它们指认把妇人吞下肚的不肖同类，等到巫师逮住那个凶手之后，其他鳄鱼就继续回去吃鱼，做自己的事。

我以为刚才还在痛骂当地渔夫短视愚昧的警长，应该不会相信某个巫师具有召集鳄鱼的特异功能，于是问道："这么做有用吗？"警长说："噢，当然有用，除非那巫师是骗子。"

我决定去哈拉班找那位鳄鱼召唤者聊聊。一艘小船从一座乌龟观察站开过来，船上载着两名沉默寡言的荷兰志愿者。虽然天气十分恶劣，但是船夫照常开船。我上船以后，船夫拿起一只旧拖鞋，扯下一小块橡胶塞住一个漏水口，便载着我们驶过波涛汹涌的海面。

我的黄色雨衣抵挡不住水花四溅的大浪。志愿者看起来狼狈不堪。"在爱尔兰，我们称这种天气'坑坑洼洼'。"我假装开心地大声吼道（为了盖过引擎和海浪的声音）。荷兰人默默地点头之后，他第一次开口说话："在荷兰，我们叫这种天气'狗屎'。"

我们花了快两小时才抵达哈拉班。我在船上老想着万一我淹死在这里，不知要过多久才会有人发现我。上岸的时候，我浑身发冷，

1　哈拉班位于班亚克群岛中最大的图昂库岛（Tuangku）。

双手麻木得差点抓不住旅行袋。我把湿透的头巾牢牢夹在头发上，便拖着旅行袋走向泥泞的街道。经过哈拉班唯一的咖啡店时，店里的顾客都默不作声看着我，没有人问："你从哪里来？"没有人说："你好。"只有一排人瞪着我。

我找到一家民宿，老板娘来自尼亚斯岛（Nias），为人十分亲切。她似乎把我看成了呆瓜，跟我说话的速度超慢，而且是一字一顿地说，还不时夹几个英文单词："You mandi dulu, habis itu you lapor diri, baru kita eat rice.（你洗完澡以后，先去向警察报备，再回来吃饭）。"她怕我听不懂最后一句，还刻意比了个把食物舀进嘴里的动作。

我洗完澡，顺便把干衣服从湿漉漉的旅行袋里挖出来之后，就走去民宿前面的街道，坐在一顶帆布篷下，旁边一张长凳上躺着一位警伯。苏哈托主政时代，政府规定凡是待在印尼乡间的外国人都必须向警方报备。亚齐省在2005年结束多年动乱以前，也一直维持此项惯例。因此我在印尼旅游期间，只要借住在偏远地区的村民家中，也会自动找警方报备，以免引人猜疑。这么做还有个好处：警察通常是提供地方八卦的好来源。不过，此刻躺在长凳上的那位警伯显然不打算登记我的名字，只顾着一手猛挠肚皮，一手忙发短信。我向他道晚安，他始终不理不睬。在某种程度上，这是种解脱，因为我无需和别人闲聊当天的热门话题：鳄鱼召唤者和海龟蛋的被盗。

说实话，在路上的七个月使我对"凡事点头就对了"和"当然我愿意在风暴天乘坐一艘漏水的船"的旅行体验有些乏了。我不想自讨没趣，于是也拿起手机发了条短信，向雅加达一位作家朋友发牢骚："我该如何理解印尼这个国家存在的意义？"他回复道："那是编辑的工作。"

我翻动电子邮件时，看到有几封信要求我为巴布亚的艾滋病医疗服务提供可行的政策建议，另一封信的内容是：伦敦某杂志编辑希望我写篇印尼时事短评，还有一封信来自当初委托我写这本书的伦敦编辑莎拉。

信上说，她要辞职了。

这消息来得实在太突然，我立刻紧张地想到我的书恐怕会成为孤儿、我得单打独斗地应付后续工作，愈想愈觉得难过，泪水跟着涌上了眼眶。

但我不想坐在这个没有人情味的小城当街啜泣，于是连忙跑回民宿。穿过客厅的时候，老板全家坐在地板上看连续剧，没人跟我打招呼。关上房门后，过去七个月来的旅游记忆骤然排山倒海而来，我想起我曾经住在阴暗潮湿的跳蚤窝，早晨 4 点被清真寺的声音吵醒、5 点被鸡群吵醒、6 点被学童吵醒；总是单枪匹马在各处闯荡，被问到为什么没有任何朋友，被告知我年轻时一定很美；七个月没有卫生纸、酒精或英语对话；半年多来只能换穿同样的六套内衣裤，不停地打包再打包，生了烂疮的脚才刚复原，又莫名其妙地起疹子；七个月来为一堆说不出道理的事情寻求意义，努力融入一个根本不属于我的世界——这一切使我崩溃了。

我躲在房间里痛痛快快大哭了一场后，忽然听见隔壁清真寺传来晚祷唤拜声和一则公告：本寺将举行一场特别祷告仪式，祈求阿拉支持鳄鱼召唤者完成任务，他已经在死人滩扎营三天，但一无所获。我心想：这真是个好消息！于是立刻收起眼泪，打算去参加那场祷告会。这时，老板娘敲着我的房门说："吃晚餐。"

我擤了擤鼻子、擦了擦眼泪，然后跨出房门告诉老板娘，我想去清真寺为鳄鱼召唤者祈福，等回来后再吃。老板娘不依，立刻抓起我的手把我带到餐桌前要我坐下。她在我面前摆了一盘饭之后，也坐下来把脸凑到我面前说："吃！"

我用餐的时候，她一直守在旁边盯着，俨然把我当成不肯乖乖坐在餐桌前的三岁小孩，直到确定我把饭一口一口地送进嘴里，才心满意足地靠回椅背上说："你在伤心。"我支吾其词，她追问："为什么？"

我不知该如何向她解释，我是为我的编辑辞职而难过，只好随便找了个理由搪塞："我朋友去世了。"

"哦，原来是这样啊……"她一手撑着下巴，一手拍着桌面说，"……还好她不是被鳄鱼吃了。"

我终于和坐在咖啡摊前瞪着我看的几名渔夫交上了朋友。不过他们口风很紧，没有人肯告诉我那名妇人遇害的地点，都说鳄鱼召唤者捉到鳄鱼前不能被打扰。两天过后，渔夫们才开始交头接耳谈论那位巫师。他住在哈拉班北边八十公里外的锡默卢岛（Simeulue），居民付了三百万卢比（是亚齐人平均月薪的两倍）大老远地把他请过来，可是他搞了五六天依然毫无斩获，渔夫们猜想那巫师搞不好是个骗子，根本不会召唤鳄鱼。

第二天，我决定不再继续等待进一步消息，也不想和那位可能是骗子的巫师打交道了，于是收拾行囊走去哈拉班码头。正在码头商请一位渔夫载我一程时，忽然听到有人大喊："鳄鱼！鳄鱼！"接着就看到一群男人迅速冲向停放了多艘独木舟的溪畔，一齐蜂拥至船上，啪啦啦地划着船桨朝死人滩进发。"你还等什么？"一位与我喝过咖啡的伙伴招手要我上他的船，于是我也加入了船队。大家在船上互传一则消息："听说鳄鱼有七米长！"

那位妇人是在一个布满泥泞的小溪口摸蛤蜊之际遭到鳄鱼吞噬，现在有数十艘独木舟争相进入这条小溪，为了抢夺地盘，所有独木舟都撞成一团。我们的独木舟落在船队最后面，船上的伙伴们想迎头赶上，便要求我下船涉水上岸。我边走心里边发毛，不知是否会遇上七米长的鳄鱼。

当我涉过深及大腿的溪水，走向一间覆盖着棕榈叶的小屋后，看到地上有一张睡垫、一个小锅、一根鱼叉和一袋米，这就是鳄鱼召唤者的住处。我朝四下张望了一番，发现附近就我一个女人（哈拉班曾有许多妇女竞相走告鳄鱼吃人的消息，却没有一位女性想来见证巫师如何逮鳄鱼），还有一群互相推挤、指指点点的男人，他们都兴致勃勃地抢着向我描述捕捉鳄鱼的过程。有人说，那条鳄鱼曾经出现在小溪对岸，但没有人真正看见过它，显然是巫师设法骗它爬进了对岸的陷阱。

天空开始下雨，我披上黄色雨衣，旁边两名男子也钻进来躲雨。接着，小溪对岸有人怒吼了一声，还不断挥舞手臂打手语。我身旁的两名男子转头看了我一眼，也开始吼叫挥手，我这才意识到是我冒犯了对方。

"女人不准待在这里！她会破坏巫师法力！"

我赶紧退回树林边，溪畔那群男人不再像刚才那么热络，个个表情冷峻转身背对着我。

他们继续在现场观望了一阵，才认清今天谁也抓不到鳄鱼的事实。只有巫师自称见过它，这会儿又宣称因为有个外国女人污染了现场，所以鳄鱼早已逃之夭夭。先前拉我上船、后来和我一起躲雨的所有男人，全都一言不发对我流露出敌意，唯独一名留着刺猬头的小伙子还有点恻隐之心，愿意陪我走回哈拉班市区，但一路上也没有和我交谈。

我始终不确定当时我犯了什么错，但我认为那些男人其实早就知道女人不能踏入巫师禁地，他们让我同行只因为我是异类，既不属于他们的世界，也不算真正的女人，而那位巫师因为一直抓不到鳄鱼，正好逮住机会把我当失败借口。我本来只是个好奇的局外人，却在倏然之间变成了遭人唾弃的讨厌鬼。

苏门答腊的占碑省有一座面积广达六百平方公里的布奇杜阿比拉斯国家公园，其中住着一支以狩猎采集为生的部落，人口大概在一千五到五千人不等，有人称之为"林巴族"（Rimba，意思是住在森林里的部落），也有人说他们是"野蛮人"。

20世纪90年代初以前，林巴族几乎从未和他们称为"光"的外在世界有过任何接触。90年代之后，扛着链锯的伐木工、开辟农场的大企业以及非法侵占土地的人，开始把"光"带进了林巴族世世代代居住的浓密原始雨林。当时，印尼作家玛奴蓉（Butet Manurung）意识到这些外地人可能破坏林巴族的生活，但林巴族却无力阻止外来者入侵，除非他们尽量少和外界打交道。为了教导林巴族生存技巧，玛奴蓉为部落里的孩子开办了一所体制外的学校，并将这段经历写进《丛林学校》（The Jungle School）一书中。我打算去拜访林巴族，并且请玛奴蓉帮我联络到早期的两位学生——米贾克和真塔。这对死党当年在家人激烈反对下进入丛林学校就读，好学不倦的他们毕业后都立志为自己的部落打造未来，不过两人的行事风格不太一样。

我和米贾克约在占碑省的邦科市见面，他和当地一票朋友共同成立了一个非政府组织，以保护环境和部落权益为宗旨。

我们碰面前夕，住在邦科市的朋友伊拉请我去家里做客，我在她家见到了她姐姐和两位男亲戚，其中一个红眼睛的八字胡男人先说马来语，后来改用印尼话坚称，受尊敬的女人绝不会在没有丈夫陪同的情况下独自旅行。另一位看起来玩世不恭的男人留着齐尾长发、架着方框眼镜、手上戴着美甲片，打扮得有点像雅加达画廊里的艺术家，但言行举止比较像地方工匠。

我提到我打算去森林中拜访林巴族时，没听过"林巴族"的长发男露出疑惑的眼神看着伊拉的姐姐，她说："就是野蛮人。"长发男立刻说我不该去，理由是：第一，他们有强大法力，"你千万不能吐口水，如果你吐了口水，他们会把口水收集起来对你下咒，你就永远回不来了"。第二，那些野蛮人又脏又笨，因为他们进城以后，会用洗发精洗头，却拿水沟里的水冲头。他觉得这种行为蠢毙了，还把这故事重复了三遍。我的想法是，林巴族栖居的丛林到处有干净水源，会拿水沟里的水冲头也是合情合理。

伊拉的姐姐提供的建议是："你见到他们的时候，尽量不要皱鼻子，也不要说他们很臭，他们会不高兴。"她还说有些林巴族努力想成为文明人，"很多人已经改信伊斯兰教，表示他们有些进步了"。

隔天，米贾克骑摩托车来接我。这个"野蛮人"刚从雅加达旅游归来，穿了一双簇新的匡威球鞋、一条时髦的李维斯毛边牛仔短裤、一件干净的polo衫，外加一袭长袖开襟外套。我们离开市区进入飞沙走石的马路时，他还戴上防晒手套和口罩。

我们一连经过了几个"移民城"，这些小城的主要居民来自爪哇，处处可见小发财车和贩卖佳木药水的妇女。那些佳木女无论搬到哪里居住，总习惯穿着传统纱笼和可巴雅，不会披上乡间妇女常穿的全罩式宽松长袍或者和城市女子一样套上T恤和紧身牛仔裤。

每天黎明以前，佳木女便开始熬煮各种药水成分——这里加点生姜或海草，那里洒几滴羊胆汁、丢一把茉莉花——煮好之后就倒进可口可乐、廉价威士忌、杜松子酒的回收玻璃瓶，再用卷成圆锥状的香蕉叶塞住瓶口，把瓶子摆进大柳条篮，然后拿一条纱笼绑在背上，就出门沿街叫卖。

通常，我会选购一种混合了姜黄黏液（可抗老化）和"苦汁"的药水，后者是以穿心莲叶子煮成的褐色液体，味道很苦，听说是刺激免疫系统的良药。一位佳木女卸下背上的篮子，从水桶里取出一小只玻璃杯，打算请顾客试喝杯中的药水，接着又拿出一个玻璃瓶，殷切地等待客人光顾，瓶子里装满南姜加上蜂蜜的甜饮料，可洗去残留杯中的药水，并冲淡口里的苦味。佳木女很会做生意，我旅游印尼期间，大概每隔三天早上会喝一杯她们卖给我的佳木水。

路边的城镇愈来愈少，农场愈来愈大。我们经过一栋外观像凡尔赛宫又像监狱的房子，焦糖色的建筑有三座瞭望塔，还有许多雕花玻璃窗。"那是用贩卖橡胶赚来的钱建造的豪宅。"米贾克说。

两个小时后，我们停在一座拴着铁链的大门前，一名女子出来向我们收了五千卢比通行费，才让我们进入橡胶园。摩托车驶入一条曲折颠簸的私家道路，沿途布满有时深度可达车轴的浅色泥巴，遇到路况最糟的路段，我就下车紧贴着路边步行，不时得抓着树根和树枝绕过最深的泥潭。

走着走着，不小心滑了一跤，先是一只脚丫不见了，接着小腿也消失了，然后两条腿渐渐分开，一条插入泥淖愈陷愈深，另一条卡在路边一块树根后面。我拼命拉扯、扭动、抬高陷入泥中的那条腿，费了好大的工夫才听到"噗啦"一声拔了出来。

脚上没有鞋子。

已经安全通过泥地的米贾克忙着抹去球鞋上的泥巴，他的恩师玛奴蓉曾交代他要照顾我，所以这一路上他始终对我礼貌有加，不敢造次。可是当他看到我光着一只脚丫，腿上还沾着泥巴的滑稽样，终于忍不住笑了出来。

　　我不想牺牲我的半双凉鞋，于是伸出一只胳臂一条腿滑进泥巴探来探去，搞了半天什么也没探到。我继续用手在泥浆里胡捞一阵，笑得膝盖都软了，最后总算碰到个硬硬的东西，接着又"噗啦"一声捞出沾满泥巴的凉鞋。我踩着泥水走到比较坚硬的地面，在一个泥潭里清洗凉鞋，却发现鞋带不见了。我咒骂了一声，不知是否应该再走回泥坑找鞋带，忽然灵机一动，从我的随身蚊帐顶端剪下一截紫色缎带做替代品，后来这条缎带一直撑到我旅行结束，也就是半年以后。

　　两人继续上路后，在途中看到几批骑着摩托车经过的林巴族人。我发现他们相遇的时候，会各自把摩托车头对头停好，然后熄掉引擎，坐在车上默默打量彼此。接着其中一人会提出某个问题，双方简短交换讯息后，又保持沉默一段时间，然后突然互相点个头便扬长而去。

　　林巴族为游牧部落，基本社会单位是一小群没有血缘关系的家庭，族长则是大家公推的领袖。接着我们去拜访米贾克的族长，他个头十分高大，留着一小撮胡子，身上只有一条缠腰布，肩上扛着一把像是荷兰时代留下的来复枪。他走路动作很奇特，有如踩着细碎步伐的鸽子，其他林巴族的族人排成纵队穿越森林时，也是这个走法。两只猎狗在族长脚边钻来钻去，米贾克向他致上了最高的敬意。后来他告诉我："我们选他当族长，是因为在所有族人当中他最强悍。"

　　泥巴路渐渐消失后，我们把摩托车停在橡胶园里去散步，在路上经过几个被削去半截、盛满橡胶液的汽油桶，橡胶液闻起来臭臭的，很像炎炎夏日从纽约小巷子里的垃圾散发出来的味道。

　　园里不时可见两名爪哇工人安静地在树上汲取橡胶。

　　我问米贾克这些橡胶园的地主是谁，他说大多数是林巴族，那为什么会有爪哇人？"林巴族雇用他们来干活，工资三分之二给工人，三分之一给地主。"自从林巴族接触货币经济、推行学校教育之后，就有了这种分账制度，因此族人具备基本数学常识很重要。米贾克说，林巴族不愿自己采橡胶，原因有二："第一，林巴族很懒。第二，他们不知道怎么采橡胶[1]。爪哇人工作勤奋，不砍树木，所以皆大欢喜。"

2005 年玛奴蓉刚成立丛林学校时，师生们从最接近校址的道路穿越密林走到学校，得耗去两天时间。如今橡胶林扩大了，道路也随之延长，我们在森林里只走了二十分钟便抵达了学校空地。旁边有一名少女在梳头，脚下踩着一堆垃圾，里头有营多捞面包装纸、零食袋、作业簿撕下的纸张，还有塑料袋。她全身上下只挂了条粉红色的塑料项链，宛若印象派画家高更画作里的人物一般，裸露着蜂蜜色的胸部徜徉在垃圾大海中。她身后有两个小男孩，正抱着迷你弯弓瞄准树上一小团毛茸茸的东西。

空地上有间校方自行搭建的校舍，是一座四面开放的茅顶高脚屋。学校的教育宗旨是：遵循森林里的生活节奏，为渴望学习的孩子培养必备的基本生活技巧，协助他们与"移民城"居民互动、和外来势力交涉——可能影响部落生存环境的外来势力包括：管理国家公园、打算行使土地使用权的当权者以及威胁这些权益的投机客。

我和米贾克在校舍地板上睡了一夜。隔天早上，一位老师站在高脚屋上大喊："上课了！"但没有学生出现。我前往河边沐浴时，发现一群小男生嘻嘻哈哈地在打水仗，我问他们怎么不去上学？他

---

1 这例子可能会引起误解，因为印尼人说话往往不带主词。米贾克原先是说："第二，不知道怎么采橡胶。""他们"两个字是我插进去的，但他的意思也可能是指"我们"。他提到自己的部落时，常交替使用"他们"和"我们"两个代名词，视当时情况而定。——原注

们回答，要等打完猎再去。

那天下午，米贾克和我出发去找真塔。他住在这片森林的另一区，约莫骑两小时摩托车可到。我们的计划是：先和真塔在离他家最近的移民村碰头，然后进入森林和他的家族一起过夜。不过见到真塔后，他却宣布原计划取消，因为家族中有个孩子得了"外来疾病"，族里几名巫师都没办法医治，所以他们全家人已暂时搬出森林，住在某位爪哇巫师家附近。新计划是：先在移民村的真塔家过两夜，然后再去野外待一天。

真塔家不是一般的水泥平房，而是个面积只有两平方米的帐篷，搭在某个农场的一棵棕榈树下。帐篷中央的一根柱子上，罩着一块黑色塑料防水布，每个角落分别用一根树枝撑住，地板以棕榈叶铺成，防水布前面有个角落下方生了一堆火，上方架着一根被劈开的树枝，那就是厨房了。帐篷里坐着胸部裸露、看上去未满二十岁的真塔太太，还有三个全身光溜溜的女儿。

真塔从城里带了些别人送的吃食回来，其中有米饭、鲶鱼、方便面和奶酪口味的洋芋片。真塔太太和小孩抓起洋芋片就咔滋咔滋地吃起来，还随手把闪亮的五彩包装纸扔在棕榈叶地板上。

"你们的防水布呢？"真塔问，米贾克和我面面相觑。我有一张睡垫、一顶蚊帐、两条纱笼，但没有防水布，于是我把雨衣拿出来，真塔不满意，当下指派我们回移民村补货。

我们回到真塔家时，他已换下短裤，正围着一条鲜艳的浴巾跟女儿们玩耍，最小的女儿流着鼻涕，是个两岁左右的胖娃儿，脖子上挂了一块可阻挡恶灵靠近的护身符。真塔拿了把大刀递给五岁的二女儿，要她交给正在帮忙搭帐篷的米贾克，这孩子真不是盖的，两三下就将那柄长度超过她一半身高的大刀接过来递给米贾克。

米贾克满脸惊慌地一边扭着双手，一边交替移动穿着新球鞋的两只脚，手上还戴着骑摩托车用的防晒手套。他说我们只会在这儿住两晚，似乎不值得为了睡觉特地搭个帐篷。我望了望逐渐在天空聚拢的乌云，又回头看了看米贾克，他立刻转移目光。我发现，虽然米贾克在成长过程中一直和族人过着采集狩猎的生活，但是这位胸怀大志的律师具备的丛林求生技巧恐怕不比我多，他最在行的事情，大概是和一批年轻的激进学生坐在雅加达新潮咖啡屋里喝卡布奇诺。

被帐篷打败的我和米贾克，露出乞求眼神望着真塔，他尖声怪气地说："唉！徒有其表的城里人！"

真塔拥有一头浓密的卷发、一个宽大的鼻子、两道笔直的眉毛和一双下垂的眼睛，给人一种很严肃的感觉，不过我认识的印尼人中，就属他的个性最阳光。他经常咧着没剩几颗牙的嘴巴大笑，还喜欢捉弄别人，最乐的事情就是取笑米贾克以现代都市人自居，米贾克也会反唇相讥。两人前阵子接受恩师玛奴蓉的邀请去了一趟雅加达，从机场前往市区的途中，真塔老是下车察看他们的车子为什么不动，米贾克嘲笑真塔说："我们正好碰上雅加达每日大塞车，这土包子还以为我们的车抛锚了！"真塔很快帮我们搭好了帐篷。

接下来几小时，住在附近帐篷的居民陆陆续续从四面八方走来，人数相当多。男人或是缠腰布，或是穿短裤，女人个个袒胸露乳，孩子们有的围着小纱笼，有的穿着过大的短裤，有的戴着护身符，有的一丝不挂。他们都蹲在地上与我保持安全距离，因为看不出我的性别而互相询问："是公猪还是母猪？"

一名显然较常接触外界的男子一本正经向大家宣称，我是跨性人。这男子长得十分俊俏，拥有完美无瑕的杏眼、对称饱满的丰唇、紧致光滑的古铜色肌肤，头发呈波浪状，蓄着薄薄的八字胡和山羊胡。他的缠腰布里还围了一条淡紫碎花女用纱笼，我心想：谁才是跨性人？

　　我待在这营地大部分的时间，那群人总是神情木然地蹲在原地瞪着我。我笑着跟他们招手，他们都毫无反应。当我唱作俱佳地把我弄丢了一只鞋的故事告诉真塔的家人，他们也跟着笑翻了，但我一回头看他们，他们又恢复僵硬表情，简直像在跟我玩"一、二、三，木头人"的游戏。

　　天黑以后，真塔和妻子去河边捉青蛙，我也跟去凑热闹。他们的捕蛙装备只有一根火把、一口小锅、一把大刀。到了河边，真塔"哗"的一声就跳进河里，他手握长刀盯着一条大鱼，一眨眼的工夫就把那条鱼扔进了锅里。河里除了青蛙之外，还有许多和我小指头一般粗的小鱼，真塔不须动用大刀，就能徒手抓到那些小鱼，我在深及大腿的河水里捞了半天，始终没抓到任何会动的东西。我们回到帐篷时，锅里装了一条大鱼、六条小鱼和一只青蛙。翌日早上，真塔的大女儿端了一盆热腾腾的饭给我，饭里伸出一根小树枝，上头插着一尾刚烤好的鱼和一条蛙腿，这顿早餐味道挺不错。

　　用过早餐后，真塔、米贾克和我相偕出发"去林内"，打算穿越森林进入林巴族真正的故乡。我们骑着摩托车通过绵延数英里、偶尔夹着几片矮树丛的油棕榈园时，在一个灌木丛里发现了马来熊的足迹。这种黑毛哺乳动物胸前有个黄色的深 V 纹，是所有熊类当中体型最小的，不过成年公熊仍有数十公斤重。它们的舌头很长，适合将藏在树干蜂窝里的蜂蜜舔出来。我从未在野外见过它们（国际自然保育联盟已将它们列为"濒危动物"），我问真塔："你们常看到熊吗？"他眨眨眼说："常看到它们？我们常吃它们！"

　　三人抵达一座山顶后，看见一幅森林惨遭蹂躏的景象，眼前尽是落地的枝丫、焦黑的树干、被雨水侵蚀的枯根。令人寒心的是，有块雨林一片光秃，空地上的新生植物（都是既不美观也无用处的杂草和爬藤）形同侵入敌营的帮派分子，在死去的树干上蔓延。短短几天之内，曾经矗立在这里的广袤森林，就在一阵刺耳的链锯声和工人的呐喊声中，变成世界末日降临般的荒原。

原本有说有笑的真塔陷入了沉默。我问他，我们在刚才的一个半小时车程中所经过的地方本来是一整片森林，对不对？他说："2006 年的时候，这里全是森林。"

真塔和米贾克提到，2006 年，赛里布爸爸从棉兰来到这附近，并提供资金和设备砍倒数千公顷的原始森林，然后把光秃秃的空地分割成许多块，以每公顷一百万卢比的价格卖给当地村民。我问，他有什么权利这么做？

"权利？权利？哼！"真塔怒气冲冲地说，"他没有许可，也没有权利，只是有胆罢了！"

米贾克载我离开林巴族居住的森林，回到一条国道时，忽然有一群男人嚣张地骑着冒出阵阵汽油味的重型越野摩托车，从我们旁边呼啸而过。他们没戴安全帽，身上布满刺青，车后座都绑着大链锯。米贾克咬牙切齿地说他们是"森林终结者"。

我和真塔看到的那片被夷为平地的森林，曾经是游牧部落林巴族的家园，然而当赛里布爸爸把森林终结者送进来之后，他们并未起身反抗。米贾克和真塔认为，部分原因是林巴族不喜欢冲突，另一个原因是，林巴族从来没有"土地所有权"（和国家法律）的概念。这种概念的存在始于真塔（玛奴蓉的第一个学生）学会读、写、说印尼语，之后真塔教会了米贾克和其他朋友，然后他们开始同非政府组织的活动分子接触。

如今，米贾克努力在故乡和现代世界之间扮演桥梁角色，并与 AMAN 结盟。AMAN 是个联合组织，自称代表印尼全国 1992 个原住民团体，并协助这些团体通过该组织的论坛向国家游说，还会帮助米贾克确认他需要研究哪些相关法律来维护林巴族权益，不过林巴族多半只参与地方性抗争。米贾克成立的非政府组织负责将违警事件做成记录和报告、印制标语旗以及安排族人前往占碑省长办公室抗议，但目前为止这些努力都徒劳无功。他们任重道远，工作并不轻松。

印尼涉及环境管理的国家法律、条约和政令多达五十二种，其中不乏彼此矛盾者。更糟的是，负责掌管森林的两个政府部门——环境部和森林部——竟使用不同的地图。2010 年，印尼总统曾推动统一绘图计划，但毫无进展。两部门虽一致赞同印尼有必要完成统一的国土利用分布图，但在讨论应该根据何方资料制图时却无法达成协议。一幅地图上出现了约四千万公顷的原始森林，另一张地图则未纳入这片丛林。换句话说，某个部门"漏掉了"一块面积大于日本领土的雨林。这只是中央政府的情况，全国各地的土地利用分布图和相关法令也都不一致。

不过，印尼人不太在意这些法令和地图。真塔骑车越过一片绵延数公里、散布着几块油棕榈园的空地之后再度停车，然后跳下摩托车在一堆矮树丛里踢来踢去，起先是因为好奇，后来愈踢愈急。他在寻找曾经安放于此处的一块国家公园界碑，上面标示了禁止伐木的界线。

这里没有界标，也看不见森林。

我们离开那片空地后，路面坡度逐渐上升，油棕榈园变成了橡胶园。大约半小时过后，我们再度目睹了森林惨遭灭绝的景象，地上没有野草或被雨水冲刷的树根，只有像是刚被锯下的大树倒卧在原地，树干上突起许多尖刺，仿佛被折断的牙签，四周残留着大量的木屑。

　　我们又花了两个多小时，才通过这片曾经是丛林的空地，进入另一片森林。我很高兴终于暂时摆脱了摩托车引擎的噪音，渴望在林中漫步，心旷神怡地伸长脖子仰望枝叶繁茂的树梢，聆听落叶在我脚下发出窸窸窣窣的声音，欣赏这美丽壮观的森林王国所留下的一切，但是对于在森林游牧部落里长大的年轻人来说，除非有实际需要，否则在森林中走再多路都没意义，只要有路可通，他们宁愿骑车。

　　进入林地大约一公里后，遮天蔽日的树冠再次被阳光穿透，呈现出明亮的草绿色。林中的农场以等距栽种了一些橡胶树苗，周遭还有树薯和其他食用作物，这些农地属于真塔和同族家庭，附近有一间竹子搭建的高脚屋。"这才是我真正的家。"真塔咧开大嘴笑着说。

　　林巴家庭每年会花一天时间来林中整地，他们用斧头砍倒一些灌木，并焚烧残株当土壤肥料，然后种下树薯、地瓜和别种粮食作物，其余的食物大部分靠打猎获取（捕捉蛙、鱼、熊和其他动物）。我想起我们在移民城里的一家巴东饭馆点餐时，我曾提议吃鸡，真塔立刻吐舌头做出嫌恶的表情。他说正宗林巴族不吃人类饲养的动物，只会以采收的植物和蜂蜜为食，也会采集藤类和野生橡胶拿去卖。越区移民和农场工人陆续进入林巴族的土地后，贩卖这些农产的市场增加了，林巴族也从20世纪90年代中期开始"了解到金钱的用途"。

　　他们学会以采集野橡胶的收入购买链锯，认为继续遵守森林禁伐规定毫无意义，于是每个家庭在一天之内就能砍掉比过去多上十倍的林木，在新增的空地上种橡胶，以创造更多现金收入。森林一旦被砍光并改种橡胶，便再也无法恢复旧观，然而从前的林巴家庭只会利用小块空地种一两年稻作和蔬菜，收成后就迁居他处。

橡胶等于现金等于链锯，链锯带来更多橡胶更多现金，更多现金可买一台更方便往返于市场和新橡胶园的摩托车，意味着可以花更多时间在城里买米、买糖、买装在七彩袋子里的奶酪薯片，还可以买汽油和橡胶种子，因此需要赚更多钱、砍更多树、种更多橡胶，如此循环不息。

真塔从一座废弃营地偷了个锅子，在附近一条河边快手快脚地折了些树枝，生出一堆漂亮的营火，米贾克则衣冠整洁地坐在一个塑料袋上袖手旁观。几分钟后，我们一起享用了从移民城带来的泡面。

用餐之后，大家进入某个林巴族人的"家"稍事午休，那里只有一座竹子搭就的开放高脚平台，下方挂着链锯，平台一端摆着一个电视包装箱，茅屋周遭林地散落着聚苯乙烯泡沫碎屑。我露出不解的表情指着那个纸箱，真塔语气平淡地说："是电视。"电从哪儿来？"发电机。"

后来真塔的妻子告诉我，真塔去雅加达那段时间没把摩托车留在家里，她和三个孩子曾经花费六个钟头从森林营地走到农场，"以前也这样"。如今林巴族几乎人人有摩托车，办起事来容易多了。我认为他们一旦拥有更多的摩托车、电视和发电机，在森林里走动的意愿会更低。如果橡胶价格持续上升，消费主义肯定会比森林砍伐更早一步终止当地的游牧生活。

从橡胶园返回真塔家的路上，我看到一棵大树挺立在一片油棕榈间，树干上每隔一段距离插着一根木桩，真塔说那是"我们的蜂蜜树"。附近的蜜蜂世世代代聚集在某种特定树群中筑巢，林巴族会收集这些蜂窝举行半宗教仪式。自从链锯进入森林后，那棵大树一直受到林巴族的保护，然而"蜜蜂再也不想飞去树上筑巢，因为附近已经没有花蜜可采了"。

天黑以后，米贾克和我坐在帐篷里聊着未来。米贾克说，他未来的目标是取得森林土地所有权。"这样林巴族就可以继续在林子里过传统生活"。我问他是否真想住在森林里，他立刻说："那是另外一回事，我现在是穆斯林，况且我还想完成其他私人愿望。"

这时，真塔也过来加入我们的谈话。米贾克的愿望是，先去玛奴蓉的朋友在爪哇经营的有机农业学校上课，然后在真塔家附近买下两公顷土地种橡胶，让真塔的女儿们有安身之处，接下来他打算进大学修习法律，并且在第二年成家，"但不会娶林巴女孩。第一，我们的宗教信仰不同。第二，我已经了解外界情况，而她一无所知……"真塔和我听了不以为然，但米贾克还没谈完他的计划，"然后我们会生两个小孩，先生个儿子，再生个女儿，接下来……"

真塔尖笑着说："哇，先生个儿子，再生个女儿，你哪里需要宗教信仰？你已经变成神了！"

真塔曾答应父母绝不离开森林或抛弃林巴族的生活方式，而且从未食言。他娶了住在隔壁树下的女孩为妻，晚上去捕青蛙，擅长把欢乐带给大家，抱着尊重自然、乐天知命、别无所求的态度面对生活。

他非常了解现有生活方式正面临两种威胁，一是森林灭绝，一是"爱护树木的非政府组织"过度热心。不过，目前他还能享受陪孩子玩耍、取笑朋友、贩卖橡胶的日子，他说："我看到住在雅加达的那些人成天只会坐在汽车里，那种生活怎么比得上坐在树下的日子？"

离开森林的时候，米贾克问我现在是几月——印尼人只用数字表示月份，不像英文每个月份各有一个专属名称。我说，现在是 month five（五月）。他说，是哦，接着问："五月是英文的 June 吗？"不，是英文的 May。"啊。"他想了一下又问："那五月之后是什么？"

这位年轻律师能随口引用 1990 年保育法第五条、2007 年空间规划法第二十六条条文，却没办法正确说出英文的月份次序，因为从小父母只教他用榴莲或蜂蜜产季来记时间。

理论上，米贾克可以通过他和朋友成立的非政府组织来捍卫林巴族同胞的权益，也可以同时脚跨两个世界——一个是有卡布奇诺、土地产权、"文明"宗教的现代世界，另一个是抓青蛙、吃熊肉的传统世界——然而，赛里布爸爸和森林终结者的世界，似乎不可能与林巴族和蜂蜜树的世界长久共存，因此米贾克只能依靠外在世界制定的规则来保护林巴族的传统生活方式。为了打赢这场战役，他自己必须先适应外在世界、融入现代印尼生活，而这个外在世界完全没有林巴族的生存空间。

虽然米贾克对林巴族的族长极为尊敬，但也曾沮丧地表示："那些老人家开口闭口离不开传统，可是他们根本不了解林巴传统对外界来说一文不值。"

我能体会米贾克试图与两个迥异的世界共存的心情，因为我自己也有类似的处境。我不信教、离过婚、没工作、目前居无定所，这些事实在雅加达不会引来任何疑问，可是在印尼其他地方，如果我希望被当地人接纳，往往必须设法掩盖真相。过去几个月来，每当印尼人问起我的私事，我总是编些谎言敷衍过去，比方说，印尼卫生部放我长假；我和印尼穆斯林丈夫住在雅加达；虽然我是虔诚天主教徒，但我和丈夫都尊重对方信仰，而且因为我们没有子女，所以信仰差异没有造成太多问题。

我捏造的谎言当中，只有"膝下无子"属实。虽然我知道印尼人一听说我没孩子，肯定会议论纷纷，但我不在乎闲言闲语。有位戴头巾的胖妈曾问我："你说没有小孩是什么意思？是还没生过吧？"她瞄了一眼我耳边的几根白发，又问："你几岁啦？"一个脸上有道疤的太太插嘴说："你有去哪里做过治疗吗？你应该去新加坡，新加坡人有办法搞定一切！"另一名妇人用手肘顶了我一下说："不，等等，她应该去见我表哥，他有一种特效药，村子里的三个太太接受他的特别治疗以后，都怀上孩子了。"

男人的反应是："你说没有小孩是什么意思？你为什么不去外面收养一个？"一个面目狰狞的瘦竹竿男人眯起眼睛说："我猜你老公抛弃你了是吧？他跟年轻老婆生了几个孩子？"

我不能告诉他们我压根儿不想生小孩，因为他们绝对无法接受这种事，所以我会装出虔诚又困惑的表情竖起一根指头指向天空，暗示他们应该去问仁慈的上帝为什么不赐给我一男半女，然后耸耸肩表示我已经向命运低头。不过，那些陌生人照样有事没事就来盘问我的卵巢功能是否健全，实在令人不胜其扰。我告别林巴族居住的森林大约一星期后，便前往盛产锡矿的小岛勿里洞（Belitung，位于苏门答腊东方外海）。一天早上，我在该岛的繁华市镇丹戎潘丹（Tanjung Pandan）吃了顿早餐，镇上到处是华侨商店和殖民时代的平房，我用餐的那家咖啡店是 20 世纪 40 年代盖的房子。

店老板穿着尼龙短裤、网眼背心、塑料凉鞋（华侨商人标准装扮），正在清点柚木桌抽屉里的一堆脏钞票（面额都是一千卢比）。我一走进店里，他就招呼我和他几个朋友坐一起，大伙儿很快聊开了。"你是哪里人？""哇，英国人，曼联！可是你印尼话说得真好，你先生是哪里人？"当他们问道："你有几个小孩？"我想都没想就说："两个，他们都长大了。"接着他们就继续聊别的事，我暗骂自己前几个月怎么没想到可以用这一招。

那群朋友离开后，老板才正式自我介绍说，他是地方议员伊夏克，咖啡店是家族事业，也是了解居民想法和言论的好地方，接着又花了两个钟头，与我谈论地方政府、教育投资、政治责任、矿业政策。第二天早上，我再度回到店里吃早餐时，发现伊夏克爸爸已改穿正式工作服，他一见我进门就笑呵呵地说："我们已经变成名人啰。"然后递给我一份地方报，上面刊登了一张他和我对着相机傻笑的照片，新闻标题是："外国访客称勿里洞蛋糕美味可口"，报导内容曰："伊丽莎白是两个孩子的母亲……"

我谎称有孩子也曾带给我其他麻烦。如果聊天对象是男人倒好应付，他们只要听说我有小孩，就不再过问生育问题，要是碰上女人的话，她们会继续追问孩子的名字、性别、年龄、职业、成长故事……我发觉要交代这么多细节实在太伤神，从此绝口不提自己有小孩。

第十一章

族群对立与暴民正义

"赤道小姐"腰杆挺直地站在正午时分的火辣阳光下,搽着白粉的脸蛋滴下了几道汗水,头上顶着以泡沫和铝箔纸做成的头冠,冠上有个被一根长箭刺穿的大银球,式样和耸立在她背后的赤道纪念碑相呼应。

我在雅加达稍作停留后,便直飞西加里曼丹省第一大城、也是全世界唯一坐落在赤道上的都市坤甸(Pontianak)[1]。这天正好是秋分,太阳会直射赤道,人们会发现自己的影子消失了。坤甸的赤道纪念碑为荷兰人所建,1908 年落成,市政府最近大肆予以扩建。大批参加赤道节的观光客不断向前推挤,想和站在纪念碑下的选美皇后合影。

出席这场盛会的坤甸市长穿着米灰色丝质礼服,围着缀有金线的坚挺腰布,市长夫人披着同色系刺绣纱笼。一名身穿蜡染衣的侍

1　1 此处为作者误植。刚果的姆班达卡(Mbandaka)、厄瓜多尔的基多(Quito)、巴西的马卡帕(Macapá)等城市也坐落在赤道上。——编注

图 K：加里曼丹岛（婆罗洲）

南沙群岛（中国）

菲律宾

苏禄海

南　海

沙巴

文莱

曾母暗沙（中国）

马来西亚

苏拉威西海

沙捞越

东加里曼丹省

山口洋

普图西包

西加里曼丹省

婆罗洲

赤道

坤甸

新当

望加锡海峡

苏拉威西岛

雅加达出发

中加里曼丹省

南加里曼丹省

爪哇海

巴厘海

西爪哇省

三宝垄

马都拉岛

爪哇

中爪哇省

东爪哇省

巴厘岛

龙目岛

弗洛勒斯岛

日惹特区

公巴哇岛

松巴岛

北

（单位：公里）

0km　80km　160km　240km

从在他们头上举着巨大的遮阳伞，市长伉俪像是殖民时代前的苏丹国王和王后一般睥睨着人群。

加里曼丹是婆罗洲岛的一部分，属印尼领土，共划分为四个省份，总面积占该岛四分之三。这座巨岛中部群山环绕，森林蓊郁，北部则有两个马来西亚州：沙巴（Sabah）和沙捞越（Sarawak），以及小小的独立苏丹国文莱。

加里曼丹地广人稀，每平方公里人口只有二十五人（爪哇则有一千零五十五人），但种族极为复杂。坤甸市长身上那种丝质礼服，是马来族穆斯林常穿的传统服装，他们的祖籍在苏门答腊和马来半岛，早在欧洲人上岸前，已长期定居在加里曼丹沿海与河岸地区。加里曼丹内陆森林住着许多部落，现在统称为"达雅克族"，他们习惯在河边建造长屋[1]集体居住，以划船或徒步方式进入森林开垦农地。18世纪时，华人曾在加里曼丹西部建立一个独立国家[2]，近代又有来自爪哇、马都拉岛和印尼其他地区的移民陆续迁入当地，有些人是响应政府的越区移民计划，有些人是被加里曼丹南部及东部的油田与煤矿工作吸引而来，因此大约每五名加里曼丹居民当中就有一名非本地人。

坤甸市的赤道纪念碑后方，正在举办一项以赤道为主题的科学研究成果展，展场里可看到十三个学生团体、当地电视台摄影机以及来自全省的科学竞赛评审。一群学生正在解说"赤道七大奇观"，包括影子消失、流进赤道南北两侧排水口的水会朝不同方向旋转（有几个学生兴致勃勃地在现场做示范，其实这种现象并不存在）、地心引力减弱、阳光增强等。参赛学生大部分是就读昂贵私立学校的

---

[1]　长屋，一种比例狭长、只有单房的木造或石造建筑，散见于欧、亚、北美洲，通常作为居民共同住所或议事厅。

[2]　1777年，客家人罗芳伯在加里曼丹西部建立第一个华人共和国——兰芳共和国。

华侨子弟，而且都以英文说明参赛作品。"由于阳光很强，我们可以用它来制造太阳力。"一个男生用英语解释，另一名男生以手肘顶他一下说："是太阳能，不是太阳力。"说完两人咯咯直笑。

我问他们，坤甸供应的电力有多少真的是来自"太阳力"？一个男生说："啊，几乎是零，我们只讨论发电潜力。"我半开玩笑地建议他们去找市长讨论如何发挥这项潜力，把坤甸变成节能模范都市。"好啊，我们一定会去建议！"他们用英语欢呼，"我们是新一代，我们可以改造世界！"

我曾在偶然间看到一个取名为"印尼帮"的博客，后来通过邮件认识了版主梅兰妮（Melanie Wood）。在雅加达短暂停留期间，我和她相约在当地雅痞常去的一家鸡尾酒吧见面。两人闲聊一阵之后，我提到了加里曼丹旅游计划，她立刻自告奋勇说："我陪你去。"

我上下打量了她一番，那天她穿着剪裁合身的上衣、深蓝色短裙和一双式样典雅的绑带高跟鞋，我无法想象她坐在车顶吊着晕吐袋的巴士里会成什么样，于是赶紧向她说明我的旅游方式，她一点都不担心，没被我吓跑。

梅兰妮是个值得称赞的旅伴：吃苦耐劳、足智多谋、笑口常开、几乎对任何事都感兴趣。身材高大的她有一头闪亮的金发和一双勾魂的碧眼，我站在她旁边显得很不起眼，甚至不太像老外。她号召力极强，总能吸引一群孩子跟在她屁股后面，还会大方地为她摆照相姿势。

山口洋（Singkawang）是坐落在坤甸以北的滨海城市，从坤甸过去约需四小时车程，人口以华人占绝大多数，全市散发着浓厚的中国味，建筑大都为门面雅致的两层楼店铺，楼上阳台设有列柱廊和金属雕花遮棚，似乎仿自 1940 年左右的新加坡或槟城建筑，这些 20 世纪 80 年代落成的房子造型显得有些过时。

抵达山口洋的头一晚，梅兰妮和我坐在露天咖啡座品茗，店家专卖一种看来有点像南非国宝茶其实是用达雅克族在野外采来的各种菊花所冲泡的茶饮。一群年轻人骑着伟士牌和兰美达[1]摩托车从我们身旁滑过去，拥有外形美观的复古摩托车是当地最新流行趋势，连崭新的本田摩托车都被改装成 20 世纪 50 年代的款式，骑士们也都戴着怀旧风头盔，丝毫不理会全国摩托车骑士皆须佩戴全罩式安全帽的规定。

我跟咖啡店的华侨老板贺曼托聊了起来，他提到山口洋的西方观光客不多，还打趣道："我们这里最出名的只有人口贩卖！"我曾听说当地是邮购新娘生意的大本营，于是问他这是真的吗，他说山口洋确实有新娘中介业，但不贩卖人口。

新娘中介业兴起于 20 世纪 70 年代初，那时台湾企业大量采购西加里曼丹省的原木制成木材和板，到当地出差的台商发现山口洋居民当中有许多华侨女子，认为很适合介绍给经济状况较差的台湾老兵做伴，于是把这消息转告给台湾婚姻介绍所。后来这些介绍所协助男女双方鱼雁往返、交换相片，只要获得本人和家长同意，女方就嫁到台湾。贺曼托说，早期大多数新娘都是四十多岁——以印尼标准来看的老处女。"当然，有些男人会假装很有钱，女方过门以后往往大失所望，不过大多数人对媒合婚姻都很满意。"他指出现在未婚男女还是会通过婚姻中介牵红线，也促成了不少好姻缘，"等待嫁娶的人可以通过 Skype 联络感情，而且机票又这么便宜，男方只要有空就亲自飞来探望女方，看看是否有继续发展的可能"。

当地某些新闻报道曾不约而同引用萨特里尼（Maya Satrini）的

1　兰美达（Lambretta），是意大利因诺先帝公司（Innocenti）研发制造的小型摩托车品牌，目前为菲亚特汽车公司（Fiat）所有，并授权给各国生产。

说法，形容这些中介活动是"人口贩卖"。我从 Google 网站上搜索得知，萨特里尼是山口洋市立艾滋病委员会成员，于是就晃进城里，想看看能否在委员会办公室找她聊一聊，可惜没能见到她。她的同事们与贺曼托的看法一致，认为新娘中介帮台湾男人和当地女子牵红线，其实跟网络约会差不多。"一个是付费给约会网站，一个是付费给婚姻中介，两者之间究竟有何差别？"一位女士说。

主要差别在于婚姻中介必须确保女方家庭得到一笔聘金。纳聘是中国社会几千年的传统，近来却被反对人口贩卖者挂上"贩卖"女子的污名。由于婚姻中介通常会和女方签订三到五年的合约，难免启人疑窦。而签约的好处是，万一婚姻触礁，女方可在不失颜面的情况下返回家乡，情况类似印尼外劳依合约规定在马来西亚做完两年女佣之后重归故里。不过，婚姻中介合约明文规定，若女方婚后生子，抚养权归父亲。

"如果女方出身于贫穷人家，嫁给台湾夫婿大概是帮助父母最好的机会，子女孝敬父母在我们的传统里还是很重要的。"贺曼托说。我听了吓一跳，因为我从没想过印尼华侨中会有穷人。

印尼群岛最早期的人类活动纪录都是以中文写成，过去一千年来，中国大陆移民至印尼的商人，在当地经济活动中一直扮演着举足轻重的角色，文化贡献也很卓著。生于云南的回族太监郑和将军，曾将伊斯兰教引进爪哇北部港口。不过，印尼人和中国移民的关系并不融洽。

事实上，最初移民印尼的华人，多数是在中国沿海家乡待不下去的商人，因为 15 世纪初的一位明朝皇帝禁止商业活动[1]，以诏书颁

---

1 作者误植为 14 世纪晚期，明成祖朱棣曾在永乐五年（1407 年）以诏书颁布贸易禁令。

布贸易禁令。于是这些商人就在爪哇北岸的一些港口安家落户，并学习爪哇语，娶当地女子为妻。18 世纪中叶，爪哇至少有四座城市由华人统治。

华人也为爪哇带来了经商技巧，当地的王公贵族们推崇这些华商的生意头脑，常派他们担任港务长、海关员和收税员。荷兰东印度公司亦如法炮制，雇用华侨征收稻米税，以支应该公司对当地苏丹与亲王发动多次小型战争的经费。殖民政府不敢让人口众多的"本地人"致富，只容许少数华侨独占鸦片馆、当铺和赌场的经营权。

荷兰人也将大企业经营权——如在加里曼丹采金矿、在苏门答腊挖锡矿、在爪哇栽甘蔗、在苏门答腊种烟草和胡椒——出售给信誉卓著的华商。这些老板不雇用当地居民，而用船只从中国大陆运来数百名，有时多达数千名的华工，但这波新移民无须像过去的华侨商人一样融入当地社会。到了 20 世纪初，印尼华裔人口已超过五十万，其中半数住在爪哇以外地区，许多人的生活范围不出华人圈，而且只说家乡话，除了会改良祖传的家乡菜、祭拜和婚礼仪式之外，只知道埋头工作。

梅兰妮和我在山口洋意外发现了一家拥有老式"蛇窑"的陶瓷厂，蛇窑内部有条八十米长的隧道，末端是个蜂巢状的窑炉。工人说，这种设计起源自古代的广东省[1]，不过该厂的蛇窑建于 20 世纪 70 年代。我走进窑里，看见数百件陶器被排列得整整齐齐，而且浸泡过看不出成分的灰色釉药。窑内摆满一千件待烧作品之后，工人就用砖块封住窑门，然后升起窑火、添加木块。二十个小时过后，陶器上面那层如灰泥般的釉药，分别被烧制成明亮的橘色、褐色、绿色

1　据台湾南投水里蛇窑的说法。此窑起源于福建省的福州，因窑长似蛇且顺着山坡砌成而得名。——译注

和浅蓝色，成为各式各样的陶壶、陶像和装饰陶龙。

陶瓷厂的院子后方是座砖厂，一名瘦瘦高高、相貌清秀的中国北方青年，用独轮车推着满满一堆刚挖好的陶土，从工厂下面一个小池边现身。他稍稍揉了几下陶土，就把它们分成几大块，然后在两名女工面前拍打陶土。女工站在一张桌子前各自抓起一把陶土，压进一个长方形模子，然后用金属刀片将陶土上端削平，接下来把刚用模子"压印"而成的新砖块倒扣在桌上，每压出一块砖头可赚六十卢比，大约是美金四分钱。两位女工说，她们每天能压制三四百个砖块。

我曾在南苏拉威西省看过这种制砖法，当地砖厂女工的双手因罹患麻风病变得又粗又短，老板则是一位身穿粉红运动套装的华裔女性。虽然印尼大部分地区的工厂都是华人当家，山口洋却有不少每日收入低于两美元的华裔女工。

我为此深感震惊，忽然意识到我也接受了印尼人对华侨商人的刻板印象。印尼人普遍认为华商精明能干、勤奋努力、极度排外、乐于慷慨解囊资助同胞，老想从印尼人的荷包里多榨些钱出来，所以愈来愈富有。

我在印尼东部认识的一位印尼商人曾说："我替华人工作很多年以后，看到也学到了他们的优点，尤其是努力打拼。"但他认为华人生活空虚。"他们做每件事只为了钱、钱、钱，从早到晚只想到钱、钱、钱，过着吃饭、赚钱、睡觉、赚钱、翘辫子的生活，我不明白这种日子究竟有什么意思？"

印尼人必须仰赖勤奋、精明的华人为他们提供想要或需要的东西，因此难免对华人心生忌妒。1965年的反共排华运动，给印尼大众制造了报复的机会。他们认为苏加诺和印尼共产党一直被北京政府玩弄于股掌间，华人都是该死的共产党。"这种看法对华人很不公平，因为多数印尼华侨是 1949 年国共内战之后逃出中国的难民。"菊花茶店老板贺曼托拿起一根手指划过自己的喉头说："后来还被诬陷为印尼共产党……"

1965 年幸存的印尼华侨备受歧视，不被公家、军事或其他机构的欢迎，教育程度较高的华人在迫不得已之下，纷纷投入民间市场、店铺和小工厂。他们保持谦卑，力争上游，巩固在危难时期可资仰赖的亲族关系。这些关系和波波妈妈与松巴岛大家族之间的互惠关系相差无几，只是印尼华侨不会拿水牛当交换礼物，而是以商业合约及资本作互惠媒介。

当年苏哈托需要大批华人移民提供资本和商业网络，于是对华商释出垄断事业经营权，华侨买办也知恩图报，力挺苏哈托多项政治措施。印尼出口导向工业被注入大量资金，华商越来越富裕，尽管苏哈托惯用的伎俩是：一只手为华人提供好处，另一只手又把利益夺走。他加深了社会对华侨的歧视，导致华侨经营的学校、寺庙、报社被迫关闭，华人也被迫取印尼名字。

20 世纪 90 年代中期，一份澳大利亚政府出版物在一项引人注目的图表中显示，华侨掌控了印尼 80% 的经济，其中第十七条批注提到，该数字不包括国营事业或外商多国籍企业所占部分。另一项修订数据指出，华侨人口仅占印尼总人口 3.5%，拥有的财富却比印尼人多八倍。

过去印尼统治者若想让民众宣泄政治不满，往往拿富裕的华侨当替罪羊，例如华侨社区曾在 1740 年首度遭到大规模攻击。苏哈托时代排华运动引起的大动乱，最终导致苏哈托下台，当年制定的多项带有种族歧视性的法律自此废除，印尼华侨相继成立双语学校，逐渐复原曾被捣毁的孔庙。一位华侨店家告诉我："现在情况好多了，我的意思是，我再也不用成天操心店铺会不会被烧掉、能不能顺利度过今年了。"

梅兰妮和我的摄影老搭档恩妮一样，坐在我们租来的摩托车后座，跟着我在山口洋市区探险，只要发现有趣的事物，就戳我一下示意我停车。有一回，我们在尘土飞扬的马路边，看到一位华人老太太正在晾晒几排新做的面条。

我向她问好，但她不会说印尼话，于是我改用不太灵光的中文再试一遍，她立刻喜形于色地告诉我们，这面条厂是她儿子阿辉开的，还邀请我们四处参观。

面条厂里的景象恍若第七层地狱[1]，天花板上吊着一颗裸露的灯泡，一台略似中古时代刑具的大机器在灯下一边不停转动，一边发出噪音。身材瘦削、打着赤膊、汗流浃背的阿辉，把面粉、鸡蛋、清水倒入机器的一个大洞，它就唧、唧地旋转，叽嘎、叽嘎地震动，接着又发出喀、蹦、喀、蹦的声音，好像有人在我脑袋瓜里打鼓似的。那机器喷出一团臭臭的黑烟之后，乍然完全静止，原来是一颗螺丝钉松脱了。一名少年工人在面团里东探西探地捞出螺丝钉将它归位之后，又重新启动机器。最后，制面机吐出一大张面皮，工人先拉起面皮叠合压平，再把面皮卷在一根大木棍上，仿佛一大卷卷筒卫生纸。

工人在墙边一排凹槽架子挂满了卷好的面皮后，制面机就换上刀片开始切面条。一名长相俊秀、戴着一顶破旧红色牛仔帽的达雅克族男孩，站在这台机器怪兽的大嘴旁边，等它一吐出面条，就把面条披在几根油亮亮的木棍上，然后交给一组男孩挂到隔壁的干燥室里。那是个采光极佳、有许多吊扇的大房间，吊扇上布满蜘蛛网

1　14世纪意大利诗人但丁创作的史诗《神曲》(地狱篇)将地狱分为九层，第七层关着贪吃的罪人。

和煤灰，许多干面条像一排排窗帘似的被挂在吊扇下方，地板上摆着可加速干燥过程的生锈瓦斯炉，整个房间形同炼狱般热烘烘。

面条帘子再过去是装了临时门的厕所，离厕所不到一米处，有个盛满面条的热水盆在火炉上冒着蒸气。木盆里的面条煮软之后，就被包装起来配送给城里的街头小贩。

阿辉认为祖父创办的这份事业前景并不乐观，他儿子今年才六岁。"他长大以后不会想干这一行。"阿辉说，因此手下的工人全是达雅克族，"华人孩子会要求更高的工资，而且学会这门生意就不干了，然后自己办厂跟你竞争"。

我们告辞的时候，阿辉的母亲送了我一大袋面条。"能见到会讲中文的人真好，现在年轻人很难得开口讲中文的。"她说。

我回到菊花茶店后，跟贺曼托提起华裔后代不讲中文这档事。贺曼托说他父亲是中文老师，曾在他家屋顶藏了几本中文教科书，1965年排华事件结束后，他不敢违反苏哈托颁布的政策，始终没教自己儿子讲中文。"我是失落的一代，觉得自己的根被切断了。"贺曼托说。

加里曼丹的种族问题颇为复杂，有时还会引发激烈的暴力冲突。1965年的排华事件在当地并不常见，达雅克族和马来族则长期处于失和状态，双方都声称婆罗洲为其先祖故乡。英国探险作家康拉德（Joseph Conrad）于1895年出版的首部小说《奥迈耶的痴梦》（*Almayer's Folley*）即是以婆罗洲为背景，他在书中写道："马来族与河川部落达雅克族或猎人头族之间纷争不断。"[1]

数百年前，马来族曾遍居苏门答腊、马来半岛和婆罗洲，也

1　引自 Joseph Conrad, *Almayer's Folly* (New York: Macmillan and Co., 1895). ——原注

曾建立若干苏丹国，成为加里曼丹较大的贸易中心。他们以囤积和出售取自岛上森林的奇珍异宝而致富，包括犀鸟、象牙、犀牛角、黄金、靛青、樟脑以及名称悦耳的龙血——一种鲜红色药用树脂。住在河边的达雅克族收集到这些森林宝藏后，便划着独木舟顺流而下寻求买主。英国维多利亚时代末期的畅销期刊《男孩周报》（*Boy's Own Paper*），曾大量刊载这个森林部落多彩多姿的故事，描述浓雾弥漫的蜿蜒大河缓缓流过青翠碧绿但泛着恶臭的丛林，身上刺青、耳垂膨大、满口獠牙的野人围坐在共居的长屋走廊上，将吹箭筒里的箭头削尖，等待下一次的猎人头行动。

殖民者不敢近身接触且持续遭到近代政权漠视的达雅克族，长期生活在印尼蛮荒地带，族人在官僚政治体系中的民意代表人数不足，无法阻挡苏哈托及其党羽搜刮他们居住的森林，数百平方公里的林地遂遭到台湾夹板工厂蚕食鲸吞。苏哈托在全国建立统一的村落式民主政体之后，他们的部落传统和领导制度也难以抵抗该体制的侵袭。

印尼人常把达雅克族当野蛮人看待。20 世纪 90 年代中期，一小群受过良好教育的都市达雅克族受够了这种待遇，更不想看到大多数公职落入马来族手中（雅加达政府偏袒马来族的部分原因，是将他们视为善良文明的穆斯林），于是组成达雅克学研究所（Institute of Dayakology），在国际上寻找忠实盟友。那些同路人近年来致力保护树木、老虎和特殊部落，并说服联合国宣布"世界原住民十年计划"。此后达雅克族领袖滔滔不绝地谈论原住民权益，叙述该组织核心宗旨为："促进两性平等、正义、博爱、自由、人权、民主、开放、团结与反暴力，以期终止边缘化、压制、剥削与全球化的侵略过程，并支持达雅克原住民族群的尊严、价值观及主权。"这段充满现代辞藻的文字，表达了康拉德时代以前即已不断恶化的憎恨情绪。如今达雅克族和马来族依然在进行政治角力，两者之间还夹着第三个种族——马都拉族。

马都拉岛土地干旱、人口拥挤，位于爪哇东北岸外海，因谋生不易而民风彪悍。我造访当地时，没有人愿意租摩托车给我，原因是几天前有一名流动玩具小贩遭到杀害（当地人告诉我："他跟你一样是外地人"，来自西爪哇省），摩托车也被偷走。"想想看，万一这种事发生在你身上怎么办？"一名拥有三台本田摩托车的马都拉族太太告诉我："你会没命，我会损失摩托车。"接着她以更严肃的口吻说："你在这个岛上绝对不能相信任何人，谁都不行。"

20 世纪 60 年代中期，马都拉族首度越区移民至加里曼丹后，达雅克族便经常与马都拉族发生小摩擦。1997 年，一群马杜拉男子曾非礼两位达雅克妇女，造成两族不和，紧接着就扩大为蔓延全省的屠杀事件，夺走了一千五百名马都拉族人的性命，导致数万人无家可归，只能挤在难民营内。

先前我在山口洋和当地艾滋病委员会办公室的女职员聊天时，发现她们不太喜欢谈论这类暴力事件，于是转移话题聊起艾滋病工作者经常提到的"性事"。大家谈完卖春业就说起传教士的地位，接着又讲到婚姻关系。三十岁出头的马来族依碧妈妈说，你只要瞧瞧某个女子的内衣，就能窥知她是否已婚。如果她还穿着成套蕾丝内衣裤，表示她情窦未开或正在恋爱；要是她穿着发黄的白内裤配上老旧的红胸罩，那就证明她真的结婚了。

依碧笑着继续说："我只要想起从前我花了多少时间洗头就觉得好笑……我是说男生追我的时候！那时我明明不可能拿掉头巾，还是非把头发洗得亮闪闪、香喷喷的不可。现在就算天气只稍微冷了一点，我也会跟我老公说：'亲爱的，天气有点冷，我们要不要等明天早上再洗头？'"

　　接下来，大家不知不觉又把话题拉到了 1997 年的种族战争。达雅克族的欧琳说："那时每个人都疯了。"她描述有一天，她哥哥和几位死党把他们从某个马都拉岛来的移民身上割下的心脏捧回家。"他们把心脏摆在院子里，长辈们就命令我们所有人吃掉。"据说吃敌人心脏的战士能够隐形。"我哥哥吃了以后轮到我吃，我不肯吃，他就生气地拿大刀威胁我，每个人还在一旁大呼小叫逼着我吃，我只好勉强吞下一小块，然后跑到屋子后头呕吐，连吐了一星期。"后来她遵照别人的建议，吃了点狗肉才不再作呕。

　　我问伊碧是否还记得欧琳叙述的"乱事"，她说："噢，我自己也碰过类似的麻烦。"接着便提到她在山口洋长大，中学时代曾在山口洋往北约一小时程的桑巴斯县（Sambas）特巴斯市（Tebas）读书，1999 年发生屠杀事件时，她每天放学后还是照常步行回家。

　　"我放学回家的路上，几个认识的男生会不停地晃动他们提在手上的死人脑袋，跟在我身旁。他们最喜欢把两颗脑袋的头发绑在一起抛到电线上，然后看着两个脑袋像一双绑着鞋带的鞋子挂在电线上荡来荡去。"

　　"如果你露出害怕的样子，情况会更惨。"她继续说，"有个男生会大喝一声：'喂，你！接住！'其他男生就把一只断掌朝你丢过来，一副乐在其中的模样，那经验很恐怖。"

　　伊碧妈妈似乎把这种骇人听闻的事件看得稀松平常，始终以轻描淡写的口气陈述往事。办公室的其他女士听完她的故事，也只是皱着眉摇摇头，仿佛一切只能听天由命。

　　达雅克学研究所曾极力为第一波屠杀事件辩护，声称是部落传统要求他们采取这类行动 [1]。但此举违背了国际原住民权益保护运动

1　见 Jamie S. Davidson, *From Rebellion to Riots: Collective Violence on Indonesian Borneo* (Madison, WI: University of Wisconsin Press, 2009).——原注

的宗旨，弱势族群固然有理由抨击威权体制国家或剥削型多国籍企业，甚至可能以丢掷长矛或焚烧车辆的方式起而抗争，却不应该假借遵守原住民传统的名义，屠杀手无寸铁的农民，还吃他们的心脏。

1997年的暴力事件震撼全国，于是达雅克族转移目标为自身争取利益，要求提高参政权。当时已江河日下的总统苏哈托，迅速将一度由马来族出任的要职指派给达雅克族，结果激怒了马来族。马来族虽没有割人头、吃人肉的传统习俗，也从未与马都拉族起过冲突，但如果他们丢了饭碗，自然不可能忍气吞声。某个马都拉族人偷走了马来族人的一只鸡，两族旋即互殴，导致三人丧生。接着马来族也开始割马都拉族人头，把断掌扔给别人。1999年，马都拉族至少又死五百人，五万名族人仓皇逃离桑巴斯，包括第二三代移民，这些人流离失所，最后在省会坤甸的难民营落脚。

印尼实施地方自治的十年间，达雅克族持续争取政治利益，并留意马来族是否从中作梗，双方互相妥协的意愿渐次提高。加里曼丹与种族混杂的其他地区，也通过参政达到政治互惠的目的。每位参选县市长都会搭配一名副手，而这些搭档往往跨越种族界线，例如一人是达雅克族，另一人是马来族。如今连最受印尼人鄙视的马都拉族也有参政机会，逃到坤甸避难的马都拉族成为人数可观的票仓。2010年我造访坤甸时，当地市长是马来族人，副市长是马都拉族人。

极端暴力事件在印尼现代史上屡见不鲜。苏哈托时代早期，这些事件很快便遭到军队镇压。加里曼丹暴力事件之所以拖得较久，是因为军方对这位总统的支持日衰，不愿出兵弭平。苏哈托下台后，文官旧属、伊斯兰激进分子、军队和地方权贵之间的权力争夺战也就此展开。交通事故演变成地方动乱，灭火势力转而煽风点火，数千人无辜送命。

后苏哈托时代最严重的暴力事件，发生于印尼东方盛产香料的马鲁古群岛（位于西加里曼丹省东南方两千公里处）。冲突的根源可上溯至几世纪前，其错综复杂足可写一本书，简述如下：荷兰时代殖民者厚此薄彼，对群岛南方基督徒恩宠有加，较排斥北边苏丹国的穆斯林。20世纪90年代中期以前，学识较高的基督徒一直掌控着当地的官僚体系，但苏哈托推动地方自治以后，极力安抚各地穆斯林，将原本属于基督徒的工作转交给他们。与此同时，来自苏拉威西岛的勤奋穆斯林移民，开始从比较闲散的马鲁古商人手中接管市场，具宗教狂热的犯罪帮派之间日益形成对立。

1999年1月，一名基督徒巴士司机和一位穆斯林乘客发生口角，结果形同一支点燃干草堆的火柴棒，引发了一场不可收拾的族群冲突。

双方互相挑衅是因为彼此忌妒，原本与宗教信仰无涉，却迅速演变成教堂与清真寺对峙的局面。省会安汶的一面墙上画满侮辱穆罕默德的涂鸦，另一面墙上也出现耶稣遭毁容的画面。

居民非但不思潜心祷告，反而绑上头带——穆斯林绑白带子，基督徒绑红带子，俨然要去看足球赛——加入这场争斗；城里某些地区每十名年轻人有七人翘班，利用这场临时发动的"圣战"来宣泄挫折感、培养使命感。

军方和警方未曾采取任何行动。

冲突蔓延至南边的图阿尔市及北方的哈马黑拉岛，到了2002年，已有五千人遭到杀害，另有七十万人（占马鲁古群岛总人口三分之一）被迫逃离家园。即使在生活无忧无虑的欧霍伊威特村，穆斯林也纷纷出逃，直到十年后才逐渐回流。英茄妈妈和她朋友种的植物，是土地上的第一茬作物。之前，那是一个穆斯林的家，后被大火烧毁。

时至今日，马鲁古群岛的居民都说那些暴力事件是身份不明的"挑衅者"干下的勾当。我曾听到欧霍伊威特、图阿尔、班达、安汶等地的居民说："我们向来跟邻居们处得不错，虽然穆斯林和基督徒是被迫离开的，但我们其实很不希望他们就此一走了之。"几乎每个与我谈论相关事件的班达岛居民都告诉我，他们曾亲自到港口为准备逃亡的基督徒邻居送行。"我特别为他们做了一顿饭，还拿枕头让他们带着在旅途上用。"其他十来个岛民也说过类似的话："我给他们做饭，送他们枕头，我们不希望发生这种事，却没办法帮他们抵抗挑衅者。"

当时没有人能够指名道姓地说出"挑衅者"究竟是谁，政府也刻意不做解释，不过大家认为马鲁古屠杀事件中的"挑衅者"，是指一个来自爪哇、名为"圣战军"的伊斯兰激进组织。该组织获得伊斯兰教党派政治高层的授意，并且明确表达了整肃马鲁古群岛基督徒的意图。

事实上，挑衅者是在欧霍伊威特村的穆斯林逃离家园、班达岛的基督徒抱着邻居送的枕头流落他乡一年多后，才抵达马鲁古群岛。爪哇圣战军尚未出现之前的十六个月，成百上千的基督徒和穆斯林，已经遭到马鲁古群岛的邻居、血亲、同事、同窗、顾客砍杀或射杀。

马鲁古群岛的暴力行动被描述成宗教事件，加里曼丹则称之为种族事件。不管是宗教还是种族事件，其原因说到底都跟资源的取得有关，而且始作俑者是原住民，他们认为来自外岛的移民在"他们的"原生地获得比他们更多的利益。爪哇某些教堂遭人纵火的原因是，在这些教堂做礼拜的苏门答腊移民巴塔克族经济富裕。苏门答腊的印度教徒也受到攻击，因为这些勤勤恳恳的巴厘岛移民拥有的摩托车和住宅比楠榜省（邻近爪哇的苏门答腊南方省份）本地人拥有的更高级。

"原住民"在印尼是个难以界定的概念。印尼华人从 14 世纪便融入爪哇沿海小区，两百多年前曾在加里曼丹成立民主共和国，但从未被视为原住民，这点殆无疑义。不过其他族群几乎都是印尼某座岛上的原住民，而且所有岛屿已经结合为一个人人平等的民主国家，因此大家很难争辩达雅克族是否比马来族更像原住民、苏门答腊的狩猎采集部落林巴族是哪个原住民的旁支、哪个种族是有文字史以来就住在加里曼丹的原住民。根据宪法，马都拉族也是印尼共和国原住民之一，和任何国民一样有权住在西加里曼丹省，但我遇到的达雅克族不同意这点。

我坐在一部开往新当市（位于西加里曼丹省正中央）的巴士前座，眼前的挡风玻璃破了个洞，洞口外围形成一片放射状的星形大裂缝，裂缝边缘粘上一张苏加诺肖像贴纸，还用塑料黏合剂封住，但填补工夫不够到家，挡不住从贴纸旁边渗进来的雨水。挡风玻璃上方的一张海报中，有个头戴护士帽、身穿红十字比基尼、脚踩厚底高跟鞋的波霸金发女郎，正俯视着贴纸上的苏加诺总统。挡风玻璃的雨刷不见了，但是无妨，因为玻璃上的雨水都被巨大的手提音响频频发出的震动给抖掉了。音响播放的曲目是我少女时代流行的摇滚乐，最精彩的一首叫作《加州旅馆》（*Hotel California*），我觉得那位华人司机会放这首歌很奇怪，因为他看起来只有十四岁。巴士开到某个地点后，车身剧烈晃动了几下便戛然而止，司机喊道："停车休息。"但我知道巴士肯定是抛锚了，索性走进矮树丛里休息一番，出来时看见司机仰躺在地上，把汽油从一根橡胶软管吸出来，我问他在做什么，他用衣袖抹了抹嘴，说他在做一根虹吸管。这方法很管用，我们的车子再度发动。我对新当这座城市原本不敢抱太高期望，以为当地肯定没什么特色。

事实上，新当是个繁荣的大城市，市区随处可见新摩托车，却没有大众交通工具。我问当地的新朋友达诺斯，城里的穷人如何解决交通问题？这位达雅克族年轻公务员说："新当根本没有穷人。"因为这里盛产橡胶和棕榈油，每个居民的口袋里都有钞票。

新当有条宽阔的卡普亚斯河，市民颇擅长利用河滨区，在河畔建了许多防洪高脚屋经营餐馆和酒吧，而且大都设有可欣赏夕照的水上露台。这些房子平常离水面很近，不过我们抵达当地时正值漫长旱季的末期，河水水位变得极低，大多数餐馆与河流边缘隔了数百米远，有些盖在宽大原木平台上的船屋以奇怪的角度搁浅在沙洲上，船屋居民渴望河水再度上涨，让他们恢复正常生活。

梅兰妮和我在几家河滨餐馆消磨了不少时间。尽管马来族和达雅克族的政治关系紧张，却是当地餐馆厨房里的好搭档，携手做出了美味可口的菜肴。达雅克族从厨房端出泰国虾，以及搭配口感清脆的森林蘑菇和大量蔬菜的猪肉，蔬菜包括翠绿色的蕨叶和鲜艳的南瓜花，马来族为我们送上用西红柿和洋葱一起烹调并撒上香料的臭豆。这两个种族的烹饪实力在一盘鱼排中完美结合，做法是：先给鱼排抹上大量蒜末、姜粉、辣椒和香茅，然后包上一大片带有些许苦味的食用叶子，放入香菜酱里细火慢炖。

梅兰妮和我出发去寻找达雅克族长屋。西加里曼丹省的地图显示，新当市的外围全是绿地。我们上路以后，果然看到遍地栽满间隔一致的油棕榈，笔直的灰色树干从光秃秃的土壤中拔地而起，树梢顶着一丛丛尖长的羽状复叶。我们在千篇一律的景观中颠簸行驶了两小时，终于进入一片丛林，又过几分钟后，才看到一块空地和一栋达雅克长屋。

那长屋的外观有点令人望而生畏，俨然一只肚皮又宽又平的科莫多龙[1]趴在许多木桩上,随时准备从地上站起来展开攻击。屋子的一面墙上布满了用藤条绑在一起、尖端一律朝外、从地板延伸至屋顶的树枝和竹子,每隔五十米左右架着一座通向一个黑暗入口的梯子,或是立着一块被踩得十分光滑的圆木桩,其他几面墙外散置着一些绿色橡胶雨鞋。

整间屋子安静得吓人,最尾端的门口两侧,分别站着一尊瞪着大眼的木头雕像,仿佛在监视闯入者。接着,屋里不时传出一阵笑声,门廊深处偶尔闪过一道人影,我知道里面的孩子已经看见我们,但始终不肯露脸。梅兰妮试着拿相机引诱他们出来,所有印尼人似乎都喜欢在镜头前摆姿势。

我听见身后有碰碰碰的声音。回头一看,发现一名男子蹲在一个塑料戏水池边,用棍子敲打一座蚁窝,每敲一下,他背上的龙纹刺青便跟着抖动。他打算把蚁窝中的蚂蚁逼出来,给养在池底的鲶鱼当饲料。

这名男子是安腾爸爸,最近刚从毗邻西加里曼丹省的马来西亚沙捞越州返乡。安腾说他在那边住了二十年,赚了不少钱。"可是你也会把赚来的钱都花光,因为在马来西亚过日子,连放屁都要花钱,还得一直工作,见不着老婆也不能陪小孩玩,这种生活到底有什么意思?"

安腾表示,如今在印尼这边谋生,几乎和在边界那边一样容易,你可以种橡胶或油棕榈,然后卖给经营大农场的公司,不然也可以像他一样从事建筑业,帮那些以橡胶致富或者不想住长屋的居民建造现代平房,月入大概有一千美元,而且不用花什么钱。"在这里

1　世界现存体型最大的蜥蜴,平均身长两三米,长相似鳄鱼,有蛇信般的长舌,唾液会分泌毒素,仅分布于印尼的四座岛屿上。

生活，我可以去森林垦地，要吃多少米就种多少米，还可以去河里抓鱼，去山边摘菜，一切免费。"不过他对当地环境忧心忡忡。由于大量森林在苏哈托时代遭到滥伐，现在又被大面积橡胶园和油棕榈园占据，安腾必须走更远的路，才能找到林地开辟稻田。他也非常担心橡胶园和油棕榈园使用的肥料和农药会污染达雅克族赖以为生的河流，因此他不再饮用河水。为了预防河里的鱼源枯竭，他还自己养鲶鱼。

我接受安腾邀请，进入他住的长屋参观一番。长屋从中分为两半，一半属于开放空间，一半立了几座隔墙。有隔墙的这半边共有二十八道门，每道门通向某个独立家庭生活区，内含一间卧室和厨房。开放空间很长，是集体共享的起居室。

这天是星期日，午后居民们暂停劳动，在林中田地休息。有些妇女用传统纺织机织布，有些人制作手工精巧、闻名全国的达雅克串珠饰品。一名村姑先把六根棉线缠在大拇指上拉紧，再用一块蜂蜡摩擦棉线以加强韧性，接着从一堆五彩珠子里一一挑出小巧玲珑的玻璃珠，把它们穿在不同的棉线上，编织出呈现达雅克图案的精美珠串。

一位体态丰腴的大婶将几片棕榈叶缝在一起，做成一顶圆锥宽边遮阳帽，当地人制作这种帽子时，还会装饰各种串珠片、钩织品或刺绣品。长屋的墙上挂满了这种帽子，还伴有鹿角、画满图案的舢板和枪炮与玫瑰的海报。

一位鸡皮鹤发的老婆婆，弯腰驼背蹲在地上编织装槟榔用的篮子。她皮肤上有花样繁复的刺青，耳垂被经年佩戴的沉重铜耳环拉得老长。一位牙齿掉光的老公公，用细藤条修补带尖刺的捕鱼篓，他孙子在附近一边尖叫奔跑，一边玩射箭游戏。

我问老公公有几个孙子。"很多，"他掐指数了一下之后又摇摇头说，"噢，我不知道，反正人很多就是了，比装满一条舢板还多。"

安腾介绍我认识了一名达雅克退役军人，我向他提起新当市有一幅长达数百米、为军人歌功颂德的大壁画。图中描绘某些士兵在协力建造一座清真寺和教堂，某些士兵在一旁摇着手指制止村民赌博饮酒，村民满脸愧疚地跪地求饶，地上还有个四处滚动的酒瓶和一只猛拍翅膀的斗鸡。

退伍军人皱着眉头告诉我，苏哈托时代让军人担负双重任务——既要保家卫国，又要充当政治机器——的做法早已不合时宜，还提到他在军中服役时，加里曼丹大致处于和平状态。"人人都以为达雅克族凶恶残暴，其实我们痛恨冲突，只是别人都误解我们。"

我问他，1997 年达雅克族和马都拉族之间不是有过相当火爆的冲突吗？他回答："哦，那根本不叫冲突，只是马都拉族得到该有的惩罚罢了。"

接着，我提起马都拉族在印尼其他地区定居以后，似乎名声不佳，成为当地人眼中的暗算者、诈欺者和攻击者。退伍军人举例说明："马都拉族会跑来问你，他能不能割你家椰子树周围的青草，如果你说可以，只要他不拿走树上的椰子就行，过一段时间你会看到他睡在田里，身旁摆着一大篮青草，可是一旦把手伸进那个篮子，就会发现他只是把割下的青草铺在篮子最上头，下面全是椰子。遇到这种自以为狡计得逞就心满意足地张着大嘴躺在你面前的家伙，你当然得把他宰了。"

那天傍晚，达诺斯（我在新当认识的达雅克族年轻公务员）拉着梅兰妮和我，去参观在县政厅举办的文化舞蹈竞赛。整个赛场人声鼎沸、热闹无比，县长也穿着达雅克族图案的蜡染衫出席。比赛分两部分，参赛者必须在短短几分钟内各自为传统舞蹈赋予现代诠释。达雅克族先上场，马来族后登台，优胜者可代表全县参加省会坤甸的舞蹈大赛，为县民争光。"现在你们可以见识一下什么是真正的达雅克精神。"达诺斯说。

第一支舞没什么看头，只见一群女郎身穿珠珠连身裙，头戴宽边圆锥帽，手拿塑料洋娃娃，围成几个圆圈缓慢移动步伐，然后不断将金发碧眼的洋娃娃举起放下，过了好一会儿才整队离场。表演结束后，我只轻轻拍了几下手，达诺斯则一脸尴尬地咕哝道："她们怎么都不懂得发挥一点创意？"

接下来，一阵巨响轰然炸开，一名小伙子敲着铜锣从我耳畔呼啸而过，鼓鸣四起，尖锐的口哨声自高处传来，某个音色介于小提琴和迪吉里杜管[1]的乐器奏出哀伤的旋律，一群身缠腰布、肌肉画满图腾的年轻人从侧门冲上舞台，然后跳上彼此的肩膀，以大腿平衡重心，摆出叠罗汉姿势。达诺斯精神为之一振。

可是，这些"达雅克战士"才上台几分钟，身上图腾就被汗水化成一道道细痕，腰布也开始松脱，露出里头的涡纹短裤，而且借用马来族的舞蹈动作做即兴演出。观众一边鼓掌一边叫好，达诺斯却兴致大减地摇着头说："他们大概是不了解自己的传统，不过裁判们可是一清二楚，这些表演者把达雅克和马来舞蹈混在一起是最大败笔。"

看完另外几队达雅克族的表演后，达诺斯决定带我们离开。我们看到了一群女孩头顶着燃烧的油灯跳跃，同时头发里嵌着犀鸟羽毛的袒胸战士们在攻击白色床单组成的隔间。达诺斯说，这是为了

1　迪吉里杜管，澳洲土著使用的长管吹奏乐器。

赞颂女孩直到真命天子出现前都要保持纯洁的行为。我觉得意犹未尽，想再多待一会儿，却遭到达诺斯拒绝："这里已经变成马来族的天下了，没什么好看的，我想带你去见一个人。"

虽然时间已经不早（晚上九点半），达诺斯仍执意带我去见他的恩师阿思奇曼爸爸（此人最近受命出任县政府公共工程部主管）。我们来到一间鲜绿色的接待室后，看见一盏大吊灯像驼背似的被嵌在楼梯顶端的狭窄空间，一座养着珍奇鱼类的巨大水族箱占据着一整面墙，其他墙面上挂着几幅野马群在山涧中奔驰的油画。

等了片刻之后，一名侍从走进来说："你们可以上楼了。"我们直接从右后方的楼梯进入了另一栋尚未完工、比此建筑面积大三倍的新厢房，接着跨入宽敞的三楼休闲室。一群男士围坐在乒乓球桌前一边抽烟喝咖啡，一边向阿思奇曼爸爸献殷勤，谈论的话题是人字拖鞋。

这话题我很熟悉。两个月前，我曾在一艘培尼渡轮的电视画面上，看到一座人字拖鞋山，旁边还出现了大量群众，而且似乎愈聚愈多。当时船上观众都想不通是怎么回事，一名乘客说："是现代艺术展。"另一位乘客认为："是抗议中国产品的活动。"第三个乘客反驳："哈！要是每个人都加入那场抗议活动的话，全印尼的人都得打赤脚！"

真相是，有个十五岁男孩偷了某位警察的人字拖鞋，警察逮到男孩就痛扁他一顿，男孩母亲向警方报案，指责警察向男孩施暴，结果惹毛了别的警察，于是立即逮捕男孩，男孩即将面临五年牢狱之灾。此事迅速引起公愤，因为同一时间有些被指控贪污的人，通过贿赂法官逍遥法外，其他罪责较重者仅判处一两年徒刑。于是民众拿着人字拖鞋上街抗议，人字拖鞋遂成为印尼群众唾弃恶法的象征。

在一杯又一杯甜咖啡助兴之下，我们围坐在乒乓球桌边聊至深夜，并多次谈到暴民正义取代正当执法这件事。阿思奇曼爸爸认为罪魁祸首是荷兰人，因为他们在印尼建立了非常糟糕的司法制度，为不同的人制定不同的法律，未能做到法律面前人人平等。

荷属东印度政府在殖民时代早期，并没有为印尼司法制度投入太多心力，只求商业交易遵守荷兰法规，认为没必要干预大多数印尼人奉行的各种传统律令。后来荷兰学者秉持英国博物学家华莱士研究昆虫的科学精神，搜集并整理印尼传统律法，最后编成四十大册，并分成十九大类。

到了 19 世纪末，荷属东印度政府已拥有若干并行的司法依据。首先是保护个人权益、要求设置合格法官、专为欧洲人而立的西方法，接着有原住民法。"本地人"可上三种法庭：与伊斯兰教律法有关的案子在伊斯兰法庭审理；传统法庭由地方士绅掌管，负责处理婚姻、继承等事务；犯罪案件则交由地方法庭处置，但这些法庭的幕僚大多是未受过正式司法训练的无照律师。"外来东方人"——大部分是华人，也包括阿拉伯人——虽被视为"本地人"，但根据商业法的定义，他们都变成了欧洲人。[1] 地方法庭经手的案件，最后上诉一律交由欧洲法庭审理，有效地将地方司法系统纳入了全国系统。

"我们直到今天还是有三套法律，跟殖民时期简直没两样。"阿思奇曼爸爸不屑地说，"像我这种高层官员等同于荷兰人，华人属于商人阶级，普通老百姓算'本地人'。如果法律是凭阶级来划分，怎么能把一个国家治理好？"

1　这套分类系统很复杂，且随时间而改变。例如欧洲人娶进门的印尼妻子及其婚生子女算欧洲人，非婚生子女若得到父亲承认也算欧洲人。另外，总督可任意将荣誉欧洲人的资格颁给"本地人"，这些人被称为"官定欧洲人"。1899 年，在强势的东京政府施压之下，所有印尼日侨皆被授予"欧洲人"地位。——原注

我向一位律师朋友转述这个观点后，她笑着说："印尼不是凭阶级，而是凭钱包来区分法律，谁送的钱最多，谁就享有正义。"贪污调查显示，三分之二的印尼受访者给司法部的评语是"肮脏"或"龌龊"，并且认为只有某些政党和国会贪污程度能超越司法部。最近，印尼肃贪委员会在贪污法庭逮捕了数名法官，罪名是收受贿赂替某些人撤销被告。那些渎职法官发现，他们可轻易宣判被告无罪，因为他们抓到了检察官的把柄——在准备处理一桩漏洞百出的案件时拿了红包，可是他们自己也知法犯法，廉洁扫地。肃贪委员会不得不介入此案的原因是，为匡正法治而成立的司法委员会无力整顿法院歪风。一些数据显示，肃贪委员会在 2008 年接获一千五百五十六份法官渎职报告。不过，虽然该委员会调查了二百一十二宗贪污案，并将二十七件转交最高法院，但最高法院并未针对这些案件采取任何行动。

荷兰人固然给印尼留下弊病丛生的司法制度，不过现代印尼人却很少针对这套制度进行改革，仿佛全盘接受了殖民时代的"本地法庭"，连同一群训练不足的检察官以及用少数人才能理解的语言写成的法典。法典是由为了控制本地人的殖民者撰写的，而本地人又习惯于对统治阶层言听计从。

如今印尼人口已是 20 世纪 50 年代的三倍，但法庭审理的案件只有那时的一半。民众早已不信任执法者，也不敢将案件送交法庭或警方。十名印尼人当中有超过六人认为警察贪污，因此印尼人宁愿自行执法。有些人之所以被愤怒群众殴打致死，只因为他们偷了一只鸡、他们的车子失控撞倒行人、忌妒他们的邻居指控他们会巫术等等。如果这些事情发生在"原住民"和"移民者"身上，一桩原本可在警察局或地方治安法庭化解的小事情，可能演变成牺牲数百条人命的小型内战。令人担心的是，许多暴民往往敌视警察。

2013 年 3 月底,印尼报纸相继报道某乡的一名警长被民众活活打死,因为他率领战友逮捕一名非法赌场经纪人,后来该经纪人的太太指控搜捕她丈夫的警察全是偷牛贼,群众立刻包围了那些警察。光是2013 年前三个月,印尼就发生了十三起暴民袭警事件,上述案例只是其一。爪哇有句俗话说:"如果你为了被偷一只鸡而去报案,就会丢掉一头牛。"只要印尼人认为警察和法庭腐败到家,暴民正义将继续替天行道。

第十二章

你的真主，我的上帝

　　游走印尼期间，我接收世界新闻的通道，是去网吧读电子报。网吧在印尼各地城市属新兴行业，多半坐落在电信基地台下方、港口和巴士站附近或是巴东饭馆隔壁。店面通常不大，设有许多矮墙小隔间，每座隔间摆着一个约四十五公分高的倒立木箱，上面架着计算机屏幕和游戏控制板。喜爱光顾的青少年总是把垃圾丢满地，女孩们经常嘻嘻哈哈地挤在计算机摄像头前把照片贴到脸书网站上，男孩们大都独自对着屏幕与赛车或猛龙激战。我只看过一两人搜寻维基百科，显然是为应付功课。对大多数印尼年轻人来说，上网的目的在于找乐子，因此印尼人不说"上网"，而说"玩网"。网吧柜台前通常坐着某个满脸青春痘的男孩，他会一边打电动，一边放音乐，有顾客离开就向他们收钱。

　　网吧里充满笑闹声、音乐声以及电动游戏音效声，我尽量充耳不闻，专心读电子报，除了追踪天下大事，也想了解外国记者对印尼的看法。美国《国际先锋论坛报》(*International Herald Tribune*)出现的标题是"印尼宗教偏执愈演愈烈"；英国《金融时报》

图 L：爪哇、巴厘与龙目岛

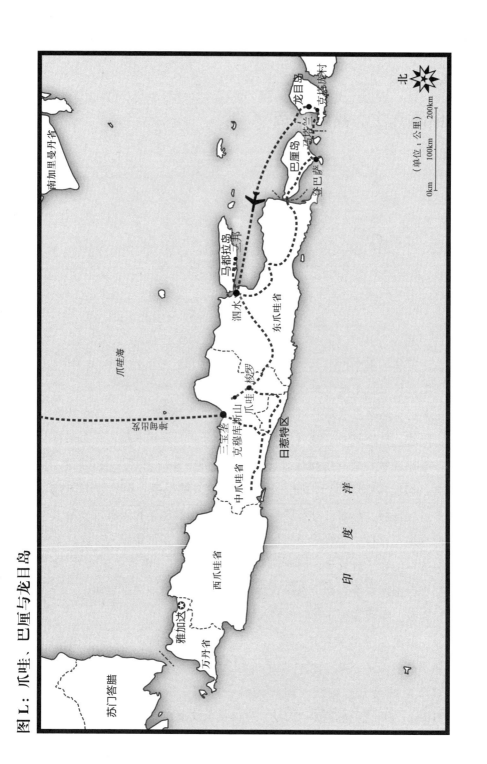

（*Financial Times*）指出，"印尼宗教攻击事件突增"；澳洲《悉尼晨锋报》（*Sydney Morning Herald*）警告，"印尼'漠视'与日俱增的宗教暴力"。以上报导皆引用印尼人权团体赛塔拉民主和平研究所（Setara Institute）提供的数据，该团体持续研究印尼宗教自由现况后指出，2012年共有二百六十一个少数宗教族群遇袭。报道中也提及某些教堂兴建工程受阻、"未守教规的"穆斯林惨遭毒打和杀害、清真寺被付之一炬、无神论者身陷囹圄等事件，并回顾2002年巴厘岛闹市区两百余人遇害以及2003和2009年雅加达万豪酒店遭炸弹攻击导致十九人丧命的罪案。某些伊斯兰教团体得意地宣称，这些攻击案件全是他们的杰作。

我知道许多学术著作曾经讨论爪哇伊斯兰教以及印尼群岛其他宗教的各种特色，还有不少内容精辟的报告曾剖析中东、印尼和世界各地的伊斯兰教与政治的关系，并揭露、探讨恐怖组织的内部情况。有些人把穆斯林的行动视为进步的象征，有些人认为原住民信仰再度复兴。

虽然亚齐省和南苏拉威西省曾经为了成立伊斯兰国家而极力抗争，马鲁古群岛的暴力冲突也曾被贴上宗教事件的标签，但我在印尼旅游近一年以来，发现大多数民众只把宗教看得跟吃饭、睡觉一样稀松平常，而且认为印尼人只会为了钱财、工作、政权起冲突，不会因为信仰起争端。

印尼人常问我信什么教，多数西方人似乎认为这种问题侵犯个人隐私，不过自苏哈托时代以来，印尼每位国民都必须在身份证上注明宗教信仰，建国五原则第一条就是"信仰唯一上帝"，该原则的基本逻辑是：有宗教信仰者不会是无神论共产党。

苏哈托时代的印尼人可以选择的正统宗教有五大类：伊斯兰教、印度教、佛教、基督教、天主教，如今又新增一个选项即儒教，但不包括数百种地方特殊信仰，例如松巴岛的马拉普教（Marapu）。那些地方信仰被归入传统文化的一部分，信徒还会被强制套上某种"宗教"身份，例如住松巴岛的波波妈妈信马拉普教，身份证却注明她是"基督徒"，因为当地的宗教仪式既杀猪又宰牛。

印尼人认为，不信教的人绝不会是好国民，而我就是个无神论者，但非常尊重他人信仰。虽然我常向旅途中偶遇的印尼人隐瞒自己无业或离婚的事实，直到双方熟识以后，才会适时主动招认我曾对他们撒谎，但我绝对、永远不会承认我是无神论者，因为大多数印尼人根本无法理解这种事，对他们来说，"不信神"简直跟"不呼吸"没两样。

由于父母都信天主教，我常在印尼穆斯林面前佯称自己是天主教徒。有些人听了并不介意，俨然只把我不信伊斯兰教这档事看成某种无伤大雅的残疾，然后照样请我去家里做客，并未排斥或歧视我。

印尼人的日常宗教礼俗比欧洲人来得多，许多民众习惯在身上别着代表个人信仰的徽章、在头上包着头巾或戴着小帽、在颈上挂着十字架或佛陀护身符，清真寺、教堂、佛殿也会举办大量集体祷告祈愿活动，因此我在印尼上教堂的次数比过去多，也不时心怀诚敬地坐在安静的清真寺角落里聆听布道，这样既符合印尼人的期待，也是融入当地社会的一种方式。

2011年圣诞节过后不久，我曾在马鲁古省会安汶的名胜——巨石大教堂——参观一场颇具娱乐效果的宗教仪式。信徒们抵达教堂后，一边在车上收听广播节目，一边等着服务员前来代客泊车，偌大的教堂里结满闪闪发亮的彩色小灯和铝箔装饰。当天共有四场布道活动，第一场结束后，圣坛和包厢座位被移开，信众依指示前往人山人海的礼堂，准备观看在一面大屏幕上放映的第二场礼拜仪式，正厅里的一面大屏幕和几台电视监视器，正在为即将展开的活动倒数计时。

我利用这段等待时间，欣赏了一下信众的打扮。一位女士摇摇晃晃蹬着六寸宝蓝色麂皮高跟鞋，另一位女士的高跟鞋防水台珠光一片；一位穿着无袖的酒会礼服，另一位穿着紧身金色荷叶边。但我还有时间，就又读了一下刚进教堂时拿到的一份传单。记得在欧霍伊威特村和其他城市参加教会活动时，每位出席者手上的"礼拜程序表"都印有整场仪式所引用的经文和祷告词，不过巨石大教堂发的传单只印了六行字：

> 《马太福音》第 28 章，第 18 至 20 节。[1]
> 为本市祈福
> 改变世界
> 寻求突破
> 树立家庭价值观
> 散播宗教气息

传单上还附有一个捐款银行账号，不过出席者已经拿到了捐款信封，教堂正厅的每个出口也摆着透明奉献箱，许多箱子已呈半满状态。

大屏幕上显示的时间从 09：59：59，跳到了 10：00：00。根据过去二十五年的经验，我从没看过印尼有任何活动是准时开始的，不过这回倒像是发生了奇迹，一到 10 点整，讲台上立即站满了唱诗班成员，引来一片赞叹。接着，台下的信众看着眼前卡拉 OK 打出的字幕，和唱诗班一起引吭高歌。第一首圣歌结束时，我身旁的几位教友喜极而泣地一面摇晃拍手，一面念念有词。

唱诗班又唱了几首赞美歌之后便鱼贯退场，接着上场的是一位气色红润、理个平头、戴着紫红领结的牧师。他一上台就说，他要

1　这段经文的内容是劝民众加入并服从教会。——原注

把耶稣带进我们的生活，带进我们的家庭，还要带给印尼，带给政治领导者，带给这个备受忽视、与世隔绝的小岛，每讲完一句话必说："阿门！"

接着便调侃了一下国营电力公司 PLN："有人说，2012 年将是黑暗的一年，如果你们继续支持 PLN 的话，那么未来这一年肯定会在黑暗中度过，因为只有耶稣才会放射光芒，照亮一年当中的每一天！"信众哄堂大笑。这位牧师连续唱了一个多钟头的独角戏，其实只想说两件事：（一）我们有义务宣扬耶稣的名字；（二）只要耐心等待，耶稣一定会满足我们的需求。

11 点 55 分，他再次轻轻说声"阿门"，准时为长达两个钟头的布道仪式画上休止符，全体信众在唱了几首轻快的圣歌之后，便一齐涌出大厅。

我很肯定巨石大教堂的布道形式承袭自美国的"圣经带"[1]（ Bible Belt ），牧师传递的讯息无关乎社会参与，而是想满足教会利益。这场聚会只有一个目的：让信众热心捐献，在信封里塞满钞票。马鲁古省是印尼第三贫穷省份，但是在省会安汶，没有人谈论上帝心目中的平等观念，也无人提起贪污是阻碍国家团结的罪行，更没有人暗示基督徒应该互助或助人。教堂信众喜极而泣、念念有词地展现宗教热情，只不过是在耐心等待下一双宝蓝色麂皮高跟鞋过程中的娱乐项目。

近几年来，中产阶级穆斯林也把宗教的娱乐价值看得比社会参与更重要。我住在雅加达时，经常会留意某些知名伊斯兰教士的布道时间，将之作为固定休闲活动之一。如果年轻帅气、包着头巾、

1　圣经带涵盖从德州到佛罗里达州等美国中南部至东南各州，居民多为保守的基督教福音派信徒。

绰号"阿金"的名嘴教士阿布杜拉（Abudullah Gymnastiar）在城南某个高档酒店开讲，附近的街区总会停满奔驰和宝马轿车，然后走出一群头上缠着爱马仕（Hermes）头巾、脚下踩着马诺洛（Manolo Blahnik）高跟鞋的贵妇，让交通瘫痪长达一小时。

后来阿金不再受到女性穆斯林的崇拜，因为他娶了第二个老婆却没说实话，于是就被其他教士取代了。这些教士的布道形式或多或少与巨石大教堂雷同。若拿食谱来做比喻的话，他们会取两份"娱乐节目"，混入一份"募款活动"，再以"听众参与"调味，然后用这些材料煮成一道"提出梦想承诺"的佳肴，摆在各式各样的盘子里端上桌。

伊斯兰电视布道是一项庞大的事业，有些电视台为了物色新面孔而频频推出选秀节目，去年某节目的优胜者竟是一名八岁小女生，而且在整个斋月期间排满布道活动。欧文斯比（Craig Owensby）是一名改信伊斯兰教、来自德州的美国人，曾经在法威尔（Jerry Falwell）[1]主持的教会担任牧师，后来与阿金及其他备受观众仰慕的电视布道者合作，并且以每日简短讲述《古兰经》和用手机短信传播宗教信息的方式在印尼致富。

《古兰经》朗诵比赛和英国曼联足球队在印尼一样广受欢迎。我去拜访林巴族以前，曾应邀参加苏门答腊的一场朗诵大会。这场盛事历时一星期，占碑省的穆斯林大量涌入省会邦科市，想亲眼目睹家乡的朗诵代表在全国《古兰经》朗诵大赛中赢得冠军。家属、学生、情侣三五成群地在主办单位举行的园游会里四处打转，有些人去买爆米花或棉花糖，有些人去坐碰碰车，有些人站在几座小亭子前阅读占碑省不同县市宣扬的政绩，大多数群众最感兴趣的还是朗诵活动。

1　法威尔，美国南方浸信会牧师、电视布道家兼保守派政论家。

在中央广场的一端，有位参赛者面对着《古兰经》，跪在一座四周围起隔音亚克力板的高台上。台下的人群一边左推右挤地看着她，一边评论她是否虔诚镇定。园游会场中央的巨大电子屏幕播映着朗诵者的影像，一如伦敦的特拉法加广场同步播放皇家歌剧院的演出，除了没有香槟外。不过这里的观众更投入，大家都在七嘴八舌地讨论参赛者的表现，邀我参观比赛的伊拉说："这是今年最盛大的一场社交活动。"

印尼的电视布道者多数没有受过正规宗教训练，例如有个人气很高的布道者，是因为主演了一部以宗教为题的连续剧而蹿红。确实，许多布道者的言行举止看起来更像艺人，不太像教士。有些传统信徒接二连三地向印尼广播委员会提出申诉，指控某些知名教士措词淫秽，不够圣洁。

任职于银行界或公关界、子女就读私立学校的中产阶级女性，似乎特别喜爱这类团拜活动。当今社会各阶层的印尼人，似乎也比20世纪80年代更热衷于表现宗教虔诚。二十年前我初到印尼时，大多数印尼职业妇女是不戴头巾的，如今将紫色丝绸叠放在淡紫色薄纱之上的头巾是工作场合的标配，甚至成为贵妇圈的时尚品，我曾听某位贵妇问道：香奈儿别针搭配迪奥头巾好看吗？

这股热潮似乎是在苏哈托逐步对中央集权松绑以后展开的。2001年我重返雅加达之后，发现很多穆斯林朋友和同事不仅每天祷告五次、在斋月禁食，而且打扮得也像阿拉伯人。多数基督徒朋友也都佩戴十字架上教堂，全国各地的选举集会皆以祷告拉开序幕（不过很多集会场所也提供歌舞表演），就连卫生部为妓女们举办的保险套讲习会，也是以一小段宗教祈福仪式开场。

商品化与制式化的现代宗教信仰，并未促使印尼社会产生变革，实际情况正好相反。虽然都市化和人口迁移的过程，冲淡了昔日支撑大众生活的部落制度和集体文化，但是宗教信仰重新为人们创造了一个熟悉安适的世界，并且成为某种鲜明的身份标记，还可以将宗族观念强烈的印尼人凝聚在一起，因此加入正统宗教的印尼人更胜于以往。

在生活方式依然比较贴近传统的地区，宗教信仰其实是社会进步的绊脚石。居民们认为，既然每样事情都掌握在上帝手里，未雨绸缪、拟订计划、追求不同的未来，又有什么意义？一位在乡下经营潜水生意的朋友说："在我们这里，替将来打算，大概是无神论者才会干的事。"

在印尼周游了近一年之后，我从加里曼丹的赤道城市坤甸，再度搭船前往印尼人口最多的爪哇岛。虽然我对最后一个月的旅程充满期待，但也开始担心我在网吧读到的新闻和大多数印尼人告诉我的讯息已产生落差，我是否错过了某个惊天动地的宗教极端事件？于是我决定找几个宗教气息浓厚的地方走走，顺便询问当地人对"宗教偏执愈演愈烈"一事有何看法。接着就来到地处爪哇中心位置、据称是伊斯兰激进主义大本营的梭罗市（Solo）。2002年，巴厘岛爆炸案的主犯就曾在梭罗学习。

我发现这座城市具有双重性格。

梭罗市中心建有一座类似"城中城"的苏丹宫（kraton），宫外坚固的白围墙上开了几道浅蓝色的高雅拱门，分别通往众多仆役及家属居住的小宅院。四周街道的房子屋顶铺有瓷砖，屋檐下的走廊爬满九重葛或西番莲藤蔓。附近许多咖啡摊前都摆着被炭火烧得直冒泡的大锡壶，短短的壶嘴飘出阵阵的姜茶味。梭罗市的另一项特产是添加鲜奶的饮料，而且都取了特别的名字。我禁不住诱惑，点了一份看起来挺恶心的混合饮料，里头含有姜汁、咖啡、糖浆和鲜奶等成分，名字叫作 Jaman Korups，意思是"贪污年代"。

苏丹宫的围墙西侧外面，有一片纵横交错如迷宫、散发着蜂蜜味和石蜡味的街道，这是蜡染工坊区。每条街道后方有许多小房间，里头摆着几个架在火盆上的小铁锅。蜡染女工会把一个外形略似烟斗的小铜壶放进铁锅，将温热的蜂蜡填满斗头的凹处，然后对着一根突出的尖嘴吹气，接着在大腿上铺一块白布，手握着铜壶耐心地为白布描画金线。这是设计图案的第一步。接下来至少需要经过十四道繁琐的工序，才能完成一条纱笼。除了她头顶的电灯，这个场景就像置身于前殖民时代。

从苏丹宫的围墙往东行，便进入纯中东风格的市区，爪哇式生活风情销声匿迹。我看见两栋几乎贴在一起的阿拉伯式清真寺，不禁纳闷它们是否有足够的信众前来膜拜，接着就发现其中一栋是盖得像清真寺的医院。这里几乎每间店铺都提供与伊斯兰教有关的商品或服务，例如筹组麦加朝圣团或是从麦加进口纪念品卖给已完成朝圣但还需要补送礼物给家人的穆斯林。除了宗教商店，这里也禁止饮酒、拒绝未登记身份的客人入住穆斯林旅馆，我走进其中几家，想试探一下他们是否愿意提供我一个房间，但所有旅馆都表示客满。另外，这一区还有教授阿拉伯语的学校以及贩卖头巾和长袍的商家。虽然梭罗市弥漫着正统逊尼派的宗教气息，但是过去数百年来，梭罗市所在的爪哇岛却呈现出截然不同的信仰氛围。

19 世纪末以前，伊斯兰教在印尼的势力范围局限于某些地区，对大型贸易港（例如南苏拉威西省的望加锡，以及亚齐省和苏门答腊岛的某些港口）最具影响力，而在爪哇中部等乡村地区，伊斯兰教形同传统信仰（信奉守护火山、河川和村落的神灵）的点缀品。

荷兰人在印尼投资兴建港口和蒸汽轮以后，海上交通便利性随之增加，前往麦加朝圣变得大受民众欢迎。1885 年，爪哇穆斯林成为麦加最大一批朝圣人口，这些"哈吉"（Hajis，专指去麦加朝圣过的穆斯林）对正统伊斯兰教产生新的热情，对泛伊斯兰政治观也有了新的想法（荷兰人认为这些观念很危险）。

刚从麦加归来的哈吉们打算净化家乡的宗教，消除它从印尼数百年的岛屿文化中所撷取的种种元素，扬弃迷信与神秘主义、播种和收成祭典以及村落生活习俗，以回归纯正统一的阿拉伯伊斯兰教。这些改革者赞成通过理性来诠释《古兰经》，并成立重点学校，以传授现代国家所需的科学知识和一般技能为宗旨。

不过，他们的理性主义和爪哇本土穆斯林的宗教观念相抵触。我在克穆库斯山（Gunung Kemukus）发现爪哇本土穆斯林的后继者。这座小山位于梭罗北方，约一小时车程可到，许多膜拜者会前往山上一座穆斯林圣人的坟前祷告，那位圣人因商业头脑精明而声名远播。每到人潮最多的夜晚（伊斯兰教历法以七天为一周期，爪哇历法则以五天为一周期，两者每隔三十五天遇到一次重叠，这天的膜拜人潮会达到巅峰），成千上万的善男信女涌入墓地，祈求圣人为他们带来财运。我上山那天，坟地的朝圣者不到一百人，每人都买了一片盛满鲜花的香蕉叶和一个装着圣水的塑料罐，两样东西总共要价十万卢比。他们双膝跪地，向神龛外的一名穆斯林教士小声倾吐烦恼，然后递上鲜花（教士把鲜花放在香炉上方熏个几下就还给他们）以及另外包了十万卢比现金的信封（教士随手将信封塞进口袋）。接下来，他们走进圣人墓前的小神龛，先趴在地上洒圣水，再将带来的鲜花放在菱形的坟墓顶端上下摩擦，同时反复向死去的圣人诉苦祈愿。

他们走出神龛后，必须找个陌生人性交。

我在神龛外和一位长得像马戏团大力士的普通观光客闲聊时，问他如何看待这种行为和伊斯兰教义。"伊斯兰教和爪哇习俗不一样，"他把一只手放在额头上说，"伊斯兰教存在这里。"接着把另一只手放在心脏部位说："爪哇文化存在这里。"然后又拍拍胸脯说："这是你绝对不能丢掉的东西。"

印尼争取独立时期，"头"与"心"分家造成严重的政治撕裂。伊斯兰改革派成立政党的目的，是想根据伊斯兰教律法统一国家，其世界观来自一千三百多年前在遥远沙漠中生活和著述的伊斯兰教先知穆罕默德。然而草根性较强的爪哇村民——会用咒语祭拜地方神灵与真主阿拉——不希望被这些改革派同化，也拒绝接受阿拉伯式的伊斯兰教和政党，因而倒向民族党和共产党这一边，两党皆拥护平民出身（且带有强烈爪哇作风）的领导者苏加诺。于是，政治党派产生宗教歧见，各界也因为宗教问题而剑拔弩张。最令人瞩目的斗争发生于 1965 年，军方在这年对共产党大开杀戒，爪哇的穆斯林领导者也一马当先采取暴力行动。他们认为正统穆斯林的地位高于宗教观念守旧的爪哇村民，并将异端宗教与共产主义画上等号，准许年轻追随者杀害信仰不够纯正的爪哇穆斯林。

当血腥暴力冲突局面恢复平静后，苏哈托开始为政教分离布局，政府官员大力鼓吹伊斯兰教精神、宗教老师获得训练和支持、清真寺广纳信众来者不拒。这样做的结果是，进一步将伊斯兰教打入数百万爪哇居民的生活中（他们过去只对传统宗教有兴趣）。有些 1965 年幸存的爪哇穆斯林已改信基督教，但绝大多数爪哇居民的身份证信仰栏上都盖着"伊斯兰教"戳印。民众开始常去清真寺报到，在校子女也学到更多正统伊斯兰教条。

这项改变来得正是时候。当愈来愈多爪哇村民背井离乡，搬迁到秩序混乱的都市后，他们与邻居之间的互惠关系以及他们仰赖的地方信仰体系便不复存在。1965 年的变革促成他们与爪哇以外地区的伊斯兰族群——亚齐人、米南加保族、布吉族——拥有共同的信

仰，具同质性且不分地区的改革派的伊斯兰教，远比他们在村落神
龛里崇拜的宗教更能满足其需求。

　　虽然前来克穆库斯山朝拜的爪哇信徒络绎不绝，不过印尼的伊
斯兰教已经同质化，变得比苏哈托掌权时代更接近正统。沙特阿拉
伯长期为传播中东伊斯兰教的印尼学校和清真寺提供资助。中苏门
答腊省与爪哇地区的传统清真寺外观朴素，有形似印尼火山的三层
红瓦屋顶，现代清真寺则改走中东路线，出现华丽的圆顶和尖塔。
女性随意包在头上的简易头巾渐渐消失，换成不露一根发丝的精致
头饰。有些小女孩甚至还不会走路就戴起头巾，少数妇女还会全身
包得紧紧的，且人数有增无减。马都拉岛和南苏拉威西省等地的男
士们上清真寺的时候，往往不披传统纱笼、不戴瓜皮小帽，而是穿
长袍、裹头巾。
　　我在渡轮、巴士、居家走廊和咖啡摊遇见的印尼人，对这种情
况早就习以为常，并未发表任何意见。他们会口沫横飞地谈论政治
贪污或是道路、学校、医疗服务的悲惨现状，但是从不担心伊斯兰
激进组织的势力崛起。然而我在雅加达的一票中产阶级友人，都表
示无法忍受印尼伊斯兰教被阿拉伯化。他们特别担忧两个团体，一
为繁荣正义党（Prosperous Justice Paty, PKS），这是仿效埃及穆斯
林兄弟会（Muslim Brotherhood）的议会政党；一为捍卫伊斯兰阵
线（Islamic Defenders Front, FPI），该组织自命为道德守护者，动
辄以真主阿拉之名突袭风化区、捣毁领有执照的酒吧。
　　我停留雅加达期间，曾在一家咖啡馆巧遇一群忧心忡忡的朋友。
这家咖啡馆很受某类社运人士欢迎，他们买一杯咖啡的花费，相当
于一名砖头工人的周薪。我遇到的朋友包括一位摄影师（他邀请我
去参观他的新摄影展，展览由一位法国文化协会的友人策划），还

有一名年轻律师（她刚接下国家妇女委员会的工作）以及一位雅加达同志影展协办人。他们在咖啡馆聚会的目的，是针对捍卫伊斯兰阵线筹备一场示威活动，因为这群激进分子打算纠集群众抵制女神卡卡（Lady Gaga）的演唱会。根据该组织的说法，这位流行歌后在印尼现身之后，会把印尼年轻人都变成同性恋。

第二天，我骑车准备去看牙医时，很不明智地挑了条不该走的路线，来到位于雅加达市中心的印尼酒店前方环岛。这个大环岛正中央有座喷水池，池中耸立着被戏称为"汉斯与格莱特"（Hans and Gretel）[1] 的苏加诺凯旋雕像，雕像中有一对举臂欢迎印尼迈向现代化的男女。环岛周边的鹅卵石道路已成为政治示威者的活动中心，他们只要阻碍被车流塞爆的交通要道，就能吸引大众注意。我骑车经过环岛时，正好遇到示威群众，有些人拿着扩音器喊口号，有些人高举写着"母怪兽卡卡下地狱"的英文标语旗。他们还征召了大批戴头巾的青春少女，发给她们印有一行印尼文的海报："阿拉！别让我接受万恶卡卡女魔头的诱惑。"卡卡的一张照片被打了个大叉，旁边写着一行大字："印尼禁止输入荡妇。"

警察封锁了通往牙医诊所的那条街，我心想我还是暂时加入朋友的反示威活动方为上策，于是立即发短信给筹划反示威活动的两位朋友，问他们在环岛的哪一边，其中一人回复："没去成，工作忙，交通乱。"另一条回复短信是："我嫌麻烦，懒得参加。"事后我抓了几个朋友过来兴师问罪：如果他们真的担心"宗教偏执愈演愈烈"、想过自己喜欢的生活，难道不该努力疏导交通、对捍卫伊斯兰阵线之类的宗教狂热分子呛声？"但这件事其实跟宗教无关，不是吗？"我的律师朋友回答："捍卫伊斯兰阵线只不过是一群支薪保镖罢了，

1　汉斯与格莱特，德国《格林童话》故事中的一对兄妹。

当政客们想拉抬选票或维护个人商业利益，就会出动这批人。"

从荷兰殖民时期或更早的年代开始，印尼当权者为达成某些政治目的，便与地痞流氓及帮派分子勾结。老百姓对这些所谓的"自由民"（印尼语 preman，源自荷兰语 vrijman）[1] 又敬（心不甘情不愿）又怕。政客们为了唆使自由民替他们干坏事，于是对他们采取相当放任的态度，容许他们恣意涉足卖淫、赌博、毒品交易和多种非法勾当。2010 年左右的印尼形同 20 世纪 20 年代的芝加哥[2]，建国青年团等民族党支派，公然承认他们以暴力实现政治目的。2012 年发行的纪录片《杀戮演绎》（The Act of Killing）出现过一段画面：印尼前副总统卡拉（Yusuf Kalla）在一场建国青年团集会中提到，政府官僚必须仰仗自由民来完成他们做不到的事。"我们需要自由民开路，各位要善用你们的肌肉！"他对着摄影机说，"虽然你们有时候确实需要拿起拳头对付别人，但是你们的肌肉不是只有这个用处。"台下穿着橘色配黑色军装的出席者立时鼓起了肌肉，流氓听众也为这句话热烈鼓掌。

自由民出身于三教九流，有些人会穿上橘色配黑色的军装，有些人则蓄长发、扎刺青、穿皮衣（像重型摩托车骑士穿的那种），近年来他们也开始留起大把胡子、戴上头巾或小帽、穿着白长袍出来亮相。2002 年某日半夜，我曾在朋友艾丽丝经营的同志夜店见过一位自由民。当时一群穿着低腰三角裤、眼睛贴着假睫毛的跨性人舞者在店里踱来踱去，等着上场表演歌舞秀，突然有个工作人员宣布："他们来了。"

艾丽丝连忙拉开抽屉取出一个信封，片刻之后，一名留着大胡

1　原是西方封建制度中与奴隶、农奴相对的社会阶级，印尼人采用荷兰殖民时期的用法，指一群不受法律约束的人。——原注
2　当时芝加哥实施禁酒令，黑社会势力横行。

子、穿着白长袍的年轻人出现了。艾丽丝迅速交出信封，他只点了个头就闪人。

"天哪，他简直跟那些穿着皮衣跑来勒索你的自由民一样坏。"我笑着说。"你说一样坏是什么意思？他就是穿皮衣的自由民，这是他们的新装扮。"艾丽丝说。

那些勒索艾丽丝的帮派分子，已经加入捍卫伊斯兰阵线，该团体成立于1998年，当时印尼政府亟须一批可听候差遣的恶棍来反制抗议学生。雅加达警察总长曾经坦白承认，警方为捍卫伊斯兰阵线提供金钱和后勤支持，而隶属该组织的帮派报答警方的做法是不让抗议学生接近苏哈托下任总统的选举筹备会议。这些伊斯兰战士也曾协助军方攻击正在调查东帝汶军人受虐案的人权委员会办公室，当时军队和伊斯兰政党之间存在着微妙的关系，不涉入宗教事务且政治立场偏右的军队，一方面认为伊斯兰帮派是对抗共产社会主义的生力军，一方面又担心万一伊斯兰分子坐大可能危害国家统一。1998年，军事高层愿意和捍卫伊斯兰阵线达成协议的原因是，他们认为该组织的威胁性不及学生运动（学生会严密监视军中人权纪录）。

当局势稳定下来后，政客们不再需要征召暴徒抵制抗议活动，捍卫伊斯兰阵线和类似的帮派组织只能另谋生路，改以"维护公共道德"来创造收入，并选择性地捣毁不付保护费给他们的酒吧、夜店和妓院。一位音乐界朋友告诉我，捍卫伊斯兰阵线对女神卡卡发动示威的理由很简单：演唱会承办人拒绝付钱请他们提供保安。不过，他们并非不分青红皂白地选择下手目标，例如他们绝不拿色情业开刀，因为据说该行业受军方掌控。

捍卫伊斯兰阵线也迅速发现了民主社会提供的市场商机：由于好发议论、热爱自由的选民愈来愈多，有些人主张打倒建国青年团之类的政治恶势力，却又不敢公然与那些强悍的伊斯兰青年作对；捍卫伊斯兰阵线自认可以适时介入，扮演保护选民的角色。

我从捍卫伊斯兰阵线和类似的组织身上，看不出印尼伊斯兰教被阿拉伯化的迹象，反倒觉得正统伊斯兰教被印尼化了。他们取代既有的自由民身份，为喊价最高的人出卖其神圣使命，非常符合印尼作风。

繁荣正义党也经历过类似的转变。该政党最初是在一群留学中东人士的协助下，由印尼几所较优秀大学的伊斯兰研究团体组成，拥有一套政治理念和有利的社会改革计划。该党努力帮助贫穷市区，并成立反贪污组织，而且比政府更擅长处理救灾救难的工作，还为遭到自私政客漠视的弱势族群提供服务。

2002年刚成立的繁荣正义党，在2004年大选中赢得7％的全国选票，取得四十五个国会席次。他们支持饱受争议的反色情法案，在下一届大选中战果更辉煌。后来，该党某议员被摄影记者拍到在国会召开全体会议期间用平板电脑看色情片，伪善形象曝光；某些党内政治人物进入内阁之后，也和印尼政坛同流合污，丧失了改革热情；前党魁甚至因多次操纵牛肉进口，而成为重大贪污丑闻主角。

受埃及穆斯林兄弟会启发而成立的繁荣正义党，如今已彻底印尼化，还被谴称为"肮脏党"。从前怀抱理想的成员已经和交易色彩浓厚的政治体系纠缠不清。事实证明，利益输送是驯服宗教极端主义的有效之道。

印尼的都市中产阶级忧心如焚。他们指出，地方政府打算实施伊斯兰教律法，并连番公布相关规定，即可证明全国人民的日常生活势将受到侵扰。例如，亚齐省司马威市新当选的市长想了个馊主意：立法强迫女性搭乘摩托车时，必须侧坐于男性后方，以维护谦卑形象。此事在雅加达的报纸头版和Twitter网站披露后，群情激愤了好几天。不过，某些村落和小镇经常颁布这类宗教规定，居民

早已司空见惯，只觉得有点烦人罢了。我在亚齐省的兰沙市闲逛时，
与我同行的年轻人瑞萨曾警告我赶快把脑袋藏起来，以免被宗教警
察逮到我没戴头巾（见第九章）。当时我很讶异他们居然如此认真
执勤，瑞萨响应说："他们只在快到月底时才这么认真，因为薪水
已经花光，巴不得给民众开罚单。"印尼人常批评，大部分的伊斯
兰教法规完全动不了立法者一根汗毛。他们老是告诉女性该怎么穿
着，可是盗用公款的官员却没有一个人的手被砍掉。

迈克尔·比勒是研究印尼实施地方自治早期伊斯兰法规的政治
学家。他告诉我，大多数的地方宗教法规并非伊斯兰政党官员所定，
而是苏哈托时代某些非宗教政党的老奸巨猾们，为了替新兴民主时
代寻求法统和支持，才忙着将伊斯兰教戒律改写成法规，目的是想
收揽村落教士，让他们向信徒拉票。某些非教派政治候选人曾经向
这些教士承诺，如果教士协助他们当选，他们保证一定通过地方教
士起草的伊斯兰教规约。

近来某些地方选举参选人向比勒透露，以通过伊斯兰教法规当
政治承诺的做法，仅在穷乡僻壤可行。另一位候选人告诉他，现在
的中产阶级比穆斯林领导者更关注脸书和 Twitter，想打宗教牌的政
客们，必须在计算机前多按几下键盘，才能提高选民对他们的兴趣。

雅加达前市长弗基（Fauzi Bowo）显然相信，他只要以宗教作
为政治要求，选民就会投他一票。我和这位市长曾是邻居，他的官
邸与我在雅加达的旧家仅隔一个街区。2012 年 9 月，他在第一个五
年任期行将结束之际，决定再次参选。弗基和竞选搭档都宣称他们
是雅加达"本地人"：巴达维族（Betawi），而且是穆斯林。两位竞
争对手则是"外地人"。另一位别名"裘克卫"（Jokowi）的市长候
选人卫多多（Joko Widodo）也是穆斯林，但原籍为中爪哇省，比"本

地人"弗基占了点优势，因为雅加达36%的人口是爪哇族，毕塔威族只占28%。不过，裘克卫的竞选搭档是双重外地人，兼具华裔和基督徒身份。

选战上演期间，弗基的竞选团队昭告选民：穆斯林不得投票给非穆斯林候选人。一位名气响亮的伊斯兰教士居然站在弗基身边对信众说，不投票给这位候选人的民众是违抗真主的旨意。印尼选举法规定，政治人物与神职人员在从事竞选活动期间，不得站在宗教或激进立场抨击对手，弗基却趾高气扬地伫立在那儿听教士大放厥词。

选举日当天，我走出雅加达旧家大门，经过市长官邸，一分钟后便来到设在公园里的门腾区投票所。投票所里点着节电灯泡，铺着缎面桌布，还摆着一台电冰箱，颇有举行派对的调调。几位穿着上等丝质蜡染衣的太太坐在一旁仔细挑拣水果盘，老公们忙着用黑莓机发送语音留言。穿制服的女仆们负责看管骑着粉红滑板车四处乱窜或者用iPad玩吸血鬼电动游戏的小孩。

我和一两位选民闲聊了几句，他们一下子抨击现任市长选战策略不够正派，一下子又信心十足地提到新时代即将来临。接着我就骑上摩托车，花了十五分钟来到塔纳丁吉区。这是个龙蛇杂处、被很多居民称为贫民窟的地方，区内有几栋荷兰时代专为"本地"公务员建造的洋房，不过墙边都被搭上以铁板拼凑而成的简易房。某些居民曾在外地打拼，用辛苦攒下的钱在此兴建色彩俗艳的两层楼新居。这些老旧的公寓就像从狄更斯的小说里走出来的一样，除了在狄更斯的时代，地上不会有那么多皮下注射器。

所有居民似乎都挤在两排公寓之间的两米窄巷内过日子，巷道中央是一条可供居民刷牙漱口、倾倒馊水以及给子女撒尿的排水沟——公共浴室在巷底，距离近得可闻到厕所味，但如果只为了撒泡尿而跑一趟又嫌太远。穿得一身黄的妮宁妈妈笑眯眯地邀我进门，她家面积约莫两米见方，一面墙上有道梯子通往楼上，楼下房间堆满家当，包括一台平板电视、两只大喇叭、一台卡拉OK和一个饭锅，此外还有一小堆塑料玩具，地板上散落着几个无头娃娃，房间正中央挂着被固定在一个大弹簧上的婴儿背带，大人可以花最少的力气把小孩绑在背带上弹来弹去。此刻背带里有个胖嘟嘟的两岁娃儿，张着小嘴睡得正香。我坐在门口，因为楼下没有空间可同时容纳体型丰满的妮宁、她的宝宝、我和那堆杂物，不过他们全家七口——妮宁、丈夫、小宝宝，再加上另外四名子女（老大十六岁）——都住在这屋子里。

门口对面的墙上有张竞选贴纸写着："善良穆斯林投票给穆斯林。"贴纸下面被画了两撇直直的胡子，象征弗基市长，居民有时叫他"塔齐"（Tache）[1]。投票活动即将结束时，我问妮宁妈妈去投票了没？"投了有什么用？对我们这种穷人来说，投不投票结果都一样，谁当选都没差别。"她说。

我穿过一条满地尽是注射针筒和肮脏污水的小路，前往最近的投票所监视开票过程。塔纳丁吉区的投票所里没有电冰箱、缎面桌布或水果盘。当天空开始下雨，雨水从屋顶防水布的破洞灌进来时，穿着整洁蜡染衣、挂着政府工作证的选务员们匆匆移走选票，紧张勤快地忙着搬东西。

他们借来一台卡拉OK宣布开票结果。票柜锁被当众打开，选务员每抽出一张选票便高举在灯光下，让大家看清哪位候选人的选票栏被盖了章。他们公布第一张选票得票者是："一号候选人弗基！"

1　塔齐曾经要求我和卫生部的同事销毁数千张预防艾滋病的倡导海报，因为他不喜欢我们在海报上采用的那张他本人的照片。"我的胡子是弯的。"他解释。——原注

支持者齐声欢呼："塔齐！塔齐！"每次唱票，记票员就在白板上画一笔，各竞选团的监视员也在记录得票数。

第二张选票的得票者也出来了。"塔齐！塔齐！"最先开出的七八张票，都投给了现任市长弗基，可见在印尼打宗教牌还是行得通（我觉得有点可悲）。接着，唱票员念出挑战者裘克卫及其搭档得票，他们赢得四五张选票后，又轮到对手得票，并且形成固定模式，意味着结伴前来投票的家人或朋友，可能都把票投给了同样的候选人。票柜里的选票愈来愈少，两位候选人的得票成绩变得不相上下。选务员抽出最后一张选票时，立即像魔术师把空帽子秀给观众看一般，举起票柜向大家证明里面是空的。

开票总结果是，裘克卫七十七票，现任市长弗基七十五票，仅以两票之差落败，不过在这个投票所登记的选民中有半数缺席。我赶去附近另一个仍在计票的投票所，结果是现任市长顺利获胜，下一个和下下个投票所也不例外。

总而言之，弗基在塔纳丁吉区胜选。这是雅加达人口最拥挤的一区，总面积只有 0.67 平方公里，却住着四万人。不过出口民调已宣布裘克卫当选市长，Twitter 网友以胜利口吻评论："塔齐，看看你拼命打宗教牌，换来什么下场吧？"

我回到市长官邸前的投票所时，工作人员正在拆除最后一块桌布，将叠放在一起的椅子送进面包车。我询问选务主管，这小公园里的三个投票所开票结果如何？他说："574 对 186。"我又问："谁赢了？"他露了个苦瓜脸说："你以为是谁？反正不是他！"他朝市长官邸点了个头之后，就把注意力转回到无线对讲机。

改革者裘克卫在居民应有尽有、日子过得不错的门腾区赢得四分之三的选票，塔纳丁吉贫民区的居民则选择了弗基，然而他在雅加达担任高官的二十年间，从来不在乎这些穷人，不过他的选战策略似乎很适合用在下面这些人身上：没受教育且就业率低的贫民、必须设法防止年幼子女靠近废弃针筒的母亲、靠捡拾与回收门腾区别墅垃圾堆里的瓶子谋生的父亲。

以宗教作为要求的策略能在贫民区奏效，部分原因在于政府并未妥善治理这些市区。清真寺往往会替政府收拾烂摊子，教士每天二十四小时为信众敞开大门，提供小额紧急医疗贷款，写信为学生争取奖学金。这些善行义举已无法在人口日增的中产阶级之间引起共鸣，因为他们能照顾自己，不过在生活穷苦的市区和某些非常乡下的地区，这些助人行为依然可创造一批忠诚的信众，让教士成为无权者之中的有权者。

当捍卫伊斯兰阵线要求印尼政府拒绝女神卡卡入境，印尼的法律、政治与安全事务协调部长苏彦拓（Djoko Suyanto）非但未加理会，还表示不喜欢卡卡的民众只要不去演唱会就得了。这下可好！捍卫伊斯兰阵线成员突然跑到他的办公室前抗议，当一名记者拨手机请他发表评论，他只回了个短信："EGP。"（印尼青少年俚语："我才不鸟他们。"）我认为这几个字，颇能反映当时大多数印尼人对宗教极端主义的态度。

大部分印尼人懒得理会这类团体，因为他们觉得人生苦短，不想浪费时间为一批宗教狂热分子烦心，但是仍有少数人不得不担忧，因为那些狂热分子对他们的生活构成了威胁，例如少数族群的清真寺遭其他穆斯林纵火、教堂接到恐吓、无神论者被送进牢房等等。

我离开性交圣地克穆库斯山后，又东行至巴厘岛东边的龙目岛。当地的穆斯林说，龙目岛是"有一千座清真寺的地方"。岛上可看到不少丑陋俗气的装饰，例如稻田中立着紫色大土丘、市场边停着青柠绿飞碟、马路旁又尖又高的宣礼塔。这里也是艾哈迈迪（Ahmadiyah）社区成员被逐出村落之地，艾哈迈迪是个紧密团结、重视教育、勤奋工作、力争上游的穆斯林族群，印尼独立以前便在龙目岛生活（印尼国歌作曲者也是艾哈迈迪穆斯林），但宗教狂热分子直到最近才对他们产生敌意。

　　有些印尼人形容，艾哈迈迪穆斯林不过是一群无害的怪胎，有点像山达基教会的信徒。但我认识的许多人，包括龙目岛的一名助产士、泗水的一位巴士司机、东爪哇省马都拉岛的一个警察，一提起这群人就光火。他们面红耳赤地告诉我，艾哈迈迪穆斯林是散播错误教义的叛教者。我问这些人，他们散播了哪些错误教义？"反正他们的教义就是不对，他们想迷惑大众，很危险的。"龙目岛的助产士这么说。但没有人能告诉我，艾哈迈迪派的信仰和当地人的信仰究竟差在哪里。

　　事实上，主张回归麦地那的正统逊尼派认为，艾哈迈迪教派的名声是被创始人玷辱的。该教派鼻祖是擅长自我推销的英属印度时代学者艾哈迈德（Mirza Ghulam Ahmad），他曾自称"先知"。对正统逊尼派来说，这是亵渎圣人的行为，因为他们认为自穆罕默德以后，世上已无先知，任何相信世上仍有先知存在的人，不能自称穆斯林。事实上，艾哈迈迪穆斯林是一群和平主义者，他们拒绝动用武力、宁可使用文字发动圣战，但是大多数人显然不了解这点，对他们抱有成见。

　　若干年前，龙目岛西边克塔庞村（Ketapang）的村民，曾将一个住着三十户人家的艾哈迈迪社区焚毁，我决定去拜访他们。当我停在一所幼儿园门口问路时，园长警告我："你会不受欢迎的。"她说得没错。克塔庞村有如长在龙目岛乡间小路旁的一颗肿瘤，自给自足、充满敌意。我把摩托车停在路边，踏进村子后，发现一整排村民都瞪着我，没有人吭声。

我走到一株芒果树下的咖啡摊，看见三个穿着足球衫的小伙子躺在附近玩手机。我向老板娘点了杯咖啡，她从石磨上抬头看了我一眼，就回去捣辣椒。我等在一旁，她继续捣辣椒。接着，有人过来要了一罐芬达汽水，她马上招呼完客人又回头捣辣椒，我继续等待。几分钟过后，三个小伙子当中有个留着尖尖刺猬头的男生，用萨萨克语和老板娘说了几句话，她才咕咕哝哝地端了杯咖啡给我。我试着跟几位小伙子聊足球，结果就像医生想给病人拔牙似的，始终无法撬开他们的嘴。我发现当地的村长候选人把竞选旗子挂在住宅之间，于是将话题转到选举，还是没人搭腔。

村民个个沉默寡言、疑神疑鬼、满怀戒心。当我询问一位妇人从事什么工作时，总算获得了回应。我从她口中得知，村人几乎全靠制作竹扫帚和椰纤编织品勉强糊口。这种职业每天只能赚三千六百卢比。由于没有村民愿意谈论较广泛的话题，例如教育、贪污或宗教，我始终不敢单刀直入地问他们："你们的艾哈迈迪邻居发生了什么事？"

如果施害人的口风如此之紧，我对受害人能好好聊天并不抱太大希望。

后来，我发现艾哈迈迪穆斯林的行事作风，与长期迫害他们的龙目岛邻居南辕北辙：处境堪怜却热情好客。如今他们住在龙目岛主要城市马塔兰（Mataram）的一栋破旧政府综合大楼里，和过去居住的克塔庞村隔了二十五公里。这栋大楼建于 20 世纪 70 年代，是爪哇或巴厘岛移民前往遥远东方诸岛的中转站。屋顶下的三夹板一片片剥落，地板上摆着一个个盛接滴漏雨水的桶子。

整个社区住在一个大厅里，仅利用高度不及天花板的棕色遮帘隔成两排"屋子"，每家约占地两米宽三米长。妞儿妈妈特别好客，她拉开帘子让我参观她家，里头的陈设介于妮宁妈妈在塔纳丁吉贫民区的公寓以及我在特尔纳特看到的泥石流难民营之间：墙边堆放着塑料储物箱，晒衣绳上晾着学生制服，一张睡垫被卷得整整齐齐搁在地板旁，好腾出空间让孩子们做功课。

她和家人已经在此滞留了将近七个寒暑。

妞儿妈妈邀我一同参加晚祷时，每个居民都离开大厅后方，走向挨在公厕旁的一间小祈祷室。孩子们争相爬到最高处，迟到者涌入庭院在雨中祷告。这里没有扩音器，也没有人讲道，社区长老希阿胡定爸爸带头念几句祷告词，其他人跟着念几句，晚祷便结束了。大家坐在暮色中看着从屋顶漏进来的雨水之际，我打趣问妞儿妈妈，在这个有一千座清真寺的地方，这里算不算其中之一？妞儿说："唉呀！住这里的人比谁都敬仰真主，内心虔诚最重要。"

我问，克塔庞村民为什么要攻击他们？妞儿和几位年轻太太归咎于"社会忌妒心"。艾哈迈迪穆斯林逃出龙目岛后，陆续搬到西边各岛的村落，他们的教育程度、人际关系、工作干劲都胜过当地人，因此也比较富有，招人忌妒在所难免，这也是印尼各地移民的写照。

希阿胡定爸爸听了她们的意见表示不敢苟同，认为问题出在政治。"我们已经有八次被迫迁村了，八次，每一次搬迁都发生在某个大人物来访以后。"他提到的大人物，包括一位出身于伊斯兰星月党（Crescent Slar Party）的内阁部长以及一名繁荣正义党县长候选人。希阿胡定相信，村民攻击事件是被某些政客蓄意煽动的，他们认为必须严加对付宗教少数族群，才能赢得村民的选票。

在某些地方选举中，候选人偏向某个宗教派别，确实较有机会拉抬选票，因为他们在这些地方比较容易操纵选民的偏见。但是同样的伎俩用在全国选举却未必可行，因为大多数走进投票所的印尼选民，私底下根本不关心将来的主政者是否把政治和宗教混为一谈。伊斯兰政党曾在 1995 年的大选中获得 44% 的最高得票率，但在 1999 年印尼正式实施民主选举后，得票率持续下滑。2009 年的大选中，选择支持伊斯兰政党的选民低于 30%，票数最高的三位胜选者均出身于世俗政党。民调预测，宗教政党在 2014 年大选的得票结果会更糟。

尽管如此，中央政府并未采取重要的立法和保护宗教少数族群的行动。2011 年，西爪哇省有一千多位民众攻击当地一座艾哈迈迪清真寺的二十名信徒，并杀害其中三人，警方逮捕了几个暴民。后来一群支持暴徒的居民穿着白袍、拿着扩音器开始袭击警察局，恐吓艾哈迈迪穆斯林和所有支持他们的人。最后警方并未以谋杀罪起诉攻击者，仅以轻罪判处十二名闹事者入狱服刑几个月，最长刑期却判给一名幸存的艾哈迈迪穆斯林，罪名是殴打一个手持大刀向他走来的人。

妞儿妈妈指责政府胆小懦弱，无法保护少数族群，"他们最怕民众示威，事情就这么简单。"

印尼的民主实验已经纷纷扰扰地进行了十三年，如今捍卫伊斯兰阵线之类的组织若是发现政府试图保护异教徒，依然会火速冲上街头抗议。若选民上街要求宗教多元化，雅加达当局或许会采取保护少数族群的行动，但事实上这不会发生。虽然大多数印尼民众普遍支持宗教自由的概念，但是人数居多的正统逊尼派信徒不会为了保护少数族群的权益而去推倒路障，对抗一群狂热分子，这种事对他们来说无关痛痒。大多数印尼人和法律、政治与安全事务协调部长一样，才不鸟别人信什么教。

第十三章

爪哇剪影

我在路上和海上漂泊一年以来，除了偶尔在雅加达稍作停留外，已经去过印尼的二十个省和四座大岛——苏门答腊、苏拉威西、新几内亚、婆罗洲，以及许多面积较小、甚至在地图上找不到的岛屿，接着即将在爪哇岛为印尼之旅画下句点。一路走来，曾经和各地居民交换了不少意见，从坤甸搭乘渡轮抵达爪哇之后，对爪哇的想法也有了一些改变。

爪哇大部分地区拥有路面平整、照明良好的道路，商人总是穿着正式套装、开着光鲜休旅车前去参加重要商业谈判会议，居民受过良好教育，能去设备一流的医院就诊。不过岛上仍住着大批辛苦种出三期稻作的农民。

有些外岛居民告诉我，爪哇人总是对你客客气气，不断说好好好，这时你就得当心了，因为他们会趁你不注意的时候，拿出藏在背后的匕首捅你一刀。其他地方的居民也说，爪哇人不像我们这么老实友善（连最不友善的地区也持相同看法），因为他们把阶级划分得很清楚。

图 M: 爪哇岛

苏门答腊

爪 哇 海

雅加达
万丹省
西爪哇省
井里汶
北加浪岸
中爪哇省
丁嘉董亚
爪哇
三宝垄
班敦甘
芝拉扎
奇拉灿山
日惹特区
梭罗
英语镇
东爪哇省
伊真火山
巴厘岛
泗水
马都拉岛
三都

印 度 洋

北

0km   60km   120km   180km

我下船的地点，是位于爪哇北海岸正中央的三宝垄市。从加里曼丹起航的培尼渡轮，于清晨4点驶进码头，停在另外三艘较大的培尼渡轮旁边，其中两艘正要离港。码头一片混乱，只见挑夫们从狭窄的步桥蜂拥而上，乘客们前推后挤地走下步桥。由于渡轮搭在码头上的每座步桥都变成了小湖，因此又多一道交通瓶颈。乘客纷纷弯下腰来脱鞋子、卷裤管、把裙子撩到膝盖上，然后将行李扛到肩头，他们必须在高度及膝的深水中步行十米左右，才能走到干燥的陆地。我问一名船员这是怎么回事？"涨潮了，妈妈。"他说。这座爪哇大港每日涨潮两次，每涨一次港口必淹水，打破了印尼人的错误观念：以为"爪哇拥有完善的基础设施"。

荷兰殖民时代，三宝垄曾是印尼最大港口。当时土地肥沃的爪哇中部生产的糖、茶、咖啡，悉由此地北运至欧洲家庭的食品柜。今日的三宝垄是印尼最大工业中心之一，可口可乐和百事可乐在此装瓶，其他产业包括洋娃娃、药品、家具和服装制造业。目前三宝垄的地位已被雅加达和泗水取代，但依旧是印尼第三大港，也是货物和乘客集散中心，然而这里需要修缮之处岂止是码头而已。

天刚蒙蒙亮，我就乘着一辆"偶接客"进城。马路上积满泥水，底下藏着许多不知有多深的坑洞。一位骑单车的高中生撞到水面下的石头翻车跌倒，他站起来后的模样，像极了被淋上巧克力酱的香草冰淇淋球，半身白色，半身巧克力色，一滴眼泪在他左边脸颊的泥巴上留下一道泪痕。

三宝垄正在下陷，旧殖民区陷得最快，根据珍妮妈妈的说法，每年下陷十二公分。我是在船上读报的时候，看到了珍妮妈妈的本名梅嘉普特莉（Megaputri Megaradjasa），报上披露她为三宝垄老城区的历史遗产筹办了一场庆祝会，活动项目有古董车游行、传统游戏和美食品尝。我错过了一天的活动，但还是前往老城区附近游

荡。此地最具代表性的建筑，是 1753 年落成的圆顶教堂，保存得
很好。入夜以后，这栋拥有铜铸圆顶和彩绘玻璃窗的老教堂，宛若
一块琥珀般熠熠生辉地挺立在两座可同步报时的钟楼间。现在时刻
是晚上 9 点钟。

老城区大部分建筑是 19 世纪末 20 世纪初由当时的大企业——
贸易公司、大农场、银行——所建造的，其中也包括政府办公室。
有些老建筑虽然做过拉皮手术，但那些整容过的美女却只能和其他
接受命运安排的老房子相依相偎。一座看似完好如初的建筑里面，
有个造型优雅的拱形窗户少了一片百叶板，我透过窗子瞥见屋顶破
了个大洞。隔壁的屋顶也不翼而飞，仅存一道顶端被锈蚀的铸铁螺
旋梯。破损的排水管里长出一丛丛杂草，树木从围墙高处裂缝钻出
来，遮蔽了一块当地常见的"出租／待售"招牌。

在景观破败的环境中，居民的生活如常进行。他们利用废木料
和破瓷砖所搭建的小屋，斜斜地倚靠在某个废弃政府办公室摇摇欲
坠的外墙上。一个小朋友耐着性子站在卵石街上的塑料桶里，让爸
爸帮他洗澡。一排美丽的铸铁栏杆下，几名经营流动餐点的男子打
开摊车，为一群坐在休旅车中的华侨商人供应香浓的鸡汤。

三宝垄比我想象中美丽，只是疏于维护。我在于 1936 年开业
的托克欧恩咖啡馆（Toko Oen）里找到了珍妮，她欣慰地表示庆
祝活动圆满落幕，当初主办活动的用意，一部分是想吸引历史遗产
与文化保存专家，不敢预期结果会如何，后来所有活动都获得捧场，
参加者十分踊跃，"外界普遍认为印尼人对历史遗产或传统，尤其
是殖民时期的历史遗产有兴趣。"

珍妮成立欧恩基金会（Oen Foundation）的宗旨是，促成三宝
垄在 2020 年跻身世界遗产之列。我抵达咖啡馆时，珍妮正和一位
荷兰教授聊到他的演讲，这位博学多闻、极有魅力的教授留着爱因

斯坦式的乱发，还有个看来酒量不错的啤酒肚。

荷兰东印度公司于 1678 年开始建设三宝垄，完成一套存留至今的防洪运河系统，不过运河早已丧失防洪功能。荷兰教授说，近年来三宝垄遇到一个大麻烦：为了满足人口暴增以及郊区所有工厂的用水需求，三宝垄不断抽取地下水，导致地层持续下陷，海水逐渐上升，淹没了居民的脚踝。由于靠近海岸的老城区首当其冲，因而打消了当地人出钱保存老建筑的意愿。

"古迹保存是一笔庞大的投资，如果以后员工都得游泳去上班，大家就很难要求拥有老建筑的企业投入资金来保存这些古迹了。"珍妮说。

我问谁是那些建筑的主人？珍妮与荷兰教授翻了翻白眼表示，印尼的土地所有权向来错综复杂，若是涉及独立时期荷兰人拥有的地产，就更加牵扯不清。许多企业干脆放弃土地，有些土地变更了所有权人，有些土地虽收归国有，却未取得资产转移同意书。根据书面记录，很多老建筑属于已破产公司，或者被联合利华（Unilever）等集团兼并。假设建筑物所有权可能引起争议，就算这些老建筑不会淹水，大多数公司也不会愿意砸钱予以保存。

我问地方政府是否支持珍妮的古迹保存工作？她又翻着白眼指出，三宝垄市长在几个月前犯了贪污罪，已经被送进雅加达监狱了，"这种政府只把一件事摆第一优先，"她比了个把钱塞进上衣口袋的动作说，"那件事跟保存老城区无关。"

荷兰教授说明，地层下陷唯一可行的解决之道是：市政府必须沿着老城区外围筑一道堤防，并持续抽水。我想起雅加达那些臭运河最初也是为了防洪而建，如今每年积满成吨垃圾，大雨一来水门就被堵塞，闸门也失去泄洪功能。三宝垄年年淹水，虽然防洪系统维修质量很差，但能够容纳大量垃圾，荷兰教授说："这倒是无妨，防洪技术可以跟废物管理结合。"珍妮说:"这倒是无妨,我们可以雇人在堵塞排水系统前将垃圾拣出来。"回过头看,珍妮的回应显得更实际些。虽说爪哇的基础建设远胜过印尼各地,但还是与应有的水平差一大截,不过爪哇拥有大量廉价劳工,短期内似乎不欠缺建设人力。

雅加达一位朋友的表姐艾葳,在三宝垄开了一系列快餐连锁店,专卖一种可兼作饮料、甜点和正餐的冰品"爱思太乐"(Es Teler),这是将切块的鳄梨和菠萝蜜淋上椰子汁,然后把各种长形和圆形果冻撒在一团刨冰上的美味水果冰。艾葳要去采购两吨的鳄梨和一批棕榈糖,问我是否想一同前往。

我其实很想花点时间到"真正的"市区晃晃,找个有空调的购物中心,舒适安逸地喝杯无糖鲜奶卡布奇诺,或者去看电影、逛书店,坐在提供免费高速无线网络的地方,用 Skype 或 Twitter 跟朋友闲聊一番,不然也可以写几篇博客文章,做几件爪哇城市人也会做的其他事情。但我终究无法抗拒采购棕榈糖的诱惑。

一位亲戚开车载着艾葳、她丈夫和我离开旧城前往山区,高档温泉会馆、花园餐厅、列柱豪宅逐渐向后退去,整洁的中产郊区住宅映入眼帘。紧接着出现一大片依据开发商组盘计划而新盖的平价连栋屋,再过去是超抽三宝垄地下水导致地层下陷的仓库和工厂,然后是长满辣椒、生姜、烟草、大豆、玫瑰与茄子的开阔田野。我从未在印尼其他地方(例如阿多纳拉岛或哈马黑拉岛)见过这般景象,田间看不到一根杂草,作物皆以仔细丈量过的等距离栽种,纵横交织如一块依卡布。整齐的辣椒与成行的樱桃西红柿挨在一起,红玫瑰对面是粉红玫瑰与白玫瑰。这里没有一寸土地被浪费,也没有任何工业。农家自行照管田地,并根据市场价格和所需劳力来决定该种什么、何时播种。最勤奋、最赚钱的农民通常会成为一线批发商，向其他村民收购作物卖给三宝垄的工厂。

莎娜妈妈就是批发商之一，艾葳正考虑与她合作生姜批发生意，于是我们和她见了面，还去参观了她的辣椒、烟草和生姜地。莎娜最近曾向其他农人收购一批生姜，卖给爪哇最大传统草药制造商西多蒙朱耳（Sidomuncul），该集团产品"祛风药"（Tolak Angin）是以生姜和蜂蜜为基础的奎宁水，印尼人常喝这种药预防伤风，我在各地旅行时也随身携带——我的药包里只带两种药：祛风药和布洛芬（Ibuprofen）——因此很想参观一下该药厂，顺便找几位主管聊聊。不过，当我晃到三宝垄的西多蒙朱耳药厂外面想蒙混过关时，警卫说什么都不肯放行，这家公司的经营规模和职业精神委实令人刮目相看。

莎娜曾与该药厂签约，承诺每个月供应二十五吨生姜，却因为当地农民产量不足，她也欠缺可囤积生姜的资本或仓库，没把握能履行承诺的供货量，只好忍痛放弃合约。艾葳是比莎娜高一级的供货商，打算买下莎娜所能收购的生姜，并且保证可通过其他货源和自家仓库，为西多蒙朱耳之类的大客户补足供货。

我们来见莎娜，不只是为了讨论生姜买卖，另一个目的是请她带我们去采购高质量的棕榈糖，这是一种以糖棕榈树的糖浆熬煮而成的粉状黑糖，也是美味"艾思太乐"水果冰的重要成分。莎娜妈妈将她的酒会式上衣换成了更优雅的服装：一件棉毛长裙，外面搭配的是一件紧贴胸部、约莫盖住臀部的夹克。这是典型的爪哇混搭：无可指摘的低调，又无可否认的性感。

我趁着莎娜梳妆打扮之际，跑去左邻右舍闲逛，看见附近的房子里有插在墙上充电的手机以及铺着小块织巾的电视。居民将稻米、芋头和其他不知名的淀粉类食物摆在篮子里，再拿到陶瓦屋顶上曝晒。一座村舍的墙边停靠着一台颇具现代感的不锈钢独轮手推车。

我们进入一个美丽的村庄时，遇到一名挑着扁担走来的农夫。他背上扛一把大刀，扁担这一头挂了个方罐子，另一头吊了颗刚砍下的菠萝蜜，两头还各有一只圆圆胖胖的竹筒。

我们跟着农夫回家后，看见他挑的竹筒和方罐子里盛满了刚从糖棕榈树上采来的糖浆。"尝尝看，很好吃！"农夫坚持请客。他老婆把一个玻璃杯伸进竹筒，舀满一杯琥珀色的糖浆，上面漂浮着两只死蜜蜂和一些难以辨认的碎屑。她把杯子递给艾葳，艾葳立刻露出嫌恶的表情，我二话不说便接过杯子一饮而尽，那糖浆暖暖的、甜甜的，有股说不出的好滋味。

这位被我们半路拦截的农夫，很乐意以每公斤一万七千卢比的价钱把糖浆卖给我们，可惜家里已无存货，于是领着我们去邻村找货源。我们抵达另一座村庄时，瞧见一位红衣美女坐在阳台上梳着及腰长发，仿佛从张艺谋的电影画面中走出来似的。她一听说我们想买东西，就飞快地把头发挽成一个髻，摆出生意人的姿态，直说她有质量最好的糖浆。我们走进她家厨房，检视了一下在柴火炉上煮得冒泡的糖浆，那些糖浆得再熬六七个小时，才会被倒进碗里放凉。我们拿起一个光滑紧实的糖块，放在手里翻来覆去查看，艾葳同意它质量很好，于是问长发女孩，能不能马上凑出五十公斤棕榈糖？

没问题。那价钱怎么算？每公斤两万卢比。艾葳说，不是零售价，要算批发价，长发女孩坚持不降价。艾葳和莎娜开始像吐连珠炮似的说起爪哇语来，两人一边讨论，艾葳一边用印尼话把内容重复一遍："雅加达不会接受那种价钱的。"她提出的价码是：一万八千卢比。我看得出来她们打算泡个茶、吃几块炸香蕉、客客气气地闲聊一会儿之后，才进入下一个谈判阶段，于是跑去村子里乱逛。后来长发女孩向不同人家收集到五十公斤棕榈糖，艾葳和莎娜拿着带有一个铁钩和滑动秤锤的秤杆来称重。长发女孩依旧坚持每公斤索价两万卢比，没得商量。

这时，艾葳的丈夫开始玩另一个复杂的手机游戏，开车送我们过来的亲戚在一旁抽烟。整个聊天、杀价过程完全由女人包办，如同印尼社会的缩影：掌权者（县长、村长、宗教领袖、巫师）都是男性，但真正决定该杀几头牛、该卖哪块田、该让哪个子女上大学的人总是女性。

谈判一直拖拖拉拉，我只好又去散了个步，中途曾停下来跟一群帮营多食品公司（营多捞面制造商）剥洋葱的妇女聊天。她们剥一公斤洋葱可赚五百卢比，手脚最快的工人一天能剥十公斤。我回到谈判地点时，艾葳的丈夫正把棕榈糖搬进车子。我问艾葳付了多少钱？"当然是一公斤一万八千卢比。可怜的女孩，她从来没做过这么大宗的买卖，不知道零售价和批发价的差别。"

这里的商业利润和北苏拉威西省金枪鱼渔夫的获利一样微薄，不过经手爪哇货物的中间商似乎更多，每转手一次就多赚几分钱。表面上看，利润微薄可说明市场竞争激烈，但也反映一个事实：爪哇人丝毫不重视时间（和劳力）成本。长发女孩为了赚区区五美元而花两个钟头聊天、讲价、炸香蕉；艾葳本来可赚十美元，却因为顺道去采购鳄梨而浪费了时间成本，等于是抵消了刚到手的利润。

五美元、十美元看似不多，但是和剥洋葱女工的工资比起来可不少，她们每天只有五十美分的收入。

印尼名作家托哈里（Ahmad Tohari）曾在一个偶然相遇的场合中邀请我造访爪哇，去他家做客。我陪艾葳完成采购之后，便离开了鳄梨之乡班敦甘，准备前往中爪哇省班尤马斯县的小城丁嘉查亚（托哈里的居住地）。

这回，我相当凑巧也很意外地搭上一辆爱飞先驰公司（Efisiensi）的联营巴士，发现车顶没挂晕吐袋，行李架上没有放鸡，挡风玻璃也没有裂缝。驾驶座上坐着一位笑脸迎人、穿着整洁笔挺制服的小姐，而不是发型怪异、穿着卡通印花短裤的先生。司机小姐递给我一瓶冰水和一个套着塑料袋的豆沙面包。整个旅程中，我舒舒服服地坐在自己的位子上，若想观赏车顶的下拉式屏幕播放的影片，可以使用车上供应的耳机；要是不想看影片，也可以享受片刻宁静，不会被当嘟乐疲劳轰炸。巴士在指定时间停在指定车站，所有车站都有一排排光亮洁净的洗手间。车子没有一次抛锚，司机也没有顺路探望亲戚。从起点到终点两百公里的车程，只收五万卢比车资。要是在其他外岛搭乘小巴士走这么长一段路，得花四倍车钱，巴士不但生锈，还载满一堆大米和笨重的山羊。爪哇果然与众不同。

我看到托哈里和两名年轻记者坐在他家走廊上。托哈里一见面就询问我最新旅游见闻，我提起刚认识不久的达雅克族阿思奇曼爸爸（新当市公共工程部主管）不太欣赏印尼的爪哇族统治者。

阿思奇曼曾说："爪哇人总是抱着殖民心态统治我们，他们以为只有完成上级交办的任何工作才是对的，不管他是否满足你的需求。"而他认为地方自治的第一要务是抛开这种心态。"爪哇人总想讨好上司，可是在我们的文化里，我们有权要求回报。"

我问托哈里是否认为爪哇文化真的如此重视阶级。

他指着我们前方那条路说，他岳母在这里长大。童年时代偶尔会看到县长驾着马车打门前经过，那县长说到底不过是个荷兰走狗，却从头到尾端着苏丹架子，马车后头还跟了一群摇着铃铛前进的奴才。"每个居民一听到铃铛声，就从家里跑出来站在路边鞠躬，不能注视县长，也不能抬头仰望太阳。"托哈里露出嫌恶表情继续摇头说："提醒你，那可是 20 世纪 40 年代！"

这位作家强烈抨击封建弊端，并提到封建思想最根深蒂固的两个地方是日惹和梭罗（都是爪哇中部的苏丹城），两地的语言有细腻繁琐的尊卑之分。坐我们身旁的两位年轻记者若有所思地点头表示赞同，他们计划协助托哈里办一本以提倡平等主义为宗旨的杂志。

我顿然发觉，多年来我一直把"爪哇族"和"印尼人"画上等号，与其他族群混为一谈。我知道爪哇岛有七千三百万人口集中在东部三分之二的土地上，其中大多数是爪哇族。除了爪哇族之外，这座大岛西部还住着巽他族，他们的语言和爪哇族截然不同，喝茶时甚至不加糖，有些人还以信仰治疗者自居，近年来更做起男性生殖器官增大术的火红生意。但是我总以为只要是会说爪哇语的人，就拥有共同的"爪哇文化"。

托哈里为我厘清观点，指出爪哇文化因地而异，班尤马斯县的文化不像日惹或梭罗城的文化那般势利眼和重阶级。他认为过去数百年来，这两个苏丹城让印尼沾染了卑躬屈膝的习气，而且只看形式不重实质。当两地的苏丹们成为荷兰收买的臣子，便不再费工夫处理要政，王室后代们只关心某位宫廷舞女的肢体动作有何细微变化或者某阶级的亲王能穿什么颜色的蜡染服。

1989 年路透社派我报道日惹苏丹加冕典礼时，我曾见识过这类讲究形式的排场。苏加诺始终认为，大多数苏丹是荷兰统治者的顺民，不敢惹是生非，因此在印尼独立后任其自生自灭。不过，日惹苏丹哈门古布乌诺九世（Hamengkubuwono IX）曾坚决支持印尼对抗荷兰殖民者，宫廷内朝气蓬勃。1988 年，这位备受爱戴的苏丹与世长辞，现在他的儿子继承了王位。

记者们必须穿着正式服装，才能入宫参加新任苏丹加冕礼。当我围着纱笼、穿着合身可巴雅走出旅馆房间，路透社摄影记者恩妮已等在门外。她在头顶盘了个传统发髻，还加了一顶插满茉莉花的假发，身上穿着锦缎可巴雅，裹着白色与棕色的纱笼，打扮得像个爪哇上流社会女子。我一见她胸前还挂着两台活像弹药袋的尼康大相机，就忍不住捧腹大笑。

恩妮严肃地看着我说："你不能这样穿！"接着便指出我挑选的纱笼显然来自梭罗。这个苏丹国离日惹约一小时车程，也有一座苏丹宫。18世纪末，梭罗与日惹决裂，此后持续上演文化战争，穿着梭罗蜡染服参加日惹加冕典礼，无异于头顶着球鞋参加英国王室婚礼，于是我赶紧把衣服换了。

成千上万的群众在日惹街头夹道观看新苏丹经过，他坐在一辆以茉莉花环装饰的马车中，车顶有个巨大的镀金王冠，还有一把不停旋转的金色阳伞。穿着奇装异服的随从们排成一列纵队在宫廷内为苏丹开道，其中有戴着精灵帽、扛着荷兰时代来复枪的火枪手，身穿红夹克、头戴拿破仑式三角帽的击鼓者，还有顶着黑色大礼帽的长矛兵。宫女们拿着孔雀羽毛扇，穿着形形色色象征不同地位的织锦和蜡染肚兜缓缓前进。（昔日的苏丹国采取一夫多妻制，苏丹会派人把一件绣有山形图案的肚兜交给某个妃子，表示钦选那位爱妃在特定日子"服侍"他。）游行队伍里还有一群侏儒和白化病患者（其中一两人既是白化病患者也是侏儒）打着赤膊、围着短短的纱笼、戴着闪亮的红色土耳其帽迈开大步行走，为苏丹助长声势。

这位苏丹颇具现代作风，日后曾出任印尼商会会长，并毛遂自荐成为总统候选人。加冕日当天，他穿着缀满金色绣线和串串珍珠、胸前镶上一大片闪亮钻石的深紫色外套，不苟言笑地高高坐在宝座上，俯视着数百位匍匐在脚跟前的朝臣，身份较尊贵者可抬头亲吻他的膝盖。

二十五年后的今天，印尼各地苏丹国再度引起重视，部分原因是民众突然对地方认同产生兴趣。当梭罗苏丹国于1995年邀请邻居日惹苏丹国前来参加苏丹节时，大家都认为这只是当地的事务。但是，2012年巴务巴务市的布敦苏丹国招待一百二十位来自印尼各地的苏丹宫代表，就被认为是非常重大的全国盛事。不过我在印尼各地参观了几座苏丹"王宫"之后，发现大都是腐朽残败的木造建筑，宫中挂满缅怀光荣历史的旧照片。要是你拿这些地方的现任苏丹与日惹苏丹相比，就好比把某个住在伦敦单间公寓的中欧流亡王室成员拿来和英国伊丽莎白女王二世相提并论。

爪哇作家托哈里完全同意达雅克族官员阿思奇曼对爪哇服从文化的看法：每个人只知道侍奉上级，不负责任的长官却只在乎私利。

这种文化也融入到当地的语言中，爪哇人常说："只要老爸高兴就好。"意思是你只能执行长官交代的指令，休想动其他脑筋。我担任路透社记者时（苏哈托掌权时代），每次打算向政府索取某项发展计划或财政管制解除方案相关信息时，总会听到政府官僚说："我还没接到命令。"如果没有上级的命令，谁都不敢提供任何讯息，遑论采取任何行动。

20世纪90年代初，苏哈托总统曾发起一项反服从文化运动，并责成副总统训示手下公务员别再听候指令，应有更主动的作为。我认为路透社可将此事写成一篇有趣的报道，于是打电话去副总统办公室，询问幕僚长是否能就该主题安排一次访谈，幕僚长说："这件事恐怕办不到。"我问："为什么不行？"

"我还没接到指令。"

爪哇文化似乎存在着某种内在的矛盾，一方面有经济平等的村落生活，大家同心协力设法在人口拥挤的土地上提高稻米收成，另一方面又有阶级严明的权力结构，每个人都鞠躬哈腰地服从上级。或许这也是政治产生重大矛盾的原因，此类矛盾包括共产党势力在印尼独立后迅速增长、苏加诺在动乱过后轻易恢复阶级政治制度。

托哈里是那场动乱的见证者，他以 1965 年为背景所完成的三部曲英文小说《舞者》（*The Dancer*），是印尼作家描述这段动乱史的首部重要著作。该书表面上讲的是一名正值豆蔻年华的"弄迎舞"[1]（ronggeng）舞娘如何满足多位崇拜者性欲的故事，实际上是在讨论恣意杀害忠贞共产党员的军人角色。我问他，印尼共产党大获民心之后，为何又遭人唾弃？

托哈里说："多数小老百姓认为，别人从来不想给他们任何好处，当共产党提出土地改革和教育承诺时，他们就被打动了。"不过他说本身四分五裂的共产党也并不好，他们处决穆斯林教士，批斗城市三魔（资本主义官僚、贪污者、诈欺者）和乡村七魔（地主、商人、掮客、勒索者、土匪、债主、放高利贷者）。托哈里的父亲曾被共产党指为恶地主，可是他只有一公顷半的土地，生产的粮食根本喂不饱膝下十二名子女。

到了 1966 年中期，印尼至少死了五十万人[2]，有些死者曾是极

1　弄迎舞，马来人传统舞蹈，由一男一女相对做踏步动作。

2　当时完全无人提及此事，意味着官方从未做过死亡人数统计，估计人数从二十万到一百多万不等，此处取一百万的中间值。克里布（Robert Cribb）在其 2001 年的论文中仔细地梳理了这些统计数字，见 Robert Cribb, "How Many Deaths? Problems in the statistics of massacre in Indonesia (1965–1966) and East Timor (1975–1980)," in Ingrid Wessel and Georgia Wimhofer (eds.), *Violence in Indonesia* (Hamburg: Abera, 2001), 82–98. ——原注

端狂热的共产党员，有些只是偷瞄别人家女儿一眼的男人、在教室里让某位学生出糗的老师、拒绝借钱给村中酒鬼的商人。

大屠杀之后，全国噤声。

"我等了又等，期待某些关键人物写下事件的来龙去脉。"托哈里说，结果期待落空，终于忍无可忍。"我亲眼目睹别人被射杀，不能就此沉默下去。"他自知不能涉险在书中谈论政治，"所以我就把它包装成黄色小说，只描写色情，直到第二本书的结尾才着墨于暴力"。书中女主角丝玲蒂是个怀春少女，后来成为村子里红透半边天的舞娘。当她步上其他舞娘的后尘开始"接客"以后，青梅竹马的心上人伤心欲绝地离开村子加入军队，后来也参与了屠杀行动，残害被诬指为共产党的村民。

"丝玲蒂这个角色的灵感，一部分来自那位女士。"托哈里翘起嘴唇指向他家马路对面的邻居，"她年轻的时候曾经捧着喇叭四处宣传共产主义。"我问她怎么能够活下来？"她长得非常、非常漂亮。"托哈里回答。

直到今天，许多印尼人仍旧不愿面对这场让苏哈托夺得权柄的大屠杀。2007年，司法部长曾下令焚烧十四本学校教科书，原因是那些历史课本没有说明1965年的屠杀事件是共产党自作孽的下场。

该事件落幕近五十年后的2012年，国家人权委员会在一份报告中，如此陈述1965至1966年的屠杀事件：

> 一项以歼灭印尼共产党员与追随者的国家政策……导致谋杀、整肃、奴役、强制驱离、剥夺自由／恣意拘禁、虐待、强暴、处决、被迫失踪等后果。

司法部长立即否决该报告说法，他的同僚——法律、政治与

安全事务协调部长——则表示，军队只是为拯救国家采取了必要的
行动。

　　我和托哈里谈论 1965 年的屠杀事件时，他曾表示："屠杀生灵
是爪哇的一项传统。"他还提到印尼某出皮影戏的主角昆波卡诺是
一位高贵的英雄，因抵抗邪恶兄长而遭杀害。皮影戏演到这一段时，
表演师父会先一一肢解这位主角的手脚。"然后拔掉他的脑袋，爱
死这一幕的观众会大声喝彩。"托哈里说。

　　外国人常拿皮影戏来影射印尼各种不合逻辑或不可思议、已成
某种笑话或老生常谈的事物（例如伦敦大雾或瑞士咕咕钟）。不过
我在印尼各地旅行时，从未听过当地人用皮影戏暗喻某些事，原以
为爪哇人也不例外，后来才发现他们经常拿皮影戏讽刺政治人物或
社会名流。我曾听一位爪哇人说，某卸任县长虽然已让位给老婆，
但依旧像操偶人一样在幕后决定各项事情的处理程序。有些人则会
给皮影戏角色起绰号，用来指涉某个老板或情妇，所以，每个人立
刻会知道到底指的是谁。

　　我拜访过托哈里之后，在爪哇朋友克里斯马位于日惹郊区稻田
边的家里住了两天。克里斯马有份薪水优渥的工作，雇主是雅加达
某外资研究机构。星期天早上，他跟村里其他男人（包括农夫、警
察、村长）一起把岩石敲碎，用来建造一条新排水沟。我也加入村
中妇女的行列，为大家送午餐、洗碗盘。苏加诺和苏哈托一致认为，
这种村民集体合作活动是印尼生活最重要的一部分，其实它带有浓
厚的爪哇色彩。

　　克里斯马完成集体劳动后，我们前往附近一家泰式餐馆用餐。
他告诉我，离餐馆不远的奇杜尔山曾是共产党巢穴，也是"一文不
名的穷乡僻壤"，后来连番遭到血腥摧残。我决定去山上瞧瞧。

　　我招手拦下一辆开往奇杜尔山的巴士，坐在一位担任医院杂工的返乡妇人身旁。这位自称提妮的太太住在奇杜尔山的尼多雷久村，她邀我去她家过夜，还说那天是尼多雷久村一年一度的扫除日，如果我跟她回家，可以欣赏到当天晚上登场的皮影戏。我觉得盛情难却，便接受了邀约。前往她家的路上，发现许多房子的屋檐下都挂着皮影戏偶复制品，墙壁上还写着房屋建造年份：2010 年、2012 年。这里虽是穷乡僻壤，新屋却多得像不要钱似的。

　　当天晚上，我先前往村子里的圣母玛利亚洞窟——全体村民于 1966 年改信天主教——参加社区祷告，然后去参加农民合作会议。与会者约有三十名男士和两三位女士，大家都穿着上好的蜡染衫，风度翩翩、彬彬有礼地就肥料补贴议题达成协议。最后，皮影戏开始了。我感觉自己仿佛走进了反映爪哇乡村生活黄金岁月的苏哈托时代电影。

　　我和提妮在晚间十点多抵达皮影戏演出地点时，表演才刚开始。路边摆了一排临时小吃摊，路底有一座搭着精美帐篷的戏台，台上张着一大块白棉布，前方吊着一盏明亮耀眼、附雕花罩子的电灯。布幕底下有根香蕉树干做的架子，挂着上百个依高度排列的戏偶，最大、最醒目的摆在布幕最外侧，愈往中间的戏偶体积愈小，表演师父的位子置于戏台正中央。戏偶皆以牛皮制成，制作者直接在它们身上刻好纱笼图案后，就涂上颜色并加以修饰。所有在台上亮相的戏偶，都经过繁琐的制作程序。

　　这天晚上的观众全部聚集在表演师父坐的这一边（白幕后面），这样才能看到五颜六色、精致美观的戏偶。为数众多、穿着制服的乐师也坐同一边，每人都叼着一根丁香烟，聚精会神地用锣或木琴敲出复杂无比的旋律。乐团后方有四个胖女人跪成一排，这些歌手一律戴着又圆又大、像日本皇后发型的假发，每人身旁搁着一个大提包，里头装着补妆粉饼和口红，还有吸汗面纸。她们虽已风韵不再，但歌声依旧动听。

观众都不想坐在幕前看皮影戏了吗？我问一名站在旁边的男子，他笑着说："你上次看皮影戏是什么时候？"我说，二十多年前。"哇！现在的情形跟那时候有点不一样。"此刻皮影戏进入了高潮，观众加倍努力往幕后移动。戏台上的灯笼透出忽明忽暗的灯光，布幕上的影子显得更加活灵活现。"现在的观众希望看到每个细节，包括所有演出技巧。"

表演师父端坐于戏台中央，一把匕首从他的纱笼后面伸出来。这位演技精湛的师父白天是建筑师，大多承揽基础设施营造案，曾经跟其他工程师合作为当地机场铺过跑道。

一个脾气火爆的戏偶和一个圆鼻子对手，在戏台上进行有如裹脚布一般冗长的对话，观众们不断随着剧情的起伏吸气、大笑、叹息。那建筑师为老掉牙的故事注入新元素，将村民们迷得神魂颠倒。有些孩子张着嘴巴躺在爸妈腿上睡着了，有些观众暂时跑出去吸吸烟、伸伸腿、瞧瞧小吃摊卖些什么。

我走到幕前，想看看究竟还有没有观众在欣赏布幕上的皮影子，结果发现一群"村委员"——掌控表演预算者——正聚集在戏台前，验收他们安排这场表演的工作成果。这些男士大都穿着蜡染衫、戴着小圆帽，我试着揣测他们的身份和阶级，最后判断其中一位穿着合身深蓝色立领外套的男士应该是村长，第二天才发现他是村里的裁缝师，因为他从自家店铺跨出来跟我打招呼时，脖子上挂了条软尺。

表演进行到两个主角及随员打斗一番之后便告一段落，村委员们喝干杯子里的甜咖啡站了起来。据说当地的皮影戏通常会持续到破晓时分，现在才午夜，这场戏就此结束了吗？

当然不，村委们只是利用中场休息时间，移驾到后台观赏另一出歌唱和喜剧表演罢了。在中场穿插其他节目的做法，大约起源自二十年前，目的在于让观众保有兴致。这出戏里有个暴躁的男子和一位美女在吵架，那美人穿着衣袖和腰部透明、胸前绣着花朵和亮片的可巴雅落地长裙，一边以性感撩人的姿态摇摆旋转，一边扇动睫毛用挑逗的语气和男子打情骂俏。

台词有点嘻哈风的意味，还开了不少政客和村里显要的玩笑。当时，我正在跟一位村委闲聊。他突然用手指着我，接下来我就莫名其妙被拉到戏台上，旁边的人都笑成一团，说了一堆我听不懂的语言。既来之则安之，我一上台就把男演员当成我丈夫，立刻用夸张的肢体动作指责他跟美女调情，然后摇着手指、皱着眉头，摆出生气的模样假装从背后踢他一脚，接着便在哄堂大笑声中逃离了戏台。隔天我经过村子时，大家都把我当成了好朋友。

我离开表演场地时，已是半夜两点左右，皮影戏依旧如火如荼地进行着。当我穿过静谧的田野，又听见另外两个乐团的敲锣声。以往其他几个村落习惯和尼多雷久村一起分摊每年的皮影戏开销，今年那些村子显然经济状况还不错，决定自行负担演出费。"他们给乐团的钱比较多，但我们的演员比较优秀。"把我推上戏台的村委瓦迪爸爸说。

翌日我在路上散步时，遇到一群正在弯腰干活的女子，她们各自坐在一张带有两枚钉子的工作椅上，钉子之间绷着一条白线，椅子上摆着几小撮看起来挺恶心、像人类头发屑的东西。

那玩意儿的确是真人头发，她们拿着一个类似迷你钩针的工具，一次将两根头发钩到白线上，然后贴着旁边的头发拉紧，正在做假睫毛。虽然那些来自美发沙龙的头发屑已经过清洗和处理，看起来还是让人心里发毛。当我问是否可以拍照时，一位女性大笑着说："可以，这就是愚蠢的爪哇乡下人谋生的手段。"

　　这些女子的雇主是一家与韩国公司签约的假睫毛工厂，开张才两星期。工人完成一对"五号"假睫毛，可得三百九十二卢比。由于她们尚在受训阶段，大多数人一天只能做出十二对睫毛。日后完成三个月训练的人，将可获得各种补给品以提高生产力，生产力最高者每个月能赚七十美元。

　　我跟这些女工聊天时，瓦迪爸爸出现了。他是睫毛厂的老板，工厂旁边那栋粉红房子也是他的。不过他身上竟穿着一件红白连身工作服，许多在国营石油天然气开采集团（Pertamina）加油站工作的男男女女也穿这种制服。瓦迪爸爸请我进屋里喝咖啡，然后坐在建国之父苏加诺的巨大肖像底下告诉我，他曾拥有几块地，还经营过一个出租车和小巴士车队，后来决定以民主奋斗党（由苏加诺女儿梅加瓦蒂领导）候选人身份竞选地方议员，因败选而破产。"现在我们一切从零开始。"他太太说。瓦迪爸爸去加油站上班之后赚了不少钱，于是开了这家睫毛厂。夫妻俩必须保留 3.5% 的营业额以应付建立厂房、招募及管理员工的开销，瓦迪爸爸说："一步一个脚印。"我深表赞许。

　　瓦迪爸爸显然是民主奋斗党的忠实信徒，一看到只对金钱有兴趣、对意识形态没感觉的现代选民就摇头。"虽然我们党内规定不能买票，可是如果别人都玩这种游戏，我们也得陪着玩，不管我们喜不喜欢。"他耸着肩说，"这种制度简直是腐败到家了，你还能有什么指望？"

　　现代民主制度至少具有促进社会平等的功能，固然不一定能将权力散播给平民老百姓，但起码可作为财富重新分配的途径以及双向社会流动的工具。

　　从前印尼的外国观光客大概会以为印尼学校只教学生一句问候

英语："哈啰，先生。"这也难怪，因为他们无论走到哪儿只会听见这句话。不过现在印尼人的英语似乎比过去有长进了，我在一些外岛散步时，偶尔能听见当地人对我说："哈啰，小姐！"如果某个村庄里的孩子想跟我搭讪，他们会互相打气、咯咯直笑、你推我挤地怂恿别人开口，然后其中一人会鼓起勇气钻出来，扯着嗓门在我背后说："你叫什么名字？"说完又躲回孩子堆里。如果我转身回答："我是伊丽莎白，你们叫什么名字？"他们往往不敢发出半点声音，接着便一哄而散。

这些孩子的学习环境与我在赤道城坤甸市遇到的男孩天差地远，坤甸男孩读双语学校，用英文做科展报告。许多印尼人很渴望学会这种国际商业语言，于是较大城市的双语学校愈开愈多，不过都是有钱人才读得起的贵族学校。至于有心学习双语却囊中羞涩的年轻印尼人，可以去一个地方实现梦想：英语镇。

我听说英语镇位于东爪哇省的一个村落，当地提供密集英语课程，每个学生无论去邮局或咖啡馆，一律只讲英语，还可以住进提供膳宿的英语家庭。我离开精神分裂的梭罗和性行为过于频繁的克穆库斯山后，曾借住在谏义里市（Kediri）附近的一个蔗农家，并且从一位少妇口里得知，我住的农家离英语镇不到二十公里，于是就骑着借来的摩托车穿越蔗田前往巴里（Pare，据说是英语镇所在地）。沿路的田地里不时冒出一片崭新的住宅区，有个住宅区的门柱上挂着一块醒目的烫金英文牌子："ISLAMIC VILLAGE"（伊斯兰村）。大门后方是一排连栋建筑，外墙漆着鲜艳的布丁黄，门房的屋顶长得像清真寺。一名正在人行道边粉刷黑白条纹的园丁，赶走了一头从隔壁田地晃进来的山羊。

我正在猜测是否已来到目的地，便瞧见一面英语横幅广告——"豆豆先生洗衣店，专营洗衣、晒衣、熨衣服务"。于是跑去问店员，我是不是在英语镇，她摆出一脸茫然的表情。我继续往前走，终于确定来对了地方，因为附近每隔两三栋房子，就挂着一堆英语课程广告旗子，例如一幅广告中摆了张头上戴着语言教室耳机的婴儿照片，还巧妙地将广告文案浓缩为 INTENSE（密集）几个字藏在每句句首，内容是：

> 融合科学与宗教
> 让你成为"密集"家庭成员
> 教你如何说出流利英语
> 为你增进每日词汇
> 督促你在"密集"宿舍练习英语
> 传授英语轻松学习秘诀
> 只要你认为英语不难它就不难

> "密集"支持你

这个"培养自信训练营"提供英语口语和文法课程，外加一个附浴室和无线网络的房间以及免费健保，每月只收二十万卢比。我钻进这家英语学校附设的咖啡店，老板娘正在为一群学生打奶昔，一见我进门就用印尼话问道："妈妈，你要找谁？"我说我想找杯咖啡，还想寻找一个每位居民（包括咖啡店顾客）都只讲英语的小镇。老板娘笑着对她的顾客——一群留着刺猬头的十八九岁男孩——点头说道："啊，会讲英语的是他们，我可是一句英语都不会。"

那群男生果真只用英语交谈，而且说得挺不赖。他们分别从爪哇和苏门答腊各地过来，有些学生来自印尼东部的基督教寄宿学校，很多人梦想着拿奖学金去海外求学。我问他们在中学时代学过英文吗？一名来自廖内省的男生用英语说："小姐，这里是印尼。学校教了我们六年英文，结果我们只会说：哈啰，先生。"另一名学生补充："老师们也不会讲英语。"

英语镇没有一位老师的母语是英语，不过他们教出来的学生，英语能力还算是比较好的。"有时候，我们不知道老师们讲得对不对。比如说，一个英文字怎会有好几个意思？"廖内省来的男生问。他举了个发音为"leeff"的英文字做例子，然后叽里呱啦地用印尼话解释。它是指长在树上的绿色东西、遗弃某人或某地的动作、表示人类存在的动词，也是含有"立即"之意的副词。我听懂了前三项分别是指：叶子（leaf）、离开（leave）、活着（live），但无法理解最后一项指的是什么？"你知道的，就是像你看足球比赛的时候那样嘛，记者不是会说他在老特拉福特球场（Old Trafford）报道吗？"哦，原来他说的是"现场直播"（live）！不过他把发音搞错了，于是我加强语气念了一遍正确发音，但那些男生拿起课本指着上头的音标给我看，四个英文字果真都注成了同音。

我去咖啡店后头上洗手间时，发现几个戴头巾的女孩把长裙撩到大腿上，蹲在一个大盆周围，一边剥着菜叶，一边用英语聊着某韩国男子合唱团的八卦。老板娘向我透露，她去年才在店里成立了"英语营"。"大家都在做这种生意，我就想为什么我不试试看？"她扳起指头算了一下说，英语镇目前已有一百七十四家英语学校，首开先河的人是成立BEC的凯兰德爸爸。

BEC也是一所英语学校，建筑前面挂着横幅广告，进去之后可看到一座醒目的大清真寺，后方才是正规校舍。办公室里一位留着小胡子、戴着穆斯林编织小帽的年轻人跳起来招呼我。

几分钟后，凯兰德爸爸出现了。他大腹便便、脸蛋圆圆、鼻子鼓鼓，嘴上有两撇精心修剪的灰白胡子。他一见到我，就亲切地抓着我的手，用彬彬有礼、字正腔圆的英语问道："亲爱的女士，需要我为您效劳吗？"我说我登门拜访的目的，是来向英语镇知名创办人致敬的。"亲爱的女士，请别这么说。我不是英语镇创办人，而且镇上大多数人其实一句英语都不会讲。我们可以叫它'英语语言课程小镇'。"这名字当然不如"英语镇"叫起来顺口。

接着，凯兰德爸爸改用印尼话叙述了他自己的故事。他出生于东加里曼丹省，是达雅克族的少数旁系古泰达雅克族。"我不想一辈子待在丛林里。"于是只受了点教育的他，在二十七岁那年只身前往爪哇，跟随一位精通多国语言的教士学习了几年。那位教士离开后，凯兰德爸爸就开班授徒，专教需要通过英语测验的公务员。那是 1977 年的事了，现在 BEC 每年招收一千六百名学生。"目前为止，已经有一万九千人因为上了我们的课而能开口说英语。"凯兰德爸爸神采飞扬地用骄傲的口气说，但没有炫耀之意。BEC 是"基础英语课"（Basic English Course）的缩写。"我给学校取这名字，是因为我知道我能提供什么样的课程，答案就是：基础英语。"

身穿整洁制服的莘莘学子，在校园里叽叽喳喳地用英语交谈。今天是示范讲解日，学生们都准备了海报向大家报告个人生活。他们看到凯兰德爸爸，便跑过来抓着他的手，贴在自己的额头上向他致敬，也对我做了同样的动作（我忽然觉得自己变得好老）。学生们开始争相上台报告，一个颇有艺术天分的男生，在他的海报中央画了一幅自画像。画像周围冒出几个泡泡，泡泡里有他的父母、他住的城市、他读的高中，最后一个泡泡里仔细描绘了一叠面值十万卢比的红钞票，并写上一句话："我的志向是成为商人。"这名兴奋地为自己勾勒未来的男孩咬字清晰、自信满满地说："我的家乡有很多芒果，我打算用低价买下芒果，然后用高价卖掉。"

雅加达官员曾在两天前提议取消小学英文课，增加宗教课和道德课。我问凯兰德爸爸对此事有何看法，他大笑两声后瞪着我说："你不是在开玩笑吧？请告诉我，你是在说笑。"我摇头否认，这名自学成功的达雅克族人举起双手捂住脸，然后露出有点酸楚的微笑抬头看着我说："好吧，只要他们不打算来这儿干涉我怎么教学，就表示我还能多赚些钱。"

当我经过一座座烟草仓库和硫黄矿场，抵达印尼第二大城市泗水后，我对爪哇的看法有了一百八十度的大转变，我不再认为爪哇各地都有占满一整条街的购物中心以及外观千篇一律、以平坦柏油马路串联、住着爱现"中产阶级"的住宅区。这座岛上大约有八千万人住在被政府列为"都市"的地区（以电气化程度、柏油路铺设率、非农业人口比例、服务便利性作为分类标准），但是还有五千七百万人住在十分传统的村落。

爪哇在许多方面依旧符合20世纪50年代美国传奇人类学家格尔茨（Clifford Geertz）对当地的描述：虽然政治阶级分明，但乡下地区仍保有村民集体合作传统。不过有些人似乎认为在现代经济压力的影响之下，这种社会团结精神岌岌可危，除此之外，一步步侵占全岛的麦当劳、印多超市、收费公路、门禁社区等，也对村落传统造成威胁。

我和其他外岛居民交谈时，他们几乎总会提到地方自治带来的成就与改变。爪哇居民并未因此感到欣喜若狂，主要是担心爪哇可能变成雅加达。他们认为雅加达是个极端自私的社会，市民都不把邻居放在心上，甚至不关心家族，只想拼命把别人踩在脚下。

爪哇人常用雅加达俚语"lo, lo, gue, gue"来描述他们担忧的前景，这句话可直译为："你你，我我"，大意是："你走你的阳关道，我过我的独木桥。"我认为意思最接近的英文词组是"dog-eat-dog"
("狗咬狗"或"自相残杀")。每次我听到这句话,总会想起二十年
前马来西亚总理马哈蒂尔(Mahathir Mohamad)、新加坡总理李光
耀以及印尼总统苏哈托曾经口若悬河地大谈"亚洲价值"。当年这
些自认高瞻远瞩的东南亚国家领导人暗示,西方人因为被误导才会
批评他们践踏人权,其实他们是想保护以集体利益为优先、把个人
利益摆其次的文化。

水患频仍、交通混乱、居民浮躁的雅加达,的确可作为私利破
坏公益的鲜明实例。泗水的面积约为雅加达三分之一,坐落于爪哇
北海岸四分之三处,地理位置偏东。这里有一座巨大的港口、一个
欣欣向荣的工业区以及东南亚最大的红灯区之一。我在 2000 年左
右来过这里,当时曾以为泗水很可能步雅加达后尘。为了展开一项
艾滋病调查,我曾沿着市区河岸清点男妓人数,在一座面积很大的
墓园里,发现满地尽是使用过的保险套和被踩扁的威士忌酒罐,许
多墓碑还兼做应召站。

十年后的今天,河边的几个航行区已改头换面,变身为灯火通
明、提供免费无线网络的景观公园。而且,泗水几乎看不到垃圾。

没到过印尼的人,很难体会"泗水几乎看不到垃圾"带给我的
震撼,因为印尼是个垃圾泛滥的国家。垃圾形同把这个国家牢牢绑
在一起的红线,这条线由商业品牌的残骸织成。厂商将产品分装成
小包,散布到全国每个贩卖亭。

还记得我搭着渡轮在马鲁古省西南海域长途旅行的最后一天,
曾小心翼翼地把积了五天的垃圾装进一个塑料袋,然后跑去问船上
凶巴巴的厨娘垃圾桶在哪里。她眼神怪异地瞄我一眼,仿佛我长出
了第二个脑袋瓜,接着就抓起我的垃圾袋扔进海里。有一回,船上
某位印尼乘客提到外国佬的举止很奇怪:"我看到他们把香烟盒捏

扁以后，居然放进自己的口袋，不是丢到地上！"我听了赶紧把手伸进自己的口袋，结果掏出了三张糖果纸、一个矿泉水瓶塑料盖和几张用过的巴士车票。荒谬的是，他竟然把甲板上的每个人都叫来参观。

有些公司甚至利用印尼人以为可以乱丢垃圾的观念来吸引消费者，例如最近被百事可乐收购的含糖饮料品牌福禄他命（Frutamin），用一个个塑料杯包装各种化学口味的饮料。如果你把这些杯子丢在地上用力踩下去，它们就会变成五彩缤纷的花朵。所以，当你看到印尼人随手把垃圾扔在路边或丢进海里，千万不要大惊小怪，否则他们会白你一眼，意思是：有什么好奇怪的？

印尼某些美丽的海滩往往布满一大片旧人字拖鞋、废弃电池、洗发精瓶、方便面杯、旧竞选 T 恤和生锈铁罐。偶尔你会看到一块手写告示牌："禁倒垃圾！"尤其是在非政府组织喜欢聚集的地方。不过，那牌子十之八九会被印尼最拿手的"用过即丢"消费文化所制造的垃圾洪流淹没一半。

然而，印尼第二大城几乎看不到垃圾，实在是令人大跌眼镜。于是我跑了一趟市政厅，想打听一下是怎么回事。"你想问垃圾的事情？跟我来就对了！"一名友善的警卫直接带我上四楼，去见垃圾专家阿妮丝妈妈。我告诉她，我很讶异市区这么干净，想了解一下他们的政策。"那我们就从头讲起吧。"她说。显然我是第一个注意到这个城市脱胎换骨的人。

2001 年，泗水的垃圾掩埋场因附近邻居大规模示威而关闭。事实上，早在居民搬来以前，垃圾场就存在了。他们搬进来的理由是，附近有条很好的道路直通某个开发地带。阿妮丝说："后来他们开始抗议垃圾场带来卡车、噪音和臭味，我们很想告诉居民，你们本来就不该在垃圾场旁边盖违章建筑！可是除了把垃圾场迁走，你能怎么办？"掩埋场关闭后，垃圾开始堆积在市区各角落，每个居民都看在眼里，无法坐视不管，于是就展开了一场草根运动。在联合利华公司慈善基金的资助下，市政府以邻里为单位，训练了一批"垃圾处理干部"。我很纳闷：联合利华是印尼最大的家用品和美容品制造商，那些被丢进许多运河的包装品，难道不是他们制造的吗？"我知道，我知道，这听起来很讽刺，对不对？"阿妮丝妈妈说，不过这项计划成功了，现在全市共有四万名志愿者，每人负责在自己的小区回收垃圾，大多数人也兼管小区绿化工作，连泗水最狭窄的小路两旁，都画了几幅绿意盎然的风景壁画，前面还摆上一排排盆栽植物和花卉。

另外，在市政府大力支持下，某个非政府组织经营了一个庞大的"垃圾银行"网络。垃圾银行不光是处理回收废弃物的地方（就像伦敦的瓶子银行），而且也是真正的银行，可提供存折并支付现金和利息，个人、社区都能开户。银行帮民众把收集来的垃圾称重之后会付钱给他们：如果他们把钱存进户头，每公斤回收清洁塑料瓶可得款五千卢比；若他们想拿现金，价钱会低一点。经营该银行的非政府组织会以每公斤七千卢比的价码，将塑料瓶卖给回收场。

我去拜访一家垃圾银行时，看见一名嘴里只剩一颗牙的驼背妇人，背着一袋塑料瓶，一跛一跛地走进来。她把存折拿给我看，说她打算拿户头里的二十多万卢比来付电费——这是垃圾银行与国营电力公司协议的付款方式。社区每年也会提领垃圾银行户头里的存款来举办"清洁绿化"竞赛，每个参赛小街区无不使出浑身解数，以大量兰花装点社区。阿妮丝妈妈说："市民们为了替社区赢得奖杯、让社区名字见报，不知费了多少心血。"出力最多的"垃圾干部"还可以去新加坡参加学习之旅，泗水现任市长丽斯玛（Tri

Rismaharini）最爱从新加坡汲取新点子[1]，建筑师出身的她，是印尼五百余位政府首长当中仅有的八位女性之一，当选市长以前曾任市立清洁部主管。

我认为泗水看上去像是一个兼顾爪哇集体合作优点和现代化的都市，"你你，我我"毕竟不是现代化进程中不可避免的宿命。泗水所运用的做法，有别于爪哇苏丹以及荷兰与印尼的官僚。市政府并没有恐吓"小老百姓"，也没有严惩或重罚乱丢垃圾的居民，而是颠覆了印尼作风，为市民提供激励机制，以奖赏代替责罚。事实证明，这些激励机制对社区起了作用。

或许，印尼下一个有待处理的"其他事宜"，应该是发扬不带封建思想的集体合作文化。

---

1 "垃圾银行"的点子起源于日惹，"我们会借用任何地方的好点子，然后加以改善，不会志得意满。"阿妮丝妈妈在办公室告诉我。

结语

印尼精神

从散布着蜡染工坊和稻作农场的爪哇乡间返回雅加达的途中，我知道我不可能把此行所见所闻全部写进一本书里，也知道印尼还有很多事物值得探索。

旅游期间我曾数度进出雅加达，在某一次的雅加达惜别晚会上，我曾穿着一双紫色缎带凉鞋赴会，不但迟到了一小时，还坐在餐桌前用手机跟一位远在两千七百公里外的塔宁巴尔群岛跨性人聊了很久，出席那次惜别会的印尼朋友都笑我变得像印尼人，我把这句话当作恭维。

记得搭乘渡轮展开第一段旅程时，有位太太带着一个不停尖叫的小家伙坐在我旁边，她为了分散孩子的注意力，就指着我说，快去给那个慈祥的奶奶亲一下。我看了看后面，没瞧见什么奶奶，而那小家伙已经朝我走过来用力地抱了我一下。我十分错愕地想着：我是个酒量不错、偶尔吸烟、能用好几国语言在酒吧调情、连做瑜伽时都充满竞争意识的女人，现在居然有人说我是慈祥的奶奶？在印尼游走了一段时日后，我已逐渐习惯各地的生活节奏。虽然每天只能说重复的话题、不动大脑地干活、老是得听别人祷告，这种显然没有酒精、香烟、与陌生人调情的生活，我一点也不介意。

在船班误点了十八个小时后，我只会耸耸肩一笑置之。要是看到把汽油罐扛在头上、肩上、背上的印尼妇女，也不会问她们怎么不考虑弄个推车，因为她们肯定会说："我们早就习惯了。"我已经接受了一个事实：印尼还存在着许多我永远不会了解的生活和事物。

不过，有些事情是我比较确定的。当我结束了十三个月的旅程，搭着出租车前往出境机场时，司机先生在路上告诉我，他认为印尼无法抵挡地方自治产生的离心力，国家恐怕会走向分裂。我想起一年前我也有过同样的忧虑，不过现在我很乐意替印尼辩护：这个国家自 1945 年宣布独立以来[1]，已经平平安安地度过了风风雨雨，将全国牢系在一起的几条线不会轻易被拆散。

最坚固的一根线，当然是集体合作——以爪哇村落为基地，然后扩及大部分地区的宗族，最终通过庞大的官僚体系推展到全国。印尼几乎所有人民至少都归属于某个（通常是好几个）必须履行共同义务的族群，因此可以从中获得某种安全感，比较不会为日常生活焦虑。宗教信仰（和宿命观）也扮演着重要角色，人们相信未来一切都掌握在上帝手里，没有理由担惊受怕。

印尼十分重视人际关系，私人义务与公共义务往往交缠在一起，集体合作也和利益输送、营私舞弊产生牵连。虽然许多国际观察家谴责印尼因为贪污而付出高昂代价，但也有少数人认为，利益输送促使印尼将破碎的岛屿和不同的族群结合成完整的国家，是国家统一过程中必须投入的代价。

慷慨大方、容纳异己的精神，也是印尼人得以融为一体的原因。

1　这里指的独立当然不包括巴布亚。——原注

他们欢迎陌生人走进自己的家庭和生活，乐于帮助有困难的人。老百姓或许曾经过度纵容少数社会恶势力或自私领导人，未能实时采取坚定立场争取更多自由，也曾因为忍耐超出限度而展现大规模杀伤力，不过，印尼是个多元化国家，这类失控状态并不多见。它在七十年内融合了大量不同的组成元素，使全国大抵维持和平状态，这是其他国家做不到的。

印尼和所有的坏男友一样，当然也会有几个坏毛病，例如旅游服务处的员工总是一问三不知（但也非常可爱、毫无心机）、警察经常就想跟你要点红包（但如果你搞丢了摩托车钥匙，他们会帮你把摩托车偷回来，还会开车送你去跟锁匠讨价还价）、政府未做周全准备就宣布重大政治改革（但如果新方案不可行，政府官员很快会想出另一个方案——某位退休将领曾笑着对我说："印尼是靠尝试和犯错来建设国家。"）。但是，印尼也拥有某些更迷人、更重要的优点，例如人民开放、务实、慷慨、以轻松的态度面对生活。

我在出境机场发现了一个舒适、干净、新颖的卡布奇诺咖啡吧台，这是新加坡甜甜圈连锁专卖店 JCO 的分店之一。吧台左边有个小伙子在帮一杯价钱昂贵的咖啡拉花，右边则有十来位顾客在排队购买甜甜圈，打算作为伴手礼送给远方的亲人。"我要两个巧克力和四个干酪的，还要……不，等等，给我四个巧克力和……喂，布迪，你觉得卡马叔叔会喜欢草莓口味吗？"店员一下把这位客人点的甜甜圈放进一个盒子，一下又拿出来，然后再放进去，那个名叫布迪的顾客身后的队伍愈拉愈长。

煮咖啡的小伙子已经为刚才那杯咖啡拉好花，现在没顾客，于是我走到他面前，向他点了一份大杯卡布奇诺。"你应该排队，妈妈。"可我没瞧见他前面有任何队伍，他指着想买甜甜圈的那群顾客说：

"队伍在那边。"

我只好乖乖加入队伍。"你说特价促销品不含蓝莓甜甜圈是什么意思？盒子里有几个（甜甜圈）了？五个？好吧，你把它们都拿出来，然后换成两个巧克力和三个椰子的。"我排了十五分钟的队，才再度回到咖啡吧台前，中间这段时间，煮咖啡的小伙子没有服务过其他任何一位顾客。

他帮我煮咖啡时，我对他说："你必须承认，当我只想要一杯咖啡，而你却叫我去甜甜圈那边排队很没道理。"他笑着点头同意。

"印尼就是这样嘛！"小伙子边说边递给我一杯咖啡，上面的奶泡呈现了一幅美丽的心形拉花图。

印尼省份、省会中英对照表

省份	省会
亚齐省／特区（Special Region of Aceh）	班达亚齐（Banda Aceh）
巴厘省（Bali）	登巴萨（Denpasar）
邦加 - 勿里洞省（Bangka–Belitung Islands）	邦加槟港（Pangkalpinang）
万丹省（Banten）	西冷（Serang）
明古鲁省（Bengkulu）	明古鲁（Bengkulu）
中爪哇省（Central Java）	三宝垄（Semarang）
中加里曼丹省（Central Kalimantan）	帕朗卡拉亚（Palangka Raya）
中苏拉威西省（Central Sulawesi）	帕卢（Palu）
东爪哇省（East Java）	泗水（Surabaya）
东加里曼丹省（East Kalimantan）	三马林达（Samarinda）
东努沙登加拉省（East Nusa Tenggara）	古邦（Kupang）
哥伦打洛省（Gorontalo）	哥伦打洛（Gorontalo）
雅加达首都特区（Jakarta Special Capital Region）	中雅加达（Central Jakarta）
占碑省（Jambi）	占碑（Jambi）
楠榜省（Lampung）	班达楠榜（Bandar Lampung）
马鲁古省（Maluku）	安汶（Ambon）
北加里曼丹省（North Kalimantan）*	丹戎塞洛（Tanjung Selor）
北马鲁古省（North Maluku）	索菲菲（Sofifi）

省份	省会
北苏拉威西省（North Sulawesi）	万鸦老（Manado）
北苏门答腊省（North Sumatra）	棉兰（Medan）
巴布亚省（Papua）	查亚普拉（Jayapura）
廖内省（Riau）	北干巴鲁（Pekanbaru）
廖内群岛省（Riau Islands）	丹戎槟榔（Tanjung Pinang）
东南苏拉威西省（Southeast Sulawesi）	肯达里（Kendari）
南加里曼丹省（South Kalimantan）	马辰（Banjarmasin）
南苏拉威西省（South Sulawesi）	望加锡（Makassar）
南苏门答腊省（South Sumatra）	巨港（Palembang）
西爪哇省（West Java）	万隆（Bandung）
西加里曼丹省（West Kalimantan）	坤甸（Pontianak）
西努沙登加拉省（West Nusa Tenggara）	马塔兰（Mataram）
西巴布亚省（West Papua）	马诺夸里（Manokwari）
西苏拉威西省（West Sulawesi）	马穆朱（Mamuju）
西苏门答腊省（West Sumatra）	巴东（Padang）
日惹省／特区（Special Region of Yogyakarta）	日惹（Yogyakarta）

* 北加里曼丹省于 2012 年 10 月 25 日成立，由原东加里曼丹省的四个县和打拉根市（Tarakan）划出新设。

资料来源及延伸阅读

　　读者若想一睹本书提到（和未提到）的人物与事件相关照片及影片，请参阅增订版电子书。你可以向一般网络零售商店洽购该书，亦可上网（http://indonesiaetc.com/ebook）搜寻印尼分区详细信息。另外，购买增订版电子书可帮助作者偿还本书写作期间所积欠的债务。如果你手边没有可放映彩色相片和影片的平板电脑，只要点进下面网站，即可看到摘自增订版电子书的影片和幻灯秀：http://indonesiaetc.com/extras。

　　关于本书所引用的事实，可在以下网站找到大部分的参考数据：http://indonesiaetc.com/ references。许多研究印尼的专家看过后文列举的资料来源和延伸阅读清单，想必会认为不够严谨或齐全，但其中包含一些我觉得最有用的数据。清单中的若干出版物是论文集，有些个人论文与报告罗列于 http://indonesiaetc.com/references。

　　如果读者发现作者忽略了任何一项值得留意的重要数据，请来信至我们的电子信箱：info@indonesiaetc.com，我们会考虑将它加入资料来源网页。

影片

1.《杀戮演绎》（*The Act of Killing*，2012 年），美籍丹麦导演奥本海默（Joshua Oppenheimer）执导的杰出纪录片，描述印尼如何处理（和未处理）1965/1966 年的屠杀事件。

2.《危险年代》（*The Year of Living Dangerously*，1982 年），澳洲导演威尔（Peter Weir）根据同名小说摄制的精彩老片。

3.《舞者》（*Sang Penari*，2011 年），印尼导演伊斯方夏（Ifa Isfansyah）根据印尼作家托哈里（Ahmad Tohari）的同名英文小说拍成，附英文字幕。

4.《戒严夜》（*Lewat Djam Malam*，1954 年），印尼导演伊斯梅尔（Usmar Ismail）掌镜的经典之作，最近重新拍摄，透露某些前革命分子为了融入独立后的印尼社会所遭遇的困境。

英语新闻和时事

印尼有两份重要英文日报：《雅加达邮报》（*Jakarta Post*，网址 http：//www.thejakartapost.com/）和《雅加达环球报》（*Jakarta Globe*，网址：http://www.thejakartaglobe.com/），两家报社均提供免费电子报。

新闻周刊《节奏》（*Tempo*）英文版网站为：http://magz.tempo.co/，该集团的数位新闻入口网站是 http://en.tempo.co/。

《印尼内幕》（*Inside Indonesia*）是在澳洲编辑的主题性季刊，内有研究印尼的专家撰写的详细报导，此外每周也会在网站 http://www.insideindonesia.org/ 发表深入时事评论。

文学

印尼文学翻译作品最佳来源是雅加达的隆塔基金会（Lontar Foundation），参见：www.lontar.org/。该会另有一个数字图书馆，收藏重要印尼作家访谈录像之类的档案数据，网址 http://library.lontar.org/。

秋分出版社（Equinox, http:// equinoxpublishing.com/）也印行某些印尼小说翻译本，参见：browse/fiction。

马来友图书馆（The Melayu Library）收藏大量描写马来西亚和印尼群岛的文学著作，参见 http://www.sabrizain.org/malaya/library/，其中大部分书籍和文件均无版权，包括一些殖民时代早期的经典作品，读者若想使用这些私人管理的数据，请考虑捐款。

本书作者喜爱的几本印尼小说（英译本）

Farid, Lily Yulianti. *Family Room*. Translated by John H. McGlynn. Jakarta: Lontar Foundation, 2010.

Lubis, Mochtar. *Twilight in Djakarta*. Translated by Claire Holt. Singapore; New York: Oxford University Press, 1986.

Mangunwijaya, Y. B. *Weaverbirds*. Translated by Thomas Hunter. Jakarta: Lontar Foundation, 1991.

Rusli, M. *Sitti Nurbaya: A Love Unrealized*. Translated by George Fowler. Jakarta: Lontar Foundation, 2009.

Toer, Pramoedya Ananta. *This Earth of Mankind*. Translated by Max Lane. New York: Penguin, 1996. 这是托尔所写的小说四部曲中的第一部，我也喜欢第二部 *Child of All Nations* 和第三部 *Footsteps*。

Tohari, Ahmad. *The Dancer: A Trilogy of Novels*. Jakarta: Lontar Foundation, 2012.

Utami, Ayu. *Saman: A Novel*. Jakarta: Singapore: Equinox, 2005.

Wijaya, Putu. *Telegram*. Translated by Stephen J. Epstein. Jakarta: Lontar Foundation, 2011.

以印尼为背景的英文小说

Conrad, Joseph. *Almayer's Folly*. New York: Macmillan and Co., 1895.

Conrad, Joseph. *Victory, An Island Tale*. London: Methuen & Co., 1928.

Koch, C. J. *The Year of Living Dangerously*. Melbourne: HarperCollins, 1978.

Multatuli. *Max Havelaar, or, The coffee auctions of a Dutch Trading Company*. Translated by Roy Edwards. London; New York: Penguin Books, 1987.

历史与国情

克里布（Robert Cribb）编纂的《数位印尼历史地图》（*The Atlas of Indonesian History*，网址 http://www.indonesianhistory.info）是非常珍贵的信息来源，涵盖殖民以前、殖民时代，以及现代印尼的历史、地理、种族、宗教和其他社会议题。拜北欧亚洲研究所（Nordic Institute of Asian Studies）之赐，这些信息可轻易上网取得。

马来友图书馆（http://www.sabrizain.org/malaya/library/）也提供很好的自由网图书信息，包括许多印尼现代史文件、早期旅人游记，以及大量地图。

通史

Brown, Colin. *A Short History of Indonesia: The Unlikely Nation?* London: Allen & Unwin, 2003.

Ricklefs, Merle Calvin. *A History of Modern Indonesia Since c. 1200*. Stanford: Stanford University Press, 2002.

Hannigan, Tim. *A Brief History of Indonesia: Sultans, Spices, and Tsunamis—The Incredible Story of the World's Largest Archipelago*. Vermont: Tuttle, 2015.

Taylor, Jean Gelman. *Indonesia: Peoples and Histories*. New Haven: Yale University Press, 2003.

东印度公司与荷属东印度

Bown, Stephen R. *Merchant Kings: When Companies Ruled the World, 1600–1900*. Vancouver: Douglas & McIntyre, 2009.

Gaastra, Femme. *The Dutch East India Company*. Leiden: Walburg Pers, 2003.

Hannigan, Tim. *Raffles and the British Invasion of Java*. Singapore: Monsoon, 2012.

Milton, Giles. *Nathaniel's Nutmeg: How One Man's Courage Changed the Course of History*. London: Sceptre, 2000.

Zanden, J. L. V. *The Rise and Decline of Holland's Economy: Merchant Capitalism and the Labour Market*. Manchester: Manchester University Press, 1993.

民族主义，1965 年，现代印尼

Anderson, Benedict. *Imagined Communities: Reflections on the Origin and Spread of Nationalism*. New York: Verso, 2006.

Cribb, Robert B. *The Indonesian Killings of 1965–1966: Studies from Java and Bali. Monash Papers on Southeast Asia 21*. Melbourne: Monash University Press, 1990.

Cribb, Robert. "How Many Deaths? Problems in the statistics of massacre in Indonesia (1965–1966) and East Timor (1975–1980)." In: Ingrid Wessel and Georgia Wimhofer (eds.), *Violence in Indonesia*. Hamburg: Abera, 2001, pp. 82–98.

Cribb, Robert B. *The Late Colonial State in Indonesia: Political and Economic Foundations of the Netherlands Indies, 1880–1942*. Leiden: KITLV Press, 1994.

Roosa, John. *Pretext for Mass Murder: The September 30th Movement and Suharto's Coup D'état in Indonesia*. Univ of Wisconsin Press, 2006.

Schulte Nordholt, Henk. "Renegotiating Boundaries: Access, agency and identity in post-Soeharto Indonesia." *Journal of the Humanities and Social Sciences of Southeast Asia* 159, no. 4 (2003): 550–89.

Schwarz, Adam. *A Nation in Waiting: Indonesia in the 1990s*. Boulder, Colo; San Francisco: Westview Press, 1994.

Vatikiotis, Michael R. J. *Indonesian Politics Under Suharto: The Rise and Fall of the New Order*. London: Routledge, 2004.

地理

Sutherland, H. "Geography as Destiny? The role of water in Southeast Asian history.' In: P. Boomgaard (ed.), *A World of Water: Rain, Rivers and Seas in Southeast Asian Histories*. Leiden: KITLV Press, 2007.

Tomascik, T., and A. J. Mah. *The Ecology of the Indonesian Seas*. North Clendon, VT: Tuttle Publishing, 1997.

Wallace, Alfred Russel. *The Malay Archipelago: The Land of the Orang-Utan, and the Bird of Paradise. A narrative of travel, with studies of man and nature*. 2 vols. London: Macmillan, 1869.

Winchester, Simon. *Krakatoa: The Day the World Exploded, August 27, 1883*. 1st U.S. ed. New York: Harper-Collins, 2003.

政治、经济与法律

印尼统计局（Indonesian Bureau of Statistics，现改称 Statistics Indonesia）有大量经济指标数据，有时也提供英文口述报告，所列表格几乎悉数采取印尼文与英文并陈格式，亦设有方便实用的英文网站：http://www.bps.go.id/eng/。

世界银行除了制作易于下载的数据，也提供特定经济、社会成长领域的深入报告和印尼经济季报，参见：http://www.worldbank.org/en/country/indonesia。

经济合作暨开发组织（OECD，本书写作期间印尼尚未加入）撇开多重政治限制，针对印尼经济提出一些精辟的分析，参见：http://www.oecd.org/indonesia/。

书刊读本

Asia Foundation. *Local Economic Governance*. Jakarta: Asia Foundation, 2011. asiafoundation.org/publications/pdf/1027

Aspinall, Edward. "Democratization and Ethnic Politics in Indonesia: Nine Theses." *Journal of East Asian Studies* 11, no. 2 (1 May 2011): 289–319.

Aspinall, Edward, and Marcus Mietzner. *Problems of Democratisation in Indonesia: Elections, Institutions, and Society*. Singapore: Institute of Southeast Asian Studies, 2010.

Aspinall, Edward, and Gerry van Klinken (eds.). *The State and Illegality in Indonesia*. Leiden: KITLV Press, 2011.

Buehler, M. "Indonesia's Law on Public Services: Changing state–society relations or continuing politics as usual?" *Bulletin of Indonesian Economic Studies* 47, no. 1 (2011): 65–86.

Burgess, R., M. Hansen, B. A. Olken, P. Potapov, and S. Sieber. "The Political Economy of Deforestation in the Tropics." *The Quarterly Journal of Economics* 127, no. 4 (2012): 1707–54.

Davidson, Jamie, and David Henley. *The Revival of Tradition in Indonesian Politics: The Deployment of Adat from Colonialism to Indigenism*. Vol. 5. Abingdon, Oxon: Taylor & Francis, 2007.

Harvard Kennedy School. *From Reformist to Institutional Transformation: A Strategic Assessment of Indonesia's Prospects for Growth, Equity and Democratic Governance*. Cambridge, MA: Ash Center for Democratic Governance and Innovation, 2011.

Henrich, Joseph, Robert Boyd, Samuel Bowles, Colin Camerer, Ernst Fehr, Herbert Gintis, Richard McElreath, et al. "In Cross-Cultural Perspective: Behavioral Experiments in 15 Small-Scale Societies." *Behavioral and Brain Sciences* 28, no. 6 (2005): 795–815.

Holt, Claire (ed.). *Culture and Politics in Indonesia*. Ithaca, NY: Cornell University Press, 1972.

Lev, Daniel. *Legal Evolution and Political Authority in Indonesia: Selected Essays*. The Hague: Kluwer Law International, 2000.

Van Klinken, Gerry, and Joshua Barker (eds.). *State of Authority: The State in Society in Indonesia*. Ithaca, NY: Cornell Southeast Asia Program Publications, 2009.

Ziv, Daniel. *Jakarta Inside Out*. 1st. ed edition. Jakarta: Equinox Publishing, 2002.

宗教

与宗教暴力或极端主义有关的分析报告，参见冲突政策分析研究所（Institute for Policy Analysis of Conflict）网站：http://www.understandingconflict.org/，以及人权观察组织（Human Rights Watch）网站：http://www.hrw.org/reports 和塞塔拉民主和平研究所（Setara Institute）网站 http://www.setara-institute.org/en/category/category/reports。

书刊读本

Beatty, Andrew. *A Shadow Falls: In the Heart of Java*. London: Faber and Faber, 2009.

Buehler, Michael. "Subnational Islamization Through Secular Parties: Comparing Shari'a Politics in Two Indonesian Provinces." *Comparative Politics* 46, no. 1 (2013): 63–82.

Fealy, Greg, and Sally White. *Expressing Islam: Religious Life and Politics in Indonesia*. Singapore: Institute of Southeast Asian Studies, 2008.

Geertz, Clifford. *The Religion of Java*. Chicago: University of Chicago Press, 1976.

Picard, Michel, and Rémy Madinier. *The Politics of Religion in Indonesia: Syncretism, Orthodoxy, and Religious Contention in Java and Bali*. Abingdon, Oxon; New York: Routledge, 2011.

Wilson, Ian Douglas. "'As Long as It's Halal': Islamic Preman in Jakarta." In: Greg Fealy and Sally White (eds.). *Expressing Islam: Religious Life and Politics in Indonesia*; [... Papers Presented at the 25th Annual Indonesia Update Conference held at the Australian National University (ANU) on 7–8 September 2007], Institute of Southeast Asian Studies, 2008, pp. 192–210.

冲突与暴力

目前探讨印尼特定冲突地区最详尽的信息，来自冲突政策分析研究所 (Institute for Policy Analysis of Conflict, IPAC)：http://www.understandingconflict.org/。

国际危机处理组织(International Crisis Group)网站也有实用的报告档案：http://www.crisisgroup.org/en/regions/asia/south-east-asia/indonesia.aspx。

人权观察组织偶尔会提供人权与冲突相关议题分析，参见：http://www.hrw.org/asia/indonesia。

For a captivating radio documentary about the police and extra-judicial violence, listen to Jaqui Baker's Eat, Pray, Mourn. http://www.abc.net.au/radionational/programs/360/crime-in-indonesia/4611506

文化与政治暴力相关著作及论文

Barker, J. "State of fear: Controlling the criminal contagion in Suharto's New Order." *Indonesia* 66 (1998): 7–43.

Davidson, Jamie S. *From Rebellion to Riots: Collective Violence on Indonesian Borneo*. Madison, WI: University of Wisconsin Press, 2008.

Parry, Richard Lloyd. *In the Time of Madness: Indonesia on the Edge of Chaos*. 1st American ed. New York: Grove Press, 2005.

Raedt, Jules de, and Janet Hoskins. *Headhunting and the Social Imagination in Southeast Asia*. Stanford: Stanford University Press, 1996.

Van Klinken, Gerry. *Communal Violence and Democratization in Indonesia: Small Town Wars*. London: Routledge, 2007.

Wilson, I. *The Biggest Cock: Territoriality, Invulnerability and Honour amongst Jakarta's Gangsters*. Sydney: Murdoch University, 2010.

亚齐省冲突

Aspinall, E. *Islam and Nation: Separatist Rebellion in Aceh, Indonesia*. Stanford: Stanford University Press, 2009.

Di Tiro, Hasan, *The Price of Freedom: The Unfinished Diary of Tengku Hasan Di Tiro*. Norsborg, Sweden: National Liberation Front of Acheh Sumatra, 1984.

Drexler, Elizabeth. "The Social Life of Conflict Narratives: Violent antagonists, imagined histories, and foreclosed futures in Aceh, Indonesia." *Anthropological Quarterly* 80, no. 4 (2007): 961–95.

Schulze, Kirsten E. *The Free Aceh Movement (GAM): Anatomy of a Separatist Organization*. Washington, DC: East-West Center, 2004.

马鲁古省冲突

Spyer, Patricia. "Fire Without Smoke and Other Phantoms of Ambon's Violence: Media effects, agency, and the work of imagination." *Indonesia* 74 (2002): 21–36.

Van Klinken, Gerry, 'The Maluku Wars: "Communal Contenders" in a Failing State.' In: Charles Coppel (ed.). *Violent Conflicts in Indonesia: Analysis, Representation, Resolution*. London: Routledge, 2006, pp. 129–43.